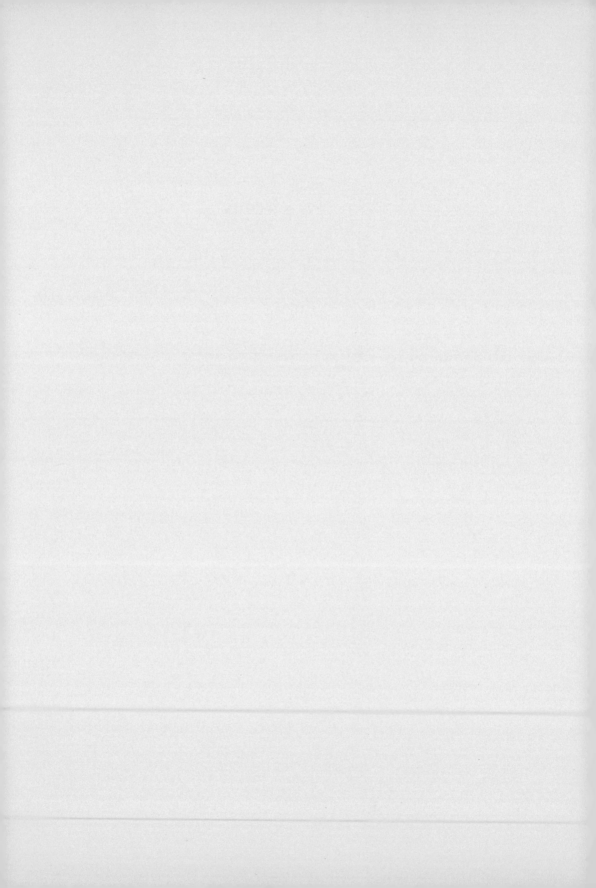

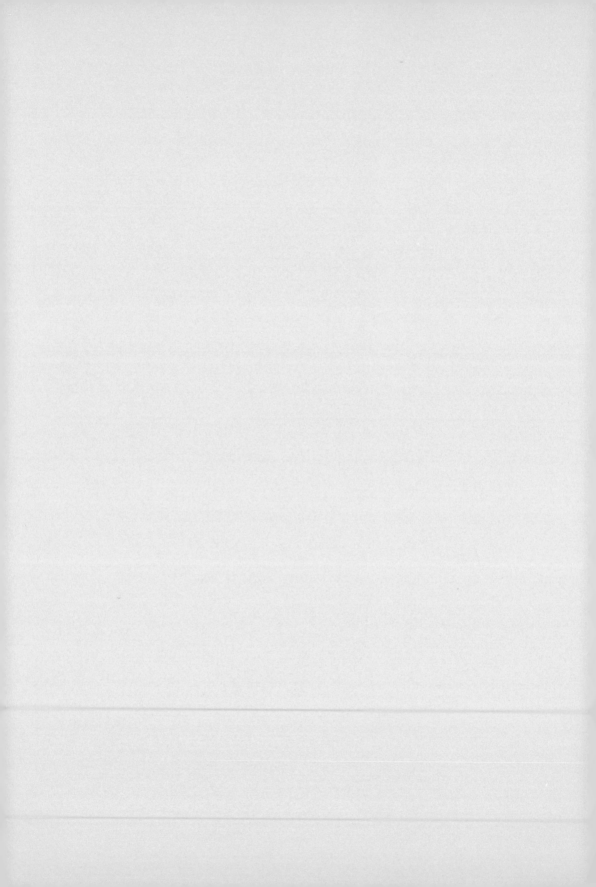

해리 & 로즈매리 교사가 전하는

THE FIRST DAYS
OF SCHOOL

HOW TO BE AN EFFECTIVE TEACHER

좋은 교사되기

어떻게 유능한 교사가 될 것인가?

어떤 교사는 직업이기 때문에 가르치고,
어떤 교사는 변화를 위해 가르친다.
– 해리 왕 –

변화를 만들기 위한 그동안의 경험과 성취를
여러분과 공유할 수 있게 되어 기쁩니다.
– 로즈매리 왕 –

최근 교사를 양성하는 사범대학에 관한 비판의 목소리가 대학교 안팎에서 커지고 있다. 그 중 하나는 '정말로 필요한 역량을 갖춘 학생들이 교사 자격증을 취득하는가'이다. 자신의 교과에 관한 충분한 지식도 제대로 획득하지 못한 것은 물론이거니와, 학생들에 대한 교육학적 이해도 부족하며, 실제 수업을 운영할 수 있는 다양한 기술을 재학 중에 충분하게 배우지 못하였다는 지적이 적지 않다. 이러한 문제를 해결하기 위해서는 여러 가지 방안과 요소들을 체계적으로 적용하는 것이 필요하리라 본다. 이는 효과적인 수업 및 학습지원 활동을 위한 교사의 행동이 교육을 완성시키는 결정적 요소이기 때문에 더욱 중요하다. 수업을 어떻게 준비하고, 운영하는지를 제대로 알지 못하고, 교사 자격증만 취득하여 교육현장에 나가는 것은 교사의 전문성을 형식적인 외침으로 만드는 큰 원인이 되기 때문이다.

이번에 국내에 새롭게 소개되는 이 번역서는 바로 이러한 문제 상황에 대한 적절한 해답을 포함하고 있다. 이 책은 미국의 한 사범대학에서 교수로 재직하고 있는 김기오 박사에 의하여 번역되었다. 김 박사는 한국과 미국의 양 국가의 교육 경험을 통하여, 이 책에서 소개하고 있는 수업방식이 이론적 측면뿐만 아니라 실제적인 측면에서 사범대학의 예비교사와 현직 교사들에게도 큰 도움이 되리라 확신하고 번역을 시도하였다.

미국의 한 학술대회에서 알게 된 김박사는 한국의 교육문제에 대하여 많은 관심을 보이면서, 미국에서의 교육과 연구경험을 통하여 확인하게 된 중요한 관점을 여러 사람과 공유하고자 하는 모습을 보였다. 이 번역서는 바로 이러한 김박사의 문제의식을 구체적으로 보여주고 있다. 책에 수록된 구체적인 수업방식에 관한 체계적인 안내는 예비 교사들과 현직 교사들에게 큰 도움이 될 것이다.

이 책을 통하여 지금까지 이론으로만 소개되었던 여러 가지 수업방식들이 미국의 교육현장에서 어떻게 진행되고 있는가를 확인해볼 수 있다. 신임교사가 처음 출근할 때 어떤 준비를 하는가와 같은 구체적인 문제 상황으로부터 책의 내용은 시작된다. 수업시간에 학생들이 지켜야 할 규칙을 정하고, 숙제를 내주는 방법도 소개한다. 또 학생들을 평가하는 방법에 대해서도 다룬다. 전체적으로 학생들이 흥미를 느끼면서 자율적으로 수업을 받을 수 있도록 교사들이 학생들을 지도하고 조력해 가는 구성주의식 수업방식의 실제 사례와 경험담을 보여주고 있다.

복잡한 학교현장의 교육문제를 해결하기 위해서는 다양한 형태의 도구적 지식들이 보다 많이 필요하다. 선언적이고, 철학적인 교육이념 못지 않게 당장 문제가 되는 학생들을 어떻게 다루면서 학습상황으로 이끌 것인가에 대한 답이 요구되는 것이다. 이 책은 수많은 교육현장에서 확인된 경험적 지식들을 이론화하고 체계화하였기에 매우 유용하다. 이 번역서를 통하여 교사의 전문적 수업행위의 가능성을 이론적 측면에서뿐만 아니라 실제적인 측면에서도 확인할 수 있으리라 확신하며 마음을 다하여 추천하는 바이다.

임철일 (서울대학교 교육학과 교수)

역자는 초·중·고등학교와 대학과정을 모두 한국에서 마치고, 미국에서 박사학위를 받았다. 현재는 미국에서 교수가 되어 미래에 교사가 되기 위한 학부 학생들과 그리고 현직에 있는 교사들로 이루어진 석·박사 과정 학생들을 가르치고 있다. 이 학생들을 가르치기 위해서 때로는 미국의 초·중·고등학교 현장을 방문해서 수업을 관찰하는 경우가 종종 있다. 미국과 한국의 교사들은 근본적으로 큰 차이는 없지만, 미국의 유능한 교사는 학교의 수업에 학생들의 적극적인 참여와 흥미를 유도한다. 이러한 미국 교육 현장에서 교사들이 수업의 실제를 개선하기 위한 노력을 할 때 많이 참고하는 책이 바로 해리와 로즈매리 왕의 이 책이다.

역자가 미국 교실의 현장 학습을 관찰하면서 일반적인 수업관리 및 학습진행과정을 위주로 다루는 본 도서를 읽고 대부분의 내용이 한국 교육에도 적용될 수 있다는 것을 알게 되었으며, 한국 교육의 발전을 위해서 본 책을 번역해야겠다는 생각을 막연하게 갖고 있었다. 그러던 중 역자가 가르쳤던 대학에서 그 지역의 교수·교사·학생 등을 대상으로 강연을 위해 이 책의 저자인 해리와 로즈매리 왕을 초청한 적이 있다. 역자는 이 저자 부부를 공항에서 만나서 다시 헤어질 때까지 이 책에 관한 많은 대화를 할 수 있었으며 저자가 한국어 번역을 희망했고, 역자 또한 그에 동의해서 번역을 하게 되었다.

여러 국제기구의 연구결과에 따르면 한국 학생들의 학업성취 능력은 OECD(경제협력개발기구) 국가 중 세계 최고 수준에 이른다. 미국을 비롯한 많은 선진국들이 한국의 교육시스템을 배우려 노력하는 이유이다. 하지만 또 다른 연구 결과를 보면 한국 청소년의 행복지수는 OECD 국가 중 항상 최하위에 머물렀고 학습에 대한 흥미도 가장 낮게 나타났다. 살인적인 한국의 경쟁교육이 학생들의 최소한의 행복마저 보장해줄 수 없는 현실을 보여준다. 이런 극단적 연구 결과 속에서 한국 교육이 지향해야 할 방향은 어디인가? 본 책은 그 해답을 교실에서, 그것도 교사에서부터 찾고자 한다.

청소년들에게 가장 큰 영향을 미치는 것은 단연 가족이다. 하지만 한국과 같은 치열한 경쟁 사회 속에서 부모는 자식과 함께 할 시간이 너무나 부족하다. 이 책은 부모 다음으로 학생에게 가장 큰 영향을 미치는 교사에 대한 것으로 "어떻게 하면 유능한 교사가 될 것인가?"라는 질문을 던지며 시작한다. 미국에서 가장 영향력 있는 20인의 교육가 중 한 사람인 본 책의 저자 해리 왕은 미국 학교에서 성공적인 결과들을 만들어낸 유능한 교사들을 인터뷰하고, 연구·비교함으로써 유능한 교사가 되기 위한 답을 현장감 있게 제시한다.

저자는 교사가 단지 직업적으로 가르치는 사람이라기보다는 학생들의 새로운 미래를 열어주는 보람있는 일을 하는 사람이라는 것을 강조한다. 그리고 학생들에게 이러한 활동을 하는 것을 몸소 보여주어 학생들의 미래 직업활동의 표본이 되는 노력을 할 것도 당부한다. 그리고 그러한 교사가 되는 길을 출근 첫날에 어떻게 할 것인가 하는 것부터 차근차근 설명해준다.

저자는 유능한 교사의 자격 기준으로 어떻게 수업을 관리할지(수업관리), 어떻게 가르칠지(수업능률), 그리고 어떤 태도를 갖춰야 하는지(긍정적 기대) 등을 관련 교육이론과 실제 성공사례의 접목을 통해 논리적으로 보여준다.

한국학생들은 유능하다. 하지만 그들은 행복지수가 낮고 수업에 대한 흥미도 적다. 치열한 경쟁만능주의 사회 구조 속에서 더 이상 가족이 그들의 보호망이 되어 주지 못하고 있다. 본 책은 교사에게서 그 희망을 찾고자 한다. 유능한 교사가 유능한 학생을 넘어 행복한 학생을 만들고, 이런 학생들이 만들어 가는 사회는 좀 더 밝은 대한민국을 만들 수 있을 것이란 희망을 가져본다. 이런 점에서 미국의 유능한 교사들의 성공사례를 다룬 본 책이 한국의 예비교사·현직교사·교육 전문가·정책입안자들에게 작게나마 긍정적 자극이 되길 바란다.

한국의 교사들을 위해 이 책의 번역을 기꺼이 허락한 해리 왕과 로즈매리 왕에게 지면을 빌어 감사의 인사를 전한다. 또한, 이 책을 번역하는 동안 루이지애나대학에 교환교수로 계시면서 많은 도움을 주신 공주대학교 서인석 교수님과 공동으로 작업에 참여한 김경 선생님 그리고 추천사를 써주신 서울대학교 임철일 교수님께도 감사의 말씀을 전한다.

김기오 (루이지애나 대학 교수)

성공의 기본

효과

맛있는 음식은 모든 사람들이 먹고 싶어 하고, 재미있는 게임도 모두들 하고 싶어 한다. 그리고 좋은 영화가 있으면 모두들 보고 싶어 하는 것과 같이 교육자들이 좋다고 하는 책은 모든 교사들이 읽고 싶어 한다.

이 책은 교사들이 수업에 적용하기 쉽고 학생들에게서도 좋은 결과가 나타났기 때문이다. 이 책의 내용을 따라 해보면 그 효과가 즉시 나타난다. 이 책은 108개 나라, 2,000여 개가 넘는 대학에서 새로운 교사를 교육시키는 데 사용되고 있다.

유능한 교사의 요소

이 책이 성공적인 이유는 유능한 교사의 가르침이 있을 때 학생들의 학습효과가 높아진다는 많은 연구를 바탕으로 했기 때문이다. 무엇이 유능한 교사를 만드는 것일까?

1. 유능한 교사는 훌륭한 교실의 관리자이다.
2. 유능한 교사는 학생들의 학습능률을 위하여 어떻게 가르쳐야 하는지 알고 있다.
3. 유능한 교사는 학생들이 학습에 성공할 것이라는 긍정적인 기대를 가진다.

이 책은 누구를 위한 것인가?

이 책은 다음과 같이 모든 교육자들에게 도움이 된다.

- 경험 있는 교사: 자기 역량을 갈고 닦음

- 예비교사: 미래 직업에 대한 계획을 세움

- 초임교사: 교육자로서의 좋은 출발

- 초보교사: 좋은 교육자로 발전

- 주임교사: 도움이 필요한 교사를 위한 조언

- 학교경영자: 직원교육에 사용

- 전문교육자: 교육훈련을 위한 기본적인 바탕

- 대학교수: 교육대, 사범대 학생을 위한 기본서로 사용

좋은 결과를 위하여

성공적인 학습을 위한 절대적인 모델은 없다. 이 책은 단순히 한 모델만을 보여주는 것이 아니라, 유능한 교사가 될 수 있는 계획을 제시한다. 또한 학교수업을 성공적이고 부드럽게 시작하고, 1년 내내 즐겁게 학습하도록 도와줄 것이다.

교사가 이 책을 익히고 이행하면 교사의 가르침과 학생의 학습은 성공적일 것이다. 교사는 새로운 시도를 하면서 계속 배워가야 한다. 교사가 새로운 가르침을 시도하면 할수록 더 많은 성공적인 학습효과를 기대할 수 있다.

나는 이 책을 한국의 교육자들을 비롯한 많은 사람들이 읽고 새로운 교육을 공유할 수 있게 된 것을 매우 기쁘게 생각한다. 학생들은 유능한 교사인 여러분으로부터 참교육을 배울 것이라 믿는다.

1부 기본적인 이해 – 교사

훌륭한 교사는 유능한 교사의 세 가지 요소를 깨닫고 이행해야 한다.

2부 첫 번째 요소 – 긍정적인 기대

유능한 교사는 학생들이 성공할 것이라는 긍정적인 기대를 갖고 있다.

3부 두 번째 요소 – 수업관리

유능한 교사는 탁월한 교실관리자이다.

4부

세 번째 요소 – 완전학습

유능한 교사는 학생들을 위해 어떻게 수업을 설계할지를 알고 있다.

 5부

미래 교육 – 전문성

끊임없이 배우고 성장하는 교사만이 전문적인 교육자가 될 수 있다.

> ▶일러두기
> 참고문헌은 모두 본 도서의 뒷부분에 미주로 처리하였다.

훌륭한 교사는 유능한 교사의
세 가지 요소를 깨닫고 이행해야 한다.

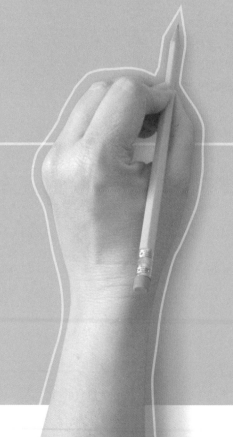

기본적인 이해

—교사

1장

왜, 학기 첫날이 중요한가?

THE KEY IDEA

학기 첫날 무엇을 하느냐에 따라 교사의 1년이 좌우된다.

> **❝** 가장 중요한 버팀목은 아이들이 그들의 잠재능력을
> 깨닫게 도와주는 능력이다. **❞**
>
> ― 사무엘 메이셀

성공적인 학기 첫날

 훌륭한 교사는 학생의 학습적응을 위해 학기 첫날에 대한 계획이나 각본을 미리 준비한다.

 학기 첫날에 교사가 무엇을 하는가에 따라 이후 1년 동안 교사 생활의 성공과 실패가 좌우된다. 학기 첫날을 미리 계획하고 구성해두면 효과적인 교실과 성공적인 학년을 만들기 위한 무대를 열어주게 된다.

오하이오 마이애미 대학의 더글라스 브룩스 교수는 교사들의 학기 첫날을 시리즈로 비디오 녹화한 다음, 녹화한 비디오를 보며 새롭고 놀랄 만한 발견을 했다. 그것은 교사가 첫날 수업을 어떻게 준비하느냐의 차이점이다. 효과적으로 가르치지 못하는 교사들은 해당 과목의 중요한 문제를 흥미위주의 활동을 하면서 학기 첫날 수업을 시

작했다. 이 교사들은 1년 내내 학생들을 쫓아가며 가르치는 데 시간을 보냈다.

유능한 교사(the effective teacher)는 수업계획과 수업의 전체 구조에 대해 설명하는 시간을 가져 학생들이 수업을 성공적으로 진행하기 위하여 무엇을 해야 할 것인가를 알게 해주었다. 브룩스 교수는 그의 논문 「학교에서의 첫날」[1]에서 유능한 교사에 대한 연구결과를 언급했다.

새로운 학년이 시작되고 첫째 주에 확립해야 할 가장 중요한 것은 일관성이다. 학생들은 무엇을 배우고 어떤 일이 일어날 것인지를 정확하게 알고 싶어 한다. 만약 예상하지 않았던 갑작스런 학습이나 체계적이지 않은 강의를 접하면 학생들은 당황하게 된다. 그리고는 학생들로부터 이러한 질문을 받게 된다. "선생님 오늘 수업시간에 뭐 하나요?"

학생들은 일관성 있으면서 무엇을 배울지를 예상할 수 있고, 재능을 키워갈 수 있는 수업환경을 원한다. 학생들은 철저하게 준비된 수업을 원한다. 왜냐하면 준비가 잘 된 수업에서는 누구도 학생들에게 고함을 지르지 않고도 진정한 학습이 이루어지기 때문이다. 유능한 교사는 일관성 있는 교실환경에서 그들이 준비한 수업대로 학생들을 지도하며 처음 2주를 보낸다.

유능한 교사는 일관성 있는 수업절차에 따라 가르친다. 그들은 학생들을 잘 배려하고, 학생들의 사고력을 키워주며, 학문적으로 도전정신과 성공의식을 길러주는 수업을 한다. 철저하게 잘 준비된 수업은 교실에서 이루어지는 학습의 기본이 된다. 이 책의 3부에서는 교사들이 학기 첫날, 시작을 잘하는 데 필요한 내용을 자세히 담고 있으며, 가장 중요한 부분이다.

유능한 교사는 학생들이 학습할 수 있도록 하는 강의계획과 강의절차를 가지고 있다.

실제 문제 해결 경험으로 배운다

어느 낙후된 지역의 한 학교의 학생(그는 장래가 촉망되는 학생이다)은 이렇게 얘기했다. "이 학교에서는 모든 학생들이 무엇을 할 것인가를 알고 있기 때문에 나는 학교에 오는 것이 즐겁다. 학교에서는 어느 누구도 우리에게 고함을 지르지도 않고, 많은 것들을 배울 수 있기 때문이다."

학생들은 품행에 대해서 얘기하지 않는다(이 품행은 18장에 언급한다). 학생들은 무엇을 할 것인가에 대해서 얘기하거나, 19장과 20장에 언급할 것처럼 직접 수행하면서 성취하는 것에 대해서 얘기하고 싶어 한다. 직접 수행하는 것의 중요성에 대해서 7학년 학생 한 명은 이렇게 얘기했다. "저는 학교생활을 잘하는 방법을 알았습니다. 그것은 바로 직접 무언가를 해보는 것입니다."

학생이 직접 실행해서 문제를 해결할 때 진정한 학습은 이루어진다.

4부에서는 학생들이 학업성취를 어떻게 하는가에 대해서 구체적으로 다루고 있다.

유능한 교사는 수업 첫날 대본을 작성한다

풋볼 감독은 게임에 임할때 초반 10~20개 정도의 작전을 세운다. 그리고 결혼을 준비하는 사람은 결혼식에서의 여러 가지 이벤트를 위한 계획서를 만든다. 이와 마찬가지로 유능한 교사는 첫날 수업을 위하여 수업관리계획서를 준비한다.

Going Beyond

용어 'lagniappe'('lan-yap'과 같이 발음하며 '덤, 경품'의 의미)은 루이지애나·미시시피주와 같은 미국 남부 방언이다. 이 용어는 어떤 사람이 먼 길을 운전할 때에 길에서 먹거나 또는 후식으로 먹을 수 있도록 도넛가게 점원이 도넛 하나를 보너스로 더 주는 것에서 유래되었다. 오늘날 이 용어는 사람들이 서로에게 조금씩 도움을 주는 것과 같은 의미로 쓰이고 있다.

다이애너 그린하우스

카짐 사이섹

다이애너 그린하우스 텍사스에서 교사로 있는 다이애너는 이렇게 말한다. "처음으로 시작했던 교사 생활 1년은 믿을 수 없을 만큼 성공적이었다. 돌이켜 보선대 나는 그날의 일에 대해 성취감을 느끼고, 이젠 안도의 한숨을 쉴 수 있다. 나의 학생들은 수업에 만족했고, 나 또한 수업을 하는 매시간을 사랑했다. 수업을 성공적으로 이끌 수 있었던 가장 중요한 순간은 수업 첫날 처음 시작하는 시간이었다. 나는 수업 첫 시간을 수업관리 계획이 담긴 파워포인트 슬라이드로 시작했다."

카짐 사이섹 오클라호마에서 교사로 있는 카짐 사이섹은 첫 3년의 교사생활을 수련 중인 무사에 비유했다. 그와 학생들은 마치 싸우듯이 지냈다. 그리고 교사 생활 4년째 되는 해 개학하기 4일 전(정말 그해는 포기하고 싶었다고 한다) 사이섹 교사는 해리 왕의 강연을 들을 기회가 있었고, 그는 그 강연 후 '아! 이것이구나'라는 깨달음을 느낄 수 있었다. 그리고 그는 주말에 수업관리 계획서를 파워포인트 슬라이드로 만들었다.

GoBe

교실 관리 계획

다이애너 그린하우스와 카짐 사이섹의 파워포인트 슬라이드는 EffectiveTeaching. com에서 1장을 위한 Going Beyond 폴더에 있다.

교사 생활 4년차가 끝날 즈음 그는 이렇게 말했다. "내가 학생들에게 바라던 것이 이루어졌다. 난 아주 보람차고 성공적인 1년을 보냈다." 지금 사이섹 교사는 아주 행복하고 우수한 교사가 되었다.

teachers.net

다이애너 그린하우스와 카짐 사이섹의 공동작업으로 teachers.net이 탄생되었으며, 우리는 2000년 6월부터 teachers.net에 월간 칼럼을 기고해 오고 있다.

우리는 교사들이 수업 첫날에 성공적으로 실행한 예들을 이 사이트에 게재해 왔다. 이를 실행한 교사들은 초·중·고등학교 교사, 특수교육 교사들이고, 영어·과학·기술·미술교사에서 도서관 사서까지 포함한다. 심지어 대학교수들도 특별기고를 하기도 했다. 스페인어로도 '수업 첫날' 섹션이 있다.

사이트에서 매년 6월 칼럼을 보면 지나간 모든 칼럼의 요약된 내용을 볼 수 있다. 그동안 교사들이 성공적으로 실행한 내용들을 봄으로써 여러분들도 성공적인 수업을 위해 그 교사들의 아이디어를 사용할 수 있다.

> 학기말 학생의 성취도는 학기 초 첫째 주에
> 교사가 교실 및 수업을 얼마만큼 잘 운영하는가에 달려 있다.

유능한 교사는 학년 첫째 주에 수업을 잘 통제(control)할 수 있도록 계획을 세운다. 여기서 통제는 학생을 제약한다는 의미는 아니다. 통제의 의미는 교사가 (1) 무엇을 할 것인지 알고, (2) 교실과 수업과정을 알고, (3) 책임의식을 가지고 있다는 것이다. 교사가 교실에서 무엇을 할 것인지 잘 알고 있으면 학생들을 안심시키고 자신감을 주게 된다.

학기 초, 2~3주가 학생들의 그 시기(한 학기)의 성취도를 결정하는 데 매우 중요하다는 것

이 교사는 학기 첫날이 준비되어 있다.

을 보여주는 증거자료는 많이 있다.

교사는 학기 초에 모든 것을 준비해 두어야 하고, 학기가 시작하면서 모든 것이 잘 정리 정돈되어 있어야 한다. 그 학년에서 교사의 성공은 학년 첫째 날에 무엇을 하는가에 달려 있다.

우수한 교사가 좋은 결과를 만들어낸다

이 책의 소제목은 '어떻게 유능한 교사(과정·결과 모두 중시)가 될 것인가?'이다. 여기서 유능한(effective)이라는 말은 좋은 결과를 가져오기 위한 '효과적'이라는 의미이다. 목수·판매

전문가: 지식과 기술을 소유한 사람   효과적: 좋은 결과를 얻는 것
유능한 교사는 인생에 영향을 준다.

원·치과·변호사와 같은 사람들에게 일을 의뢰하면 우리는 좋은 결과를 얻기 위해 그 사람들이 효과적으로 일하기를 바란다. 이와 마찬가지로 우리들은 유능한 교사가 효과적으로 배움을 창출하길 바란다.

효과적이기 위해서 사람은 자기가 맡은 분야에서 전문가가 되어야 한다. 전문가라는 말은 그 분야에서 계속적으로 지식과 기술을 얻어서 효과적으로 가르칠 수 있어야 한다는 의미이다.

교사 발전 4단계

교사의 발전과정에는 4단계[2]가 있으나 많은 교사들은 교사로서 살아남기 위한 단계(Survival) 이상으로 가는데 노력은 커녕 신경쓰지 않는 경우도 허다하다. 새로운 학년이 시작되면, 교사의 첫날 목적은 2단계인 생존을 위한 단계(Survival)를 뛰어넘어 학생이 새로운 인생을 열어갈 수 있도록 도와주는 숙달단계(Mastery, 3단계)의 교사가 되는 것이어야 한다.

교사 발전 4단계

Fantasy (공상) → Survival (생존) → Mastery (숙달) → Impact (영향력)

1단계: 공상 많은 신임교사들은 대부분 우수한 교사가 될 수 있다고 순박하게 믿는다. 그리고 그 신임교사들은 학생들과 좋은 관계를 유지하고 친구가 되면 우수한 선생이 될 수 있다고 생각하는 경향이 있다. 신임교사들은 수업의 기본, 평가 그리고 학생들의 성취도에 대해서는 거의 언급하지 않는다. 단순한 흥미를 위한 활동으로 이끌어가는 수업이 교사로서 해야 할 일이라고 생각한다.

학교

학교는 학생들에게 큰 영향을 주는 장소이다. 어른들이 직장을 가는 것처럼 학생들은 공부하고, 무언가를 해보고 만들어보기 위해 학교에 간다. 학교는 학생이 생산적인 시민이 되고, 잠재능력을 최대로 키울 수 있도록 지식, 새로운 기술, 가치관 등을 계발시켜주는 곳이다.

유능한 교사는 다르다.

2단계: 생존　생존 단계에 있는 교사는 4부에서 언급할 내용과 같은 강의기술을 개발하지 않는다. 교사는 학생들의 과제계획서, 비디오 상영, 앉아서 할 수 있는 자습 과제 등 학생들을 조용히 시킬 수 있는 활동을 하면서 시간을 보낸다. 생존형 교사는 학생들의 학습이나 학업성취에 대해서 신경을 쓰기보다는 단지 교사가 그들의 직업이라서 가르치는 것이고, 그들의 목표는 월급이다.

3단계: 숙달　이 단계의 교사는 학생들을 효과적으로 가르치고 실습을 통해서 학생들의 학업을 성공적으로 성취시킨다. 교사들은 그들의 교실을 어떻게 관리하고 운영하는지를 알고 있다. 그들은 자기수업에서 낙제생이나 성적불량 학생이 한 명도 없도록 최선을 다해 가르치고, 학생들에게 거는 기대도 매우 크다. 유능한 교사(Effective teacher)는 각종 연구서적을 읽으며 숙달단계의 교사가 되기 위해서 노력하고, 각종 회의 및 학회에 가서 많은 정보와 지식을 얻기도 한다. 학생의 학습은 교사의 임무이고, 학생의 학업성취는 숙달단계 교사의 목표이다.

4단계: 영향력   유능한 교사(Effective teacher)는 학생의 인생을 다르게 만들 수 있다. 우수한 교사로부터 배운 학생들은 졸업 후에도 인생에 많은 영향을 주고 길잡이가 되어준 교사에게 감사의 마음을 전한다. 학생들을 효과적으로 가르치기 위해서는 이 책의 주제이기도 한 수업을 효과적으로 이끌어가야 한다. 교사가 학생의 인생과 진로를 결정하는 데 중요한 역할을 해줄 수 있고, 그 역할이 눈에 띄게 효과가 있을 때 학생은 그 교사로부터 많은 것을 배운다. 교사가 이 단계에 이르게 되면 숙달(Mastery) 단계를 뛰어넘어 진정한 교사가 된다.

교사가 영향력(Impact) 단계에 이르게 되면 1단계인 공상 단계로 돌아가서 학생의 인생을 다르게 만들 수 있다는 꿈을 실현할 수 있게 된다. 그러한 교사는 교사로서 리더가 될 수 있고, 전문직에 종사하고 공헌한다는 자긍심과 성취감을 느끼며 행복한 삶을 살 수 있다.

> 영향력(Impact)
> 교사는 일반적으로 학생의 변화를 위해서 가르친다고 말한다.
> 교사는 학생을 변화시키는 것 이상을 한다.
> 바로, 교사 자신이 달라지는 것이다.

유능한 교사는 인생에 영향을 준다

능숙하고 우수한 교사는 그렇지 않은 교사보다 학생들의 인생에 더 많은 영향을 끼친다. 유능한 교사는 수업시간에 학생들이 무엇을 할 것인가를 빠르게 정해주고, 수업규칙과 절차를 명확하게 설명해준다. 또한, 학생 개개인에 대한 중요한 정보를 파악하고, 다음날 학생들이 무엇을 배울 것인가에 대해서 정확하게 일러둔다. 다음 장에서는 이러한 기술에 대해서 설명할 것이다.

효과적으로 운영되고 있는 교실에서는 교사와 학생 간의 관계가 형성되고 있다. 유능한 교사와 학생들은 서로 믿을 수 있는 친밀한 관계가 형성된다. 학생에 대한 정보를 아는 것은 수업을 효과적으로 운영하는 데 있어서 매우 중요하다.

교사는 학생들의 인생에 영향을 주기 위해서 고용된 것이다. 3학년 학생을 가르치고, 역사 또는 체육을 가르치기 위해서가 아니라 학생들에게 꿈을 키워주고, 그 꿈을 향해 갈 수 있도록 인생의 길을 열어주기 위해서 고용된 것이다. 교사가 학생의 인생에 관여하게 되면 그 교사는 역사·체육·과학·수학을 배우는 학생을 갖는 것뿐만 아니라 교실 창문을 닫고, 모든 서류를 정리하고, 교실 사물을 정리하는 등 솔선수범하는 학생을 만들 수 있는 것이다. 이러한 모든 결과들은 교사의 즐거움이 아닐 수 없다.

학기 초 교사의 역할은 매우 중요하다. 학생의 인생에 영향을 미치는 데 중요한 새 학년이 시작하고 처음 며칠 동안 교사가 무엇을 하느냐에 따라서 그해의 성공이 결정된다.

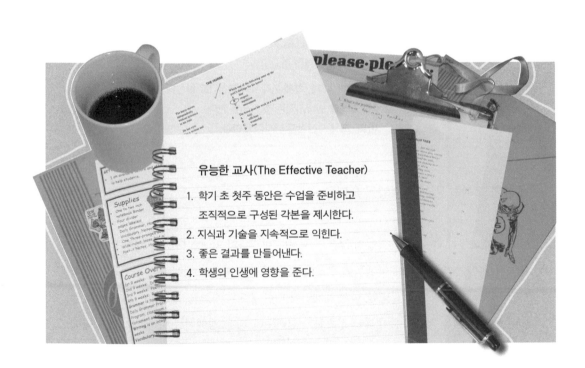

2장

우수한 교사는 어떤 교사인가?

THE KEY IDEA

신임교사는 유능한 교사가 되는 세 가지 요소에 능숙해야 한다.

긍정적인 기대(2부)

수업관리 (3부)

완전습득 학습(4부)

유능한 교사의 세 가지 요소

유능한 교사(The Effective Teacher)

유능한 교사가 되기 위한 세 가지 요소

1. 학생의 성공을 위하여 긍정적인 기대를 가져라.　　2. 유능한 수업관리자가 되라.
3. 학생이 모든 것을 이해할 수 있도록 수업설계를 하라.

　유능한 교사가 되기 위한 세 가지 요소가 있으며, 그 요소들은 모든 교사에게 해당된다.[1] 이 요소들은 잘 알려져 있고, 교사는 유능한 교사가 되는 방법을 쉽게 배울 수 있다.

　가르치는 것은 기술을 필요로 한다. 그리고 교사라면 누구나 그 고도의 기술을 배울 수 있다. 유치원이나 고등학교수업에서 사용하는 교수법을 약간씩 변형해서 다른 수업에서도 사용할 수 있다.

비효율적으로 수업을 진행하는 교사는 학생들의 주의를 끌기 위한 수업활동을 고집한다. 그들은 학생들에게 발표하는 방식으로만 가르치거나 재미만을 위한 수업활동을 하며, 그들이 알고 있는 선에서 훌륭하다고 여기는 지식을 전달한다. 하지만 유능한 교사로서의 요소를 자기 기술로 개발하지 못하면 이러한 강의방식은 성공하지 못한다. 가르치는 것은 단지 교과서를 가르치고 수업활동을 진행하는 것이 아니다. 가르치는 것은 교사의 일방적인 활동이 아니고 교사와 학생의 상호작용의 결과이다.

> 우리 모두는 교사이면서 학생이다.
> 우리는 서로 배우고 가르치는 관계에 있을 때 서로 최선을 다하게 된다.

어떤 연구에 의하면 유능한 교사는 학생의 학업성취도에 많은 영향을 미친다. 교육혁명 이후 수십 년이 지났고, 새로운 교육방법이 많이 등장했음에도 불구하고 학생의 학업성취도는 증가하지 않았다. 학업성취도를 증가시킨 유일한 요인은 유능한 교사다.

유능한 교사는 학생에게 큰 영향을 준다.

긍정적인 기대

'기대가 높다'고 평소에 흔히 말하는 긍정적인 기대를 높은 기준 또는 규범과 혼동해서는 안 된다. 긍정적인 기대를 갖는다는 것은 교사가 학생을 믿고, 학생도 훌륭히 배울 수 있다는 것을 의미한다.

긍정적인 기대의 효과는 다양한 연구의 결과로 증명이 되고 있다. 여러 연구에서 교사가 학생들이 잘할 수 있을 것이라는 기대를 가질 때 학생들이 좋은 결과를 보였다.

교사가 학생의 수준이 낮고, 성적도 평균보다 낮으며, 배우는 속도가 늦다고 믿으면 그러한 생각이 학생들에게 은연중에 전달되면서 학생은 항상 그 수준의 수행만 하게 된다.

교사가 학생의 능력이 뛰어나고, 성적이 평균보다 높으며, 배우는 능력이 우수하다고 믿으면 그러한 신념이 학생들에게 은연중에 전달되면서 학생은 항상 그 수준의 수행을 하게 된다.

교사는 학생의 수준이 높고 낮은 것에 상관없이 모든 학생에게 긍정적인 기대를 가지는 것이 매우 중요하다. 2부에서는 긍정적인 기대를 보이는 방법과 긍정적 기대의 중요성, 교사와 학생에게 도움이 되는 태도, 그리고 전체적인 수업환경에 대해서 언급할 것이다.

학생들은 교사가 없을 때 공부한다

친애하는 왕박사님,

저는 교사 생활 23년이 되었습니다. 제가 가장 잘하는 것 중의 하나는 수업관리라고 생각합니다. 예를 들면, 하루는 제가 아파서 다음날 학교에 못 가겠다고 전화를 했습니다. 그 다음날 아침 첫 수업을 알리는 종이 울리자 저희 반 학생들은 복도로 나가 서 있었습니다. 다른 선생님이 제 교실문을 열면서 학생들에게 교실로 들어가라고 이야기했고 학생들은 교실로 들어갔습니다. 하루 종일 저의 학생들은 선생님 없이 스스로 수업을 진행했습니다. 오후에 상담교사가 저를 찾으러 교실로 왔습니다. 제 학생들은 저를 하루 종일 보지 못했다고 얘기한 다음 계속 공부를 했습니다.

그 이야기를 듣고 저는 농담으로 "다른 선생님들과 교장, 교감선생님께 제가 교실에 없어도 아이들이 조용히 스스로 수업을 진행했다면 저는 일주일 내내 학교에 안 가고 집에 있던가, 아니면 다른 곳으로 여행을 갈 수도 있었을 텐데……"라고 얘기했지요.

저는 15년 교사 생활을 하는 동안 아이들을 가르치고 교실 규율을 잡는 데 아무 문제가 없었고, 학교에서의 하루가 즐겁습니다.

리차드 쿠루스
(콩코드 고등학교, 엘커드 인디아나주)

수업관리(Classroom Management)

　수업관리는 교사가 수업하고 학생들이 학습할 수 있는 환경을 만들기 위한 활동과 절차를 의미한다. 이를 위해서 교사는 환경을 잘 정리 정돈해야 한다.

　수업 중 규율을 엄격하게 하는 것은 수업관리에 별다른 도움이 되지 않는다. 상점주인은 상점을 잘 관리하기 위하여 상점의 규율을 엄격하게 적용하지는 않는다. 교실에서의 수업도 마찬가지다. 좋은 수업분위기를 만들기 위해서는 사실 학생들을 훈계하는 것이 중요한 것이 아니라 어떻게 관리하느냐가 더 중요하다. 3부에서는 잘 정리 정돈된 수업환경이 조성될 때 효과적인 수업을 할 수 있다는 원리를 기반으로 한 수업관리 방법에 대해서 설명할 것이다. 그러한 효과적인 수업환경은 교사가 수업관리 능력을 충분히 익혔을 때 조성할 수 있다.

완전습득 학습(Lesson Mastery)

　완전습득은 학생이 배운 것을 잘 이해하거나 또는 실제로 능숙하게 수행하는 것을 의미한다. 4부에서는 완전습득을 위해서 교사가 어떻게 가르쳐야 하는지에 대해서 다룰 것이다.

정리 정돈이 잘된 수업환경 + 학업에 대한 긍정적인 기대 = 효과적인 수업

사라 온달 교사의 교실은
학생들에게 성공의 꿈을 키워준다.

집을 지을 때 집 짓는 사람은 건축설계자로부터 설계도를 받는다. 그 설계도는 집을 짓기 위한 모든 범위와 한계 등을 자세하게 설명하고 있다. 그리고 감리인은 처음 설계도대로 집을 잘 짓고 있는지, 설계도에 자세히 제시한 범위대로 집이 잘 지어지는지를 확인한다.

가르치는 것도 건축과 같다. 완전학습 또는 좋은 수업을 하기 위해서 유능한 교사는 다음 세 가지를 해야 한다.

1. 학생이 수업의 목표나 기준에 적합한 개념이나 능력을 기를 수 있도록 수업을 설계한다.
2. 수업의 목표와 기준에 따라서 수업을 진행한다.
3. 평가와 수정을 실시하여 학생이 개념과 기술을 완전히 이해할 수 있도록 한다.

학생이 수업시간에 성공적으로 배우고, 못 배우고는 교사가 얼마만큼 수업설계를 잘하는가 혹은 학습 진행상황을 확인하는가에 달려 있다.

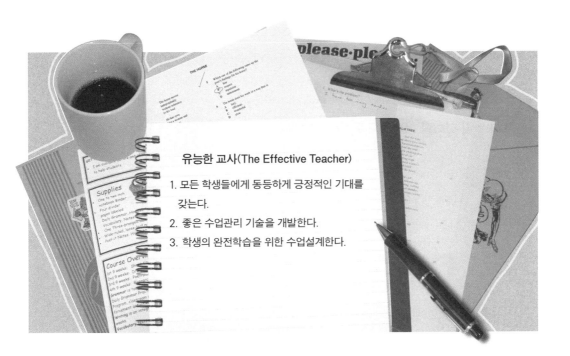

유능한 교사(The Effective Teacher)

1. 모든 학생들에게 동등하게 긍정적인 기대를 갖는다.
2. 좋은 수업관리 기술을 개발한다.
3. 학생의 완전학습을 위한 수업설계한다.

3장

교사가 첫해를 행복하게 보내는 방법

THE KEY IDEA

신임교사는 기술을 배우고 익히는 동안 모든 보충자료를 활용해야 한다.

교사로 부임한 첫해가 가장 중요하다

신임교사는 외톨이가 된 기분이 쉽게 들고, 상처도 받기 쉬우며, 그들이 어떤 모습의 교사로 비추어지는지에 대해서도 많은 신경을 쓴다. 또 학교에서 문제가 있어도 도움을 요청하는 것을 어렵게 생각한다.

신임교사는 그저 교실 열쇠를 받고 그들의 교실 위치를 알 뿐, 그 이외의 어떤 지원을 받지 않은 상태에서 일을 시작한다.

신임교사는 최악의 과제를 받는다.

신임교사는 겁을 내고, 굴욕감을 갖으며, 어느 누구에게도 도움 받지 못한다.

신임교사는 누군가가 그 어려운 시간과 상황들이 언제 끝날지를 얘기해주고 도움을 주기를 바란다.

교사 부임 첫해를 성공적으로 마칠 수 있다

신임교사가 성공적으로 가르칠 수 있는 비밀: 간청하고, 빌리고 그리고 훔쳐라!

진짜 물건을 훔치라는 말이 아니고, 연구하고 배우라는 의미이다. 신임교사는 효과적으로 가르치는 다른 교사의 수업에 들어가서 수업을 관찰하고, 자신의 수업에 도움이 되는 것이 있으면 "~주세요, 주세요, 주세요"라고 이야기해야 한다. 선임교사 중에는 강의자료를 공유하고 도움을 주려고 하는 사람이 의외로 많다.

교사사회는 전문가를 위주로 한 사회가 아니고, 서로 대등한 공동사회이다. 우리 모두는 공동체의 멤버들이다. 물어보고 배우는 것을 두려워해서는 안 된다. 상호간에 도움을 주고 공유를 하면 우리의 전문성을 향상시킬 수 있다.

신임교사의 수업 첫날은 흥분되고, 예측할 수 있는 일들이 있는 시간이지만, 또 동시에 두려운 시간이기도 하다. 그러나 신임교사가 첫날 수업에서 어떻게 효과적으로 가르칠 수 있는가를 배운다면 성공적인 1년을 보낼 수 있다.

교직 프로그램이 모든 것을 준비해주지는 않는다

교원양성에 대해서 교육대학이나 사범대학에 모든 책임을 전가하지는 말아야 한다. 어느 누구도 교육이 대학졸업과 동시에 끝난다고 얘기하지는 않는다. 어떤 사람은 교육대학 또는 사범대학에 다니지 않고 다른 전공으로 학부를 졸업한 다음 교사가 되기 위해서 다시 대학으로 돌아와서 학부필수 교직과목을 이수하고 교생실습을 통해서 교사가 되기도 한다(미국의 경우). 가장 유능한 교사는 역시 가장 우수한 학생이다. 좋은 교사는 교사가 된 이후에도 그들의 지식을 향상시키기 위해서 대학수업을 계속 듣거나 석·박사 과정에 등록해 공부를 하며, 그들의 전공분야와 관련된 협회에 가입한다. 학회나 워크숍 등에 참석하거나 교원양성 프로그램에 적극 참여한다. 또한 그들은 학생의 성취도를 향상시키기 위해서 대학 교원양성기관 등의 교직원들과 협력하며 꾸준히 일을 한다.

엘모 산체스 주니어
신임교사

배스 A. 소머스
신임교사

지식은 무게가 없이, 항상 쉽게 가지고 다닐 수 있는 보물이다.

교생실습으로 교사 준비가 모두 끝나는 것은 아니다

교생실습에서의 멘토교사에게 책임을 전가해서는 안 된다. 교생에게 무엇을 가르칠 것인 가에 대해서 어느 누구도 멘토교사를 훈련시키지 않는다. 교생실습 첫날 대부분의 교생들 은 강의경험이 없이 처음 수업을 시작한다. 대부분의 멘토교사는 수업을 처음 시작하고 나서 그 수업을 교생에게 넘긴다. 그러므로 대부분의 교생은 첫 수업에서 무엇을 할 것인가에 대해서 훈련도 받지 않고 가르치는 경험도 없이 강의에 입문하게 된다.

> 신임교사의 첫해는 무서울 수 있다.
> 1. 교육대학 또는 사범대학에서 완벽한 교사의 자질을 준비시키지 못한다.
> 2. 교생실습으로 교사로서의 준비가 모두 끝나는 것은 아니다.
> 3. 교육청에서도 완벽한 교사를 만들어주지는 못한다.
> 4. 그러나 신임교사는 준비가 됐든 안 됐든 즉시 가르쳐야 한다.

교육청에서는 신임교사를 훈련시키는 프로그램이 있다

학교의 강의는 전문성을 요하지만 별다른 준비 없이 갑자기 맡아서 실시하는 경우가 많다. 그런 반면, 기업에서 신입사원은 입사 첫날부터 회사에 대한 전반적인 지식과 경험을 익히고 그리고 정년퇴임까지 회사를 위해서 해야 할 일에 대해 집중적인 교육을 받는다.

겉으로 보기에 문제가 있는 학생들이 가게나 패스트푸드 식당에서는 왜 아무 문제 없이 일을 잘하는가에 대해서 생각해본 적이 있는가? 맥도널드와 도미노피자와 같은 식당에서는 새로 들어온 직원에게 손님을 맞이하기 전에 전문화된 훈련을 시킨다. 어느 기업이든 직원들이 입사하면 일을 잘 익히도록 비디오를 보여주거나, 지침서를 읽히고, 아니면 그들 직업에 대한 여러 가지 사항을 가르쳐준다. 효과적인 교육청이나 학교도 마찬가지로 신임 교사들을 대상으로 훈련 또는 포괄적인 연수를 실시한다.

유감스럽게도 일부 학교는 신임교사들에게 그저 교실 열쇠만 주고 수업을 진행하도록 방치해둔다. 그러면 신임교사들은 혼자서 계획하고, 혼자 실시하며, 혼자 발전시켜 나간다.

배움은 진행형이다

신임교사연수 프로그램은 제가 교사로서 첫해를 성공적으로 보내는 데 많은 도움을 줬습니다. 제가 연수를 받을 수 있도록 협조해주신 학교행정 관계자와 연수 프로그램을 개발하신 분들, 그리고 『좋은 교사 되기』 책에 감사합니다. 연수 프로그램 덕분에 저는 학교에서의 생활이 항상 즐겁고 흥분되며, 교사로서의 보람을 느끼고 있습니다. 저는 교육청에서 주관한 신임교사연수에서 제공한 정보와 책을 계속 사용해오고 있고, 이러한 것들을 사용함으로써 매년 학생들과 성공적인 해를 보내고 있습니다.

제이미 디아즈
(투싼, 아리조나)

제이미 디아즈

학교는 신임교사도
경력이 많은 노련한 교사와 같은 일을 하고,
같은 책임을 질 수 있을 것이라 생각한다.

GoBe

10가지 질문

당신이 교사가 되기 위해 인터뷰할 곳을 알아볼 때, 알아야 할 10가지 질문사항*이 있다. 이 질문들은 EffectiveTeaching.com 웹사이트 Chapter 3에서 Going Beyond 폴더에 있다.

신임교사들의 학교수업을 위해서 교육청이 준비해야 할 것은 조직화된 신임교사연수 프로그램이다. 연수는 수년 간 실시되는 체계적 프로그램으로 유능한 교사를 양성하기 위해서 훈련시키고 지원해준다. 연수와 관련해서 더 많은 정보는 NewTeacher.com 웹사이트에서 여러 논문을 통해서 얻을 수 있다. 또한 2003년도에 출간된 『신임교사연수: 어떻게 훈련시키고, 지원하며 유지하는가(*New Teacher Induction: How to Train, Support, and Retain New*

---

* 역주: 1. 새로 고용된 교사들에 대한 체계적인 프로그램을 갖고 있는가?
2. 그 프로그램이 얼마 동안 진행되는가?
3. 누가 그 프로그램을 진행하는가?
4. 프로그램의 진행방식(개요)은 어떤 것인가?
5. 프로그램을 얼마 동안 제공해 왔는가?
6. 프로그램에 학교의 가치관(운영원칙)이 반영되어 있는가?
7. 프로그램 강사(코치)들은 신입교사들의 역량을 키우는 데 도움을 줄 수 있는가?
8. 프로그램을 통해 신입교사들은 공동체 의식을 느낄 수 있는가?
9. 지난 2년 동안 신입교사가 감소한 원인은 무엇이었는가?
10. 교실 내에서 성공적인 교수를 하기 어려워할 신입교사들에게 통학구역은 어떤 도움을 줄 수 있는가?

Teacher)』를 읽어보기 바란다.[1)]

신임교사가 주의할 사항: 근무할 학교를 알아보려는 신임교사는 관할 교육청에 연수 프로그램이 있는지를 확인할 필요가 있다. 그것을 확인하기 전까지는 고용계약서에 서명하지 말라(미국인 경우).[*] 교육청의 연수 프로그램이 있으면 신임교사가 성공할 가능성이 높아진다. 연수 프로그램은 멘토교사를 갖는 것보다 훨씬 더 효과적이다.

효과적인 교육청(Effective Districts)은 신임교사가 성공할 수 있도록 돕는다. 교육청은 학기가 시작하기 전에 연수 프로그램을 제공하고, 이후에도 그 신임교사에게 몇 년 동안 더 연수를 받게 한다. 연수는 단순히 오리엔테이션, 지도 또는 평가를 하는 것이 아니다. 연수는 진정한 교사가 될 수 있도록 교육청이 훈련시키는 프로그램이다. 교사는 아무 도움 없이 혼자서 좋은 교사가 될 수 있고 교사로서 성공할 수 있다는 천진난만한 생각을 버려야 한다.

첫날부터 곧바로 수업을 진행해야 한다

교사가 되면 첫날부터 다른 교사와 동등하게 취급을 받는다. 신임교사도 다른 교사들과 똑같은 과목·환경·상사들 속에서 가르치고 학교일을 본다. 그리고 다른 교사들과 마찬가지로 같은 의무와 책임을 갖는다.

수업 첫날부터 신임교사는 경험 있는 교사처럼 수업과 학교 일을 잘해야 하고, 이는 매년마다 향상되어야 한다. 신임교사는 그렇게 할 수 있다. 교육청이 신임교사를 연수 프로그램에 참가시키고 유능한 교사는 배우는 것에도 끝이 없다는 것을 깨닫게 되면 신임교사는 훨씬 더 잘할 수 있다.

> **신임교사는 부임 후 해야 할 의무를 곧바로 시행해야 한다.**

교육은 한 번에 완결되는 생산품이 아니고 끝이 없는 진행의 연속이다. 이 책을 펴내는 목

---

[*] 역주: 미국의 교사 채용방법은 각 학교나 교육청 자체에서 교사채용에 대한 공고를 내고 인터뷰를 통해서 직접 채용한다. 반면 한국에서는 공립학교는 시도교육청 주관으로 임용고시 시험을 거쳐서 채용하고, 사립학교는 학교 주관으로 공고를 내어 시험이나 인터뷰를 거쳐서 채용한다.

몇몇 교육청은 첫 학년이 시작하기 전, 모델교실을 만들어서 연수 프로그램에 참가하는 교사들이 이 교실을 보고 학기 첫날 수업에 교실을 어떻게 배치할지를 살펴볼 수 있는 기회를 준다.

적은 학기 첫날을 시작하는 방법에 대해서 식견, 아이디어, 그리고 선택에 대한 조언을 하기 위함이다. 특히 '선택(choices)'이라는 단어를 주시하라. 오늘 선택한 것이 내일의 결과에 영향을 미친다.

교육에는 가볍고 단순한 해답이 없고, 정착되거나 확실한 모델 또는 안전한 방법도 없다. 가르치는 일을 단순한 직업이 아니라 전문직이라고 생각한다면 그 교사는 유능한 교사가 될 수 있다. 유능한 교사는 끊임없이 배우고, 가지고 있는 지식을 바탕으로 그들이 사용해야 할 적절한 전략을 올바르게 선택한다.

신임교사에게 앞으로 펼쳐질 교사로서의 긴 인생이 기다리고 있고, 그 인생을 행복과 성

Selected Professional Educational Organizations

American Alliance for Health, Physical Education, Recreation, and Dance
American Association of Family & Consumer Sciences
American Association of Physics Teachers
American Council on the Teaching of Foreign Languages
American Library Association
American School Counselor Association
American Speech-Language-Hearing Association
Association for Career and Technical Education
Association for Childhood Education International
Association for Children and Adults with Learning Disabilities
Association for Educational Communications and Technology
Association for Gifted and Talented Students
Association for Supervision and Curriculum Development
Comparative and International Education Society
Council for Exceptional Children
Council for Learning Disabilities
Interior Design Educators Council
International Reading Association
International Society for Technology in Education
Kappa Delta Pi
Lutheran Education Association
National Alliance of Black School Educators
National Art Education Association
National Association for Bilingual Education
National Association for Gifted Children
National Association for Music Education
National Association for the Education of Young Children
National Association of Biology Teachers
National Association of Child Care Professionals
National Association of Elementary School Principals
National Association of School Nurses
National Association of Secondary School Principals
National Business Education Association
National Catholic Education Association
National Council for the Social Studies
National Council of Teachers of English
National Council of Teachers of Mathematics
National Rural Education Association
National Science Teachers Association
National Society for the Gifted & Talented
Phi Delta Kappa
Society for Music Teacher Education

GoBe

웹사이트

왼쪽에 열거된 이 기관들은 웹사이트와 저널
이 있고, 학회도 개최한다. 많은 기관들이 몇
개 지역에 사무실을 두고 있다. 이 기관의 웹
사이트를 보려면 EffectiveTeaching.com의
Chapter 3에서 Going Beyond로 가면 된다.

공으로 가득 채울 수 있다. 교사라는 전문직에서 성공하려면 동료교사로부터 좋은 자료를 많이 얻어야 한다. 동료교사들과 많은 자료를 공유하고 협조적 관계를 유지하면서 일을 해야 한다. 교무주임 또는 다른 멘토교사로부터도 배우고, 도움이 필요하면 언제든지 도움을 청한다. 교육협회 또는 학회에 가입하는 일도 필요하다. 필요하다고 생각하는 수업·워크숍·학회·책·저널·CD, DVD·인터넷을 통해서 꾸준히 배우고, 학위 과정에서 공부를 하며 학문을 익히는 것도 중요하다.

이렇게 시작하는 신임교사에게는 앞으로 가르치는 것을 즐길 수 있는 교사로서의 시간이 기다리고 있다. 이런 신임교사는 행복하고, 성공적이고 그리고 가르치는 것을 즐기는 유능한 교사가 될 수 있다.

유능한 교사에게서 언제나 더 좋은 수업 방법이 나온다.

일부 교육청에는 신임교사가 즉시
적응할 수 있도록 도와주는 학습모임이 있다.

도전하는 자세로 살면 인생은 훨씬 더 충만하다.

교육과 관련된 직업에서는 3~5년 이내에 자신이 원하는 직위를 가질 수 있고,
그 기간 동안 최소한 25% 이상 월급을 올릴 수 있다

앞으로 더 많은 교사가 필요하기 때문에 유능한 교사에게는 기회가 많을 것이다.

교육관련 직업의 장래는 매우 밝지만 성공적인 수업을 위해서 노력하는 교사만이 밝은 미래를 보장받을 수 있을 것이다. 열심히 노력하고 긍정적인 태도를 가진 학생이 성공할 수 있는 것과 같은 이치이다. 다음은 교육관련 직업의 미래가 밝게 보이는 이유이다.[*]

- 2013년까지 미국의 학교는 현직에 있는 교사가 퇴직하고 학생 수가 늘어나는 데에 따라 2백만 명 이상의 교사와 행정가를 채용할 것이다.
- 많은 종류의 직업이 가능할 것이다. 이것은 단지 교실에서 가르치는 교사라는 직업만이 아니다. 많은 교사가 행정가 또는 대학교수가 될 것이고, 교육협회 등에서도 직업을 가질 것이며, 소프트웨어 분야·상담가·중소기업에서 교육프로그램 운영, 유아원 경영, 그 이외의 교육과 관련된 많은 직업에 종사할 수 있을 것이다.
- 교사는 학습을 위한 전문직이지만 스스로의 능력을 향상시키기 위해서 배우려고 하지 않는 경향이 있다. 일부 교사들은 학회 또는 연수 프로그램에 참가하지 않고 이를 비웃는다.[**]
- 많은 교사들이 현실에 안주하면서 발전하려 노력하지 않기 때문에 노력하는 교사는 3~5년 이내에 교육계 대부분의 보직을 가질 수 있고, 연봉도 25% 이상 더 받을 수 있다.

최근 들어 학교는 공부를 잘하는 학생들과 못하는 학생들의 성적 차이를 줄이기 위해서 많은 노력을 하고 있다. 이 시점에 교사로서 해야 할 일은 많고, 그 노력과 기여의 대가를 충분히 받을 수 있다.

교사로서 가르치는 것은 전문적인 일이기 때문에 새로운 지식과 기술을 끊임없이 습득해야 한다. 새로운 지식과 기술을 끊임없이 얻는 데 가장 좋고 효과적인 방법은 전문가들이 서로 공유하고 배우는 팀의 일원이 되는 것이다.

---

[*] 역주: 한국의 경우에도 교원 1인당 학생 수 감소, 수석교사제 확대 운영, 진로진학 상담교사제 도입, 교과교실제 전면 도입 등을 위하여 교원을 증원하여야 한다는 전망이 있다. 출산율 저하로 학생 수가 감소할 것이라는 예측이 있었지만, 예상보다는 심각하지 않다는 분석도 있다(이영 외, 2012-2020년 중장기 교원 수급 전망 세미나 자료집, 2011).

[**]역주: 미국에는 대학 교수뿐만 아니라 초·중·고등학교 교사, 교육청 등과 같은 교육기관에서 전문직에 종사하는 교육자를 대상으로 매년마다 열리는 주·미국 전체·국제학회와 같은 모임이 많다. 학교나 교육청에서는 교사들에게 현장에서 가르치고 있는 사례 또는 연구실적을 학회에서 발표할 수 있도록 권장하고 지원한다. 교사들은 또한 다른 발표자들의 연구를 통해서 강의 자료를 개발한다. 한편 한국에서도 최근 점차적으로 각종 교육학회, 교사연구회가 활발히 진행되고 있다.

오늘날 채용되는 교사들은 다음 세대를 위한 교사가 되어야 한다.
교사들이 교육에 성공하면 다음 세대도 마찬가지로 성공할 수 있다.

가장 큰 두려움은

사람들은 모범을 보이는 사람이 없으면 자기계발을 하기 어렵다. 극소수의 단점만 보지 말고, 동료들의 장점을 보고 자기 것으로 만들어야 한다.

현실에 안주하려고 하는 교사들이 두려워하는 것은 항상 자기계발을 하며 성장하고 있는 교사이다. 발전하지 않는 교사는 성장해 가는 교사를 두려워하기 때문에 그 사람들의 성장을 방해하기도 한다.

냉소적이고 아부를 잘하는 교사의 말을 귀담아 듣지 말아야 한다. 이들은 행정가(교감, 교장 포함)·교육 정책·교직원 연수담당자·협회·학회·전문가과정 회의 등을 조롱하기도 한다. 이들은 학회나 회의 등에 참석해서도 맨 뒤에 앉아서 진행하는 주제는 관심을 갖지 않는다. 그들은 우수한 교사로 성장하고자 하는 교사들을 방해한다.

끊임없이 불평하고 평계를 대는 교사들을 피하라. 본인의 행동을 조절하지 못하는 사람이 당신의 일을 간섭하지 못하게 하는 것이 좋다.

코치가 되어 주고 롤모델이 되어줄 동료교사를 찾아라. 무엇이든 배우는 것을 도와줄 수 있고, 영감을 줄 수 있는 동료교사를 찾아야 한다. 교사로서 성공의 상징으로 여길만한 사람을 찾아 우수한 교사가 될 수 있는 꿈을 키워라.

자신의 능력을 파악하고 그 능력을 발휘하라. 그것이야말로 중요한 교사의 책임이다.

누군가 수업을 시작하면

저는 지금 말하는 이 선생님의 이름을 기억하지 못하지만, 그 선생님이 아니었다면 현재의 나는 없을 것입니다. 그 선생님께 감사의 마음을 전하고 싶습니다. 제가 26년 전 로스앤젤레스에서 처음 교사로 부임하여 첫 수업이 있던 바로 전날이었습니다. 저는 교사 라운지에 서 있었고, 그 경험 많은 선생님이 저에게 다가와서 말했습니다. "첫날 어떻게 시작하는지 모르시지요?" 저는 그랬지요, "어떻게 아세요? 선생님께서 제 수업에 오셔서 일단 시작만 해주시면 그 다음부터는 제가 할 수 있을 텐데요." 학기 첫날 어떻게 시작하는지를 저에게 어느 누구도 얘기해주지 않았습니다.

게일 서튼
(포틀랜드, 오레곤주)

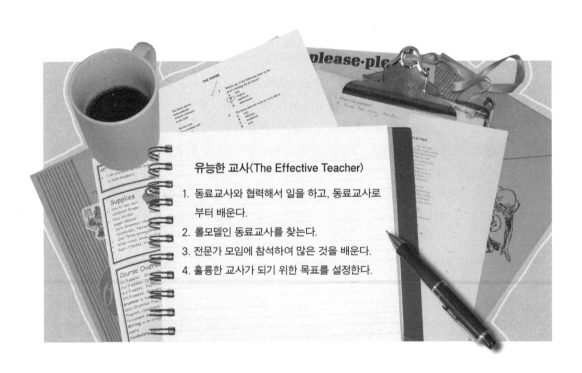

유능한 교사(The Effective Teacher)

1. 동료교사와 협력해서 일을 하고, 동료교사로부터 배운다.
2. 롤모델인 동료교사를 찾는다.
3. 전문가 모임에 참석하여 많은 것을 배운다.
4. 훌륭한 교사가 되기 위한 목표를 설정한다.

4장

학생 개개인의 성취도 차이를 줄이는 방법

THE KEY IDEA

교사의 능력에 따라 학생의 학업성취도가 달라진다.

알렉스 카지타니 교사는 중학생에게
수학을 효과적으로 가르치기 위해서 수학 풀이와
공식을 랩음악(Math Raps)으로 개발한다.

유능한 교사의 중요성

> 학교에서 가장 중요한 것은 사람이다.

교사가 교실 안으로 들어오기 전에는 수업이 시작되지 않는다. 교사가 무엇을 알고 무엇을 할 수 있는가는 학생들의 학업성취를 가늠하는 가장 중요한 요소이다. 더 유능한 교사가 더 성공적인 학생을 만든다.

유능한 교사와 무능한 교사의 차이점

유능한 교사와 무능한 교사 사이에는 한 가지 큰 차이점이 있다. 무능한 교사는 유능한 교사가 하는 것을 하지 않는다. 무능한 교사도 유능한 교사가 하는 것을 따라하면 즉시 유능한 교사가 될 수 있다.

성공적인 교사는 혁신적인 계획가이고 탁월한 수업관리자(Classroom Manager)이자 숙련된 비판적 사고를 하는 사람이며, 유능한 문제 해결사이다. 성공한 사람들은 성공하지 못하는 사람들이 하지 않는 것을 한다.

무능한 교사는 수업시간을 때우기 위해서 학생들에게 바쁘게 시킬 일이 무엇이 있는가 찾는다. 그들은 단지 살아남기 위해서 수업을 진행하는 생존자이다. 무능한 교사는 어렵지 않거나 중요하지 않은 일을 하면서도 힘들어 하고, 다른 교사가 무엇을 할 것인지 대신 말해주기를 기대한다.

유능한 교사는 생각하고, 채택하고, 이행하는 창조적인 교사이다. 유능한 교사는 최우수 교사들이 사용하는 수업방식을 채택하고, 또다른 유능한 교사들로부터 배운다. 유능한 교사는 그들이 활용할 수 있는 자료를 찾고, 그 자료들이 그들의 목표를 이루는 데 큰 영향을 준다고 믿는다.

또한 유능한 교사는 문제 해결사이다. 그들은 학생들이 좀 더 많은 지식을 배우게 하기 위해서 분석하고, 종합하며 수업자료를 개발한다.

> **진정한 교육전문가(유능한 교사)는 학생과 함께 배운다.**

다음은 유능한 교사의 중요성을 보여주는 연구 결과이다.

- 유능한 교사는 무능한 교사와는 달리 1년 내내 학생들이 배울 수 있는 학습내용을 제공해 준다.[1]
- 교사의 숙련도가 학생의 학업성취의 40% 정도를 결정하는 요소로, 다른 요소들에 비해 영

향력이 가장 큰 것으로 나타났다.[2]

- 몇 명의 유능한 교사로부터 배운 학생은 학업성취가 뛰어난 반면, 최소 두 명의 무능한 교사로부터 배운 학생은 학업성취가 떨어진다.[3]
- 교사의 질이 학생의 학업성취도에 90% 이상을 좌우한다.[4]
- 학생의 학업성취에 대한 가장 큰 영향을 주는 요소는 인종이나 빈부 차이가 아니라 교사의 효과적인 가르침이다.[5]
- 교사의 효과적인 학습이 증가하면 학업성취도가 낮은 학생들이 가장 먼저 혜택을 본다.[6]

교사는 성공하기를 원한다

학생들의 학습을 향상시키는 것은 수업 프로그램이나 학교수업구조를 변화시킴으로써 얻어지는 것이 아니라 교사와 그들의 교육활동을 통해서 이루어진다.

좋은 교사들은 새로운 프로그램을 원하는 것이 아니라 학생들의 학업성취를 원한다.

학생의 학업성취를 만드는 것은 프로그램 자체가 아니라 교사가 만드는 것이다. 교사를 연수교육하는 데 소요되는 예산이 프로그램을 구매하는 예산보다 훨씬 더 중요하다. 교육지도자들은 학업성적이 뒤쳐지는 학생들에게 학문적인 지식과 기술을 가르치기 위해 효율적으로 연수를 받은 우수한 교사의 수를 늘리는 것이 가장 중요하다는 것을 알고 있다.

질적 강의

교사의 지식과 능력이 학생들의 학습에 영향을 주는 가장 중요한 요소라는 사실을 확인해주는 연구결과가 많이 있다.[7] 배경환경이 좋지 않거나 문제가 있는 집안 환경에서 자란 아이들에게는 질 좋은 강의가 더욱 중요하다.

과목과 학년에 상관없이 모든 교사가 성공적인 교사가 될 수 있다

제프리 스미스
고등학교 기술 교사.
제프리 스미스 교사가
가르친 모든 학생은
오클라호마주의
용접자격증 시험에
합격해서 자격증을
취득한다.

제프리 스미스는 성공한 교사이다. 그에게는 용접과목을 가르칠 때 수업 첫날에 대한 두려움이나 어려움이 전혀 없다. 그는 이 책을 읽고 배운 것을 자기 수업에 그대로 반영했고, 미국에서 제일 우수한 용접교사가 되었다.

스미스 교사는 전문적인 교육자이다. 그는 자기 수업을 위해서 항상 노력하고 배우는 자세로 임하며, 말끔하게 옷을 입고, 용접회사로부터 전수받은 기술을 그대로 이행한다.

그는 용접교육을 선도하는 지도자이고, 그의 수업에서 용접자격증을 위한 필수과목과 기술을 가르친다. 그의 고등학교 2학년 학생은 오클라호마주에서 가장 높은 수준의 자격증을 받고, 주에서 성취도가 가장 우수한 용접기술을 익힌다.

엘리자베스 브로
중학교 교사이며, 1~3년 학생 중 학업성적이 뒤떨어지고 가정 형편이 어려운 학생들을 가르친다. 하지만 이 교사는 그들을 가르치는 데 있어 어떤 어려움이나 문제가 없고, 학생들은 학습성취도가 좋아졌으며, 이 학생들로부터 스트레스를 전혀 받지도 않는다.

사라 온달
초등학교 교사이며, 수업 첫날에 수업계획서를 준비해서 수업을 시작했으며, 이젠 그 계획서를 담은 본인의 책자가 두 개로 늘어났다. 학생들의 성공적인 학업성취를 위해서 잘 정리 정돈한다. 학생들뿐만 아니라 학부모도 사라 교사를 모두 좋아한다.

스티브 가이먼
고등학교 체육교사이며, 교실에서의 수업절차를 체육관에 적용했다. 가이먼 교사는 체육시간에 사용하는 수업방식과 절차가 모든 다른 과목 수업에도 적용될 수 있다고 얘기한다.

첼론다 세로이어
고등학교 영어교사이며 수업 첫날 처음으로 교실에 들어온 학생을 잘 지도하여 성공하였다. 학생들을 위해서 과제물을 준비했으며 학생들은 그 과제를 성공적으로 모두 마쳤다.

줄리 존스
초등학교 교사로 수 년 동안 학생들을 가르쳐 오고 있으며, 학생들이 과제를 하는 데 아무런 문제나 어려움이 없도록 충분한 지도를 한다. 학생들은 오히려 시험을 더 내달라고 조른다.

로빈 발락
유아원 특수교사이며, 모범적인 수업절차와 방식을 채택해서 학생들을 성공적으로 이끈다. 교사, 보조교사, 학생, 그리고 부모가 학습의 즐거움을 느끼도록 해준다.

노엄 대넌
고등학교 영어교사로 학습지도서를 만들어 학생들이 무엇을 배우고 어떻게 평가를 받는지를 미리 알도록 한다.

카렌 로저스
고등학교 과학교사이며, 파워포인트를 만들어 한 학기 동안 진행되는 수업절차와 계획을 학생들에게 보여준다. 학습지도서를 만들어 학생들과 학부모들이 무엇을 해야 하는지를 알도록 한다.

수잔 몽페
대학 강사이며, "학생들을 가르치면서 하는 수업관리방식은 대학수업에도 통한다"라고 말한다.

효과적인 강의연습은 유치원 교실에서 대학 강의실까지 모든 교실에서 통한다.

항상 배우는 자세로 새로운 지식을 배울 순간을 준비하고, 그 배운 것을 활용해서 본인의 수업에 활용할 수 있도록 수정 보완하라. 그러면 그 모든 것은 자신의 것이 된다.

GoBe

교사들의 성공 사례
앞에서 나열한 교사들의 성공사례에 대한 이야기는 EffectiveTeaching.com 웹사이트에서 Chapter 4, Going Beyond 폴더에서 볼 수 있다.

학생의 학업성취를 어떻게 향상시킬 것인가?

　유능하지 못한 교사는 학생의 학업성취에 거의 영향을 주지 않는다. 유능한 교사는 비효율적인 학교에서도 학생들의 학습과 성취를 향상시킨다.

　학생이 상위 50% 정도 학업성취를 하고 있고(중간 정도 성적), 그 학생이 다음 상황에 있다고 생각해보자. 그 후 2년 뒤 결과를 다음 로버트 마르자노의 연구를 통해 보도록 하자.

상위 50%(중간 정도) 성적인 학생이 입학했을 때 학교와 교사 효율성이 학습에 미치는 영향[8]

학교와 교사 형태	2년 후 백분위수
비효율적인 학교에서 유능하지 못한 교사로부터 배울 때	3%
효과적인 학교에서 유능하지 못한 교사로부터 배울 때	37%
중간 정도의 학교에서 중간 정도의 교사로부터 배울 때	50%
비효과적인 학교에서 유능한 교사로부터 배울 때	63%
효과적인 학교에서 중간 정도 교사로부터 배울 때	78%
효과적인 학교에서 유능한 교사로부터 배울 때	96%

- 학생이 비효율적인 학교에서 유능하지 못한 교사에게 배운다면 그 학생의 학업성취도는 50%에서 3%로 감소할 것이다.
- 학생이 효율적인 학교에서 유능하지 못한 교사에게 배운다면 그 학생의 학업성취도는 37%로 감소할 것이다.
- 그러나 학생이 비효율적인 학교에서 유능한 교사에게 배운다면 그 학생의 학업성취도는 63%로 증가할 것이다.

　학생의 학업성취를 높이는 것은 교사이다. 첫 번째도 교사이고 두 번째도 교사이다. 중간 정도의 학교에서 중간 정도의 교사로부터 배우는 것은 그나마 괜찮다. 하지만 교사나 학교행정가들이 매년 학습에 대한 효율성을 조금씩 향상시킬 수 있다면 멀지 않은 미래에 학생들의 학업성취도는 엄청나게 증가할 것이다.

> **❝** 모든 교육을 통해 얻을 수 있는 가장 귀중한 결과는
> 할 일이 있을 때 좋든 싫든
> 스스로 그것을 하게 하는 능력일 것이다. **❞**
> ― 토마스 헉슬리

> 어떤 사람은 성공할 수 있는 분명한 이유가 한 가지 이상 있음에도 불구하고
> 성공할 수 없는 수천 개의 이유를 말하기도 한다.

학업능력이 비슷한 학생들이 같은 수준으로 배우지 않을 경우 그들의 학업성취도는 크게 달라진다. 이렇게 크게 다른 학업성취도를 줄이기 위한 연구가 많이 이루어졌다. 학교는 학생들의 학업성취도 차이를 줄이기 위하여 다음과 같은 노력을 한다.[9]

- 모든 학생들이 평등하게 배울 수 있는 환경을 제공한다.
- 무단결석을 금지한다.
- 교육활동을 향상시키기 위해 연구나 자료를 사용한다.
- 학업 증진을 위해 학교의 모든 관계자가 노력한다.
- 학문적인 어려움이나 퇴보를 극복한다.
- 학업성취를 기념한다.

좋은 교사와 중간 정도의 교사가 있는 학교에서 학생들 간의 학업성취 차이를 줄일 수는 있다. 그러나 이를 위해서는 학교와 교사가 학생들의 학업성취를 향상시키기 위해서 함께 노력해야만 한다.

탁월한 교사로부터 배운 학생은 최소한 몇 년은 다른 학생들보다 학업이 앞설 것이다. 유

텍사스, 포스워스에 있는 리타 짐머만 교사가
어린 학생을 가르치고 있다.

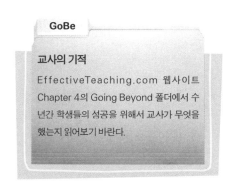

GoBe

교사의 기적

EffectiveTeaching.com 웹사이트 Chapter 4의 Going Beyond 폴더에서 수년간 학생들의 성공을 위해서 교사가 무엇을 했는지 읽어보기 바란다.

고귀한 직함, 교사

매년 새 학년이 시작하면서 좋은 뉘앙스와 자랑스러운 표현의 단어인 '교사'를 기억하자. 교사의 재능과 품성을 바탕으로 교육을 받아서 교사가 되었고, 또 스스로 교사가 되기로 결심했기 때문에 최선을 다하여 우수한 교사가 되도록 노력하자.

교사는 시인이다. 가르치는 과목에 대한 열정으로 가지각색의 마술적 언어를 구사한다. 교사는 상상력과 호기심을 자극하는 커다란 모자이크를 만들어내고, 풀어야 할 문제도 만들어내고, 배움을 시작하는 연결고리도 만들어낸다.

교사는 물리학자이다. 우주의 특성, 변화, 상호작용의 논리와 이유 그리고 신비로운 일을 설명해준다.

교사는 작곡가이자 지휘자이다. 개개인의 생각과 행동을 지휘하여 조화가 이루어지지 않는 불협화음을 잘 조화된 공명으로 이끈다.

교사는 건축가이다. 개개인의 학생에게 단단한 기초를 쌓아주며, 곧 출현하게 될 웅대한 구조물에 대한 비전을 제시해준다.

교사는 체조선수다. 사고 작용에서 비틀기 동작이나 회전운동을 하고, 아이디어를 가지고 굽히기와 펴기를 자유자재로 한다.

교사는 재치 있는 외교관이다. 다양한 사람의 문화, 믿음 그리고 생각을 생산적이고 긍정적으로 상호작용하도록 한다.

교사는 철학자이다. 교사를 모범으로 삼으려는 학생들에게 교사의 행동과 윤리가 중요한 의미와 희망을 준다. 수업 첫날과 그 이후 매일매일 수업을 준비하면서, 학생들이 적극적인 학습 태도를 보일 때뿐만 아니라 학습에 대해 무감각인 상태에서 학습 태도를 보이지 않을 때에도, 교사는 시인이나 철학자처럼 학생들에게 힘을 불러 일으켜주는 고귀한 직함인 '교사'로서의 자신을 보여준다.

트리시 마쿠조
(네브라스카 오마하 학교)

능하지 못한 교사로부터 배운 학생은 최소 3년 동안은 완전히 개선되기 어려울 것이다. 심지어 다음에 유능한 교사로부터 배운다고 하더라도 그렇다.

어떤 학교에서든 교사의 질은 학생의 학업성취를 향상시키고 학생들 간의 학업성취의 격차를 줄이는 데 가장 중요하다.

우리는 교사이다

교사가 하는 일은 기적과도 같다. 교사는 모든 상황에 있는 아이들을 다 받아들이고, 보살피며, 길들이고 그리고 가르친다. 교사는 그러한 고귀한 전문직을 선택한 것을 자랑스러워해야 한다.

이 책에서 학업성취에 대한 긍정적인 기대와 수업관리 그리고 완전습득 학습에 대해서 논하는 부분은 유능한 교사로서 준비를 위한 것이며, 이 내용을 다룬 부분을 읽는 것은 아주 흥분되고 유익한 여행이 될 것이다.

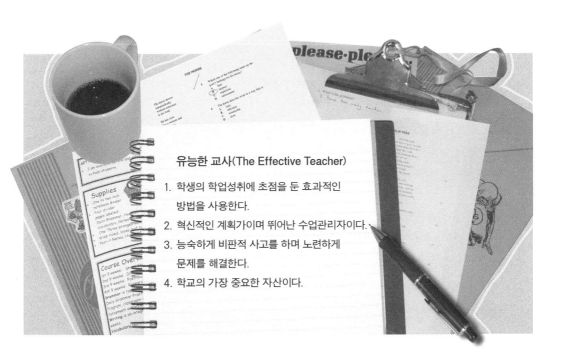

유능한 교사(The Effective Teacher)

1. 학생의 학업성취에 초점을 둔 효과적인 방법을 사용한다.
2. 혁신적인 계획가이며 뛰어난 수업관리자이다.
3. 능숙하게 비판적 사고를 하며 노련하게 문제를 해결한다.
4. 학교의 가장 중요한 자산이다.

5장

교사가 효과가 입증된 교육방법을 활용하는 이유

THE KEY IDEA

유능한 교사는 다른 교사가 사용하고 검증된 실용적인 교육방법을 활용한다.

연구과정

문제: 무엇을 알고 싶은가?
예견: 무엇이 올바른 대답이라고 생각하는가?
절차: 문제를 어떻게 해결할 것인가?
자료: 어떤 자료를 찾을 것인가?
결과: 연구결과는 무엇을 의미인가?
유능한 교사는 그들의 효과성을 향상시키기 위해서
기존의 연구결과를 사용하고 본인들도 연구를 한다.

요리법을 바꿀 때 연구를 한다.

연구 과정

무엇을 어떻게 할 것인가를 아는 사람(교사)은
왜 그 일을 해야만 하는가를 아는 사람(학생)을 위해서 열심히 일하고 노력한다.

연구는 수많은 분야에서 이루어지는 비판적 사고와 문제 해결의 과정이다. 이러한 연구 능력은 오로지 인간에게만 있다. 연구는 진실을 찾고 문제를 해결하고자 하는 사람들의 마음이 작용하여 이루어진다.

연구는 과학자만이 할 수 있는 것은 아니다. 사업가도 연구를 하고, 야구선수도 연구를 하고, 요리사·목수·변호사·치과의사·예술가·배우도 연구를 한다. 학생이 과제로 보고서를 쓸 때도 연구를 한다. 문제의 해결책을 찾고(search) 또 찾는 것이다. 그러므로 연구(research)를 계속 찾는 것(re-search)이라고 부른다.

교사가 배운 대로 가르치는 것은 위험하다

불행히도 많은 교사들은 본인들이 배운 대로 학생들을 가르친다. 많은 교사들은 그들이 대학에 다닐 때 교수들이 가르친 방법이 올바르다고 생각하기 때문에 그 방식대로 아이들을 가르친다. 워크숍에서 어느 교수·행정가·연수 개발자·어느 교사도 다음 페이지의 박스에 제시한 수업모델이 올바른 수업방법이라고 말하지 않는다. 하지만 많은 교사들은 이 박스에 제시한 것이 올바른 방법이라고 생각한다.

유감스럽게도 많은 교사들은 성공적인 학습효과에 대해 확인시켜준 연구결과에도 불구하고 최신 유행, 그들의 철학, 그리고 정치적 흐름에 따라서 가르치는 경향이 있다. 하버드대학의 리차드 엘모어 교수는 이렇게 말했다. "교육을 위한 대부분의 결정, 특히 도시에 있는 학교는 아이들보다는 어른들의 편의를 위해서 결정된다."

교사가 그들의 수업을 개선하기 위해서 연구하는 것은 학교에서 어느 것보다도 중요하다. 교사가 배우는 것은 교육시스템에서 가장 중요한 것이고, 그 지식을 다른 교사와 학생들과도 공유해야 한다.

가르치는 것은 전문적인 일이기 때문에, 다른 전문직 구성원들처럼 교육 전문직의 구성원들도 새로운 지식과 기술을 계속해서 배워야 한다. 진정으로 성취한 교사가 되는 길은 정해진 목적지가 아니고, 끊임없는 여행인 것이다. 전문직의 교사는 정년퇴임할 때까지 더 나은 교육을 위해서 항상 배워야 한다.

- 유능하지 못한 교사는 '아이들을 조용히 시키기' 위해서 놀이나 게임에 대해서 더 많은 얘기를 나눈다.
- 유능한 교사는 학생들의 학업성취를 향상시키기 위한 연구에 대해서 더 많은 얘기를 나눈다.

교사는 학생들의 학업성취와 성공을 위해서 가르친다는 것을 항상 기억하라. 교사의 연구는 학생들을 위해서 공유해야 한다.

연구는 학생의 학업성취를 향상시킨다

놀이공원은 음식판매대를 언제 어디로 배치해야 하는지를 알고 있다. 항공사는 비행기 표 가격을 얼마로 정해야 하는지 알고 있다. 가게에서는 고객이 물건을 얼마만큼 사는지에 대한 흐름을 알고 있다. 그들은 사업상의 용어, 즉 사업지혜(Business Intelligence 또는 BI)를 사용한다. 기업은 의사결정에 도움이 될 수 있는 데이터와 추세, 그리고 정보를 얻기 위한 소프트웨어가 있다.

학교도 비슷한 일을 한다. 학교는 학생들의 학업성취를 향상시키기 위해서 학생의 데이터를 수집한다. 조 키친스 교육감이 운영하는 오클라호마 웨스턴 하이츠 교육청 산하 학교 학생들의 수학과 영어읽기 성적이 4년 동안에 48% 올랐다.

학생정보를 저장한 소프트웨어 시스템을 이용해서 교사는 학생의 성적을 필요할 때마다 볼 수 있다. 이러한 데이터를 이용하여 강의와 학습이 이루어지고, 다양한 개선활동도 실시할 수 있었다.

데이터를 이용하여 교사들이 팀을 이루어 연구하면 학생의 수준에 맞는 수업을 준비하는 방법을 검토하고 결정할 수 있다. 교사는 학생이 어느 부분에 도움이 필요하고 어느 부분에 잠재능력이 있는지 정확하게 알 수 있다.

웨스턴 하이츠 교육청은 오클라호마주의 교육정책과 표준에 입각하여 자신의 학생들에게 적합한 시험제도를 실시하였다. 이 시험은 교사와 행정가들이 만들었는데 주에서 주관하는 시험보다 수준 높은 시험으로 발전했다. 학생들의 데이터를 이용해서 그들은 과목과 수준별로 학생의 능력을 파악했고, 교사들은 이 데이터를 강의와 학습을 향상시키기 위해 서로 공유했다. 학생 데이터 공유가 학생들의 학업성취를 위한 중요한 공식이 되었다.

유능한 교사의 네 가지 신념

1. 교사가 수업변화에 가장 중요한 요인이다.
2. 학교학습에서 가장 중요한 요인은 교사의 능력이다.
3. 가르치는 과목에 대한 광범위한 연구와 지식이 있어야 한다.
4. 학생들의 학습을 향상시키기 위해서 강의에 필요한 연구와 지식의 내용을 학생들에게 잘 전달해야 한다.

애프터 매들린 헌터

웨스턴 하이츠 교육청의 성공 비결

조 키친스 교육감

- 각 학년 대표 교직원 팀은 각 과목에 대한 오클라호마주의 교육정책과 표준보다 더 수준이 높은 범위·순서·목적·척도시험을 개발했다.
- 학생들은 척도시험을 9주에 한 번씩 치렀다.
- 교사는 학생들이 무엇을 배웠고 어떠한 시험을 치렀는지를 계속 매년마다 검토했다.
- 교사는 각 학생들의 성적을 언제든지 표준과 비교하여 볼 수 있다.
- 교사는 강의와 학습을 향상시키기 위해 강의계획서와 시험을 공유할 수 있는 시스템을 가지고 있다.

신임교사가 웨스턴 하이츠 교육청 산하 학교에 부임하면 모든 교사들이 스스로 무엇을 할 것인지를 잘 알고 있다는 것을 깨닫게 될 것이다. 또 신임교사 자신도 이들 교사의 일부가 되어 성공할 수 있다는 자신감도 가지게 될 것이다.

모든 교사에게 적용되는 교육 연구

존 리카드는 자신의 연구에서 다음 두 가지를 밝혀냈다.[1]

1. 교과서에서 문제를 담기에 가장 비효과적인 부분은 맨 마지막 장이다.
2. 학생들에게 모든 문제를 하나의 과제로 모두 내고, 그 문제에 대한 답을 한꺼번에 하게 하는
   것은 비효과적이다.

학생들이 교과서 내용을 잘 이해하기를 원한다면 교과서의 여러 곳에 문제를 제시하고 수시로
이 문제를 숙제로 풀어보도록 해야 한다는 것을 리카드는 알았다. 교사는 학생들이 학습에 성공
하도록 지속적으로 이러한 방법을 사용해야 한다. 22장과 23장에서 이 내용을 깊이 있게 다룬다.

비디오를 보는 동안 언제 질문을 해야 하는가?

다음은 교육 분야의 연구결과가 증명해주고, 뉴저지 지역의 중학교 교사인 밥 웰리스도
실제로 경험한 내용이다. 그는 그의 학생을 대상으로 다음과 같은 연구를 실시하였다.

웰리스 교사는 자기 반 학생을 세 그룹으로 나누어서 다음과 같이 실행했다.

그룹 1: 학생들에게 비디오를 보여주고 시험을 실시했다.

그룹 2: 학생들에게 비디오 내용을 간단하게 얘기한 다음 비디오를 보여줬다. 그런 다음 시험을 실시
했다.

그룹 3: 그룹 2 학생들에게 해준 대로 했다. 그런
다음 그 같은 비디오를 학생들에게 한 번
더 보여줬다. 그리고 웰리스 교사는 비디
오를 보여주는 동안 자주 멈추고 학생들
에게 질문을 하고, 토론을 하도록 유도했
다. 그런 다음 그룹 1, 2 학생들과 똑같은
시험을 보게 했다.

세 개 그룹 중 어느 그룹이 시험에서 가장
높은 점수를 받았을지 추측해보라. 결론은
당연히 세 번째 그룹이다.

> **GoBe**
>
> **여교사 스테이시 올레드는 비디오를 자주
> 멈췄다.**
> 스테이시는 유능한 교사에 대한 내용을 비디오
> 를 통해서 가르쳤다. 그 교사는 비디오 내용을 기
> 억하고 더 익히기 위해서 'Aha' 페이지를 사용
> 했다. EffectiveTeaching.com 사이트 Going
> Beyond 폴더 Chapter 5에서 그녀의 프로젝트
> 를 볼 수 있다.

이와 같은 원리는 독해시험에서도 찾아볼 수 있다. 여러 페이지의 텍스트를 한 번에 읽게 한 뒤에 수많은 문제를 한 번에 풀도록 하는 독해시험이 구성되는 경우는 거의 없다. 대부분의 경우 독해시험은 한 구절 또는 두 개 정도의 학습을 위한 텍스트를 제시하고 그 뒤에 질문을 제시한다.

또 다른 한 가지 예를 들면, 의사는 환자가 죽었을 때는 질문하지 않는다. 하지만 의사는 진찰하고 치료하는 동안에는 질문을 계속하면서 환자의 건강상태를 끊임없이 평가한다.

이와 마찬가지로 유능한 교사는 토론·수업·비디오·책의 각 장·강의·회의의 마지막에 질문을 하지 않는다. 높은 수준으로 가르치고 싶은 유능한 교사는 수업의 중간 중간 모든 활동에 수시로 질문을 한다. 이러한 강의방법이 좋다는 것은 그동안 많은 연구에서 증명하고 있다.

학생의 학업성취도 향상에 관한 연구

학습시간의 효과조정: 뚜렷한 목표가 있는 학생은 배우는 과목에 최선을 다한다.

연구결과: 130개 이상의 연구에서 보여주듯이 학생이 더 많은 공부를 하면 할수록 더 많은 것을 배운다. 하지만 시간 자체만으로는 충분하지 않다. 강의 목적, 학습활동, 그리고 시험이 서로 조화를 이루고 강조되어야 한다(이 방법을 실행하는 것을 보려면, 22장과 23장을 참조하기 바란다).

학습 집단: 소그룹의 구성원들끼리 서로 지원하면 학습효과를 향상시킬 수 있다.

연구결과: 교사와 학생이 서로 교류가 많아지면 학생의 학업성취도가 더 좋아진다. 그리고 교사와 학생은 꼭 필요한 팀워크 기술도 배운다(학습팀이 어떻게 실행되는가에 대해서는 24장을 보기 바란다).

많은 독서: 학교와 집에서 다양한 종류의 독서를 하면 어휘, 이해 능력, 그리고 학생의 정보 기반 등이 향상된다.

연구결과: 학교와 집 등에서 많은 시간 동안 독서를 하면 이해력, 어휘력과 같은 인지능력이 발달한다. 하지만 연구에 의하면 대부분의 학생들은 숙제나 독서를 하며 보내는 시간은 하루에 불과 몇 분도 되지 않는다. 학생들이 많은 시간 동안 독서를 할 수 있도록 하기 위해서는 학교에서 많은 자료를 공급해주어야 한다.

기다리는 시간: 수업 중 학생들에게 질문을 하고 잠시 기다리면 학생의 학업성취도를 향상시킬 수 있다.

연구결과: 수업시간에 대부분의 학생들은 질문을 받고 불과 1초도 넘기지 않고 그 질문에 대한 대답을 한다. 질문을 받고 대답하는 1초도 안 되는 시간을 3초에서 7초까지 늘리면 그 질문이 어려울지라도 학생들은 사고력이 풍부한 대답을 하고, 학업성취를 향상시킨다.

학생들의 학업성취를 향상시키는 것은 어렵고 신비스러운 것이 아니며, 불가능한 것도 아니다. 효과적인 강의에 대한 기본적인 원리는 『수업성취 향상을 위한 연구안내서(*Handbook of Research on Improving Student Achievement*)』에서 자세히 설명하고 있다. 그 안내서를 위한 연구는 전체 3백만 명 회원이 있는 29개의 선도적인 교육기관의 후원으로 이루어졌다. 그러므로 학업성취 향상은 어렵고 신비스러운 것이 아니며, 우리도 할 수 있다. 3부와 4부에서 이 원리들을 어떻게 실제상황에 적용하는가를 배울 것이다.

고든 커웰티
『수업성취 향상을 위한 연구안내서(*Handbook of Research on Improving Student Achievement*)』(2004),
Arlington, Va.: Educational Research Service.

❝ 연구는 가르치기에 적당한 방법이나 최선의 방법이
무엇인가를 제시해줄 수 없고, 제시해주지도 않는다.
또한 어떤 수업방법을 사용해야 한다든지 또는 어떤 방법은
사용하지 않아야 한다든지 하는 것도 제시하지 않는다.
단지 연구는 특정한 학생들을 특정한 어떤 조건에서 가르칠 때
가장 바람직한 결과를 보여줄 가능성이 높은
수업방법이 무엇인지 설명해줄 수 있다.[2] **❞**
— 미리엄 메트

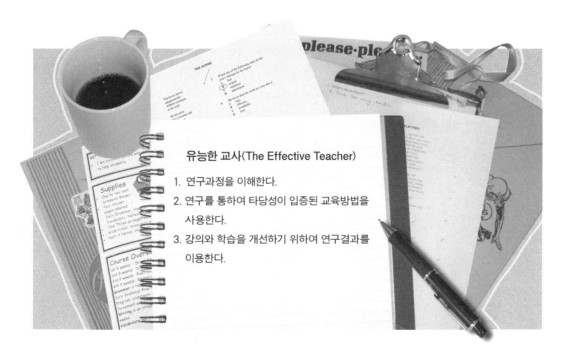

유능한 교사(The Effective Teacher)

1. 연구과정을 이해한다.
2. 연구를 통하여 타당성이 입증된 교육방법을 사용한다.
3. 강의와 학습을 개선하기 위하여 연구결과를 이용한다.

2부

유능한 교사는 학생들이 성공할 것이라는
긍정적인 기대를 갖고 있다.

첫번째 요소

—긍정적인 기대

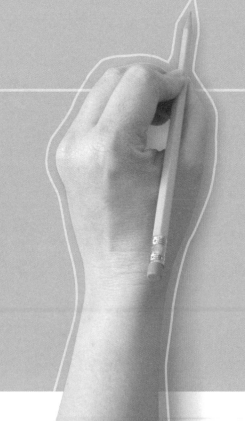

6장

긍정적인 기대가 중요한 이유

THE KEY IDEA

학생들에 대한 교사의 기대는 학생들의 학업성취와 일상생활에 중요한 영향을 미친다.

성공하는 사람은 성공하려는 태도와 의지를 가지고 있다.

인간은 성공하려는 본능을 가지고 있다

여러 연구에 의하면 성공은 가정환경·인종·출신국가·재무상태 심지어는 학벌과도 연관성이 없다. 성공과 관련이 있는 요소가 오직 한 가지 있는데, 그것은 태도이다.

    생명이 있는 모든 동물은 살아남기(Survive) 위해 노력한다. 그들은 본능적으로 먹을 것과 살 곳을 찾고, 약탈자를 피하면서 살아간다. 인간은 성공에 대한 본능이 있다. 이것이야말로 인간이 다른 생명체와 구분되는 점이다. 인간은 성공을 원하고, 성공을 위해서 노력한다. 교사가 학생들의 행동과 성적에 높은 기대를 하고 있으면 학생들과 함께 그 어떤 것도 성취할 수 있다.

두 가지의 기대	
긍정적이고 높은 기대	부정적이고 낮은 기대

> ❝ 학생은 자신의 인생을 살아간다. 그리고 그 인생을 앞으로도 살아갈 것이다.
> 교사로서 할 수 있는 것은 학생들의 인생을 밝혀주는 것이다. ❞
> ― 빌 페이지

긍정적 기대와 부정적 기대

어떤 목표를 달성할 수 있다고 생각하는 정도를 기대라고 말한다. 기대하고 있다는 것은 어떤 일이 발생할 것인지, 아니면 발생하지 않을 것인지를 믿는 것을 말한다.

긍정적인 기대

어떠한 학생을 가르치든 또는 무엇을 하든 학생에 대한 낙관적 믿음이 있으면 그 교사는 성공이라는 결과를 얻게 될 것이다. 교사가 성공을 기대한다면 성공을 하는 데 도움이 될 수 있는 기회를 잡아야 한다.

다음은 긍정적인 기대에 대한 예이다.

- 우리가 성취한 것은 교사와 학생 또는 학생과 학생이 함께 노력한 결과이다.
- 나는 모든 학생이 그들의 잠재능력을 충분히 발휘해서 배우고 학업성취를 할 수 있다고 믿는다.
- 나는 훌륭한 교사이다. 그리고 내가 전문적인 교육자임을 자랑스럽게 생각한다.
- 나는 항상 배우는 자세로 임한다. 그래서 학회, 워크숍, 교육연수에도 참가한다.

긍정적인 기대에 대한 결과

사람들이 성심을 다해 무엇인가를 이루고자 계획하고 최선을 다하여 실행하면 그것을 이룰 수 있다. 그러므로 교사는 개인적으로 또 학생들과 함께 이러한 마음으로 성공을 위해 노력하는 것이 중요하다.

부정적인 기대

교사가 어떠한 학생을 가르치든 또는 무엇을 하든 비관적인 믿음을 가지고 있으면 실패한다. 교사가 학생들을 가르칠 때 왜 지루한 일을 한다고 생각하게 될까?

교사가 실패를 염두에 두고 가르친다면 실패를 정당화할 근거를 찾기 위해 노력하게 될 것이다.

다음은 부정적 기대에 대한 예이다.

- 내가 가르치는 것을 학생들이 이해 못한다.
- 이 학생들은 배우고 싶어 하지 않는다.
- 이 학생들은 읽고 쓸 줄도 모르고, 책상에 앉아 있기를 싫어하며 학습 태도가 나쁘다.
- 교육연수 프로그램은 지루하고, 학회에 가도 배울 것이 하나도 없다.

부정적 기대에 대한 결과

사람들이 성공할 것이라고 기대를 하지 않고 일을 추진하면 아무리 노력해도 그 일은 이루어질 수 없다. 그러므로 교사는 개인적으로 또 학생들과 함께 실패를 염두에 두고 행동하지 않아야 한다.

> **GoBe**
>
> **그녀는 내 인생을 바꾸어 놨다.**
> 가르치는 것은 가장 중요한 여행이다.
> 교사가 긍정적인 기대를 가지고 학생 인생을
> 어떻게 바꾸어 놓았는지를
> EffectiveTeaching.com 사이트 Chapter 6
> 의 Going Beyond 폴더에서 읽어보기 바란다.

일반적으로 사람들은 긍정적인 결과를 얻기 위해 그만큼 많은 에너지를 쓰게 된다.
부정적인 결과의 경우에도 마찬가지이다. 그렇다면 교사들이 성공하는 데 에너지를
사용하지 않고 실패하는 데 에너지를 사용하는 이유는 무엇인가?

기대	부정적 또는 낮은 기대	긍정적 또는 높은 기대
부모의 기대	우리 아이가 불량한 아이들과 어울리지 않으면 행복할 것이다.	우리 아이가 반에서 상위 10% 이내의 성적으로 졸업하기를 바란다.
학생의 기대	이 수업은 지루하다. 왜 우리가 이런 필요 없는 수업을 들어야 하는가?	내 꿈은 교사가 되는 것이다.
교사의 기대	교사연수 프로그램은 지루하다. 왜 우리가 이런 쓸모없는 연수를 받아야 하는가?	나는 학회에서 많은 것을 배우고 많은 흥미로운 사람들과 만나면서 필요한 정보를 얻는다.

기대는 교육표준(Standard)과는 다르다

기대는 교육표준과 혼동되어서는 안 된다. 교육표준은 학업성취 수준을 의미한다. 긍정적인 기대를 가지고 있는 교사는 학생들이 높은 교육수준에 도달할 수 있도록 이끌어준다.

> 예: "이 수업은 아주 흥미진진한 수업이 될 것입니다.
> 여러분은 그동안 경험해보지 못했던
> 가장 기억에 남는 시간을 나와 함께 보낼 것입니다.
> 1년 뒤 여러분 모두가 잘할 수 있다는 결과가 증명해줄 것입니다."

다음은 Well High School 의 성공 비결이다.

- 할 수 있을지 없을지를 생각하는 것은 옳은 방법이다. — 헨리 포드

- 우리에게 꿈을 추구할 용기가 있다면 우리는 모든 꿈을 이룰 수 있다. — 월트 디즈니

- 정직만큼 훌륭한 유산은 없다. — 윌리엄 셰익스피어

- 내가 아는 최선의 방법으로 내가 할 수 있는 최선을 다한다. 그리고 일을 마무리할 때까지 계속한다. — 아브라함 링컨

- 어려운 상황에도 기회는 있다. — 앨버트 아인쉬타인

- 성공은 자신의 능력을 최대한 발휘하는 것이다. — 직 지글러

가장 성공적인 학교는 모든 학생이 성공한다는 기대를 가지고 있다.

> **" **우리 세대의 가장 위대한 발견은 사람은 자기 마음자세를 고치기만 하면
> 자신의 인생까지도 고칠 수 있다는 것이다. **"**
> — 윌리엄 제임스

부정적인 기대를 가지고 있는 교사들은 학생들이 높은 교육수준에 도달하는 것을 어렵게 만든다.

예: "이 수업에서 어떤 학생도 A학점을 받지 못할 것이다.
학생들이 이해하기 어려운 내용을 가르칠 것이다."

사람들은 지능보다는 신념과 기대에 의해서 더 크게 만들어진다. 성공한 사람들은 이전과 다르게 변한다. 그 변화는 지식을 얻는 방법이 아니라 마음을 움직이는 방법에서 주로 발생한다. 사람들은 다른 사람의 말은 쉽게 거절하지만 다른 사람의 태도와 기대에 대해서는 쉽게 거절할 수 없다.

기대에 대한 연구

기대에 대한 연구는 1960년대 하버드대학의 로버트 로젠달과 사우스 샌프란시스코 학교의 르노어 제이콥스에 의해서 행해졌다.[1] 연구자들은 사우스 샌프란시스코의 초등학교 교사들에게 고의로 잘못된 정보를 전달했지만, 그 교사들이 그 정보가 현실에서 실제로 발생하도록 하는 것을 관찰하였다.

연구자들은 봄 학기말에 오크 스쿨 학생들에게 모의시험을 실시하였다. 방학이 지난 후

기대

학생들이 기대하는 것보다 더 많은 것을 가르쳐라. 그러면 교사는 기대했던 것보다 더 많은 것을 얻는다.
학생들의 성공여부는 어른들의 기대에 달려 있다.

가을학기가 시작될 때 연구자와 그 학교의 교장은 교사들에게 시험결과를 말하면서 학생들의 성적을 향상시킨 우수한 교사들이라고 치하했다.

학교의 교장은 교사들에게 "모의고사에서 20% 정도의 학생들은 매우 특별한 학생으로 판명되었다. 지금 현재는 성적이 좋은 학생도 있고 나쁜 학생도 있지만, 그 학생들은 매우 빠른 지적능력 성장이 예상된다"라고 말했다.

특별한 학생들의 명단은 사실은 임의로 선정된 것이지만 교사들은 이 학생들이 하버드대

교사는 그들이 기대하는 것만큼 얻는다

교사의 기대와 학생들의 학업성취에 대한 연구는 50년이 넘게 진행해 오고 있다. 학생들에 대한 교사의 기대는 학생들이 얼마만큼 배울 수 있는가를 결정할 수 있는 주요 요소이다.[2]

어떤 교사는 학업성취를 못하는 학생들의 학습행동에 대해 이유도 모른 채 답답해한다. 교사는 학업성취가 좋은 학생과 나쁜 학생에 대해서 서로 다른 기대를 하기도 한다. 예를 들어 어떤 교사는 학업성취가 저조한 학생들보다 우수한 학생들에게 수업시간에 교사의 말에 대답하거나 발표할 준비를 하는 데 더 많은 시간을 주면서 기다린다.

자! 그럼, 이 문장을 보도록 하자.

교사는 학업성취가 저조한 학생들보다 우수한 학생들에게 _____을 더(보여)준다.

이 문장에 교사의 기대를 보여줄 수 있는 다음의 태도나 행동을 나타내는 단어를 하나씩 넣어서 문장을 완성해보라.

기회(Opportunity)	지지(Affirmation)	친근함(Proximity)
개인적인 도움(Individual help)	칭찬(Praise)	질문(Question)
학생의 말을 교사가 반복하기(rephrasing)	애정(Feelings)	단념(Desisting)

교사의 기대와 학생의 학업성취(Teacher Expectation and Student Achievement: TESA) 프로그램에 대한 정보는 http://streamer.lacoe.edu/tesa/에서 찾아볼 수 있다. TESA는 15개의 교사-학생 대화방이 있으며, 우수한 학생이 되기를 원하는 학생들의 잠재능력을 최대한 발휘할 수 있는 코스노 있다.

이 프로그램은 기대에 관한 이론에 기반을 두고 있다. 교사가 학생에 대해서 판단을 하면 학생에게 영향을 줄 수 있다는 이론이다. 이것을 '자기 충족적인 예언'이라고도 하는데 교사가 학생에게 기대를 하면 그 학생은 교사가 기대한 만큼 행동한다는 것이다.

학에서 개발한 시험에 의해 선정된 것이라고 믿었다.

　　교사의 뛰어난 가르침에 특별한 보답으로 학교에서는 고마움을 전했으며 교사들에게 다음 두 가지를 당부했다.

1. 학생들에게 특별학생이라고 말하지 말 것
2. 학부모에게 자녀들이 특별학생이라고 말하지 말 것

　　이런 당부와 함께 "학교에서는 교사들이 특별학생들의 학습을 위하여 열심히 할 것을 기대한다"고 말하였다.

　　8개월 후 모든 학생들이 시험을 또 치렀으며, 일반 학생들의 성적변화는 별로 없는 반면, 20% 내에 속한 학생들의 성적은 많이 향상되었다. 학교의 교장은 교사에게 그 시험성적을 보여주었으며, 교사들의 눈부신 교육의 성공을 축하해주었다.

　　교사들은 이렇게 말했다. "물론 우리가 특별하고 우수한 학생들을 가르쳤고, 그 학생들이 무엇이든 신속하게 배웠기 때문에 가르치는 것이 쉽고 재미있었다."

　　학교행정가와 연구자는 이렇게 말했다. "이제 여러분들에게 진실을 말하고 싶다. 그 특별한 학생이라고 불리는 학생들은 실제로는 IQ 또는 적성에 의해서 선발된 특별한 학생들이 아니었고 우리가 임의적으로 뽑은 학생이다."

"그렇다면 우리의 가르침으로 이러한 결과를 얻었군요. 우리가 특별한 실험에 참가한 특별한 교사군요"라고 교사들은 말했다.

연구자가 대답했다. "이제 여러분들에게 밝혀야 할 것 같습니다."

"학교의 모든 교사들이 이 실험의 대상이었으며 어느 누구도 다른 사람보다 특별하게 우수한 교사로 지정된 것은 아니었습니다."

이 연구는 설계가 잘 된 실험이었다. 그 연구에는 단 하나의 변수밖에 없었다. 그것은 바로 기대였다.

1. 학교의 교장이 교사에 대해 가지는 기대는 명백하게 나타났다. "선생님은 특별한 교사입니다. 선생님의 학생 중에서 상위 20% 학생들은 학업성적을 끌어올릴 수 있는 재능을 가지고 있는 특별하게 우수한 학생들입니다. 그러므로 우리는 학생들의 우수한 학업성취를 기대하고 있고, 선생님이 이 특별한 학생들을 잘 가르칠 것으로 알고 있습니다."

2. 학생들의 학업성취를 교사들은 기대했고, 그 20% 학생들이 사실은 특별한 학생이 아니고 임의로 선발된 학생들이라는 사실은 교사들에게 말하지 않았다. 교사들은 그 학생들이 특별한 학생이라고 믿었기 때문에, 가르치면서 예전과 다른 신체언어, 표정, 성격, 태도가 나타났고 학생들에 거는 기대가 컸다.

연구자가 언급했듯이 "교사로부터 학업성취가 높을 것이라고 기대를 받는 학생은 그렇지 않은 학생에 비해서 실제로도 더 높은 학업성취를 보였다".

이 연구 이후에도 많은 후속연구들이 이어졌으며, 몇몇 연구는 반복된 결과를 얻을 수 있었지만, 그렇지 않은 경우도 있었다. 여하튼 교육자나 부모가 가지고 있는 기대의 힘이 학생들의 학업성취에 영향을 준다는 것은 분명하다.

> 학생들은 교사가 기대하는 만큼 배운다.
> 모든 학생들에게 높은 기대를 하고 가르치는 교사에게 배운 학생들은
> 그렇지 않은 교사로부터 배운 학생들보다 학업성취가 훨씬 더 높다.[4]

어린 학생들에게 가장 중요한 사람들

부모님에 대한 감사

내가 다섯 살이 되기 전 우리 부모님은 나에게 반복해서 한 가지를 말씀하셨다. 부모님은 친척들뿐만 아니라 이웃집 사람들, 동네 상인들에게도 그 말을 계속하게 하셨다.

나는 하루에도 몇 번씩 그 말을 들었다. 그 말은 "해리야, 네가 커서 어른이 되면 어떤 의사가 되고 싶니?"라는 것이었다. 사람들은 이미 모두 의사가 돼 있는 삼촌들, 그리고 의사가 되기 위해서 의대를 다니고 있었던 사촌들이 나의 롤모델이 될 것이라는 말과 함께…

그때 당시 의대에 들어가는 것이 힘들었음에도 불구하고 그 삼촌들과 사촌들은 내가 의대에 가는 것은 이미 정해진 길이라고 말했다. 그들이 알고 싶어 하는 것은 내가 어떤 전문의가 되고 싶어 하는가였다. 그때 당시 나는 유치원에도 가지 않은 나이였기 때문에 내 대답은 "난 아직 모르겠어요"였다. 그렇게 대답하고 나면 그들이 나에게 하는 말은 "너는 뇌 전문의가 될 거지?"였다. 그들은 내가 의사가 될 수 있는 총명함을 갖고 있고, 뇌 전문의가 돼서 사람의 뇌를 수술할 수 있다고 믿고 있었다.

우리 부모님은 나에게 항상 높고 긍정적인 기대를 하고 계셨다. 난 항상 그러한 부모님께 감사의 마음을 드리고, 나의 사랑을 전해드리고 싶다.

- 해리 왕

선생님께 대한 감사

내가 학교와 인생에서 성공한 또 하나의 이유는 선생님들 때문이다. 내가 초등학교 때 선생님들께서는 매년마다 똑같은 말을 반복해서 하셨던 것을 분명하게 기억한다. 이 말이 나의 인생에서 중요한 일을 추진하는 힘이 되고 기대를 할 수 있게 해주었다.

그 선생님들은 나에게 이런 말씀을 해주셨다. "네가 원하면 무엇이든 될 수 있다. 대통령이 되고 싶으면 그 꿈도 이룰 수 있다." 그 말을 듣고 나는 이런 기대를 하게 되었다. 내가 세계의 지도자가 될 수 있고, 특히 내가 어떤 분야를 선택하든지 그 분야에서 지도자가 될 수 있다는 것이다.

요즘 젊은 사람들은 지도자나 영웅이 되라고 격려하는 말을 듣는 경우가 적다. 게다가 젊은 사람들은 방송매체나 친구들로부터 학교에서 공부 잘하고 성공하는 것만이 좋은 것은 아니라는 말

> **부모님과 선생님들이 나에게 한 번도 하지 않으셨던 말들**
>
> 너는 바보 멍청이다.
>
> 너는 어리석다.
>
> 너는 잘하지 못한다.
>
> 너는 어떤 일도 못할 것이다.
>
> 너는 이 수업을 받을 자격이 없다. 너는 내가 바라는 학생이 아니다.
>
> 이런 식으로 좀 보도록 해라. 여름방학이 10달밖에 남지 않았다.

도 듣는다. 운이 좋게도 나는 인구가 밀집되었고 가난이 큰 흉이 아니었던 샌프란시스코의 차이나타운에서 태어나고 자랐다. 나는 가족이 있었고, 좋은 학교와 문화 속에 있었다. 내가 자랄 때 상대방을 헐뜯는 말 중에서 자주 썼던 말로는 게으른 사람이 하는 일 없이 하루종일 앉아서 밥만 축 낸다는 의미로 '밥통(rice bucket)'이란 말이 있었다. 우리는 그렇게 게으른 사람들보다는 더 많은 것을 할 것이라고 스스로에게 기대를 하였다. 열심히 공부하고 일하면 성공할 수 있다는 확신을 주는 문화 속에서 생활하는 선생님들도 우리 스스로의 기대를 강화시켜주셨다.

선생님들은 내가 똑똑해서 내가 원하는 것은 무엇이든지 충분히 할 수 있을 거라고 말씀하셨고, 원하기만 하면 제일 높은 공무원도 될 수 있을 거라고 말씀하시면서 나에게 높고 긍정적인 기대를 보여주셨다.

나에게 그만큼 높고 긍정적인 기대를 해주셨던 선생님들께 고마운 마음을 전한다.

— 해리 왕

부모와 교사가 어린이의 발달시기에 기대를 보이면 그 어린이가 그 기대를 실현하는 경우가 많다. 교사가 학생에게 기대를 보이게 되면 학생의 학업성취에 영향을 줄 뿐만 아니라, 그들의 인생, 그리고 궁극적으로는 이 세상에 큰 영향을 주게 된다.

> **❝** 우리 선생님은 내가 실제보다 더 똑똑하다고 생각했다.
> 결국 나는 선생님이 생각하는 것만큼 똑똑해졌다. **❞**
> — 6살 어린이

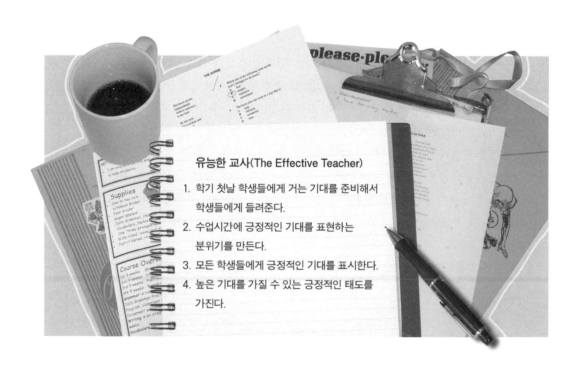

유능한 교사(The Effective Teacher)

1. 학기 첫날 학생들에게 거는 기대를 준비해서 학생들에게 들려준다.
2. 수업시간에 긍정적인 기대를 표현하는 분위기를 만든다.
3. 모든 학생들에게 긍정적인 기대를 표시한다.
4. 높은 기대를 가질 수 있는 긍정적인 태도를 가진다.

7장

모든 학생들이 성공할 수 있도록 돕는 방법

THE KEY IDEA

학생들을 교육시키는 데 학교와 학생 가족이 하나의 파트너로 긴밀하게 협조하면
학생이 성공할 수 있는 기회가 더 많아진다.

효과적인 학교는 학교에서의 첫날을 기념한다.

입학 축하

학생의 교육에서 가장 중요한 날은 졸업하는 날이 아니고 입학하는 날이다.

　학생이 적절하고 긍정적인 기대를 받으면서 학교생활을 시작하지 않으면 졸업식을 축하하는 날이 오지 않을지도 모른다. 2009년 미국에서 고등학교를 졸업하지 못한 학생이 130만 명이었고, 이 숫자는 매사추세츠주의 학생 수보다 많은 수이다.[1]

　어떤 학생은 졸업식에서 학업성취에 대한 기쁨을 축하하지 않는다. 이들은 졸업식에서 세상을 조롱하고, 과격한 행동을 하고, 교육시스템을 비웃는다. 부모와 교사에게 무례한 행동을 하며, 과연 이들이 그동안 교육을 받은 학생들인가 싶을 정도로 난폭한 파티를 열기도 한다.

입학을 기념하고 축하하는 것이 모든 교육기관의 전통이 되어야만 한다. 학교에 관련이 있고, 미래교육에 관심이 있는 모든 사람들이 참석하여 축하해주어야 한다. 학교에 근무하는 사람 외에도 부모, 학교 주변 사업가, 주민들도 이 학기 첫날을 기념하는 데 참석해야 한다. 모든 사람이 학생들의 성공을 위해서 돕고 기념하는 것을 학생들이 직접 보고 느끼는 것은 매우 중요하다.

학교와 가족, 그리고 지역 사회가 학생들을 교육시키는 데 서로 힘을 합하면 학생들이 성공할 수 있는 기회가 훨씬 더 많아진다.

학교에서 학생들을 환영하자

여행을 떠날 때 기대를 많이 하면서 여행을 떠나는 것처럼 학생들도 큰 기대를 하고 학교에 온다. 아이들은 교육을 받고, 친구를 만나고, 여러 활동에 참가하고, 즐거운 시간을 보내고, 공부하며 배우기 위해서 학교에 온다. 그들은 온종일 학교 근처에서 친구들과 시간을 보낸다. 이것이야말로 그들의 인생에서 가장 재미있는 시간이다.

그러므로 교사와 교직원은 학교에 오기 전부터 인사말을 준비하고, 학교에 오면 학생들에게 환영의 인사를 건네야 한다. 모든 사람이 개학을

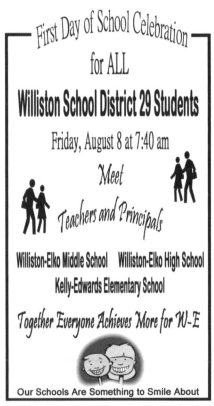

이 광고는 사우스 캐롤라이나 윌리스톤 신문에 매년 게재된다.

기념하고 학생을 환영하는 계획에 참여해야 한다. 여기서 '모든 사람'이란 학교장·교사·교직원·교육청 관계자·부모 그리고 지역사회 등을 의미한다. 아이들 교육에 성공하려면 사회의 공동체 전체가 긴밀하게 협조해야 한다.

어떻게 학생들을 환영할 것인가?

- 입학기념식 계획을 세운다.
- 학기 첫날 버스에서 내리는 학생들에게 환영의 인사를 한다. 손을 흔들며 밝은 미소를 건넨다.
- 학교 정문에 서서 아이들을 반긴다. 학교로 들어오는 모든 문에 최소한 한 명의 교사 또는 교직원이 학생을 맞이하여 모든 학생이 친절하게 환영받는 분위기를 보여준다.
- 학교 정문 부근에 학교 밴드부를 통해 환영 연주를 한다.
- 밴드부가 없으면 재학생과 교사가 한 조가 되어 수업 첫날 밝은 미소로 학생들을 환영한다.
- 학생들을 환영하는 현수막을 건다.
- 교훈과 교사와 학생에 대한 학교의 신념을 담은 학교신문을 배포한다.
- 복도에 안내하는 사람을 두고, 신입생들이 본인들의 교실로 잘 찾아갈 수 있도록 방향 표시를 부착한다.
- 각 교사의 교실에 교사의 이름과 교실번호를 보기 쉬운 교실문에 부착하고, 환영인사 말도 적어둔다.
- 환영인사와 더불어 처음 메시지를 공개석상에서 학생들에게 말하고, 학생들에 대한 긍정적인 기대를 하고 있다는 말도 전한다.

학교는 학생들이 단순히 강의를 듣고, 출석부에 체크하고, 지루함을 달래러 오는 장소

모든 신입생은 입학하는 날 환영을 받아야 한다.

> **교사는 가르치고 학생들에게 다음과 같은 것을 보여줘야 한다**
>
> 1. 교사는 학생들의 교육에 책임을 진다.　　2. 학교는 지식을 얻는 장소이다.
> 3. 학교는 사랑을 주고받는 장소이다.　　4. 학교는 성공으로 이끌어주는 장소이다.

가 아니다. 그리고 학교는 단조로운 색의 낡은 건물로 이루어진 장소도 아니며, 불량스런 행동을 묵인해주는 장소도 아니다.

학교는 협박이나 피해를 당할 일이 없고, 쾌적한 환경에서 학생들이 배우고 삶의 질을 높일 수 있도록 친절한 사람들이 안내해주는 이상적인 장소이다. 인간이 사랑을 통해서 배울 수 있고 좋은 학습환경을 제공해주는 것보다 더 위대한 선물은 없다.

> **학교는 단순한 장소가 아니라 학생들의 장래를 책임지는 이상적인 곳이다.**

> **66** 학교는 은행보다 건물을 더 잘 짓고 더 잘 관리해야 한다.
> 왜냐하면 학교가 은행보다 더 많은 재산을 가지고 있기 때문이다. **99**
>
> — 마틴 하버만

> ### 여러분 모두는 성공할 것입니다
>
> 여러분은 내가 일본교육을 좋아할 것이라고 생각할 수도 있겠지만 실제는 그렇지 않다. 그러나 나의 관점과 일치되는 일화가 있다.
>
> 일본에서 우리 딸이 손녀를 유치원에 처음으로 데리고 가는데 캐주얼한 옷차림으로 입고 갔다. 미국에서 하는 것처럼 딸은 손녀를 학교 앞에 내려 놓고 그냥 집으로 돌아올 생각이었다. 하지만 일본의 학부모들은 그렇게 하지 않았다.
>
> 일본의 학부모들은 가장 격식을 갖춘 정장을 입고 온종일 유치원 입학식을 기념하는 행사에 참여한다는 것을 딸이 알게 되었다. 학부모들은 아이들과 함께 교실에 있으면서 연설을 같이 들었고, 교단에는 "유치원생 여러분 입학을 축하합니다. 여러분 모두는 성공적인 한 해를 보낼 것입니다"라는 내용의 현수막이 걸려 있었다.
>
> 어니스트 보어
> 「부모, 학교 그리고 일터(On Parents, School and the Workplace)」(Fall 1988),
> Kappa Delta Pi Record, 8쪽.

호튼(Haughton) 고등학교 입학을 축하합니다

개학하기 1주일 전 루이지애나주에 있는 호튼 고등학교는 입학생을 환영한다. 오전 프로그램으로 짜여진 입학식 행사에 차가 필요한 학생들을 위해서 학교버스가 제공된다. 입학생은 모두 강당에 모여서 교가, 응원가와 더불어 학교의 이념을 배운다. 교사·간호교사·버스 운전사·식당직원 등 모든 교직원을 소개시키고, 축하연설과 신입생들에게 거는 기대를 얘기한다.

신입생들은 학교스케줄을 안내받고, 사물함·식당·체육관·미디어센터·교실 등 학교시설을 둘러본다. 모든 신입생들은 학교에 대해서 모든 것을 알기 때문에 입학식 날 걱정할 필요가 없고, 조롱의 대상도 되지 않는다. 신

입생들은 성공적인 모임들에 참여함으로써 학교생활의 시작을 잘하고, 문제가 발생했을 때 해결하는 방법에 대해서도 조언을 들을 수 있게 된다.

신입생들은 상담교사를 만나 학교생활을 잘하고 그들이 성공할 수 있는 계획을 세우기도 한다. 이러한 활동들은 신입생들이 학교에서 환영받고, 그들이 성공하도록 도와주는 방법이다.

GoBe

입학 기념

입학을 기념하는 자료는 EffectiveTeaching.com 사이트에서 Going Beyond 폴더 내에 있는 Chapter 7 에서 찾아 볼 수 있다.

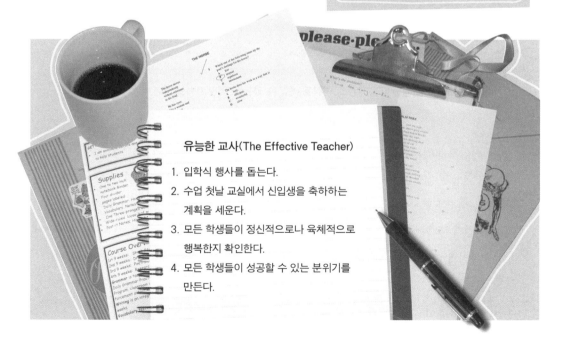

유능한 교사(The Effective Teacher)

1. 입학식 행사를 돕는다.
2. 수업 첫날 교실에서 신입생을 축하하는 계획을 세운다.
3. 모든 학생들이 정신적으로나 육체적으로 행복한지 확인한다.
4. 모든 학생들이 성공할 수 있는 분위기를 만든다.

8장

성공하는 교사의 옷차림

THE KEY IDEA

유능한 교사는 전문성을 갖춘 교육자로서 적절한 옷을 입는다.

옷의 개념

옷을 입는 것에 따라 사람이 다르게 보이며, 사람이 보이는 것에 따라 대우도 달라진다.

교사는 항상 학생보다 옷을 잘 입어라.

교사가 자신을 가꾸지 않는다면 어떻게 학생이 교사를 따를 수 있겠는가?

옷을 잘 입는 만큼 대우도 받는다

첫인상이 형성된 다음에는 그 인상을 바꿀 수 있는 두 번째 기회는 없다.

취직시험에서 인터뷰하는 사람은 인터뷰 받는 사람의 합격여부를 판단하는 데 20초 내에 결정한다. 판매자들은 구매자들이 첫인상을 결정하는 데 7초 정도 걸린다는 사실을 알고 있다. 유능한 교사는 그들이 입고 있는 옷과 얼굴의 미소가 교실문을 들어설 때 학생들이 제일 먼저 본다는 것을 알고 있다.

실수하지 말라. 우리는 다른 사람들의 옷차림을 보고 그들을 판단한다. 마찬가지로 학생들도 교사들이 입은 옷을 보고 그 교사를 판단한다. 이것은 공평하지도 않고 옳지 않을 수도 있다. 하지만 사람들은 입은 옷을 보고 다른 사람을 판단하는 경향이 있다.

입은 옷을 보고 사람을 판단하는 것은 상식이다. 두 명이 가게에 들어선다고 가정해보자. 한 명은 옷을 적당히 잘 차려 입었고, 또 한 사람은 그렇지 않다. 그렇다면 어떤 사람이 먼저 그리고 좋은 서비스를 받을 것인지 쉽게 추정해볼 수 있다.

은행에서 은행원이 낡은 청바지와 '가난뱅이'라는 글자가 새겨진 티셔츠를 입고 들어온 손님에게 얼마만큼 진실성을 가지고 은행 업무를 봐줄 수 있을까?

이상적인 세계에서는 외모가 아니라 우리 자신 그대로를 받아들이는 것이 훨씬 더 중요할 것이다. 하지만 실제생활에서는 겉으로 보여주는 것이 더 중요하다. 사실 대부분의 사람들은 읽어보지도 않은 책의 겉표지만 보고 그 책을 판단하고, 먹어보지도 않은 시리얼의 박스 앞부분만 보고 맛을 판단하며, 얘기해보지 않은 사람의 가죽점퍼를 보고 그 사람을 판단한다. 우리는 그렇게 모든 것을 판단하고 평가한다. 사람의 신분과 연봉, 직업까지 그렇게 판단하는 것이다.

> 실제가 아니라 보이는 것이 중요한 영향을 미친다.

교사는 걷고, 말하는 광고이다

이것은 실제가 아닌 표면상의 세계일지도 모르지만 사실은 이러한 것을 통하여 세상일이 이루어지기도 한다. 그러므로 어떤 것을 겉으로만 잘 보여도 실패하지 않는 경우가 있다. 사람이 옷을 잘 입고 일을 하면 그렇지 않을 때보다 일이 훨씬 잘 풀릴 수 있다.

핵심은 외모를 단순히 좋게만 보이는 것이 아니라 전문가로 보이게 하는 것이다. 외모를 전문적인 교육자로 보이게 하면 학생들에게 첫인상을 좋게 주어 교사 스스로도 학생들에게 차분한 학습분위기를 제공할 수 있게 된다.

❝ 초등학생은 3일이면 교사를 그대로 따라하고, 고등학생은 10일이면 교사를 따라한다. **❞**
— 찰스 갤로웨이

오늘날 교사는 도전하는 마음자세로 더 기쁘고 더 준비가 잘되어 있다

- 교사 직업 만족도는 1984년 40%에서 2008년 62%로 증가했다.
- 사회로부터 존경을 받는다고 느끼는 교사는 1984년 47%에 비해서 오늘날은 66%이다.
- 66%의 교사는 그들의 연봉에 만족해한다(이 통계는 1984년에 비해 거의 두 배이다).
- 오늘날 75% 이상의 교사가 학생들에게 장래에 교사가 되도록 조언해준다.
- 교사 3분의 2(67%)는 오늘날 교사연수가 그들이 수업을 준비하는 데 큰 도움을 준 것에 동의한다(1984년에는 46%의 교사가 동의했다).
- 44%의 교사는 수업을 위한 자료 및 재료가 학교에 충분히 있다고 대답했다(1984년에는 22%였다).
- 교사는 가난하고, 언어장애가 있고, 부모의 도움이 적고, 건강이 좋지 않은 학생들을 가르칠 때 더 큰 도전 정신으로 가르치며 보람을 느낀다.

통계자료
『메트라이트 미국 교사 설문: 과거, 현재 그리고 미래』*
'A Survey of Teachers, Principals, and Students.'
2008년 8월

---

* 역주: 2011년 메트라이트 교사설문조사에서는 교사의 직업만족도가 44%로 다시 낮아졌다. 이 원인은 교육예산삭감, 학생들의 학업성취도를 교사평가에 반영하는 새로운 교사평가시스템 등이라고 한다.

한국의 경우는 한국고용정보원에서 2012년 발표한 자료에 의하면 759개 직업의 만족도 순위를 조사한 결과, 직업만족도가 가장 높은 순위의 직업은 초등학교 교장으로 나타났다. 특수교사의 만족도는 20위, 일반 교사는 90위에 그쳤다.

2011년 한국교원단체총연합회에서 전국 유·초·중·고 및 대학교원 1,733명에게 설문조사한 결과, 교직 만족도 및 사기가 최근 1~2년간 어떻게 변화했느냐는 질문에 응답자의 79.5%가 '떨어졌다' 혹은 '매우 떨어졌다'고 답했다. 이처럼 만족도와 사기가 떨어졌다는 응답은 작년 2010년(63.4%)보다는 16.1% 포인트, 2009년(55.4%)보다는 24.1% 포인트 늘었다. 만족도 및 사기 하락의 원인으로는 교사의 학생에 대한 권위상실(40.1%)을 꼽은 응답자가 가장 많았고, 이어서는 수시로 바뀌는 교육정책(28.9%), 수업 및 잡무 등 직무부담(14.9%) 순이었다.

그러나 교사 직업에 대한 선호도는 여전히 높게 나타나고 있다. 2012년 1월 교육과학기술부가 발표한 우리나라 고교생의 선호직업 1위는 교사였다.

이와 같은 교사직업만족도의 변화는 앞으로 교사들이 학생을 잘 가르쳐서 학생들의 학업성취도를 높여주고, 이를 바탕으로 교사의 권위를 높여나가야 한다는 것을 보여주는 것으로 해석할 수 있다.

유능한 교사는 전문적인 교육자로 성공한 사람의 모델이 될 수 있도록 적절한 옷을 입는다. 옷차림에 대한 중요한 단어는 '적절한(appropriately)'이다. 우리는 아래와 같은 사인을 종종 본다.

맞다, 넥타이를 매는 데 시간이 걸리고, 하고 있는 것도 불편하다. 그러나 넥타이는 교사가 대하는 모든 학생들에게 이러한 의미를 지닌다.

"나는 여러분과 내 직업 그리고 나 자신을 존중하며, 나는 또한 여러분을 성심성의껏 가르칠 준비가 돼 있다."

성공하는 교사는 성공할 수 있는 옷차림을 한다.

대체교사로서

피닉스의 한 학교에서 상담교사를 시작한 내 딸은 학생들의 시선을 외모로 잡을 수 있다는 것에 동의한다. 내 딸은 "나는 대체교사로 갈 때 옷을 잘 입었다. 아이들이 나란히 서서 교실문을 열어주었다. 아이들이 외모에 그렇게 쉽게 영향을 받는다는 놀라운 사실을 나는 알게 되었다"라고 말했다.

해리 왕과 나눈 대화

학교가 존재하는 이유 중 하나는 학생들에게 적절한 학습을 하도록 하는 것이다. 어린 아이들은 자신의 롤모델인 어른이 하는 것을 보고 사회에 적절한 행동을 배운다. 그러므로 학생들은 교사의 옷차림, 행동, 언어 등을 보고 적절한 것이 어떤 것인지를 배우게 된다.

학교가 시작하고 1~2주일이 지나고 나면 모든 학급의 학생들은 교사로부터 받은 분위기를 보고 나머지 1년의 학교생활에 임하는 행동을 결정한다. 교사는 자신의 실제를 생생하게 보여주는 광고판이 된다. 교사는 자신이 전문적인 교육자라는 것을 보여주는 살아 있는 광고판 역할을 하게 된다.

이와 반대로 교사가 수업시간에 늦게 들어가는 것은 학생들에게 전하는 하나의 메시지가 된다. 교사가 탄산음료 캔이나 커피를 들고 인상을 찡그리며 수업시간에 늦게 들어가는 것도 학생들에게 전하는 하나의 메시지가 된다.

교사가 수업시간에 일찍 들어가면서 교실문에 서서 학생들에게 환한 미소를 보이며 환영한다는 손짓을 보낸다. 과제물을 칠판에 미리 적어 놓고, 교실과 모든 수업자료들이 이미 준비되어 있는 이러한 긍정적이고 잘 정리 정돈된 수업분위기가 있다. 이러한 분위기 자체가 교사가 학생들에게 전하는 하나의 메시지가 된다.

교사가 수업시간에 학생들이 장난하는 것을 허용하면 이것도 교사가 학생들에게 전하는 하나의 메시지가 된다. 반대로 수업시간에 장난하는 것을 허용하지 않으면 이것도 교사가 학생들에게 전하는 하나의 메시지가 된다. 이렇게 교사가 전달하는 메시지가 학생들이 수업시간에 얼마나 행동을 잘하고 학업을 성취할 수 있는가에 직접적으로 영향을 준다. 그리고 학생들이 수업시간에 어떻게 행동하고 학업성취를 하는가에 따라 교사의 성공이 결정된다.

전문가들의 말에 의하면 청소년은 자기 인생의 가치를 모를 때 그들의 친구로부터 가치를 얻는다고 한다. 청소년들이 친구로부터 인생의 가치에 대해서 영향을 받기 전에 부모가 먼저 그 가치를 알려주는 것이 매우 중요하다. 신임교사는 그들의 가치를 다른 교사로부터 얻는다. 신임교사가 교사로서의 가치관을 형성하는 초기에 헌신적이며 전문적이고 롤모델이 되는 교사들이 참여하여 지도해주는 연수 프로그램을 운영해주는 것이 중요하다.

존경받는 사람의 옷차림

옷이 사람을 만드는 것은 아니지만 사람을 망치게 하는 요소가 되기는 한다. 우리가 인정하든 아니든 간에 사람의 외모는 다른 사람의 평가에 있어서 기준이 된다. 교사의 옷차림에 따라서 학생이 교사를 좋아하고 싫어하는 것은 아니다. 하지만 교사의 옷차림은 학생들의 교사에 대한 존경심에는 영향을 준다. 학생이 열심히 학습하도록 하기 위하여 그 존경심을 가지도록 해줄 필요가 있다.

교사들이 입는 옷에 따라서 학생들의 과제, 태도 그리고 전반적인 교육에 영향을 미친다는 연구결과가 있다. 교사의 옷차림은 다음 네 가지 요소에 영향을 준다.

1. 존경　　2. 신뢰　　3. 수용　　4. 권위

내가 본 것을 믿을 수 없었다

크리스마스 휴가 후에 한 학생이 자신이 그린 우리 반 크리스마스 파티 그림을 몇 장 내 책상 위에 놓고 갔다. 그림 속에 있는 내 자신을 보고 믿을 수가 없었다. 내 자신을 전혀 신경 쓰지 않은 그러한 모습이었다.

그 다음날 난 옷을 좀 더 적절하게 잘 차려입고 학교에 갔고, 학생들은 내 옷차림을 알아보았으며 내가 얼마나 잘 어울리고 좋게 보이는가를 말해주었다. 나는 매우 기뻤으며 학생들은 나를 정말 기분 좋게 해주었다.

난 지금 나를 가꾸는 데 예전보다 더 많은 시간을 보낸다. 학생들도 나에게 더 많은 관심을 갖는다. 현재 나는 내 자신을 아주 만족해하고 자랑스럽게 생각한다. 그 이후 학생들의 행동도 훨씬 더 좋아졌다.

5학년 교사
(아이오아)

유능한 교사는 이러한 네 가지 특성을 이용하여 학생, 다른 교사, 학교장, 학부모, 그리고 지역사회와 관계를 맺어간다. 이 네 가지 특성을 가지고 있는 교사는 그렇지 않은 교사보다 학생들이 배우는 데 영향을 줄 기회를 더 많이 가진다.

학생들은 자신과 친구들의 외모에 대해서 많은 관심을 가지는 것과 마찬가지로, 교사가 어떠한 옷차림으로 그들을 가르치는지 보고 있다는 것을 교사는 알아야만 한다.

아이들은 매일 자신의 부모가 업무용 복장이나 기관의 제복을 입고 출근하는 것을 본다. 그리고 아이들은 학교에 와서 최소한 대학학위가 있고, 교원자격증을 가지고 있으며, 능력 있는 중산층 지식인인 교사의 복장을 본다. 이러한 교육 전문직이 존경받고 신뢰를 얻기란 쉽지 않은 것이다.

또한 몇몇 교사에게는 학생들에게 가까이 다가서고 영향을 주는 것이 쉽지 않을 수 있다. 교사가 학생들에게 가까이 다가서지 못하면 학습은 제대로 이루어질 수 없을 것이다. 이런 교사들은 학생들에게 단순히 다가서지 못할 뿐만 아니라 부적절한 교육으로 학교를 망가뜨리는 결과를 낳는다. 이러한 실패는 교사들의 옷차림에서 나온다. 교사는 매일 아침 옷을 고를 때, 세상에 자신의 의사를 표현하는 메시지를 만들게 된다.

현실을 직시하라. 교사는 학생들에게 배울 수 있도록 용기를 주어야 할 책임이 있고, 학습

장소와 때에 맞는 적절한 옷을 입어라

오클라호마 머스코기 고등학교의 경영교육 수업 교사인 데루사 리차드슨은 지각과 전문가 이미지에 대한 수업 프로젝트를 시작하고 있었다.

그 프로젝트를 시작하는 첫날 그녀는 서둘러서 대충 차려입은 옷차림으로 수업에 들어왔다. 그 교사는 긴 소매 셔츠에 오래되고 잘 맞지 않는 잠바를 입고, 피쉬테일 드레스(Fishtail dress: 폭이 좁고 몸에 꼭 끼는 실루엣에 뒤가 끌리도록 된 치마)를 입었으며, 운동화를 신고, 스타킹 위에 두꺼운 모직 양말을 신었다. 그녀 머리는 뒤로 넘겼고, 화장은 전혀 안 했으며, 가짜 이빨도 완전히 표시가 났다. 그녀는 교실에서 일어난 일에 놀랐다.

그 교사는 학급을 통제할 수 없었고, 학생들을 집중시킬 수 없었으며, 혼란은 15분이 지나서도 계속 되었다. 끝내 그 교사는 교실을 나와서 전문적인 교육자다운 복장을 하고 다시 돌아와서 학생들을 이끌었다.

곧 직장에 취직할 그 학생들은 옷차림이 얼마나 중요한 것인가를 직접 체험했다. 옷차림은 전문적인 직업을 가지려는 사람들을 좋게 보이게도 하고 나쁘게 보이게도 하는 침묵의 언어라는 것을 그 학생들은 알 수 있었다.

『전문가 이미지 만들기』(2007년 3월)

교사가 착용해서는 안 되는 것들

- 운동화는 스포츠나 각종 다른 운동을 위한 것이다.
- 체육복은 체육관에서 입어야 한다.
- 티셔츠나 속살이 보이는 셔츠는 자제해야 한다.
- 미니스커트, 짧은 바지, 짧은 반바지 등은 교실에서 입어서는 안 된다.
- 고무 또는 플라스틱 샌들은 여행 때 착용한다.
- 유행하는 옷으로는 권위가 서지 않으므로 입지 않는다.
- 청바지는 방과 후 또는 주말에 입는다.
- 과도한 액세서리 장식이나 향수는 수업분위기를 혼란시킨다.

교사가 착용해야 하는 것들

- 밝은 옷은 초등학생에게 좋다.
- 부드럽고 안정감 있는 옷은 중·고등학생에게 좋다.
- 남자 교사는 와이셔츠에 넥타이를 한다.
- 여자 교사는 정장이나 치마, 바지, 블라우스 등을 입는다.
- 청결한 옷을 입으면 보기도 좋고, 학생들의 위생에도 좋다. (건강에 좋다.)
- 다려진 옷을 입는다.
- 깔끔하고 깨끗하게 재봉된 옷은 확신을 심어준다.
- 정장은 학생들로 하여금 미래의 경쟁사회와
  세계경제를 준비하게 해준다.

GoBe

성공을 위한 옷차림

전문직을 위한 적절한 옷차림에 대한 연구는 EffectiveTeaching.com 사이트 Going Beyond 폴더 Chapter 8에서 찾아볼 수 있다.

모든 직업에는 적절한 복장이 있다.

은 학생들이 교사를 존경하는 것으로부터 시작한다. 그리고 교사에 대한 존경은 옷차림(외모)에서부터 시작된다.

교사가 항상 적절한 복장을 하고 있으면 학생들은 교사가 보기 좋다는 말을 할 것이다. 간혹 교사가 적절하지 못한 복장을 하고 있으면 학생들은 이에 대한 이야기를 함으로써 교사가 자신을 다시 돌아볼 기회를 줄 것이다. 하지만 교사가 항상 부적절한 옷을 입고 학교에 오면 학생들은 교사에게 어떤 말도 하지 않을 것이다. 학생들은 교사가 스스로에게 관심이 없기 때문에 학생들도 교사에게 관심을 가질 필요가 없다고 생각하기 때문이다. 학생들이 교사에게 관심을 갖는다는 것은 매우 중요하므로 교사는 항상 교사에게 어울리는 옷을 입어야 한다.

학생들이 교사에게 관심을 가질 때, 학생들이 교사를 존경할 것이고, 교사로부터 지식을 배운다는 자세를 갖게 될 것이다. 이러한 교사가 전문적인 교육자로 학생들에게 지식을 가르치고 미래에 성공할 가능성을 키워줄 수 있다.

학생들로 하여금 세계를 향한 준비를 시켜라

옷차림을 적절하게 한다는 것은 무슨 의미인가? 교사는 학생들이 적절한 언어를 사용하고, 형식에 맞는 양식을 사용해서 글을 쓰고, 적절한 행동과 매너를 보여주기를 기대한다. 그렇다면 교사들 또한 학생들에게 적질한 태도를 보여야 한다. 이를 위해 교사는 적절한 옷차림에 대해서 이해해야 한다.

학교의 기능은 어린 아이들이 미래세계에 대비하도록 하는 것이다. 우리는 경쟁이 심한 국제경제 속에서 한 국가가 아닌, 세계 속에서 살고 있다. 특정한 도시, 주 또는 하나의 나라가 아니라 세계를 향해 준비시켜야 한다. 현재 교사가 가르치고 있는 많은 학생들은 특정한 한 구역이 아닌 세계 어디에든 사무실이 있는 회사에서 일을 할 것이다.

교사가 학생으로 하여금 세계를 향해서 준비시키려면 교사도 세계를 알아야 한다. 교사가 세계를 모르면 시간을 내어 연구를 해야 한다. 큰 공항에 가서 아메리칸 에어라인, 루프트한자 그리고 싱가폴 에어라인으로부터 나오는 승객들을 보라.

> 세계 속에서 성공하려면 세계적으로 생각해야 한다.

그리고 큰 도시의 상업지역에 가서 회사 중역·가게사장·영업사원·서비스직에 있는 사람들의 옷차림을 관찰해보라. 서비스직에 근무하는 사람들에 대해서 얘기한다면, 학교 사무원들이 교사들보다 옷을 훨씬 더 잘 입는 것을 보지 않았는가?

세계 속의 교육을 생각하고 있다면, 교사는 아침에 옷을 입고 난 다음 거울 속의 자신

학교 사무원은 적절한 옷차림을 하고 그녀의 능력을 발휘한다.

을 보고 학교에 가서 학생들을 대해보자. 그리고 그 학생들이 교사를 지속적으로 발전하는 미래세계에서 성공할 수 있는 롤모델로 볼 것인가 생각해보자. 우선 교사 자신에게 다음 세 가지 질문을 해보자.

1. 현재 당신이 입고 있는 복장을 보고 회사가 당신을 채용하겠는가?
2. 맥도널드 패스트푸드 식당은 당신과 같이 입고 있는 사람을 손님에게 봉사할 판매원으로 고용하겠는가?
3. 당신과 같이 옷을 입고 있는 교사가 가르치는 학교에 당신의 자녀나, 손자, 손녀, 질녀, 또는 조카를 보내겠는가?

하물며 범죄자들도 사람들이 보내는 비언어적 메시지를 파악하고 범죄에 이용한다. 한 실험에서 유죄가 확정된 강도들에게 많은 사람들이 걷고 있는 길거리의 비디오를 보여줬다. 그 강도들은 본인들과 비슷하게 단정치 못하고 핍박받는 사람들처럼 보이며, 어깨가 구부정하고 무기력하게 천천히 걷는 사람들을 범행대상으로 선택했다. 그 강도들은 똑바로 서서 의기양양하게 걷는 사람들을 선택하지 않았다. 왜냐하면 그들은 자기관리를 잘하고 있다는 메시지를 보여주기 때문이다.

> ❝ 어느 날 그녀로부터 아프다고 전화가 올까 두렵다.
> 그 사무원이 학교에 나오지 못하면 우리는 학교를 쉬어야 할 것이다. ❞
> ― 데이브 아놀드(관리 책임자 브라운스톤 초등학교, 일리노이즈)

자기 스스로에게 관심을 갖든 갖지 않든 사람들이 입고 있는 옷차림이 그 사람이 어떤 사람인가를 설명해준다. 공공장소에서도 이 메시지는 마찬가지이다. 교사로서 다음 두 문장 중 당신은 어디에 속하는가?

1. 나는 가난하고, 월급도 적고, 옷차림도 단정치 못하고, 기분도 언짢고 그리고 인정받지 못하는 사람 중의 한 사람이다.
2. 나는 전문적이고, 자랑스럽고, 충실하고, 헌신적이고, 책임감 있고 그리고 인정을 받는 사람 중의 한 사람이다.

이것은 초·중·고등학교 학생뿐만 아니라 학교장, 모든 교사들, 그리고 받아들일 수 없을 정도로 캐주얼하게 차려입은 많은 교육자에게 전하는 메시지이다. 판매, 경영, 그리고 지도자 교육을 하는 사람들도 이와 똑같은 말을 할 것이다. 여러분이 어떻게 행동을 하는가에 따라서 여러분이 어떤 사람이고, 인생에 어떤 기대를 가지고 있는가를 알 수 있다.

> 당신의 마음이 보이도록 옷을 입어라!

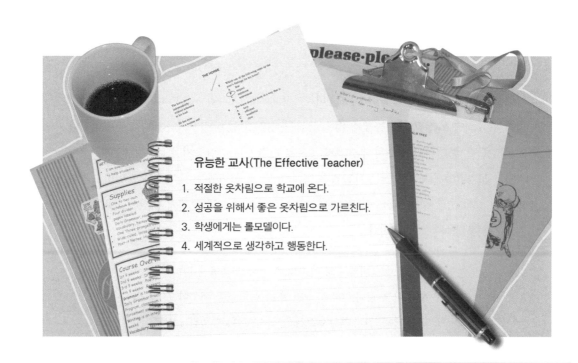

유능한 교사(The Effective Teacher)

1. 적절한 옷차림으로 학교에 온다.
2. 성공을 위해서 좋은 옷차림으로 가르친다.
3. 학생에게는 롤모델이다.
4. 세계적으로 생각하고 행동한다.

9장

학생을 배움으로 이끄는 방법

THE KEY IDEA

학생들이 그들의 잠재능력을 최대한 깨닫도록 학습자 · 배움의 장소 · 교육정책 · 절차 · 프로그램 등이 어우러진 교육이 실시되어야 한다.

신디 왕은 부모들로 하여금 짧은 글을 써서 자녀들의 책상 위에 올려놓으라고 했다. 학생들은 그들의 책상 위에 놓여 있을 부모들의 글을 그 다음날까지 기다릴 수가 없었다. 와! 이것은 초청장이 아닌가!

초청 교육

유능한 교사는 수업시간에 학생들뿐만 아니라 동료교사를 초청하여 함께 배워 나갈 수 있는 열정과 능력이 있다.

30명 학생 중 25명의 학부모가 개강하는 날 밤 모임(Back-to-School Night)에 참석했다. 캘리포니아 산호세에 있는 학교에서 교사인 신디 왕은 학생 편에 각 학생의 집으로 초청장을 보냈다. 그 교사는 학생들에게 종이학 하나와 학생이 부모에게 쓴 편지를 초청장과 함께 각 가정의 책상 위에 올려놓도록 시켰다. 학생들은 그 특별한 행사가 부모들을 기다린다는 생각에 마음이 들떠 있었다. 부모들이 선물을 받기 위해서 학교에 꼭 와야 한다고 몇몇 아이들이 말했다고 한다. 그 결과 30명 학생 중 25명의 학부모가 그 행사에 참가했다.

친애하는 학부모님께,

여러분 자녀의 교실에 오신 것을 환영합니다! 이 교실에서 일어나는 모든 일들은 여러분 자녀의 미래에 영향을 미칠 것입니다. 여러분의 자녀는 이 교실에서 아주 좋은 시간을 보낼 것입니다. 아이들은 수업시간에 온종일 열심히 공부하고 많은 생각에 잠겨 있어서 피곤한 상태로 집에 오는 날도 있을 것입니다. 하지만 저는 매시간을 아이들과 헛되이 보내지 않을 것입니다. 우리 학급의 학생 모두는 우수합니다. 저는 올 한 해 이 아이들과 같이 지낼 것을 생각하면 매우 기쁩니다. 여러분의 도움으로 우리는 더욱 잘해 낼 것입니다. 감사합니다.

Cindy Wong

사랑하는 엄마,

저에게 항상 사랑으로 관심을 가져주시고 오늘 시간을 내서 우리 학급에 와주셔서 감사합니다. 우리는 백혈병으로 고생하고 있는 사다꼬라는 이름을 가진 어린 여자아이에 대해서 배웠습니다. 사다꼬는 행운의 여신을 믿었습니다. 그 종이학이 하나의 행운이며, 그것은 평화의 상징이고 꿈이 이루어진다는 의미입니다. 여기에 엄마를 위해서 내가 특별히 만든 종이학이 있습니다. 이 종이학과 더불어 엄마 곁에 사랑, 평화 그리고 끊임없는 행복이 언제나 함께 하길 빌게요. 사랑해요 엄마.

딸 Emilio

난 왜 초청을 받지 못했을까?

오늘날까지도 난 그 생각을 하면 여전히 기분이 별로 안 좋다. 내가 중학교에 다닐 때 난 항상 A 학점을 받았고 우수반에 있었다. 어느 날 선생님이 교실을 돌면서 몇몇 학생들에게 초청장을 주었다. 나는 포함되어 있지 않았다. 그 학생들에게 '전국우수학생협회'에 가입하라는 초청장이었다. 내가 왜 그 초청장을 받지 못했는지 지금도 이해가 되지 않으며 실망스럽다.

로즈매리 왕

❝ 어린아이들의 영혼 속에 숨겨진 풍부한 동정, 친절함, 관대함이 얼마나 되는지 어느 누구도 알지 못한다. 진정한 교육자라면 아이들 속에 있는 그 보물들을 꺼내야만 한다. **❞**

― 엠마 골드만

초청을 받기 위한 기본

> 초청을 받기 위한 기본은 좋은 관계를 만드는 것이다.

유능한 교사는 학부모들과 좋은 관계를 만든다. 아이들의 잠재능력을 키워주기 위해서 학부모를 파트너로 초청한다. 새 학년이 시작되기 전 학부모와 학생들을 학교가 어떻게 초청하는지를 7장에서 다시 볼 수 있다.

유능한 교사는 심사숙고하여 학부모를 초청한다. 우리는 쇼핑 가고, 파티에 참석하고, 어느 협회에 가입하는 등 초청받는 것을 좋아한다. 대부분의 사람은 문에서 마주치면 서로 가볍게 인사를 나누고, 소개를 받으면 의례적인 인사를 교환하며 그리고 방문자에게 음식이나 술도 권한다. 이러한 것은 일상생활에서 실제 우리가 하는 행동이다. 이러한 행동은 학교의 전 학년 교실에서도 일어나야 한다.

여러분 교실에 누구를 초청할 수 있는가를 한 번 돌아보라. 여러분 교실에 대한 학생들이나 방문자들의 첫 인상은 어떨까?

- 출입문 표시가 제대로 되어 있는가?
- 환영하는 내용이나 정보가 부착되어 있는가?
- 사인들은 알 수 없는 전문용어로 쓰여 있지 않는가?
- 학생들은 처음 받아보는 과제를 모두 이해하는가?
- 학생들을 어떻게 돌보고 있는지를 보여주는 자료들을 구비했는가?

유능한 교사는 모든 학생이 능력이 있고, 중요하며, 책임감과 충분한 가치를 가졌지만 아직 발견되지 않은 잠재력을 가지고 있다고 생각한다. 언제 어디서나 필요로 하고 칭찬받는 사람은 초청을 받고, 그렇지 않은 사람은 초청을 받지 못한다. 이 개념은 윌리엄 W. 퍼키가 언급한 것으로, 초청교육이라 부른다.[1]

나는 깜짝 놀랄 만한 것을 알았다.
나는 교실에서 단호한 사람이다.
내 개인적인 성향에 의해서 수업분위기가 만들어진다.
내 개인적인 감정에 의해서 학급 분위기가 달라진다.
교사로서 나는 엄청나게 큰 힘을 가지고 있다.
그 힘으로 학생들의 인생을 비참하게 만들 수도
있고, 기쁘게 할 수도 있다.
나는 고문하는 기구일 수도 있고,
영감을 주는 도구일 수도 있다.
나는 학생들에게 창피, 유머, 아픔을 줄 수도 있고
그리고 치유를 할 수도 있다.
위기가 확대되는가 또는 완화되는가를 결정하는 것,
그리고 아이들에게 자비롭게 하거나 그렇지 않거나
이 모든 상황은 내가 할 일이다.

하임 지노트,
『선생님과 학생』(1976), 에이본 북스

성공은 쉽다

마이애미에 있는 아메리칸 하이스쿨의 데레사 A. 보그스 교사는 이렇게 말한다. "성공하기는 쉽다. 모든 학생에게 주목하라. 형사같이 학생들이 하는 모든 말을 다 들어줘라."

- 나는 학생들이 머리를 깎고, 새 티셔츠를 입고, 특히 수업시간에 올바른 대답을 했을 때 그것을 알아차리고 칭찬해준다.
- 나는 학생들의 글씨체를 보고 분석한 다음 점심시간에 개인지도를 한다.
- 부모에게 걸려온 전화는 같은 날 다시 전화해서 상담한다.
- 나는 학부모로부터 두 번 이상 면담이나 전화 상담을 요청받지 않는다.
- 나는 학생이 입원해 있는 병원에 가고, 불행한 경우에는 장례식에도 가며, 시험에서 만점을 맞은 학생에게는 상을 준다.
- 잘한 과제나 작문에 스티커를 붙여준다.
- 학생들이 하는 스포츠와 관련된 신문을 읽고 될 수 있으면 축구, 야구 등 학생들이 직접 하는 경기에 가서 응원한다.
- 나는 학생들이 어떤 비디오게임을 좋아하고, My Space에서 무엇을 배울 수 있는가를 알고 있다.

"물론 교사가 교육과정을 아는 것은 중요하다. 하지만 학생들을 아는 것은 시간이 걸리긴 해도 그것이 성공할 수 있는 길이다."

데레사 보그스 교사는 학생들을 배움의 장으로
어떻게 초청하는지를 알고 있다.

당신은 초청받는 사람인가 아니면 초청받지 못하는 사람인가?

초청하는 말	비초청하는 말
"좋은 아침입니다." "축하합니다." "여러분 도움에 감사합니다." "그것에 대해서 얘기해주세요."	"그것은 안 된다." "난 여러분이 무엇을 하든 상관하지 않습니다." "여러분은 그것을 할 수 없어요." "내가 그렇게 얘기했기 때문이지요."

초청하는 행동	비초청하는 행동

미소를 짓는다.
들어준다.
잘했다고 엄지손가락을 치켜 올려주거나
  하이파이브를 한다.
문을 열어준다.
	비웃는다.
	자꾸 시간을 본다.
	떠밀다.
	뒤에 학생이 따라서 교실로 들어오는데
	  그냥 문이 닫혀지게 놓는다.

초청하는 분위기	비초청하는 분위기
밝고 깨끗한 페인트 칠 주변에 화분·꽃 등이 장식됨 깨끗한 벽 안락한 가구	어두운 복도 화분·꽃 등이 없는 삭막함 케케묵은 냄새 낡고 불편한 가구

초청하는 생각(혼자 말하기)	비초청하는 생각(혼자 말하기)
"실수하는 것도 괜찮다." "내 열쇠를 다른 데다 놓았다." "그것을 배울 수 있었는데." "때로는 무슨 말을 할 것인지 생각해야 한다."	"내가 왜 이렇게 어리석은가?" "내 열쇠를 또 잃어버렸다." "난 그것을 결코 할 수 없었다." "무슨 말을 해야 할지 난 결코 모른다. 그것을 포착하기에 난 너무 늦다."

교실문 바깥쪽에도 환영 메시지가 있다.

여러분은 아주 중요한 사람입니다

초청교육은 각 개인마다 그들의 인생에서 중요한 사람이 있다는 것을 의미한다. 이 중요한 사람들은 교사·지도자·조언자·동료·상사·부모·친척·코치·행정가·배우자, 그리고 가까운 친구가 될 수 있다. 모든 사람은 누구나 다 특별하다.

학생들은 교사의 지식보다는 깊이 있는 신념에 영향을 많이 받는다. 목표는 교사가 생각하는 방향이 아니라 느끼는 방향으로 학생들을 변화시키는 것이다.

학생들은 초청 메시지를 거절할 수 있지만 초청받은 태도는 거절할 수 없다.

> 다른 사람들의 인생에 영향을 주는 중요한 사람들은
> 초청하는 데 거리낌이 없다.

유능한 교사는 수업시간에 학생들뿐만 아니라 동료교사를 초청하여 함께 배워 나갈 수 있는 열정과 능력이 있다. 정중함, 기대, 태도, 열정, 그리고 평가에 의해서 초청교사와 비초청교사가 결정된다. 이 요소들은 학생들의 자아개념에 중요한 영향을 주거나, 또는 학생들의 학습을 떨어뜨릴 수 있다.

> "여러분은 나에게 중요한 사람입니다."
> 이 말은 교사가 학생들과 동료교사들에게 매일 해야 할 메시지이다.

모든 교사, 교수, 교육자들은 매년마다 유치원 또는 1학년 교실에서 시간을 보내며 신나는 교육현장을 느낄 필요가 있다. 아이들은 세상의 모든 것에 대해서 관심을 갖는다. 모든 세상이 그들의 무대이고, 그들이 할 수 없는 것은 아무것도 없다. 그들은 읽을 줄도, 쓸 줄도 모른다. 하지만 그들은 어른들이 바라는 것은 무엇이든 할 준비가 되어 있다.

그리고 그들의 교사를 본다. 그 교사들은 학생들이 읽지도 쓰지도 못하고, 그리고 어떤 학생은 말도 똑바로 못한다는 것을 알고 있다. 몇몇 학생들은 밥을 먹는 것도, 화장실을 사

애리조나 메사에 있는 웨인 힐 교사는 자기 학생들에게
그들은 중요한 사람들이라고 일깨워주는 그만의 방법이 있다

수업 첫날 수업을 소개하기 전에, 나는 학생들에게 20달러짜리 지폐를 들고 인사를 하며, 누가 그 20달러짜리 지폐를 갖고 싶은지를 물어본다. 많은 학생들이 손을 든다. 나는 그 지폐를 산산조각낸 다음 학생들에게 똑같은 질문을 하고, 학생들은 또 손을 든다. 난 그 산산조각난 지폐를 교실바닥에 버린다. 그리고 그 지폐를 들고 똑같은 질문을 학생들에게 한다. 모든 학생들이 손을 든다.

난 학생들에게 그 산산조각이 난 20달러짜리 지폐를 왜 아직도 원하는지를 물어본다. 그들의 대답은 이렇다. "산산조각이 난 지폐일지라도 여전히 20달러짜리 지폐이고, 그 가치는 그대로 남아 있으니까요."

나는 학생들에게 인생에서 때로는 무언가 잘못된 것 같은 느낌이 들면 우울해질 때가 있다고 이야기한다. 하지만 집이나 학교에서 여러분을 걱정하고 관심을 가져주는 사람이 있다는 것을 잊어서는 안 된다고 말한다. 그리고 나는 그들에게 이렇게 말한다. "여러분은 나에게 아주 특별합니다. 절대 그것을 잊지 마세요."

학생들에게 수업이 끝나는 시간에 대해서 얘기할 때, 난 그들에게 수업시간이 끝나는 종소리가 아닌, 내가 수업을 마친다는 말을 할 때 끝나는 것이라고 설명한다. 난 언제나 모든 학생들이 공부를 다 마치고 자리에 조용히 앉아 있는 것을 확인한 다음에 수업을 끝낸다. 그리고 난 학생들에게 말한다. "여러분 잊지 말아요." 학생들이 대답한다. "우리는 특별하다."

수업이 끝나고 교실문을 나갈 때도 그들이 "우리는 특별하다"라는 말을 반복해서 하는 것을 종종 듣는다. 학교 어디서든 학생들이 나를 보며 외친다. "안녕하세요. 힐 선생님, 우리는 특별합니다."

용하는 것도, 그리고 다른 사람의 도움이 없이는 옷을 걸어 놓는 것도 잘하지 못한다. 그러나 이들의 교사들은 학생들이 성취도가 떨어진다고 전혀 불평하지 않는다. 그 대신 그 교사들은 학생들을 적극적으로 학습에 초대하는 태도를 보이고, 모든 학생들을 높은 학업성취자로 대한다.

> 숲속에 오직 가장 노래를 잘하는 새만 노래할 수 있다면, 숲속은 그저 조용할 뿐이다
>
> 가장 독서를 잘하는 사람만 독서할 수 있으면 이 나라는 무교육의 나라가 될 것이다.
> 가장 노래를 잘하는 사람만 노래할 수 있으면 이 나라는 얼마나 슬플 것인가?
> 가장 잘하는 스포츠 선수만 운동을 할 수 있으면 이 나라 사람들은 얼마나 약할 것인가?
> 연애를 가장 잘하는 사람만 사랑을 할 수 있다면 당신과 나는 어디로 가야 하는가?
> 그렇다면 난 이 세상이 지루할 것이다.
>
> 윌리엄 퍼커

모든 사람이 VIP

오클라호마시티에서 교장 선생님으로 있는 샤론 크리거는 다음과 같은 문구가 써진 'VIP 책'을 교장실에 보관하고 있다.

재학하는 동안
여러 분야에서 뛰어나게 두각을 나타낸
제자들에게
축하의 말을 전한다.
이 제자들은 우리 미래의 별들이다.

모든 아이들은 학업을 성취할 재능이 있다.

교사는 학생들을 교장실로 보내어 그 VIP 책에 그들의 이름이 등재되도록 한다. 그 책은 복도 진열장에 영구적으로 전혀 파손되지 않고 보관된다. 매일 아침 조회시간에 새로운 VIP 명단을 발표한다.

초청교육의 네 가지 단계

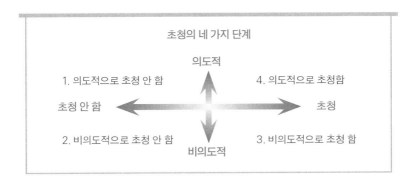

초청의 네 가지 단계

의도적

1. 의도적으로 초청 안 함   4. 의도적으로 초청함

초청 안 함 ←—————————————→ 초청

2. 비의도적으로 초청 안 함   3. 비의도적으로 초청 함

비의도적

학생들에게 제공할 수 있는 초청에는 네 가지 단계가 있다. 어느 단계를 사용하는가를 보면 교사의 유능함을 판단할 수 있다.

1. 의도적으로 초청 안 함 몇몇 심술궂은 교사가 사용하는 가장 낮은 단계의 방법이다. 이 단계에 있는 교사들은 계획적으로 학생들의 품격을 떨어뜨리며, 학생들을 실망시키고 좌절시키며, 어떤 일도 하지 못하게 한다. 그 교사들은 다음과 같은 표현을 사용한다.

"왜 학교에 오려고 애를 쓰느냐?"

"내가 16년 동안 가르치면서 A학점을 딱 한 번 줘 봤다."

"너는 제대로 할 수 있는 것이 아무 것도 없다."

그리고 그 교사들은 웃지도 않는다.

2. 비의도적으로 초청 안 함 어떤 교사들은 그들이 부정적인 사람이라는 사실을 잊어버리는 경우가 있다. 그 교사들은 본인들이 좋다고 느끼지만 사실은 다른 사람들에 의하면 그들은 남성 우월주의자, 생색내는 사람, 인종차별주의자, 성차별 주의자, 거만하고 경솔한 사람

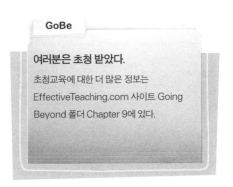

GoBe

여러분은 초청 받았다.

초청교육에 대한 더 많은 정보는 EffectiveTeaching.com 사이트 Going Beyond 폴더 Chapter 9에 있다.

으로 보인다. 그 교사들은 다음과 같은 말을 한다.

"나는 배우기를 원하는 학생들만 가르친다."

"여러분이 배우기 싫으면 그것은 여러분 문제다."

"이 학생들은 더 나아질 재능이 없다."

"나는 역사교사로 취직한 것이지 학교의 다른 일을 하기 위해서 취직한 것은 아니다."

그리고 그 교사들은 학생들과 같이 해야 할 일이 있을 때 팔짱을 계속 끼고 있다.

3. 비의도적으로 초청함 교사가 천직인 사람이 있다. 그러한 교사는 일반적으로 학생들이 좋아하고 효과적으로 교육하지만, 그들이 왜 효과적인지는 모른다. 그 교사들은 자신이 너무 친절해서 학생들이 교사와의 관계를 좋게 하기 위해 자신의 능력을 발휘해볼 기회를 주지 못한다. 이 교사들은 성실하고 열성을 다하며, 학생들은 그러한 교사들과 친구가 되고 싶어 한다. 그 교사들은 다음과 같이 말한다.

"여러분은 사랑스럽다."

"돌격! 자 이제 갑시다. 팀 여러분!"

"야, 훌륭하다."

"더 열심히 하라."

그리고 그 교사들은 열광적이다.

4. 의도적으로 초청함 의도적으로 초청하는 교사들은 전문가적인 태도로 부지런하고 끊임없이 일을 하며, 더 유능한 교사가 되기 위해서 노력한다. 그 교사들은 건전한 교육철학을

애리조나 투산의 더글라스(Douglas) 초등학교의 전 교장선생님인 에릭 아브람스는 그와 대화를 나누도록 학생들을 의도적으로 초청했다.

가지고 있으며, 학생들의 학습과정을 분석할 수 있다. 가장 중요한 것은 그 교사들은 의도적으로 이루어진 초청교육의 중요성을 정확히 알고 있다. 그들은 초청교육이 무엇인지 알고 이를 위해서 언제나 노력한다. 그들은 다음과 같은 말을 한다.

"좋은 아침입니다. 좋은 하루 되세요."

"여러분이 이것을 시도하면, 세상을 놀라게 할 것입니다."

"난 네가 언젠가는 최고가 될 수 있다는 것을 알고 있단다."

"나를 도와줄 수 있겠어요?"

그 교사들은 또한 적당한 시간에 적절한 감성을 사용할 줄도 알고 있다.

유능한 교사는 학생들의 학습을 위해서 어떻게 문을 열어주고, 어떻게 초청하는지를 알고 있다.

교사가 긍정적인 기대와 초청교육을 적용하면 그 교사는 정말 능력 있고 유능한 교사가 된다.

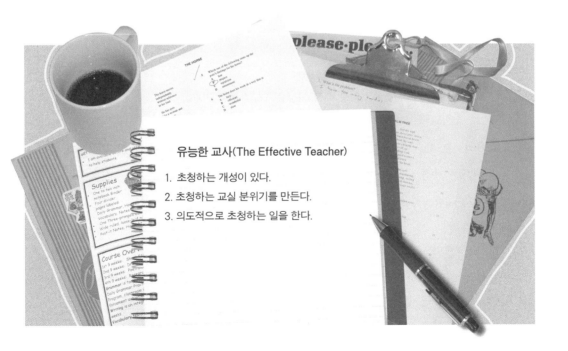

유능한 교사(The Effective Teacher)

1. 초청하는 개성이 있다.
2. 초청하는 교실 분위기를 만든다.
3. 의도적으로 초청하는 일을 한다.

학생의 긍정적 행동을 증진하는 방법

THE KEY IDEA

교육의 핵심은 마음에서 우러나오는 교육이다.

> ❝ 인생은 목적지가 아니다. 인생은 여행이다.
> 여행을 끊임없이 계속하는 한 당신은 언제나 성공할 것이다. ❞
> — 앨버트 카뮈스

다섯 개의 중요한 개념

교사가 진정으로 유능한 교사를 보면,
그 교사도 학생들에게 관심, 애정, 사랑을 가질 수 있을 것이다.

효과적으로 가르치는 것은 모두가 교사와 학생 간의 관계로부터 오는 것이다. 학생과 관계를 만드는 가장 쉬운 방법은 학생의 본분인 수업을 잘 관리하는 것이며, 때때로 교사와 학생의 1:1 대화시간을 갖는 것이다. 더불어 학생, 부모, 교사 등 모두가 좋은 관계를 잘 유지해야 한다.

학생에게는 롤모델이 필요하다. 학생은 그들과 좋은 관계를 유지하고, 그들을 진정으로 가르칠 수 있는 존경의 대상이 되는 영웅이 필요하다. 그 존경의 대상이 교사가 될 수도 있다. 한 사람의 성공적인 인생 여정은 좋은 관계를 맺는 중요한 사람들에 의해서 영향을 받을 수 있다. 그 중요한 사람들은 학생들이 인생에서 무엇인가 원하는 것을 성취할 수 있도

```
┌─────────────────────────────────────────────────────────┐
│        긍정적인 기대를 향상시키는 다섯 개의 중요한 요소         │
│                                                           │
│     1. 이름(Name)            2. 제발(Please)               │
│     3. 감사합니다(Thank You)   4. 미소(Smile)               │
│     5. 사랑(Love)                                          │
└─────────────────────────────────────────────────────────┘
```

록 도와줄 수 있는 다섯 개의 요소를 이해하고 그것을 사용할 수 있는 사람이면 좋다. 그 요소들은 사람의 이름을 항상 기억하고 부르며, '제발'과 '감사합니다'와 같은 말을 필요할 때마다 사용하고, 언제나 미소를 잃지 않고, 걱정과 온정어린 사랑으로 대하는 것이다.

각 학생의 이름을 불러준다

효과적인 세일즈맨은 간단하면서도 중요한 테크닉을 사용한다. 그들은 고객의 이름을 알아내고 고객에게 자신을 소개한 다음, 고객에게 말할 때 7문장에서 10문장 정도마다 고객의 이름을 불러준다. 왜 그럴까? 다른 사람이 이름을 불러주면 그 사람은 가치 있고 존중받는다고 느끼기 때문이다. 사람의 이름은 매우 중요하다. 사람은 이름으로 인식되고, 고귀한 존재로 규정되기도 한다.

이 세상에 다른 사람들과 같은 이름이 많이 있을지라도, 그 이름을 가진 본인은 이 세상에 혼자밖에 없는 것이다. 여러 사람이 모인 시끄러움 속에서도 우리의 이름은 쉽게 들린다. 그리고 그 이름을 들으면 우리는 집중하게 된다. 그러므로 세일즈맨들은 이렇게 고객의 이름을 불러주는 것이다. 고객은 자연스레 자신의 이름을 불러준 세일즈맨에게 집중하게 된다.

유능한 교사도 학생들의 이름을 사용한다. 특히 학생들이 무엇인가 하기를 원하고, 또는 특정한 방법으로 행동하기를 원할 때 유능한 교사는 그 학생들의 이름을 부른다.

교사가 학생을 부를 때는 그 학생의 이름을 사용하라

친근감 있고, 존중하는 마음으로 학생의 이름을 불러라. 학생의 이름을 부를 때 화가 났거나 생색내는 억양은 절대 사용하지 말라. 그렇게 하면 그 학생의 가치와 존중하는 마음이 떨어진 것처럼 느끼게 된다.

학생들의 이름을 부를 때 발음을 똑바로 하라. 각 개인의 이름은 귀중하고 개인적인 것이

중요한 사람은 명함이 있다.
그 중요한 사람 중에 교사보다 더 중요한 사람이 있을까?

다. 이름은 개인의 자산과도 같다. 학생들이 이름을 올바로 듣는 것은 당연한 것이다. 학생들의 이름을 틀리게 부르면 그들은 다른 학생들의 이름에 대한 존경심이 없어질 뿐 아니라 다른 사람의 이름을 틀리게 부르며 서로 놀려댈 것이다.

교사가 학생의 이름을 부르는 것은 그 학생에게 이렇게 말하는 것과 같다. "너는 중요하다. 너의 이름을 부르며 우리 반에서 너의 가치를 느끼는 것은 아주 중요하다."

교사가 학생의 이름을 부르는 것은 그 학생에게 또 이렇게 말하는 것과 같다. "나는 너를 잘 알고 있기 때문에 관심이 많다." 관심받는 것을 싫어하는 사람은 없다.

- 평균적인 아이들은 부모들로부터 하루에 평균 12분 정도 주목을 받는다.
- 18살 때까지 대부분의 미국인은 친구나 부모와 같이 있는 시간보다 텔레비전 앞에 있는 시간이 더 많다.
- 청소년들은 평균적으로 하루에 3시간 이상 혼자 시간을 보낸다.
- 외로움은 노인들에게 가장 큰 문제이다. 그들 대부분은 집 밖으로 나가는 것을 두려워한다.

다음은 카네기재단(Carnegie Foundation)에서 22,000명의 교사들에게 설문조사하여 얻은 결과이다.

- 90%의 교사는 자기 학교 학생들은 부모들의 도움이 부족해서 문제라고 답했다.
- 89%의 교사가 자기 학교에 권리를 남용당하거나 무시당하는 아이들이 있다고 답했다.

- 69%의 교사는 자기 학생들이 건강하지 못한 것이 문제라고 답했다.

- 68%의 교사는 몇몇 학생들이 영양실조가 문제라고 답했다.

- 100%의 교사는 학생들이 감정적으로 빈궁하고 관심과 애정에 굶주려 있다고 대답했다.

마음 깊이 뜻을 품으면 꿈은 이루어진다.

공손하게 말하라(Say 'Please')

공손한 사람은 교육을 제대로 받았기 때문에 예의도 좋다. 공손하다는 것은 사람을 존경하는 것을 의미한다. 공손함과 존경은 '상대방에게 관심을 더 기울인다'라는 의미도 갖게 한다. 공손하지 않으면 지역사회가 붕괴될 수 있는데, 이러한 것은 비효율적인 학교나 상대방의 품격을 떨어뜨리는 교실에서 볼 수 있다.

어린 학생들에게 말을 할 때도 공손한 표현을 하지 않거나 친절하게 말을 하지 않는 교사는 감수성이 예민한 아이들을 현재는 가르칠지 모르겠지만 그것은 결국 다른 교사들의 품위를 무너뜨리는 것이다. 배운 아이들이 교사의 공손하지 않은 행동을 따라하지는 않겠지만, 그들은 교사로부터 그렇게 예의가 없는 대우를 받은 것에 대해서 불쾌하게 생각할 것이다.

교사가 공손하게 말을 하지 않고 명령식으로 표현하면, 학생들의 자유와 자존심이 서서히 사라지게 될 것이고, 학생들이 학교에 와도 온종일 교사가 고함을 지르는 소리를 들어야 할 것이다.

교사가 아이들에게 이렇게 말한다고 해보자. "나에게 거기에 있는 풀 좀 건네줄 수 있겠니?" 이 말도 충분히 친절한 표현이다. 좀 더 길게는 다음과 같이 말할 수도 있다. "너에게 어

반복이 열쇠이다

새로운 것을 배우려고 하는 아이에게는 평균 여덟 번 반복해서 알려줘야 한다.

좋지 않은 태도를 버리고 새로운 태도로 대치하려고 하는 아이에게는 평균 스물여덟 번의 새로운 것을 반복해야 한다. 스물여덟 번 중 스무 번은 예전의 좋지 않은 태도를 없애는 데 사용하고, 여덟 번은 새로운 태도를 배우는 데 사용한다.

애프터 메들린 헌터

려운 일이 아니라면 거기에 있는 풀을 좀 건네주면 참 고맙겠다." 교사는 학생에게 풀을 전달해 달라는 도움만 청하는 것이 아니라 다정다감한 마음을 느낄 수 있게 한다. '~해주겠니?'와 같은 공손한 표현을 사용하거나 공손한 언어를 사용하는 것은 "나는 상대방을 존경하고, 인간으로서 상대방의 친절함과 가치를 존경한다"는 말을 표현하는 것이다.

- 공손한 표현(영어에서는 'please'*)을 사용하면 친절함을 느낀다.
- 교육을 잘 받고, 공손하고, 예의가 바른 사람은 'please'라는 단어를 습관적으로 사용한다. 그들은 공손한 태도를 배웠기 때문이다.
- 아이들이 'please'라는 단어를 사용하는 것을 배우게 하려면 어른들이 그 단어를 반복적으로 계속 사용해야 한다.
- 'please'라는 단어는 상대방에게 무엇인가를 부탁할 때 사용한다. 그러므로 'please'라는 단어를 사용하는 가장 효과적인 방법은 그 단어 앞에 상대방의 이름을 부르는 것이다.
- 교사가 학생들에게 연습문제나 과제 등을 나누어줄 때 그 설명서에 'please'라는 단어를 사용해라.

나는 여러분이 한 일에 대해서 매우 고맙게 생각합니다. '고맙습니다'

'please'라는 말을 사용하지 않고 '고맙습니다(Thank you)'라는 말을 사용할 수도 없다. 이 두 단어는 항상 같이 사용된다. 이 두 단어가 같이 사용되지 않으면 포크가 없는 나이프, 버클이 없는 허리띠, 봉투가 없는 편지와 같은 것이다. '고맙습니다(Thank you)'라는 말을 사용하는 것은 누군가가 우리를 위해서 친절하게 무엇인가 했다는 것을 인정한다는 것이다. 우리가 명령을 하듯이 상대방에게 무엇을 시키면 상대방은 그 일을 친절하

---

* 역주: 영어로 상대방에게 부탁을 하거나 또는 공손하게 말할 때 상대방의 나이가 많든 적든 상관 없이 문장의 앞 또는 뒤에 'Please'라는 단어를 사용하여 상대방의 감정을 상하지 않도록 정중한 표현을 한다.
한국어로 말하는 경우는 교사가 학생들에게 "~해라"와 같은 명령조의 말보다는 "~를 좀 할 수 있겠니?"와 같은 질문을 사용하여 학생을 존중해주고 정중하게 표현해주는 것이 좋다. 학생이 싫어하고 다른 의견을 제시하면 그 내용을 반영하여 질문을 수정한다. "그러면 ~는 어떻겠니?"와 같은 말을 하여 학생의 의견을 존중해주는 것이 좋다.

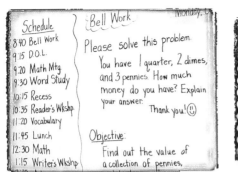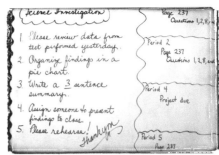

이 교사들의 교실에서는 'please'와 '고맙습니다(Thank you)'를 많이 사용한다.

게 하지는 않을 것이다.

　교사가 '고맙습니다(Thank you)'라는 말을 학생들에게 할 때는 학생들이 한 노력과 친절함에 진정으로 고마움을 표현하는 것이다. 학생들이 열심히 공부하고 친절함을 배운다는 기대를 한다면, 교사가 '고맙습니다(Thank you)'라는 말을 자주 사용해야 한다. 그럼 학생들은 친절하고 근면하게 공부할 뿐만 아니라 모범적으로 행동한다.

- '고맙습니다(Thank you)'는 완벽한 전환을 나타내는 말이다. 이 말은 수업시간에 다음 질문, 다음 수업, 다음 활동, 다음 학업으로 전환한다는 것을 표현하는 방법이다. 이 말을 하면 학생들과 현재 하고 있는 일을 마치고 다음 주제로 쉽게 넘어갈 수 있다.
- '고맙습니다(Thank you)'를 사용하는 가장 효과적인 방법은 학생의 이름과 같이 사용하는 것이다. "나는 네가 한 일에 대해서 매우 고맙게 생각한다. 고맙다, 조지!" 또는 "조지, 나는 네가 한 일에 대해서 매우 고맙게 생각한다. 고맙다."
- 학생들에게 연습문제나 과제 등을 나누어줄 때 그 설명서에 '고맙습니다(Thank you)'를 사용해라.

> **'고맙습니다(Thank you)'의 대답으로 '별거아냐! 괜찮아(No problem)'를 사용하지 마라**
>
> '고맙습니다(Thank you)'의 가장 좋지 않은 대답은 '별거아냐! 괜찮아(No problem)'이다. 이 대답은 무엇인가 문제가 있었다는 것을 의미한다. '고맙습니다(Thank you)'에 대한 더 좋은 대답은 '괜찮습니다(My pleasure)'이다. 이 대답은 아무 문제없이 일을 즐거운 마음으로 말끔하게 끝냈다는 것을 의미한다.

미소는 케이크의 크림과도 같다

교사가 학생의 이름을 부르면서 'please'와 '고맙습니다(Thank you)'를 사용할 때, 학생의 성취를 최대한 높이려면 미소를 지어라. 미소를 짓는 것은 또한 얼굴을 찡그리는 것보다 얼굴 근육을 훨씬 적게 사용하기 때문에 훨씬 쉽다. 하지만 미소도 쉽게 나오는 것은 아니고, 'please'와 '고맙습니다(Thank you)'를 사용하는 것과 마찬가지로 미소도 배워야 하는 행동이다.

미소는 저녁 식사 접시에 놓여 있는 음식을 아름답게 장식한 파슬리의 잔가지와도 같고, 누군가 등을 시원하게 안마해줄 때 좀 더 특별히 시원하게 여분으로 해주는 것과도 같으며, "당신을 사랑해"라고 말하며 특별하게 한 번 더 포옹하는 것과도 같은 것이다. 미소는 또한 케이크에 덤으로 올려주는 크림과도 같다. 미소는 다음과 같은 세 가지를 의미한다.

1. 당신은 환대와 정중함을 아는 사람이다.
2. 당신은 관록이 있고 교육을 잘 받은 세련된 사람이다.
3. 당신은 당신 자신을 생각하면 기분이 좋고, 다른 사람도 그렇게 되기를 원한다.

미소는 전 세계적으로 통하는 언어이고, 평화이며, 화합을 의미한다. 우리 다음 세대가 서로 이해하고 평화로운 세계속에 살기를 원한다면, 그것을 표현하는 방법으로 미소를 가르쳐야 한다.

우리의 할 일

우리의 할 일은 의사·변호사·교사·간호사·과학자·경찰·세일즈맨·공장 노동자를 배출해내는 것만은 아니다. 우리의 할 일은 또한 가장 높은 시험 점수를 받는 학생을 만드는 것도 아니다.

우리의 할 일은 어리고 예쁜 얼굴에 미소를 만들어주고, 어린 아이들의 가슴에 행복을 심어주고, 그들의 마음에 꿈을 심어주는 일이다.

그리고 그 나머지 학교에서 할 일은 자연적으로 따라온다.

댄 소퍼트

미소를 보이면 긍정적인 분위기를 만들고, 화가 난 사람을 누그러뜨릴 수 있다. 또 '저를 두려워하지 마세요. 저는 당신을 돕기 위해 있습니다'라는 메시지를 보내게 된다.

- 활짝 웃는 큰 미소를 지을 필요는 없다. 적의가 없고 순진하게 살짝 웃는 미소면 충분하다.
- 미소와 함께 상대방의 이름을 불러라.
- 미소와 함께 말을 할 때 잠깐 말을 멈추고 미소를 지어라. 이것은 상대방의 관심을 끄는 타이밍이다. 사람들이 연설하거나, 농담을 하거나, 공연을 할 때 사용하는 중요한 방법의 하나로 타이밍을 사용한다. 즉, 중요하고 결정적인 말을 하기 전에 의미심장하게 말을 잠시 멈추는 (pause) 시간을 가진다.

> **❝** 미소를 지으면 사람들에게 자신의 심장과 다른 사람의 심장이
> 연결되어 있다는 것을 명백하게 보여줄 수 있다. **❞**
> — 린 버드송(하워드 카운티 공립학교, 메릴랜드)

도시락 가방 안에 든 편지

킴벌리는 매일 아침 그의 아들 케니의 점심 도시락을 쌀 때 용기를 북돋아주는 사랑스런 편지를 써서 컵케이크와 같이 도시락 가방에 넣는다. 오후가 되면 아들 케니는 도시락 가방을 집으로 가져오는데 그 가방 안에는 엄마가 썼던 그 편지가 그대로 들어 있었다.

엄마 킴벌리는 아들 케니가 자기 편지를 읽고 있는지 궁금했다. 어느 날 케니가 도시락 가방을 가져 왔는데 엄마의 편지가 없었다. 궁굼해진 엄마는 아들에게 물었다. "사랑하는 아들아, 내 편지 어디에 났니?" 아들은 엄마를 바라보면서 '자기가 혹시 잘못한 것은 아닌가'라고 생각했다. "그 편지, 내 친구 팀에게 줬어요. 팀 엄마는 팀에게 그런 편지를 안 써줘서, 팀이 그 편지를 사용할 수 있을 거라 생각했어요"라고 아들이 말했다. "그래, 그 편지를 팀에게 줬다고?" 킴벌리는 물었다.

"예, 엄마. 팀 엄마는 많이 아파서 무척 슬퍼해요. 엄마가 혹시 내일 팀에게 편지를 쓰면 어떨까요? 아니면 지난 목요일에 엄마가 나에게 썼던 그 편지를 팀에게 주면 어떨까요? 그 편지가 참 좋던데."

미소 지으며 말하고 잠시 멈추는 기술

1단계 미소   학생에게 처음으로 무엇인가를 엄격하게 말하고 싶을 때에도 학생에게 다가
    가면서 미소를 짓는다.

2단계 반응 관찰   미소에 대한 학생의 반응을 관찰한다. 학생도 미소를 보이는가 또는 교
    사가 다가섰을 때 학생이 반가운 표정을 짓는가를 본다.

3단계 잠시 멈추기

4단계 이름   가벼운 미소를 지으며 학생의 이름을 불러라, "네이튼"이라고.

5단계 잠시 멈추기

6단계 정중한 표현   요구하는 말은 정중하게 한다(영어의 경우에는 말을 한 다음 'please'라는
    단어를 사용한다). 이 말을 할 때는 온화하게 살며시 웃는 미소와 더불어 차분하고 견
    고한 목소리로 한다(한국의 경우 '~하는 게 어떻겠니?'와 같은 청유형 표현을 사용한다).

7단계 잠시 멈추기

8단계 고맙다   가벼운 미소와 함께 "네이튼, 고맙다"라고 말한다.

    예: 얘 네이튼, 이제 이야기 그만하고 하던 과제물 계속하는 게 어떻겠니? 고맙다, 네이튼.

    (살짝 미소 지음)

거울을 보고 이것을 몇 번 연습하기 바란다.

결국 모든 것은 사랑이다

행복하고 성공적인 인생을 위해서 딱 두 가지 필요한 것이 있다. 즉, 사랑스러움과 능력을
갖추는 것이다. 유능한 교사는 더 많은 능력을 갖추기 위한 방법을 항상 찾는다.

유능한 교사는 남을 배려하고, 온정이 있으며, 사랑스럽다. 학생들이 졸업하고 몇 년이 지
난 후, 그들에게 가장 중요하고 기억에 남는 선생님은 진정으로 학생들을 걱정해주고 관심
을 가져준 선생님이다. 유능한 교사는 교사가 학생들에게 관심을 가지고 있다는 것을 보여
주지 않으면 학생들을 배우게 할 수 없다는 것을 알고 있다.

유능하지 못한 교사는 그들이 해야 할 일은 교사로서 가르치기만 하면 되는 것으로 생각

한다. 예를 들면, '나는 역사를 가르치기 위해서 교사가 됐다', 또는 '나는 3학년 학생을 가르치는 임무를 맡았다'와 같은 생각을 한다.

유능한 교사는 가르치는 것 이외에 다른 서비스도 제공한다. 유능한 교사는 학생들이 배우는 것을 도와줄 뿐만 아니라 학생들의 삶의 질을 높이는 것도 도와준다. 그들은 이러한 서비스를 끊임없이 제공한다. 이렇게 하면 자기 삶의 효과성을 높일 수 있다는 신념을 가지고 있기 때문에 학생들에게 그렇게 행동한다.

> 사랑은 가르침의 이유이다.
> 사랑에는 돈도 들지 않지만 우리가 가질 수 있는 것 중에서 가장 중요한 것이다.

이러한 서비스를 제공하는 데에는 돈이나 훈련, 특별한 옷도 필요 없고, 대학 졸업장도 필요없다. 단지 귀담아 들어주고, 관심을 가져주고, 사랑해주면 된다.

교사가 학급 학생 모두에게 그들을 '사랑한다'라고 말로 표현할 필요는 없지만, 교사가 그것을 보여줄 수는 있다. 교사가 학생들 인생에서 중요하고 효과적인 사람이 되려면, 그 교사는 몸짓 또는 표정에서부터 교사가 하는 모든 말까지 무조건적이고 진솔한 걱정과 관심 그리고 사랑을 보여줘야 한다.

중요한 사람이 진실한 단어를 사용하고 진실한 행동을 할 때 다른 사람은 의심의 여지없이 그것을 믿게 된다. 학생들에게 긍정적인 롤모델이 된 교사에게 감사의 마음을 전한다.

GoBe

우리는 여러분 뒤에 서 있습니다.
과제 제출하기를 두려워하는 학생에게는 어떻게 해야 하는가? 자신감이 없는 학생에게 용기를 주는 방법에 대해서는 EffectiveTeaching.com 사이트 Going Beyond 폴더 Chapter 10에서 설명하고 있다.

교사는 모든 것을 한다

사랑을 가르치기 위한 체계적인 교육 프로그램도, 웹사이트도, 책도 없다. 각각의 교사가 제일 좋은 학습자료이다. 교사의 태도와 행동이 학생들에게 반영되고, 그들에게 사랑에 대해서 가르쳐주는 것이다. 가장 좋은 교사는 그들의 머리와 가슴을 모두 사용해서 가르친다.

효과적으로 가르치는 것은 프로그램이나 수업구조, 또는 규모를 바꾸는 등의 변화와는 거의 상관이 없다. 프로그램이 아이들을 가르치지는 않는다. 학급 규모를 바꾸는 것도 아이들을 가르치는 것은 아니다. 교사가 아이들을 가르치는 것이다.

- 프로그램이 좋은 교사를 만드는 것은 아니다.
- 프로그램이 유능하지 못한 교사를 유능한 교사로 바꾸는 것은 아니다.
- 프로그램은 절반의 학생이 말을 할 수 없다는 것을 이해 못한다.
- 프로그램은 학생들을 배려하는 미소나 친절함을 보여주지 못한다.
- 프로그램은 'please' 또는 '고맙습니다(Thank you)'라는 말을 못한다.
- 프로그램은 아이들에 대한 믿음이 없다.

교사만이 이 모든 것을 하고, 또 그 이상을 할 수 있다.

> **❝ 사랑은 인생이다…. 사랑을 잃으면, 인생도 잃는다. ❞**
>
> — 레오 버스카글리아

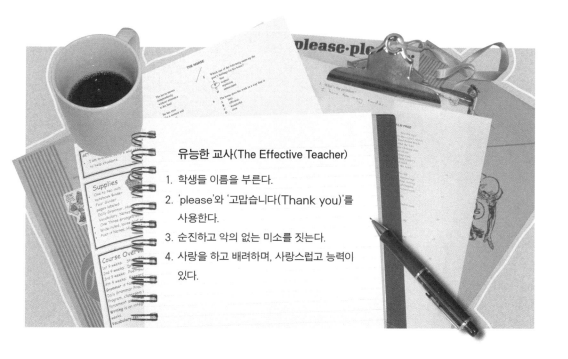

유능한 교사(The Effective Teacher)

1. 학생들 이름을 부른다.
2. 'please'와 '고맙습니다(Thank you)'를 사용한다.
3. 순진하고 악의 없는 미소를 짓는다.
4. 사랑을 하고 배려하며, 사랑스럽고 능력이 있다.

두 번째 요소

—수업관리

11장

교실관리 방법

THE KEY IDEA

유능한 교사는 학생들이 각자 할당된 역할을 수행하면서 학습하는
과제중심 학습환경(task-oriented environment)을 조성하는 방법으로
수업관리를 효과적으로 한다.

28개의 요소

다음은 학생의 학습에 영향을 미치는 28개의 요소를 순서대로 나열한 것의 일부이다.

1. 수업관리

2. 강의 • 학습 절차

3. 학생 부모 또는 가족의 지원

⬇

28. 해당 지역의 인구 통계적 실태

수업관리가 학생의 학습에 영향을 미치는 가장 중요한 요소가 된다.

교사가 제일 먼저 알아야 할 것

수업관리가 교육과정의 모든 것에 우선한다.

3부가 이 책에서 가장 중요하다고 할 수 있다

　학생의 학습에 영향을 미치는 가장 중요한 요소를 확인하는 연구가 많이 있다. 세 명의 학자가 지난 50년 동안 이 분야에 발표된 연구논문 11,000편을 종합적으로 검토한 결과, 학생들의 학습에 영향을 미치는 중요한 요소 28가지를 순서대로 밝힐 수 있었다. 그 중 학생들의 학습에 영향을 미치는 가장 중요한 것은 수업관리로 나타났다.[1] 그러므로 교사들은 3부를 가장 주목해서 보길 바란다.

　28개 요소 중 가장 덜 중요한 요소는 학생들의 인구 통계학적 실태이다. 즉, 인종, 피부색, 성별, 국적, 종교 그리고 학생 가족의 재정 상황이 학생들의 학업성취를 결정하는 요소 가운데 가장 중요성이 낮은 것이다. 그러므로 학생들의 인구 통계학적 실태를 학생들의 학업성취 부족에 대한 이유로 핑계 대지 말도록 하자.

　교사의 수업관리가 학생들의 학습에 가장 중요한 역할을 한다. 이 책『좋은 교사 되기』는 다음 연구결과에 토대를 두고 있다.

교장은 학교를 다르게 만들 수 있다.

교사는 수업환경을 다르게 만들 수 있다.

- 유능한 교사는 세 가지 특징이 있다.[2)]

  1) 그들은 수업관리 기술이 있다.　　　　2) 그들은 완전습득 학습교육을 한다.

  3) 그들은 긍정적인 기대를 갖는다.

- 수업관리 기술은 좋은 교사가 되기 위한 가장 중요한 요건이다.[3)]

- 학생들의 학습에 영향을 주는 가장 중요한 요소는 수업관리이다.[4)]

- 1년 중에서 가장 중요한 때는 학교에서의 첫날이다. 효과적인 수업관리가 학기 첫날에 시작되어야 한다.[5)]

다음은 위 연구결과를 토대로 한 전문가로서 교사에 대한 설명이다.

교사는 교실 환경을 다르게 만들 수 있다.

유능한 교사는 수업관리를 잘한다

스테이크 요리를 잘한다고 해서 성공적인 식당 경영자가 될 수 있는 것은 아니다. 성공적인 식당 경영자가 되기 위해서는 회계절차, 연방법률, 지자체의 요식업 법규, 위생법, 근로계약서(노동조합과의 합의), 직원과 손님들과의 관계 등에 대해서도 알아야만 한다. 스테이크 요리법은 이러한 모든 규정과 운영 방법을 이해하고 나서 나중에 알아도 된다. 제일 먼저 알아야 할 것은 식당 경영을 어떻게 하느냐이다.

마찬가지로 영어교육대학 졸업장이 있다고 해서 좋은 영어교사가 되는 것은 아니다. 교사가 제일 먼저 알아야 할 것은 수업관리를 어떻게 하느냐이다. 4부에서는 강의를 어떻게 하고, 학생들의 학습을 위해서 어떻게 접근하는가에 대해서 논의하고 있다.

학생들은 수업관리가 잘된 교실을 교사들 보다 더 원한다. 왜냐하면 수업관리가 잘된 교실은 수업환경이 좋기 때문이다. 이런 교실에서는 수업시간에 학생이 놀라거나 교사가 고함치는 일이 없다. 왜냐하면 교사나 학생들은 어떤 것을 배우고 무슨 일이 일어날 것인지를 미리 다 알고 있기 때문이다. 수업이 일관성이 있도록 절차와 일정을 잘 따른다.

> 유능한 교사는 수업관리를 잘한다. 유능하지 못한 교사는 수업의 규율을 잘 유지한다.

캘리포니아 요리법을 세상에 알린 앨리스 워터스는 요리법으로만 유명한 것이 아니라 캘리포니아 버클리에 있는 Chez Panisse라는 그녀의 식당 경영으로도 유명하다.

수업계획을 제대로 하지 않고 가르치는 교사들에게서 배우는 아이들은 배움의 기회가 적어진다. 그 교사들은 수업 내용, 과제물, 비디오, 활동 등을 제시하면서 수업을 진행하지만 수업관리를 전혀 하지 않는다. 수업관리가 되지 않은 교실은 질서가 없고, 학생들의 학습 성취도도 떨어진다.

그러므로 학기가 시작되고 첫주 동안 교사가 교실에서 학생들에게 제공하는 가장 중요한 것은 지속적으로 수업관리를 잘하는 것이다. 수업관리가 잘된 교실의 학생들은 학기 첫주부터 마지막 주까지 무엇을 배울 것인가를 알고 다음 수업을 미리 준비할 수 있다. 학생들은 매일 그들의 수업이 어떻게 구성되어 있고 편성되어 있는지 알게 된다. 이런 교실의 학생들은 연필심이 부러졌으면 어떻게 해야 하는지 알고 있다. 학생들이 지각하고, 교사로부터 도움이 필요하고, 복도를 걸어갈 때나 한 수업에서 다른 수업으로 이동할 때, 그들은 어떻게 해야 하는지 알고 있다. 교사는 학생들을 지도하는 데 고함을 치지 않는다.

1장에서 언급한 위험에 노출되어 있는 가난한 학생들이 많이 다니는 학교의 학생 한 명이 얘기한 내용을 잠시 생각해보자.

'모두가 학교에서 무엇을 할 것인지를 알기 때문에 나는 학교에 오는 것이 너무 좋다. 학교에서는 우리에게 어느 누구도 고함을 지르지도, 비명을 지르지도 않는다. 그리고 우리는 배움을 통해서 많은 것을 얻는다.'

위에 학생이 언급한 내용에서 중요한 단어는 '한다(do)'이다. 효과적인 교실에서는 학생 스스로 그들의 학습을 위해 편성된 절차에 따라 수업진행을 하는 데 책임을 진다. 반면, 비효과적인 교실에서는 교사가 학생들의 모든 행동에 간섭한다.

❝ 교육의 궁극적인 목적은 아이들에게 목적의식과 가능성을 심어주고,
이 세상을 살아가는 데 도움이 될 기술과 사고하는 습관을 길러주는 데 있다. **❞**
— 앨리스 워터스

수업관리란 무엇인가?

　수업관리란 학생이 학습할 수 있도록 교사가 실시하는 학생 편성, 공간 활용, 시간 관리, 수업자료 등 모든 것을 의미한다. 보피 교사와 에버슨 교사는 이렇게 얘기한다. "교사의 효율성에 대한 거의 모든 설문 조사에 의하면 수업관리 기술이 교사의 성공적인 가르침을 결정하는 데 가장 중요하다고 한다. 그러므로 수업관리 기술은 매우 중요한 기본인 것이다. 수업관리 기술이 부족한 교사는 학생들의 학업성취를 이룰 수 없을 것이다."[6]

　교사가 수업관리 기술을 가지려면 다음 두 가지를 해야 한다.

1. 수업과 관련된 모든 활동에 학생들이 참여하고 협동을 하도록 한다.
2. 생산적으로 공부할 수 있는 환경을 만든다.

　수업관리가 잘된 교실은 수업을 구조화하도록 절차와 일정이 체계적으로 마련되어 있다 (19장과 20장을 보도록 하라). 체계적으로 잘 갖추어진 교실에서는 많은 수업활동이 쉽게 진행되며, 학생들은 그러한 수업활동을 하면서 스트레스를 전혀 받지 않는다. 이러한 수업활동에는 독서, 강의노트 작성하기, 그룹 프로젝트 참여, 소그룹 대화 참여, 게임 참여, 공작활동 등이 있다. 유능한 교사는 이러한 학습활동을 하는 데 모든 학생들을 참여시켜 상호협력해서 일을 하게 한다.

　3부에서는 교사가 학생을 참여시키고, 생산적인 활동을 할 수 있는 학습환경을 조성하여 유능한 교사가 되는 방법을 다루고 있다. 효과적인 교실에서는 학생들이 학습을 할 수 있는 체계적인 분위기가 형성된다. 학생들은 학습활동에 전념하고, 교사의 강의에 집중하며, 상호협력해서 학습활동을 하고, 학생 상호간에 서로 존중하며, 스스로 공부하는 마음 자세를 가지고 있고, 항상 그들의 임무를 스스로 수행한다. 또한 효과적인 교실에는 수업에 필요한 모든 자료가 체계적으로 준비되어 있으며, 책걸상

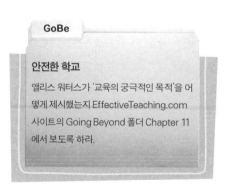

GoBe

안전한 학교
앨리스 워터스가 '교육의 궁극적인 목적'을 어떻게 제시했는지 EffectiveTeaching.com 사이트의 Going Beyond 폴더 Chapter 11 에서 보도록 하라.

및 기타 기자재는 학생들이 편리하게 학습활동을 할 수 있도록 잘 정리되어 있고, 교실도 조용하며 긍정적인 수업분위기이다.

수업관리가 잘된 교실의 특징

쇼핑하러 가면 고객은 관리가 잘된 백화점을 기대한다. 이에 대해서 고객은 다음과 같은 특징을 기대할 수 있다.

▪ 매장: 배치, 체계성, 깨끗함 ▪ 상품: 진열, 접근성, 상품 구색 ▪ 직원: 관리, 능력, 지식, 친절

식당, 비행기, 또는 의사 진료실도 위의 백화점과 마찬가지이다. 교사라면 누구나 한두 번씩은 다음과 같은 말을 해보았을 것이다. "내가 이 교실에서 학생들을 가르쳤다면 다른 방법으로 가르쳤을 텐데."

교사는 교실을 운영하면서 무엇을 해야 하나? 이것을 바로 수업관리라고 한다. 수업관리가 잘된 교실의 특징은 이미 많이 알려져 있다. 3부는 학생들의 성공적인 학습을 위해서 교사가 교실을 어떻게 운영하고 어떻게 체계적으로 수업을 진행할 것인가를 다루고 있다.

수업관리가 잘된 교실의 특징[7]
1. 학생들은 그들의 수업활동에 적극적으로 참여한다. 특히 교사가 학문적인 내용을 강의할 때 더욱 집중한다.
2. 학생들은 그들이 무엇을 해야 하는가를 알며, 또 성공적인 학습의 의미를 알고 있다.
3. 시간을 거의 허비하지 않으며 소란이나 혼동이 거의 없다.
4. 교실은 학생들이 학습활동에 집중할 수 있지만, 편안하고 즐거운 마음을 가질 수 있는 분위기이다.

이 교실의 기자재들은 생산적인 학습활동을 할 수 있도록 배치되어 있다.
학생들은 각자 맡은 임무를 수행하고, 서로 협동하고 존중한다. 이 교실의 수업분위기는 긍정적이다.

수업관리가 잘된 교실의 네 가지 특징을 교사가 이행할 수 있도록 돕는 기술

특징	유능한 교사	유능하지 못한 교사
1. 학생의 많은 학습 활동 참여	학생들이 학습 활동을 한다(161쪽 참조).	교사가 가르친다.
2. 학생들의 뚜렷한 학습 활동 기대	학생들은 모든 과제가 수업의 목적에 적합한 것이라는 것을 알고 있다(299쪽 참조). 학생들은 모든 시험이 수업의 목적에 적합하다는 것을 알고 있다(309쪽 참조).	교사는 이렇게 말한다. "3장을 읽고 내용에 대해서 이해하도록 하세요." "3장에 언급한 모든 내용에 대해서 시험을 치를 것입니다."
3. 시간 허비가 거의 없고, 소란이나 혼동이 없음.	교사는 자신이 계획한 일정과 절차에 맞춰 수업을 진행한다(212쪽 참조). 교사는 수업을 곧바로 시작한다(161쪽 참조). 교사는 과제를 게시판에 올린다(162쪽 참조).	교사는 규칙을 만들고, 교사의 기분에 따라서 벌을 준다. 교사는 출석을 부르며 시간을 헛되이 보낸다. 학생들은 과제에 대해서 반복해서 질문한다.
4. 학습활동에 집중이 가능한 편안하고, 즐거운 교실 분위기	교사는 수업진행이 익숙해질 때까지 모든 수업절차를 연습하는 데 시간을 투자한다(223쪽 참조). 교사는 학생들을 어떻게 집중시키는지 알고 있다(232쪽 참조). 교사는 학생들의 실적을 어떻게 칭찬하고 용기를 주는지를 알고 있다(235쪽 참조).	교사는 얘기하지만 수업을 연습하지는 않는다. 교사는 고함을 지르고 교실 전등 껐다 켜기를 반복한다. 교사는 일반적인 칭찬 용어를 사용하거나 칭찬을 전혀 하지 않는다.

수업진행이 잘된다

나는 수업을 시작할 때 미국 헌법200주년 기념 기간에 NBC 라디오에서 방송된 〈1분 헌법〉의 실제 원고 내용을 학생들에게 조금씩 들려주면서 수업을 시작한다.

아더 카바노프,
위서히콘 중학교

몇 주 전에
- 각 학생들에게 그 방송의 실제 내용을 담은 서류를 복사해서 나누어준다.
- 각 학생들에게 매 수업시간에 앞서 방송 내용을 발표하는 날짜를 지정해준다.
- 학생들은 그 방송 내용을 외워야 한다.
- 학생들은 효과적인 발표를 위한 아이디어 토론을 한다.
- 발표자의 기대에 대해서 토론한다.
- 청중의 기대에 대해서 토론한다.

발표하는 날
- 수업시작 전 발표하는 학생은 교실 앞으로 나가서 그가 맡은 내용을 발표한다.
- 다른 학생들은 자리에 앉아서 발표를 듣고 메모할 준비를 한다.
- 수업시작 벨이 울리고 1분 후에 발표자는 본인이 맡은 방송 내용을 발표한다.
- 발표는 1분 정도 소요되고, 발표자는 자리에 앉는다.
- 학생들은 교실 앞 게시판에 있는 그날의 일정, 수업진행 절차, 그리고 과제를 확인한다.

학생들이 이 학습활동을 하는 동안 나는 교실 뒤에 조용히 앉아서 발표를 듣고, 발표에 대한 채점을 하고, 출석확인 등을 한다.

수업은 자동적으로 시작이 된다.
- 학생들은 조용히 한다.
- 학생들은 조직화되어 있다.
- 학생들은 배울 준비가 되어 있다.
- 학생들은 교사와 부모가 무엇을 기대하는지 알고 있다.

수업진행이 잘된다.

2분 내에 학생들은 배울 준비가 되어 있고, 나는 한마디도 하지 않고 하나의 학습활동을 성공적으로 마칠 수 있다. 이것은 모두 계획된 절차에 의해서 진행된 것이다.

아더 카바노트
(엠블러 펜실베니아)

학업에 충실하고 예측 가능한 분위기

수업관리가 잘된 교실은 학생들이 학업에 충실하려는 분위기이고, 학생들은 자신들에게 기대되는 것이 무엇인지를 알며, 어떻게 성공적으로 학습활동을 해야 하는지를 알고 있다. 기존의 연구에 의하면 대부분의 학생들은 수업관리가 잘된 교실에서 공부한 학생의 학업성취가 훨씬 좋다.

수업관리가 잘된 교실에서는 교사와 학생들의 모든 학습활동을 예측할 수 있다. 교사와 학생들은 각자가 무엇을 해야 하는지, 그리고 교실에서 무슨 일이 일어날 것인지를 알고 있다. 교사가 교실분위기를 본인이 계획한대로 꾸미고 관리하기 때문에 교사는 눈을 감고도 어떠한 학습이 진행되고 왜 진행되는지를 알아야 한다. 교사가 책임지고 수업관리를 하여, 학생들이 학업에 충실할 수 있고 학업활동을 예측할 수 있는 분위기를 만들어야 한다.

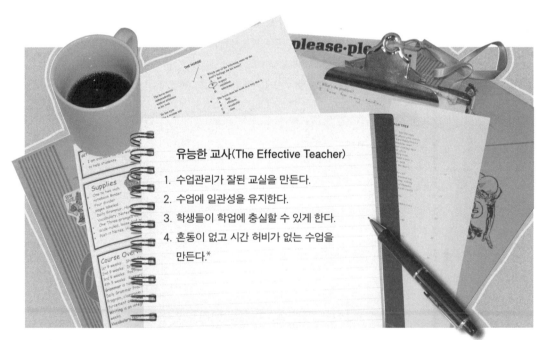

유능한 교사(The Effective Teacher)
1. 수업관리가 잘된 교실을 만든다.
2. 수업에 일관성을 유지한다.
3. 학생들이 학업에 충실할 수 있게 한다.
4. 혼동이 없고 시간 허비가 없는 수업을 만든다.*

* 역주: 미국의 중·고등학교는 각 교사별 전담 강의실이 있으므로 교사들이 수업관리를 용이하게 할 수 있다. 하지만 한국의 중·고등학교 경우는 교사들의 전담 강의실이 점차적으로 마련되는 추세이지만 아직도 교사들이 교실을 옮겨 다니며 강의하는 경우가 많이 있으므로 수업관리가 상대적으로 더 어렵다.

12장

준비된 교실을 만드는 방법

THE KEY IDEA

수업준비가 된 교사는 학생들의 학습을 최대로 증대시킬 수 있고,
학생들의 불량한 태도를 최소로 감소시킬 수 있다.

교사 효율성의 절반은 교사가 집을 떠나기 전에 결정된다

- 교사가 성취하려는 일의 양은 출근하려고 집을 떠나기 전에 결정된다.
- 교사가 성취하려는 하루의 일과 중에서 반은 아침에 집을 떠나기 전에 결정된다.
- 교사가 성취하려는 하루의 일과 중에서 4분의 3은 학교 문을 들어서기 전에 결정된다.

교사는 아침에 집을 떠나기 전, 그리고 학교로 출근하면서 하루 동안 수업시간에 해야 할 일에 대해서 생각하고 마음가짐을 갖는 시간을 가져야 한다. 학생들이 교실에 도착하기 전에 학습자료, 교실 분위기, 그리고 교사 자신이 가르칠 준비가 되어 있는지에 따라서 교사는 학생들의 성공적인 학습기회를 늘리고, 혼란스러움을 줄일 수 있다.

성공적인 학기 첫날

유능한 교사는 학생들의 불량한 태도 때문에 발생하는 문제가 거의 없다.
유능하지 못한 교사는 학생들의 불량한 태도 때문에 학생들과 계속 싸운다.
교사가 어떤 문제에 대한 해결책을 찾는 것은 어렵지 않다.

유능하지 못한 교사가 되어서는 안 된다. 그러면 교사 자신과 학생들이 그에 대한 영향을 받고 좋지 않은 결과를 가져온다. 유능하지 못한 교사의 수업은 준비가 되어 있지 않다. 혼동은 문제를 일으키고, 문제는 학생들의 불량한 태도를 일으키며, 불량한 태도는 교사와 학생들을 고민에 빠뜨리게 한다. 유능하지 못한 교사는 매일 스트레스를 받고, 쉽게 지치며,

부정적이고, 비관적이며, 화도 잘낸다. 그들은 또한 남들을 쉽게 비난하며 학생들의 문제를 비꼬기도 한다.

유능한 교사는 준비가 되어 있다

- 유능한 교사의 교실은 준비가 되어 있다.
  (3부: 수업관리)
- 유능한 교사는 수업할 준비가 되어 있다.
  (4부: 완전습득 학습)
- 유능한 교사 자신도 언제나 준비가 되어 있다.
  (1부: 기본적인 이해)
  (2부: 긍정적인 기대)

위기가 발생하기 전 유능한 교사는 계획하고 준비가 되어 있다.

에버슨과 앤더슨 교사는 개학하는 날 효과적인 수업관리에 대한 중요성을 처음으로 보여준 교사였다.[1] 두 교사는 좀 더 나은 수업관리를 시행하기 위해서 교사연수가 꼭 필요했다는 것을 보여주었다. 유능한 교사가 되기 위한 교사연수를 통해 그 두 교사의 수업은 이제 준비가 되어 있다.[2]

유능한 교사는 학기 초에 수립한 계획에 따라서 수업을 진행하면 어떠한 문제도 방지할 수 있다. 학기 초에 세울 수 있는 계획들은 다음과 같다.

- 시간을 가능한 한 효과적으로 활용한다.
- 그룹 프로젝트를 가능한 한 많이 실시하여 학생의 불량한 태도를 줄인다.
- 수업방법과 학습활동을 잘 선택하여 학생들의 높은 참여를 유도한다.
- 수업 참여 절차에 대해서 학생들과 충분한 대화를 한다.

유능한 교사들은 수업준비가 잘되어 있기 때문에, 학생들의 품행과 관련된 문제를 미연에 방지할 수 있다. 유능한 교사의 수업에는 문제를 일으키는 학생이 매우 적고, 수업참여를 잘하여 높은 성취를 보이기 때문에 유능한 교사가 가르치는 수업은 효과적이다. 그러므로 유능한 교사는 학생들이 일으키는 문제를 해결하려는 스트레스를 많이 받지 않고, 하루의 일과가 끝난 뒤에는 기분 좋게 퇴근을 하며, 성취감과 만족감을 느낀다.

성공적인 식당은 준비가 되어 있다

준비된 테이블 테이블은 정리 정돈이 잘되어 있으며 예약된 손님이 도착하기를 기다리고 있다.

준비된 주방 주방환경이 즐겁게 요리를 잘 할 수 있도록 조성되어 있다.

준비된 직원 식당직원이 손님을 맞이하는 연습을 하고 교육을 받고, 손님들이 식사를 즐길 것이라는 높은 기대를 하면서 근무를 하기 때문에 손님들도 좋은 서비스를 기대한다.

성공적인 교사는 준비가 되어 있다

준비된 자료 시작종이 울리기 전에 책상 정돈이 잘되어 있고, 책, 과제, 기타 수업자료 등의 준비가 잘되어 있다.

준비된 교실 교실은 학습활동을 할 수 있는 좋은 분위기이다.

> **❝** 모든 전쟁은 싸우기 전에 승패가 결정된다. **❞**
> — 손자

가장 중요한 단어들

화가·조종사·요리사에게 가장 중요한 세 가지 단어는 준비·준비·준비이다.

교사에게 가장 중요한 세 가지 단어 또한 준비·준비·준비이다.

교실이 어지럽혀져 있고, 준비가 되어 있지 않으면 교사가 학생들에게 신경을 전혀 쓰지 않는다는 부정적인 메시지를 주게 된다. 교실이 정리 정돈이 잘되어 있고 호감을 주면, 교사가 학생들을 존중하여 유쾌한 학습환경을 제공해준다는 메시지를 주게 되고, 학생들도 교사에게 그에 대한 보답을 하려고 한다. 유쾌한 교실에 있으면 기분이 좋아지고 학생들이 공부하려고 하는 침착한 분위기가 된다. 교사는 자신이 준비해놓은 교실에 학생을 초대해야 한다.

모든 일은 조직적으로 하는 것이 효율성을 갖는 열쇠이다. 먼지를 털고 닦아내어 깨끗하게 하고, 윤을 내고, 가지런히 정리 정돈하고, 장식을 하면 성공적인 학습 효과를 낼 수 있다. 학생들보다 더 중요한 사람은 누구인가?

교실을 청소할 수 있는 액체, 스펀지, 걸레, 자루걸레 등과 같은 도구를 준비해서 교실을 깨끗하게 닦고, 윤을 내도록 하라.

자료를 보관할 수 있는 폴더와 서류함을 갖도록 하라. 수업시간에 공부할 폴더에 있는 수업자료들을 라벨을 붙여서 정리하라. 쓸데없는 서류는 버리고, 될 수 있으면 서류를 통합하라. 찾고자 하는 자료를 언제든지 쉽게 찾을 수 있도록 보관하라. 그러면 교사는 정리 정돈이 잘되어 있기 때문에 그 다음은 무엇을 할 것인지를 고민할 필요 없이 매일 수업을 매끄럽게 진행할 것이다.

기존의 연구에서 증명이 되었듯이 학교와 교실의 청결, 정리 정돈과 같은 특성이 학생의 행동과 교사의 가르치는 능력에 영향을 준다.[3]

준비는 효과적으로 가르치는 방법의 가장 중요한 요소이다.

학습을 위해 교실을 미리 준비하라.

준비된 교사 모든 학생들을 성공시킬 수 있도록 교사는 따뜻한 정이 있고 긍정적인 태도를 가지고 있으며, 또한 학생들에게 긍정적인 기대를 가지고 있다.

매일 준비된 수업, 특히 개학 첫날 이것은 반드시 지켜야 한다. 손님이 식당, 사무실, 가게에 들어설 때 그들은 그 장소가 손님을 맞이할 준비가 되어 있다고 기대한다. 준비가 되어 있지 않으면 손님은 기분이 상한다.

저녁 식사에 손님을 집으로 초대하고 손님이 도착하기 전 식탁에 반찬 등 먹을 준비가 되어 있으면 그 저녁 식사가 성공적으로 잘 진행될 가능성이 높다. 어떤 종목의 시합을 나가서도 그 팀의 멤버들이 준비가 되어 있으면 그 팀이 이길 가능성이 높다. 학생들이 동아리 회의에 갔을 때 회의자료가 면밀하게 정리되어 있으면 그 회의는 성공적으로 진행될 가능성이 높다.

고객이 주문해도 판매할 물건이 준비되어 있지 않으면 판매원은 어떤 것도 팔 수 없을 것이다. 취직하려고 인터뷰를 하는데 인터뷰 준비가 되어 있지 않으면 그 사람은 그 회사에 취직을 할 수 없을 것이다. 수업시간에 교사가 학생에게 무엇인가를 시켰을 때 학생이 준비가 되어 있지 않으면 그 학생은 좋은 성적을 받지 못할 것이다.

실제 직업 세계에서도 준비되어 있지 않으면 해고를 당한다. 이러한 직업 세계에 대응하기 위해서 우리 학생들은 준비되어 있어야 한다. 교사는 학습활동, 교실 환경, 교사 자신 등 모범적으로 준비하는 것을 학생들에게 보여줌으로써 학생들에게 준비하는 방법을 가르쳐야 한다. 체계적으로 준비가 안 된 교사는 가르칠 준비가 되지 않았다는 메시지를 학생들에게 보여줄 수밖에 없다.

책상을 옮기기 전에

다음은 교실에 있는 책걸상 등 기자재를 옮기거나 벽에 무엇인가를 붙일 때 꼭 알아두어야 할 내용이다.

1. 교실 분위기는 개학하고 첫주 동안 교사가 무엇을 구축하기 원하는 가에 달려 있다.
2. 개학하고 첫주는 학생들이 집단으로 수행할 수 있는 프로젝트를 형성하고, 그것을 수행할 수 있는 절차를 설정하는 데 중점을 둔다.
3. 교실을 단지 진열장과 같이 만들기보다는 학생들의 학습절차를 위주로 한 수업관리를 하는 데 시간을 보내야 한다. 깨끗한 게시판·선반·화분 정도를 마련하는 것도 교실의 분위기를 차분하게 할 수 있다.
4. 학기를 처음 시작할 때 교실을 지나치게 정리 정돈해 놓거나 과도하게 장식하는 것은 피한다.
5. 교실은 단정하고 밝은 분위기여야 한다. 하지만 학부모 초대행사를 위해 완벽하게 교실을 꾸미는 데 너무 많은 시간을 쓸 필요는 없다.
6. 학습센터(Learning Center), 학급문고, 자료실 등을 완벽하게 갖추려고 애쓸 필요는 없다(개학 첫날은 학습공간이 필요 없을 것이다. 개학하고 1주일 정도 후에 학생들이 교실과 수업에 대한

교실은 정리 정돈이 잘되어 있어야 하며, 책걸상 등 기자재를 수업 중에 들여오지 않도록 한다.

규정과 절차 등을 다 익힌 다음에 학습센터*를 학생들에게 허용한다).

이 책에서 대부분의 예와 같이 다음 예들도 일반적인 것들이다. 다음 예들을 학년과 상황에 맞도록 적용하고 채택하면 될 것이다.

기본 공간을 준비하라

- 학교행정가, 수위, 청소부는 교사에게 많은 도움을 준다. 교사가 바라는 만큼 그들도 아이들이 좋은 교육을 받기 원한다. 그들과 친하게 지내면 그들이 능력이 있고, 협력적이며, 인정이 많고, 도움을 준다는 것을 알게 될 것이다. 그들은 해가 되는 사람들이 아님에도, 몇몇 부정적으로 생각하는 교사는 그들의 진가를 모른다. 그들은 교사가 필요한 것이 있으면 언제든지 도움을 주는 사람들이다.
- 학기중에 학생들의 책상 위치를 바꿀 계획이 있을지라도 학기 초에는 교사를 정면으로 볼 수 있도록 책상을 배치하는 것이 좋다. 이렇게 하면 수업시간에 학생들의 주위가 산

---

* 역주: 학습센터(Learning Center)란 교실 한 편에 소그룹 또는 학생 개인이 실제 실험 또는 학습 등에 참여할 수 있도록 마련된 장소로써 이 학습센터를 통해서 학생들은 만족하는 학습 또는 기술을 익힌다. 중·고등학교에도 학습센터를 운영하는 교사들이 있지만 대부분의 초등학교 교실에서 학습센터를 운영하고 있다.

만해지는 것을 막고, 학습 태도를 잘 관찰할 수 있으며, 학생들을 쉽게 볼 수 있으므로 학생 개개인을 금방 파악할 수 있다.

- 책상을 나란히 놓을 필요는 없으나, 모든 의자는 정면을 보게 해서 모든 학생들이 교사에 집중할 수 있도록 한다.
- 전체 수업이나, 소그룹으로 하는 수업에서도 학생들이 교사를 쉽게 볼 수 있도록 학생들의 책상을 배치한다.
- 교사와 학생들이 자주 다니는 곳은 장애물이 없도록 한다. 출입문, 정수기, 싱크대, 벽에 달린 연필깎이, 교사책상 등의 바로 앞에는 책상, 의자, 테이블과 같은 것을 놓지 않도록 한다.
- 남는 수업시간 동안 따로 공부가 필요한 학생을 위한 공간을 확보하도록 한다.

GoBe

학생들이 교실 게시판을 바라보고 있으면 더 배운다.

자리 배치는 학생들의 학습과 건강에도 영향을 준다. 이에 대한 내용은 EffectiveTeaching.com 사이트 Going Beyond 폴더의 Chapter 12에서 볼 수 있다.

정리 정돈의 네 가지 규칙

1. **사적인 일과 학교 일을 구별한다.**
   언제나 학생이 우선이다. 사적인 일로 학교 일을 등한시하지 않는다.

2. **책상을 깨끗하게 정리한다.**
   책상 위에 여러 서류나 자료 등을 쌓아놓지 말고, 파일에 라벨을 붙여 각 서류를 분리해서 편리하게 볼 수 있도록 한다.

3. **들어오고 나가는 과제물을 분리한다.**
   학생들이 제출하는 과제물과 채점 후에 학생들에게 돌려줄 과제물을 놓는 위치를 구분한다.

4. **작은 것들을 합치고, 또 합친다.**
   작은 박스, 안이 들여다보이는 플라스틱 서류함, 잡지꽂이, 서류 분류함 등을 갖춘다. 이렇게 작은 것들을 합쳐서 한 공간에 물건을 잘 보관하면 나중에 특정 물건을 찾는 데 시간을 많이 보낼 필요가 없다.

왼쪽 뇌가 발달한 사람은 서류 파일(files)을 가지고 있고, 오른쪽 뇌가 발달한 사람은 서류 뭉치(piles)를 가지고 있으며, 양쪽 뇌가 발달한 사람은 서류 파일(files)과 뭉치(piles)를 가지고 있다.

학습 공간을 준비하라

- 학습공간과 책상 배치를 잘해서 교사가 교실 어디에 있더라도 모든 학생들을 쉽게 볼 수 있고 관찰할 수 있도록 한다.
- 학생들은 교사뿐만 아니라 자주 사용하고 있는 화이트보드·게시판·프로젝트 스크린·교단·진열장 등을 잘 볼 수 있어야 한다.
- 교사와 학생이 자주 다니는 곳은 장애물이 없도록 한다. 이곳은 다른 사물이 없도록 잘 유지하며, 다른 곳에 사물을 놓을 수 없는 상황일 때만 사물을 놓아둔다.
- 창고·책장·캐비넷·출입문으로 통하는 곳은 항상 쉽게 갈 수 있도록 사물을 두지 않는다.
- 화재·지진·토네이도·허리케인·기타 자연에 의한 재난에 대비하는 규칙을 익히고, 위급한 상황에 학생들이 대처할 수 있도록 언제나 준비를 해둔다.
- 학습활동을 하는 곳에 의자가 충분히 있는지 확인한다.
- 책·실습도구·미디어·학습을 위한 카드·학습도구·악기 등 학습활동을 하는 곳에 필요한 자료 및 도구가 있는지 확인한다.
- 전기 도구 및 기타 기계적인 도구를 사용하기 전에 이 도구들이 작동이 되는지 사전에 테스트하도록 한다.
- 박스·커피 등을 담았던 캔·플라스틱 상자·기타 학생들이 필요로 하는 자료 등을 보관할 수 있는 용기를 사용한다(264쪽 참조).

준비할 때

축구시합이 있는 날 축구팀을 만들지는 않는다.
목이 마를 때 우물을 파지 않는다.
그리고 비상상황이 발생하고 난 뒤에 문제 해결 절차에 대해 논의하지 않는다. 그 시간은 무엇을 할 것인가를 논의하는 시간이 아니다.
미리 준비하는 것은 교사가 성공하는 열쇠가 된다.

학생들의 공간을 준비해라

▪ 학생들의 소지품을 보관할 장소를 마련하여 교사가 신경 써야 할 일을 줄여라. 학생들의 파일·가방·책·도시락 가방·우산·신발·과제물·분실 물 보관함·스케이트보드 등과 같은 스포츠용품 그리고 각종 프로젝트 등을 보관하는 장소를 미리 마련한다.
▪ 학생들의 외투를 걸어 놓을 수 있는 장소를 마련한다.

교실 벽을 준비하라

학생들이 자기 스스로 규율을 정하여 따르고, 스스로 동기부여를 하며, 스스로 책임질 때 가장 효과적인 수업이 가능하다. 과제와 학습 활동으로 무엇을 하고, 어떻게 하는가에 대한 정보를 게시판에 붙여서 학생들이 숙지하고 따르도록 한다(15, 19, 20장 참조).

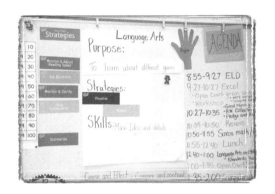

▪ 색깔이 있는 큰 종이를 바르고 가장자리를 예쁜 모양으로 오려서 게시판 전체를 보기 좋게 만들며 어떤 내용도 게시하지 않는다. 이 게시판의 사용목적은 백화점에서 유리상자 안에 상품을 진열하듯이 교사가 장식을 하는 것이 아니라, 학생들의 작품을 게시하는 것이다.
▪ 잘 보이는 곳에 학습규칙을 붙여 놓는다. 학기 시작 1주일 후에는 이 규칙을 다른 곳에 게시할 수도 있다(18장 참조).
▪ 학습 진행절차·의무사항·달력·시계·비상시 행동요령·지도·학습 일정·점심 메뉴·차트·장식품·학생들의 생일과 작품을 게시한다.
▪ 그날의 과제와 그 주의 과제를 적어 놓는 곳을 정해서 항상 그 자리에 게시한다.
▪ 과제로 제출할 표지의 견본을 형식에 맞도록 만들어 확대하여 게시한다.
▪ 학생들이 볼 시험문제의 예시와 제출할 과제물, 그리고 글짓기 견본을 게시한다.
▪ 학생들이 현재 배우는 내용을 파악할 수 있도록 제목, 주제, 장, 또는 설명을 게시한다.

책장을 준비하라

- 학생들의 시야를 방해하는 곳에 책장이나 게시판을 두지 않는다.
- 책장에 놓인 자료들을 바꾸어 학생들이 사용할 수 있도록 허락된 것만 보이게 놓는다.
- 책과 자료들이 교실에서 쉽게 사라지는 것을 막기 위해서 교실 출입구 가까이에 놓지 않는다.

교사의 주변을 준비하라

학생뿐만 아니라 자주 사용하는 자료와 기자재를 될 수 있는 대로 가까이 두도록 한다. 교실에서 교사와 학생이 멀리 떨어져 있고, 필요한 자료와 기자재가 가까이 없으면 시간을 허비하게 된다.

교사가 학생들과 거리를 가까이 두면 둘수록 학생들의 수업 태도와 관련된 문제를 줄일 수 있다. 교사가 물리적으로 학생들에게 가까이 있고, 쉽고 빠르게 접근할 수 있을 때, 학생들의 학습 태도는 좋아진다. 교사가 학생으로부터 멀리 떨어져 있어서 학생들에게 빠르게 접근할 수 없으면 학생들은 수업시간에 공부를 하지 않고 다른 학생을 방해할 수도 있다. 학생들의 문제를 최소화하기 위해 교사는 학생들에게 최대한 근접하는 것이 좋다.

> 교사가 학생들을 가르칠 때 문제가 발생하는 이유는
> 학생들과 신체적으로 거리를 멀리 두기 때문이다.

- 교사의 책상, 파일, 그리고 다른 기자재 등을 학생들이 자주 지나다니는 곳에 두지 않는다. 그렇게 하면 교사와 학생들 간의 장벽이 만들어진다. 학생들의 학습을 빨리 도울 수 있도록 접근이 용이한 곳에 교사의 책상을 놓는다.
- 교사가 책상에 앉아 있거나 개인지도를 할 때도 학급 전체를 쉽게 볼 수 있는 곳에 교사의 책상을 놓는다.

수업시간에 교사가 학생들에게 가까이 있으면 있을수록
학생들의 수업 태도와 관련된 문제는 적게 발생한다.

- 다른 사람이 교사의 책상에서 자료나 사물을 쉽게 가져가지 않도록 교사의 책상을 출입문 가까이에 놓지 않는다.
- 교사가 개인적인 물품을 책상 위에 놓았다면 수업을 시작할 때는 이 모든 것을 깨끗하게 치운다.

수업자료를 준비하라

- 학생들이 수업에 가져와야 할 준비물에 대해 설명한 안내문을 준비한다. 학생들이 가져온 준비물은 일정한 곳에 잘 보관한다.
- 학생들의 책상에 이름표를 만들어 올려 놓는 등 학생 개개인의 특성을 살려줄 수 있는 방법을 사용한다. 또는 학생들의 이름을 올려놓은 책상을 슬라이드나 파워포인트에 담아서 학생들에게 보여준다.
- 학기 첫주에 가르칠 수업을 위해서 기본 자료를 준비한다. 이 자료에는 책·종이·연필·자·풀·분필·매직 펜·스테이플러·테이프·클립보드·크레용·색판지·각종 도구·전자계산기·각종 사무용품·학습용품·놀이터용 놀이기구·컴퓨터 소프트웨어 등이 포함된다. 학생들에게 신호를 보낼 수 있도록 벨 또는 타이머를 구입한다.
- 학습자료를 상자 안에 넣어 잘 정리한다. 종이 또는 나무 상자·커피 캔·우유병·신발 상자 등을 이용해서 학습자료를 보관한다. 각 상자에 라벨을 붙이고, 상자 속에 있는 모든 자료의 목록 카드를 만든다.

각 수업활동 또는 주제별로 목록카드를 만들어
상자에 라벨을 붙여 놓는다.

- 자주 사용하지 않는 자료는 다른 곳에 보관하되 그 자료들의 목록을 만들어 필요할
  때 금방 찾을 수 있도록 한다.
- 전자 미디어는 전기 콘센트 가까이에 보관해서 학생들이 전기선을 밟는 일이 없도록
  한다. 전기 연결선이나 어댑터 등은 언제나 찾기 편리한 곳에 보관한다.
- 학습자료 원본, 강의계획서, 컴퓨터 디스크 등을 잘 정리 정돈한다. 또한 학습자료를
  여유 있게 만들어 결석하거나 학습에 도움이 필요한 학생을 위해서 사용한다.

마지막으로, 교사 자신을 준비시켜라

- 가방, 핸드백, 열쇠 등 중요한 개인 물건은 안전한 곳에 잘 보관한다.
- 비상시 사용할 물품을 준비한다. 화장지·손세정제·천 조각·종이타월·비누·비상 의약
  품, 그리고 몇몇 학생들의 점심값 등과 같은 것들을 준비한다. 물품들은 학생이 아닌 교
  사가 사용할 수 있도록 보관한다.
- 수업에 사용하는 각 교과서에 대한 교사용 지도서를 구한다.
- 출석부, 지각조치 카드, 수업 중 복도 통행허가 카드, 학생에 대한 교사 소견서 등과 같
  은 서류를 구한다. 교사는 이 서류 양식을 거의 매일 사용하므로 쉽게 찾을 수 있는 곳
  에 놓는다.

유능한 교사가 되기 위해서는 준비를 해야 한다. 준비된 교사는 학생들의 학습을 최대로 늘리고 학생들의 불량한 태도를 최소로 줄일 수 있다.

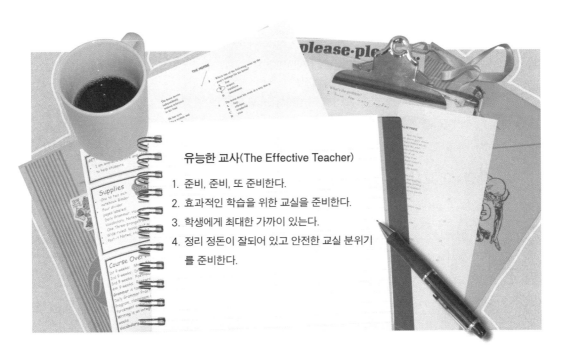

유능한 교사(The Effective Teacher)

1. 준비, 준비, 또 준비한다.
2. 효과적인 학습을 위한 교실을 준비한다.
3. 학생에게 최대한 가까이 있는다.
4. 정리 정돈이 잘되어 있고 안전한 교실 분위기를 준비한다.

13장

학생들에게 교사를 소개하는 방법

THE KEY IDEA

옳건 그르건, 정확하든 그렇지 않든 교사의 명성은 학생의 학업성취에 중요한 역할을 한다.

회사의 이미지가 판매를 촉진시킨다

홀마크	최고의 마음을 전하고 싶다면(When you care enough to send the very best).
드비어스	다이아몬드는 영원히(A diamond is forever).
BMW	궁극의 드라이빙 머신(Unlimited Driving Machine).
유나이티드 항공	유나이티드의 다정한 하늘을 날아보세요(Fly the friendly skies of United).
나이키	저스트 두 잇(Just do it).
렉서스	수그러들 줄 모르는 완벽 추구(Relentless pursuit of perfection).
스프라이트	갈증에 따르라(Obey your thirst).
맥도날드	아임 러빙 잇(I'm lovin' it).
버거킹	당신의 입맛대로(Have it your way).

교사의 명성이 교사 자신보다 더 중요하다

 학기 첫날 교사 자신을 학생들에게 어떻게 보여주는가에 따라서 교사가 나머지 1년을 얼마나 성공적으로 마칠 수 있는지가 결정된다.

　사람들 각각은 그들에 대한 평판이 있다. 우리는 상냥하고, 친절하고, 정직하고, 부지런하고, 신뢰할 수 있는 사람을 알기도 하고, 얄팍하고, 심술궂고, 거만하고, 게으르고, 믿을 수 없는 사람을 알기도 한다.

회사도 그들의 명성이 있다. 어떤 회사의 서비스는 엉망이고, 위조 제품을 팔며, 그 제품에 대해서 보증도 해주지 않는다. 반면 어떤 회사는 일관성 있는 믿음을 준다.

아이비엠(IBM), 코카콜라(Coca-Cola), 렉서스(Lexus), 홀마크(Hallmark), 나이키(Nike), 휴렛팩커드(Hewlett-Packard)와 같은 회사는 좋은 이미지 덕분에 판매가 촉진된다. 그 회사들은 고객이 회사를 믿고 제품을 구입한다는 것을 알고 있다. 그 회사들의 이미지가 판매하려는 제품 자체보다 더 중요한 것이다.

이와 마찬가지로 교사의 명성이 교사 자신보다 더 중요하다. 학기 첫날 학생들은 학교에 오기도 전에 교사의 명성에 대해서 알아보고 교사에 대한 존경심과 관심을 갖는다. 교사의 명성이 좋으면 학생들은 많은 기대를 하고 수업에 임하며, 이러한 것은 교사가 수업을 하는 데 도움이 된다. 교사는 학기 첫날부터 명성을 쌓기 시작해서 계속해 나간다.

- 교사의 명성이 좋으면 학생들은 그들의 교사를 위해서 환한 웃음으로 교실의 문을 활짝 열어 준다. 교사가 명성이 좋으면 학생들은 교사에게 쉽게 다가간다. 교사가 성실하면서도 정직하고, 다정다감하게 대하면 학생들은 교사에 대해서 긍정적인 인상을 갖는다.
- 교사의 명성이 없으면 학생들은 수업에 대한 기대를 하지 않고 학교에 올 것이며, 이것은 교사에게 큰 손해가 될 것이다. 이렇게 학생들이 기대를 하지 않는 수업은 결국 실패한다. 교사가 좋든 싫든 학생, 부모, 학교장, 그리고 동료 교사들이 그 교사에 대해서 이야기를 나눌 것이다.

모든 사람은 승자를 좋아하고 지원하고 싶어한다. 학부모는 아이들이 교실에서 명성이 높은 교사로부터 배우기를 바란다. 명성이 없는 교사는 학생들이 명성이 높은 교사를 선택하고 난 다음 나머지 부분을 차지하게 된다.

학기 첫날 교사는 학생을 매혹시키고 최대한 문제가 없게 한다. 또한 학생들이 본인 수업에 들어오고 싶어한다는 사실에 행복해하고, 교사라는 직업에 만족해한다. 그러나 학생들이 싫어하는 교사는 가르치면서 얻을 수 있는 이런 행복을 맛볼 수 없다.

교사로서 긍정적인 이미지를 관리하면서 명성을 유지해야 한다. 이를 통해 교사는 잃는 것은 없으면서, 많은 것을 얻을 수 있다.

개학 전 초청 또는 방문

다음은 학생들을 위하여 유능한 교사가 사용하는 환영 방법이다. 다른 교사도 다음 예를 자신의 상황에 적합하게 적용하고 채택하면 도움이 될 것이다.

1. 학기가 시작하기 전 학부모에게 서신을 보낸다.

- 학부모에게 그들의 자녀를 가르치는 것을 학수고대하고 있다고 말한다.
- 학부모에게 오리엔테이션 및 학부모 회의의 중요성을 설명하고, 달력에 표시해두고 꼭 와줄 것을 부탁한다. 또한 숙제, 성적, 학교 규칙, 수업진행에 대해서도 설명한다.
- 학생들의 준비물에 대해서도 언급한다.

2. 학기가 시작하기 전에 각 학생들에게도 서신을 보낸다.

- 학기 시작 전 학생들이 교사에 대해서 알도록 하고, 친숙해지도록 한다. 새 학년을 환영하는 카드를 학생들에게 보내고, 학생 가족에게도 이메일을 보낸다.
- 학생들에게 교사 본인을 소개한다.
- 학생들이 어떠한 질문이 있을 때 전화나 이메일을 하라고 한다.
- 학생들에게 필요한 준비물을 알려주고 미리 준비할 수 있도록 해서 학기 첫날 교사가 준비되

사랑의 중요성

존 M. 코진스 교사는 오하이오주에서 가르친다. 학년 마지막 날 코진스 교사는 자기 반 7학년(중학교 1학년) 학생들에게 다음 년도에 본인으로부터 배울 후배 학생들을 위하여 조언하는 편지를 쓰도록 한다. 코진스 교사의 학생들은 학기 첫날 새 학기에 대해서 걱정을 많이 하면서 등교하는 경우가 많다. 이 학생들에게 선배들이 써둔 그 서신을 전달한다.

Couzins 교사는 그 서신을 각 학생들에게 전달해주며 학교생활을 하는데 그 서신이 학생들을 빨리 적응할 수 있도록 도와줄 것이라고 말한다. 그 서신을 읽고 난 뒤 학생들은 학기를 시작하고 자신이 1주일 동안 경험한 것과 8학년으로 올라간 학생들의 경험과 조언을 비교하여 답장 서신을 작성하는 과제를 수행한다.

7학년으로 새로 올라온 학생들은 하나같이 이렇게 얘기한다. "코진스 선생님이 아이들을 좋아한다고 말씀하셨기 때문에 나는 이 선생님의 수업을 좋아할 것이라고 생각한다."

었을 때 학생들도 준비될 수 있도록 한다. 그러나 학생들이 준비물을 가져왔든 그렇지 않든 학생들을 당황하게 만들지는 않는다.

▪ 학생들에게 교사가 기대하는 것을 말한다.

3. 학기 시작 전 각 학생의 집을 방문한다(학생 집을 방문하기 전 그 집을 방문해도 되는지를 학부모에게 미리 확인한다).

▪ 교사 본인을 소개한다.

▪ 교사가 학생들에게 기대하는 것과 전반적인 수업에 대해서 언급한 서신을 준비해서 가져간다.

▪ 학부모가 학교 또는 학교를 위해서 할 수 있는 부분에 대해서 이야기를 나눈다.

이 교실이 맞나?

더글라스 브룩스는 학생들이 학기 첫날 제일 먼저 '이 교실이 맞나?'라고 생각하는 것을 발견했다.[1] 학생들이 학기 첫날 교실을 제대로 찾는 것은 제법 어려운 일이다. 교사에게도 이 일은 어려운 일이다. 수업이 시작하고 15분 정도 지난 다음에 교사가 자기 교실이 아닌 곳에 있다는 것을 알았을 때만큼 당황스런 일은 없다.

친애하는 왕박사님,

교사를 위한 왕박사님의 특강을 듣고 집으로 돌아와서 13살짜리 제 아들에게 다음과 같은 질문을 했습니다. "학기 첫날 가장 당황했던 일이 무엇이었니?"

아들은 잠시 생각에 잠겨 있다가 말하기를, "엄마, 두 가지가 있어요. 선생님께서 학생들의 이름을 잘못 부른 것과 선생님께서 다른 교실로 들어가셨을 때예요."

교사, 갈랜드, 텍사스

학부모와 빠른 대화 방법

학부모, 그리고 학생들과 대화는 결코 쉬운 일이 아니다. 학생들이 학기가 시작하고 학교에 오기 전에 교사는 이메일로 환영의 인사말을 보낸다. 학부모와 학생에게 교사가 학습을 위해서 이메일 등 통신매체를 사용한다는 것을 알린다.

수업에 학부모를 초청해서 그들이 수업을 관찰할 수 있게 한다. 그렇게 하기 위하여 교사가 컴퓨터 등 각종 테크놀로지에 대한 전문가가 아니어도 상관없다. 학생들과 같이 수업계획을 세우고, 학습 정보를 전달한다. 학부모는 교사가 적극적으로 그들에게 연락하는 것에 대해서 고마워한다. 교사는 인터넷을 이용하여 시간을 많이 들이지 않고도 중요한 일을 할 수 있다.

다음은 학기가 시작하면서 사용할 수 있는 방법이다.

1. 학기가 시작되기 전에 교사는 학부모에게 자신을 소개하는 이메일을 보낸다. 다음은 이메일을 보낼 때 포함할 수 있는 내용이다.

   - 교사의 사진
   - 환영 인사 오디오 또는 비디오 파일
   - 교실 사진
   - 학교가 시작하고 끝나는 시간
   - 한 달 동안 가르칠 교육과정
   - 교사에게 연락할 수 있는 방법
   - 교사가 학부모와 대화를 나눌 수 있는 방법
   - 학생에 대한 기대
   - 숙제에 대한 규정
   - 준비물
   - 달력에 표시해놓아야 할 중요한 날들
   - 1년간 교사가 가르치고자 하는 열망
   - 학생을 환영하는 편지
   - 이 편지에 학생들이 학기 첫날에 가져와야 할 첫 번째 과제를 언급한다.
   - 편지는 재미있고 쉽게 작성한다.

2. 많은 교육청에서 교사가 웹사이트를 만들어 올려 놓을 수 있는 서버와 프로그램을 운영하고 있다. 교사는 웹사이트에 숙제, 프로젝트, 그리고 학생들이 배우는 학습활동 자료들을 올려 놓는다. 교육청 또는 학교에서 웹사이트 서버 및 프로그램을 제공하지 않고, 교사가 웹사이트를 만드는 **방법**을 모르는 경우에는 학생들의 도움을 받을 수도 있다. 대부분의 10대 학생들은 컴퓨터를 잘한다. 웹사이트를 시작할 때는 작고 간단한 것부터 한다. 먼저 숙제를 웹사이트에 올려놓은 다음, 시간이 지나면서 좀 익숙해지면 다른 활동사항도 차츰 올려 놓는다.

3. 웹캠을 사용한다. 수업하는 것, 학급 프로젝트, 또는 특별한 행사를 축하하는 활동을 학부모가 화면을 통해서 직접 볼 수 있도록 교사 웹사이트에 '라이브(실제 수업)' 링크를 만들어 놓는다. 라이브로 보여주는 활동 이외에는 웹캠을 작동시키지 않는다.

4. 수업자료와 메시지를 수집하고 저장하기 위해서 전자칠판을 사용한다. 방과 후에 그 자료를 **다운로드**하고, 저장해서 학부모에게 **이메일**로 보낸다. 이메일 주소가 없는 학부모에게는 그 자료를 프린트해서 학생편으로 **학부모**에게 보낸다.

5. 블로그를 한다. 간단하게 말하면 블로그는 네티즌의 생각을 자유롭게 게시판에 올리는 웹사이트로 교사도 블로그를 **사용**해서 학생, 학부모와 많은 정보를 공유할 수 있다. 블로그에는 가장 최근에 올린 정보가 맨 윗부분에 뜨기 때문에 학생과 학부모들은 새로운 정보와 뉴스를 쉽게 읽을 수 있다. 블로그를 찾는 학생과 학부모들이 그들의 의견을 올리게 할 수도 있고 또는 다른 일반 웹사이트와 같이 정보만을 읽게 할 수도 있다.

2003년 조사에 의하면 93퍼센트의 국공립학교의 교실에 인터넷이 연결되어 있다. 이 기술을 이용하면 교실에서 가르치는 도구로서 사용할 뿐만 아니라 학부모, 또는 보호자들이 어느 곳, 어느 나라에 있든 그들과 대화를 나눌 수 있다.

학생과 친밀하게 지낸다. 뉴저지의 재키 루텐스타인 교사는 교실문에 환영 인사말을 붙여 놓는다.

유능한 교사는 가능하면 학생들의 이름을 책상 위에 올려 놓는다. 이렇게 하는 것은 학생들이 교실을 그들의 집과 같이 편안하게 느끼도록 할 수 있다.

학기 첫날 학생들에게 어떻게 인사할까?

유능한 교사는 매일 교실문 앞에 서서 밝은 미소로 학생들과 악수를 하며 학생들을 맞이한다. 동료 교사를 비롯한 학교 관계자 또는 회의에 참석하기 위해서 오는 사람들에게도 교실문 앞에 서서 똑같이 한다. 항공사·식당·자동차 대리점에서도 손님을 맞이하기 위해서 그렇게 한다. 교사 혼자서 교실문 앞에 서서 밝은 미소를 짓고 있으면 이상하게 보이지는 않을까? 전혀 그렇지 않다. 오히려 학생들에게 가르치는 수업에서도, 그리고 교실을 방문하는 사람들에게 훨씬 더 효과적이다.

다음은 많은 유능한 교사가 학기 첫날 학생들에게 인사하는 방법을 나열한 것이다.

1단계 다음 정보를 교실문 밖에 붙여 놓는다.

- 교사 이름   - 교실번호   - 수업시간표
- 가르치는 학년과 과목   - 환영 인사말

테네시주의 연극-미술 교사인 크리스 베넷 교사는 교실로 사용하고 있는 학교 강당의 입구에 서서 학생들에게 인사를 하며 극장표를 나눠준다.

플로리다주의 스티븐 지카푸즈교사는
학기 첫날 학생들에게 나누어줄 팸플릿을 준비한다.

학생들은 벽에 붙어 있는 정보를 보고, 그들이 수강신청한 정보와 같은지를 비교할 수 있다. 이것은 공항에서 TV 스크린에 있는 비행기 이·착륙 스케줄을 확인하고, 병원에서 의사 이름을 확인하고, 극장에서 영화 제목, 시간, 그리고 비용이 얼마인지를 확인하는 것과 다를 바가 없다.

2단계 학기 첫날 교실문 밖에 서서 학생들을 맞이한다. 밝은 미소를 지으며 학생들과 악수를 하고, 수업시간에 학생들과 만난다는 기대감을 학생들에게 보인다.

3단계 학생들이 교실문 밖에서 자기들의 교실과 교사가 맞는지 두리번거리고 있을 때 그들을 환영하고, 다음과 같은 정보를 말해준다.

▪교사 이름　　▪교실번호　　▪수업시간표　　▪학생들이 앉을 자리 등 다른 필요한 정보

나는 학기 첫날 교실입구에 서서 아주 밝은 미소를 지으며
학생들을 초청하는 자세를 취하고, 복도로 걸어오고 있는
'즐거움의 보따리를 안겨줄 학생들(little bundles of joy)'
에게 악수를 청한다.

4단계 출석표에 있는 각 학생의 이름을 확인하고, 다른 학생이 있으면 그 학생의 교실을 알아서 그 교실까지 안내해줄 수 있는 안내자를 찾아서 부탁한다.

5단계 교사가 교실문 밖에서 학생들에게 환영의 인사를 하고, 학생들은 교실로 들어와서도 교실문 밖에 붙여놓은 똑같은 정보를 학생들이 교실에서도 볼 수 있도록 게시판에 부착해 놓는다.

▪교사 이름　　▪교실번호　　▪수업시간표　　▪가르치는 학년과 과목　　▪환영 인사말

똑같은 정보를 학생들에게 세 차례에 걸쳐 알려주기 때문에 학기 첫날 본인들의 교실이 낯선 곳이 아니라는 것을 학생들에게 확실하게 인식시켜줄 수 있다. 이렇게 함으로써 학생들이 학기 첫날 가지고 있는 근심걱정이 줄어들고, 그들은 새로운 교실과 교사를 편안하게 생각할 것이다.

학기 첫날에 하지 말아야 할 것

　유능하지 못한 교사는 학교 시작종이 울리는 동시에 교실에 들어온다. 교사의 이름도 교실번호도 전혀 알려주지 않는다. 냉담한 시선으로 수업을 시작한다. 학기 첫날 수업은 다음과 같이 진행된다.

1. 교사는 책상 뒤에 서서 교실 안으로 들어오는 학생들을 노려보고, 훑어보면서 '이 학생들은 내 영역을 침해하고 있다'고 말하는 것과 같은 표정을 보인다.
2. 교사의 이름, 교실번호, 수업 과목, 수업 학년, 몇 교시인지에 대해서 학생들에게 전혀 말하지 않는다.
3. 교사는 출석을 부르겠다고 말한다.
4. 교사는 또한 교사가 출석을 부르는 동시에 학생들의 이름에 따라 알파벳순으로 앉게 될 것이라고 말한다. 학생들로부터 불만이 섞인 소리가 들린다(150쪽 '교사가 학생에게 처음으로 요구하는 것을 성공시키려면' 참조).
5. 교사는 첫 번째 학생을 불러서 앞으로 나오라고 한다. 학생은 불만이 섞인 눈빛으로 발을 질질 끌면서 앞으로 가서 벽에 등을 대며 삐딱하게 선다.
6. 그런 다음 교사는 그 첫 번째 학생을 가리키며 이렇게 말한다. "너, 저기 앉아라."
7. 학생들이 처음에 앉아 있던 의자에서 교사의 강요에 의해서 다른 자리로 옮긴 다음 학생들은 새로 옮긴 자리에 대한 불만으로 벽에 등을 기대고 앉는 등 바른 자세로 앉지 않는다.
8. 학생들은 서로 바라보며 이해가 가지 않는다는 표정으로 머리를 흔들면서 이렇게 말한다. "준비가 하나도 되어 있지 않은 이 선생님은 누구인가? 우리 선생님? 올 1년은 지루한 한 해가 되겠군!"

새 학기를 성공적으로 시작하기 위해서 교사는 효과적으로 그리고 진심어린 마음으로 학기 첫날을 맞이해야 한다. 누구의 심부름으로 또는 약속이 있어서 쉽게 찾을 수 없는 주소, 빌딩, 또는 사무실을 가 본적이 있는가? 이런 경우에 우리는 초조하게 된다. 교사는 학생들을 환영해주고 그들이 어디로 가야 하며, 어떻게 제 시간에 도착할 수 있는지 확신을 가질 수 있도록 해야 한다.

학생들 자리 배치와 첫 번째 과제

교사가 학생들의 자리 배치를 하려면, 학생들이 교실에 들어올 때 미리 그 사실을 말한다. 모든 학생들이 이미 자리에 앉은 상태에서 자리 배치를 하지 않는다. 그렇게 하면 학생들은 그들이 자리를 왜 옮겨야 하고, 왜 친한 친구 옆에 앉을 수 없는지를 물어볼 것이다.

학생들의 자리 배치 방법

- 학생들의 이름 카드를 만들어 책상에 올려 놓는다.
- 학생들의 자리 배치표를 만들어 OHP나 파워포인트를 사용해서 학급 전체에게 보여준다.
- 교사가 교실 입구에 서서 학생들을 맞이할 때, 자리 번호를 적어서 환영편지와 함께 학생들에게 전해 준다. 학생들은 교사로부터 받은 자리 번호를 가지고 교실로 들어와서 교실에 켜져 있는 자리 배치 프로젝트 슬라이드나 파워포인트를 보고 자기 자리를 찾아서 앉는다. 그러나 학생들이 어려서 자기 스스로 자리를 찾지 못할 것 같으면 이 방법을 사용하지 않는다. 시작종이 울렸을 때 학생들은 자기 자리를 찾기 위해서 우왕좌왕 하지 않고, 이미 자리를 찾아 앉아 있도록 해야 한다.

학생들이 배치된 자리를 찾아서 앉았을 때 볼 수 있도록 첫 번째 과제를 책상 위에 미리 올려 놓는다. 학생들에게 그 과제를 곧 시작하라고 말한다. 첫 번째 과제는 짧고, 재미있고, 쉬워야 하며, 모든 학생들이 성공적으로 마칠 수 있는 것으로 한다. 이 첫 번째 과제는 점수를 반영하는 과제보다는 학생들의 정보 수집을 위한 내용으로 한다.

학기 첫날 교사가 다음 네 가지를 실천하면 교사와 학생 모두 학교생활을 성공적으로 할 수 있는 가능성을 높일 수 있다.

1. 교실을 준비해 놓는다.
2. 교실 입구에서 학생을 맞이한다.
3. 학생들의 자리를 미리 배치한다.
4. 첫 번째 과제를 책상에 준비해 놓는다.

교사 자신에 대한 정보를 교실에 붙여 놓는다. 대학 졸업장도 벽에 걸어 놓는다. 재미있는 세계지도, 교사가 방문했던 곳의 사진, 영화 포스터 등과 같은 것을 곁들여서 그래픽으로 교사의 개성과 기대를 묘사한다. 교사의 가족사진이나 자녀의 미술작품 등과 같은 개인적인 것은 붙여놓지 않는다. 학생들이 교사의 개성을 많이 알면 알수록 그들은 교사를 더 존경한다. 하지만 학생들이 교사의 사생활을 많이 알면 알수록 그들은 교사를 쉽고 가볍게 본다.

학생이 자신의 개성을 깨닫도록 하라.

가능한 한 빨리 각 학생들의 작품을 그들의 이름과 함께 게시판에 붙여 놓는다. 각 학생들의 작품을 교실에 붙여 놓게 되면 그들은 그 학급의 일원으로 생각하게 된다. 학생들이 학급 친구들에 대해서 더 알면 알수록 일체감을 갖게 되고, 모두가 평등하다는 것을 알게 되며, 서로 존중하게 된다.

수업관리자로서 그리고 교사로서 학생들에게 교사의 능력과 역량이 있다는 것을 보여주는 것은 매우 중요하다. 학기 첫날 교사가 어떻게 하느냐에 따라서 나머지 1년 동안 교사가 학생들로부터 얼마만큼 존경을 받고, 성공적인 학기가 되느냐를 결정지을 수 있다.

학생들은 교실에 어떻게 들어가나?

교실 밖에서 학생들을 만난 다음 줄을 세워 놓아도 된다. 이것은 학생들을 환영하는 첫날 교실에 어떻게 들어가는지를 알려주기 위해서 사용하는 이상적인 방법이다.

교사는 학기 첫날 교실 입구에서 학생들을 만나는 순간부터 매일 수업을 진행하는 방법과 학생들이 해야 할 일을 가르친다(세부 내용은 19장 참조).

옳지 않은 방법으로 교실에 들어오는 학생이 있으면 교실문으로 돌아가게 한 다음 옳은 방법으로 다시 들어오게 한다. 이때 학생을 교실문 밖으로 내보내지 말고 교실문 안쪽까지만 보낸다. 교사는 수업을 시작하고 몇 분 동안은 어느 학생도 '교실 밖으로' 내보내지 않는다. '문 밖으로' 내보낸다는 의미는 학생을 부정적으로 보는 것이고, 창피를 주는 것을 의미한다. 다음과 같이 애매모호하게 학생들에게 말하지 않도록 한다.

"올바른 방법으로 교실에 다시 들어
와라."

"교실에 조용히 걸어 들어와라."

"올바르게 걷도록 해라, 알겠니?"

차분하면서도 단호하게 다음 사항을
이행한다.

네바다주의 지니 베일리스 교사는 이렇게 말한다. "여러분, 줄을 반듯하고 조용하게 잘 서 있네요. 환한 웃음도 보이네요. 여러분 모두 교실에 들어갈 준비가 돼 있지요? 여러분 모두를 우리 교실로 초대합니다."

1. 학생이 불순한 태도로 교실에 들어올 때
   그들을 교실문 쪽으로 돌려보낸다.

2. 학생에게 교실문 쪽으로 돌려보내는 이유를 말한다.

3. 학생에게 교실로 들어오는 올바른 방법에 대해서 얘기한다.

4. 학생이 모두 이해했는지를 확인한다.

학급 전체 학생에게 말하는 방법

학급 전체 학생에게 말할 때는 일어선다. 짧고 단순한 구조의 문장으로 말을 한다. 학생들은 길고 복잡한 말을 귀 기울여 듣지 않는 경향이 있다. 교사가 해야 할 일은 자신의 지성을 보여 학생들을 감동시키는 것이 아니라, 학생들에게 확신을 주고 학생을 이해하는 것이다. 가장 중요한 것은, 교사가 학생들에게 무슨 말을 어떻게 하는가에 따라서 학생들은 교사에 대한 신뢰 정도를 판단한다는 것이다.

교사는 큰 소리로 말을 할 필요가 없다. 가장 유능한 교사는 안정되고 부드러운 목소리를 가지고 있다. 교사는 목소리를 크게 하는 것이 아니고 억양을 사용하면서 말하는 법을 배워야 한다. 교사가 부드러운 목소리로 말을 하면 학생들은 교사의 말을 주의 깊게 듣는다. 교사는 목소리를 경우에 따라 크게 또는 작게 조절하면서 수업의 전체적인 분위기를 이끌어간다. 가끔씩 교사가 목소리를 크게 하면, 두 배 이상의 효과를 본다.

비언어적 메시지를 보내는 방법을 배운다. 고개를 끄덕이고, 미소를 짓고, 학생을 응시하고, 얼굴을 찡그리고, 눈썹을 치켜 올리거나, 제스처 등을 필요할 때마다 사용하면 학습에 방해가 되지 않으면서도 메시지 전달 효과가 커진다. 몸짓(Body Language)으로도 학생들에게 많은 의사를 전달할 수 있다. 수업을 관리하고 학생들과의 문제를 최소화하는 데 몸짓을 사용한다.

5. 학생이 이해한 것을 인정한다.

예: 토드야, 교실문 쪽으로 다시 돌아가다오. 미안하지만 네가 교실로 들어오는 방법은 잘못 됐다. 너는 소란을 피우며 교실로 들어와서 네 자리로 가지 않고, 앤을 밀었다.

교실로 들어올 때는 조용히 걸어 들어와서 네 자리로 곧장 간 다음 교실 앞에 써 놓은 과제를 해야 한다. 물어 볼 말 있니?

고맙다, 토드야. 그러면 이제 네 자리로 올바른 방법으로 가보렴.

학생들에게 무엇인가를 시킬 때 항상 학생들의 이름을 부르고, '~해다오', '고맙다' 등과 같은 공손한 말을 사용한다(10장 참조).

교사의 매너와 목소리는 부드럽고 조용하게 한다. 관대한 표정으로 미소를 짓지만 단호하게 한다. 교사가 말을 할 때는 학생이 당황하거나 화가 나지 않도록 한다. 교사는 학생에게 규율을 지키도록 하면서 학생에 대한 기대를 명확하게 인식한다. 그 기대를 명확하게 학생에게 전달한다.

학생들이 옳지 않은 방법으로 교실에 들어오는 것과 같은 불량한 행동을 교사가 보고도 그냥 넘기는 것은 잘못된 것이다. 유능한 교사는 학생들의 그러한 불량한 행동을 학기 초가 아닌 나중에 시간이 지나서 바로잡기가 훨씬 더 어렵다는 것을 알고 있다.

유능하지 못한 교사는 학생들에게 고함을 지르고, 지침도 없고 학생들에 대한 기대도 없다. 또한 어떤 교사는 학생들의 불량한 행동이 저절로 고쳐질 것이라고 생각하기도 한다. 교사가 학생에게 올바른 절차에 따라서 교실에 들어오라고 하면 수업시간에 할 수 있는 것과 할 수 없는 것의 명확한 한계가 있다는 것을 보여주게 된다.

하루 중 어느 때라도 학생들이 교실로 올바르게 들어오는 방법에 대해서 교사가 말할 수 있다. 학생들이 올바른 방법으로 교실에 별다른 어려움 없이 들어올 수 있을 때까지 연습을 한다. 학생들이 교실로 올바르게 들어오면 칭찬을 해주고, 매일 버릇처럼 할 수 있도록 격려해준다.

학기 첫날 학생들에게 '여러분들은……'이라는 말과 '수업 진행은……'이라는 말로 시작하는 문장을 많이 사용하면서 학생들이 지켜야 할 사항과 수업에 대해서 말한다. 학기가 시작하고 처음 며칠은 학생들이 새로운 교실과 수업에 적응을 잘 할 수 있도록, 그리고 스트레스를 받지 않도록 학습지도에 신경을 쓴다.

교사가 해야 할 일은 교실에서 학생들이 수업의 절차와 일정을 버릇처럼 할 수 있도록 만드는 것이다. 그렇게 하지 않으면 학생들은 교실에서 자기들 방식대로 하는 버릇을 만들 것이고, 이렇게 되면 교사가 원하는 방식대로 하기가 어려워지고 학생들로부터 좋은 기대를 하는 것도 어려워진다. 이러한 학생들의 좋지 않은 버릇은 순식간에 학급 전체 학생에게 퍼질 것이고, 다른 모든 수업에도 나쁜 영향을 미칠 것이다. 이렇게 되면, 아마도 개학하고 3일 정도 뒤에는 교사가 학급을 통제할 수 없게 될 수도 있다.

유능한 교사는 혼란과 불평이 가득한 수업이 되지 않도록 하기 위해 학기 첫날부터 수업관리 계획을 잘 세운다.

교사의 중요한 첫마디

학기 첫날 수업을 시작하면서 교사가 학생들에게 언급해야 할 두 가지 중요한 사항이 있다. 그 두 가지는 교사의 이름과 학생들에 대한 기대를 말하는 것이다. 학생들에게 교사의 이름을 말함으로써 학생들이 교사의 이름에 금방 친숙해질 수 있고, 교사의 이름을 쉽게 부를 수 있도록 하기 위한 것이다.

학생들은 본인들을 가르치는 교사가 어떠한 사람인가를 알고 싶어하고, 교사가 학생들을 인간적으로 잘 대하는지를 알고 싶어한다. 학기 첫날 학생들이 가지고 있을지 모르는 공포나 불안함을 떨쳐버리게 해야 한다. 이렇게 하기 위한 좋은 방법은 학생들에게 미소를 짓고, 학생들을 생각하고 잘 보살핀다는 인상을 주며, 학생들에게 긍정적인 기대를 하는 것이다.

학생들을 환영하는 예

여러분, 반갑습니다. 여러분이 새 학년으로 올라온 것을 진심으로 환영합니다!

나의 이름은 'Wong'이예요. 여기 칠판에 내 이름이 쓰여 있지요. 내 이름 중 성의 철자는 W-O-N-G이고, 발음은 '왕(Wong)'이라고 부르면 돼요. 여러분이 나를 부를 때 '왕 선생님' 이렇게 부르면 됩니다. 고맙습니다. 올 한 해 동안 여러분을 가르치게 돼서 매우 기뻐요.

나는 30년 이상을 가르쳐 온 아주 경력이 풍부한 교사예요. 수업시간 이외에 내가 하는 것은 워크숍, 학회, 교원연수, 대학 수업, 세미나 등에 가는 거예요. 나는 또한 전문적인 논문서적을 읽고, 전문협회 등에서 동료 교사들과 같이 일을 하는 것을 좋아해요. 나는 가르치는 기술을 항상 계발하고 있어요. 가장 중요하게 여러분한테 말할 수 있는 것은, 나는 가르치는 것을 좋아하고 사랑한다는 것이에요. 나는 가르치는 것을 즐기고, 교사임을 아주 자랑스럽게 생각해요. 그러므로 여러분은 이제부터 긴장을 풀고, 안심하고 나를 따르도록 하세요.

여러분은 여러분 인생에 있어서 가장 알찬 한 해를 나와 함께 보낼 것입니다. 이 교실과 수업은 여러분을 위해서 준비가 잘되어 있고, 여러분이 이 교실에서 가장 중요하기 때문에 내가 여러분을 잘 보살펴 줄 것입니다. 우리가 같이 공부하는 것뿐만 아니라 나는 앞으로 여러분이 성공적인 인생을 살아갈 수 있도록 많은 조언도 해줄 것입니다. 앞으로 25년이 지난 후 여러분이 쇼핑센터에서 나를 보면 내게로 달려와 이렇게 말할 것입니다. "왕 선생님, 선생님 말씀이 옳으셨습니다. 그때 그 수업과 그리고 선생님과 같이 한 시간들이 가장 기억에 남고 재미있었습니다."

이 교실에 있는 여러분 모두를 환영합니다!

학기 첫날 교사의 대본

학기 첫날 학생들이 걱정하는 것만큼이나 교사도 걱정을 한다. 유능한 교사는 학기 첫날을 위하여 대본을 준비한다. 이 중요한 날 학생들을 위해서 교사는 교실을 준비하고, 마음의 준비도 한다. 학생들은 교사와 마찬가지로 기대 반 걱정 반으로 학교에 온다. 정리 정돈이 잘

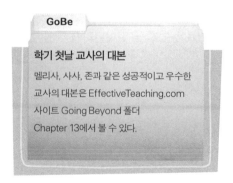

GoBe

학기 첫날 교사의 대본

멜리사, 사샤, 존과 같은 성공적이고 우수한 교사의 대본은 EffectiveTeaching.com 사이트 Going Beyond 폴더 Chapter 13에서 볼 수 있다.

되어 있고, 학생들을 환영하는 분위기의 교실에서 학생들의 기대를 높여주어야 한다. 그리고 교사는 준비가 잘 된 수업으로 학생들의 걱정을 덜어줄 수 있다. 그 결과 교사 본인의 걱정도 덜게 된다. 학기 첫날 교사가 대본을 가지고 수업을 이끌어가면 학생들은 교사가 무엇을 어떻게 하는지를 보면서 그들도 자신감을 갖게 된다.

멜리사 문 핸드 교사

텍사스주의 멜리사 문 핸드 초등학교 교사는 교사로 임용된 첫해부터 대본을 준비해서 수업했다. 그녀의 대본에는 무슨 옷을 입고, 교실 어디에 서 있으며, 무슨 말을 하고, 교실 책상은 어떤 식으로 배치하며, 학생들은 무엇을 할 것인가를 자세하게 작성했다. 그 교사는 준비가 되어 있었고, 학생들도 배울 준비가 되어 있었다. 멜리사 교사는 성공적이고 우수한 교사이다.

사샤 마이크 교사

워싱턴 주의 한 중학교에서 사샤 마이크 교사가 하는 수업방식을 보고, 교감 선생님은 일주일도 가지 못할 것이라고 생각했었다. 하지만 현재 그 학교에 있는 동료 교사들은 사샤 교사가 매우 우수한 교사라고 생각한다.

존 슈미트

일리노이주의 존 슈미트 교사는 성공적이고 우수한 교사로서 그가 소속되어 있는 일리노이 주의 홈우드 플로스무어 교육청에서 진행하는 신임교원 연수에 그 교사를 롤모델로 사용하고 있다. 존 슈미트 교사는 교사가 된 지 2년밖에 되지 않았다!

교사가 학생들로부터 무엇을 기대하는지 학생들이 잘 알면 학생들의 학업능률은 더 많이 향상된다. 문제가 발생하지 않도록 수업준비를 철저하게 하는 것이 가장 좋은 전략이다. 왜냐하면, 교사가 수업을 제대로 구성하지 않으면 교사를 위해서 학생들이 수업을 구성할 것이기 때문이다.

교실은 학생들에게 교사를 소개하는 공간이다

- 교실에 스케줄, 규칙과 수업진행 과정, 캘린더 그리고 환영 인사말을 준비한다.
- 그리고 아침에 학생들이 교실로 들어오기 전에 학생들이 할 과제를 써 놓는다. 매일 학생들이 할 과제를 같은 장소에 지속적으로 써 놓는다.
- 학기 첫날 사용할 대본을 준비한다.

이제 학생들은 교사가 학생들로부터 무엇을 기대하는지를 안다. 교사가 정리 정돈을 잘 하고 무엇을 위해서 수업을 준비하고 학생들에게 관심을 보이는지도 잘 안다. 그것은 바로 학생들의 성공이다!

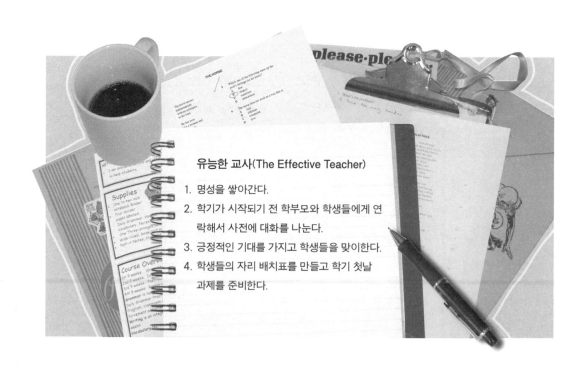

유능한 교사(The Effective Teacher)

1. 명성을 쌓아간다.
2. 학기가 시작되기 전 학부모와 학생들에게 연락해서 사전에 대화를 나눈다.
3. 긍정적인 기대를 가지고 학생들을 맞이한다.
4. 학생들의 자리 배치표를 만들고 학기 첫날 과제를 준비한다.

14장

교실배치 방법

THE KEY IDEA

학생들이 학습을 하기에 적합한 자리배치를 하라.

"안녕! 이것이 네가 앉아야 할 자리배치표야."

학생들에게 처음으로 전하는 지침 사항

학생들에게 처음으로 전하는 교사의 지침사항에 대한 학생들의 반응은 나머지 1년 동안 교사의 지침사항에 학생들이 어떻게 반응할 것인지를 암시한다.

교사가 학생들에게 처음으로 하는 지침 사항을 성공적으로 잘 전달할 수 있도록 한다. 학생들에게 처음으로 전달하는 내용은 자리배치표에 따라서 앉도록 하는 것이다. 학생들은 다음 두 가지 중 하나에 반응을 보일 것이다.

1. 학생들은 교사의 요구에 신속하고 예의 바르게 따른다.
2. 개학하고 앞으로 1년 동안 교사가 학생들에게 요구하는 모든 것에 대해서 불평하고 떼를 쓸 것이다.

학생들을 맞이하고 인사하면 하루 내내 학교생활에 긍정적인 분위기를 만들 수 있다.

1년 내내 학생들은 불평과 불만을 가지고 학교생활을 할 것이다. 그런 상황을 만들지 않으려면,

> 학생들이 교실로 들어올 때 학생을 맞이한다.

교사가 하는 일 중에서 가장 중요한 것 중의 하나는 학생들이 교실로 들어올 때 출입문 밖에서 학생들을 맞이하거나 학생들이 교실로 들어오기 전에 줄을 세워 놓고 학생들을 맞이하고 지침 사항을 전달하는 것이다.

교사가 학생에게 처음으로 요구하는 것을 성공시키려면

유능한 교사는
- 아침에 학생들이 교실에 도착할 때 교실 안에 있거나 출입문에서 학생을 맞이한다.
- 학생들이 교실에 들어갈 때 이미 배정된 학생들의 자리를 알려주며 자기 자리에 가서 앉도록 한다.
- 각 학생들의 책상 위에 해야 할 과제를 올려 놓고 학생들이 책상에 앉는 즉시 그 과제를 할 수 있도록 한다.

학생들이 환영받는다는 느낌을 받게 되면 도서관, 교무실, 교실 등 학생들이 어디에 가든 금방 잘 적응하게 된다.

교사는 환한 미소를 지으며 교실 입구에 서서 학생들과 악수를 하며 학생들에게 교실로 들어가라고 한다. 교사의 환한 미소를 보고, 교사와 악수를 하고 난 학생들은 교실이 안전하고 진정한 학습을 할 수 있는 곳으로 믿게 된다. 학생들은 교실에 들어서면서 교사가 학생들을 환영하기 위해서 미리 깔아놓은 카펫을 밟으며 교실로 들어간다. 이것은 학생들에게 긍정적인 메시지를 전달해주는 것이다.

사람만이 사람을 환영할 수 있다. 교과서, 칠판, 강의, 학습지, 시험 등과 같은 학습활동들로 학생들을 환영할 수 없다. 교사, 학교버스 운전자, 식당직원, 학교 행정가, 학교비서, 보조원, 수위, 상담선생님 등과 같이 학교와 관련된 사람들이 학교생활을 성공적으로 할 수 있도록 학생들을 초대할 수 있다.

학생들이 교실에 들어서면서 공부하기 좋은 분위기를 직접 볼 수 있도록 한다. 교사의 이름, 교실번호, 수업시간, 수업과목 등을 칠판에 써 놓는다. 학생들에게 자리를 배치해서 고정 자리에 앉게 하든 아니면 알아서 앉도록 하든 자리에 앉는 방법을 되풀이해서 학생들에게 말한다. 책상에 이미 놓여 있거나 아니면 교실 어딘가에 붙여놓은 첫 번째 과제는 1교시 시작 종이 울리기 전부터 할 수 있도록 명확하게 말을 한다. 이렇게 준비가 잘 된 교실에 있는 학생들은 본인들의 교실이 안전하고, 긍정적이며, 학습 분위기가 나는 곳으로 생각하고, 성공적인 학습을 하기 위해서 노력할 것이다.

교실의 정리 정돈이 잘되어 있고, 성공적인 학습 분위기가 나면, 학생들 또한 본인들을 환영하고 깊이 생각하는 마음에서 꾸며놓은 교실을 보고 교사에 대한 감사의 마음을 갖는다. 그리고 자신이 교실에서 꼭 필요한 사람이라고 생각하면서, 교사의 지침이나 요청에도 잘 따른다.

교사의 첫 요청을 효과적으로 만드는 방법

1단계 출입문에서 각 학생들의 등록카드를 확인한다.

2단계 환한 미소를 짓는다.

3단계 각 학생들의 눈과 직접 마주치며 환영한다는 말을 전하고 각 학생들을 알아본다. "안녕, 어서 교실로 들어가거라" 또는 "우리 반에서 보게 되어서 아주 반갑다" 등과 같은 표현은 학생을 환영하는 인사말이다.

4단계 낮은 목소리로 부드럽게, 하지만 엄하게 말을 한다. 말을 천천히 하고, 학생들의 자리가 이미 배정된 것인지 아니면 아무 데나 앉아도 되는지를 말해준다(154쪽 참조).

5단계 이런 식으로 말을 한다. "자리에 앉으면 여러분 책상 위에(또는 교실에 써놓은) 해야 할 수업 전 학습과제를 볼 것입니다. 여러분이 이 과제를 하는 데 재미있어 할 것이라고 생각해요. 자리에 앉자마자 이 과제를 시작하기 바랍니다. 고마워요(166쪽 참조)."

교사의 첫 요청을 성공시키지 못하는 경우

유능하지 못한 교사는

- 학생들이 교실에 들어올 때 어디에도 보이지 않는다.
- 모든 학생들이 자리에 앉은 후에 자리배치를 다시 한다.
- 수업이 시작되기 전에 마쳤어야 할 사소한 학교 행정업무들에 대해서 불평한다.

교사가 없는 교실에 학생들이 들어오는 것을 상상해보자. 어떤 학생들은 자리를 찾아서 앉고, 또 다른 학생들은 앉을 자리를 못 찾아서 헤매는 경우도 있다. 그들 모두는 이렇게 묻는다. "우리 선생님은 누구시지? 여기가 우리 교실 맞어? 우리 선생님은 매년 이렇게 하시나?" 그리고 난 다음 모든 학생들은 이렇게 답한다.

"모르겠는데."

시작종이 울리고, 아이들의 교사는 토굴에서 나타나는 귀신같이 교무실이나 가까운 곳에서 갑자기 나타난다. 매년 유능하지 못한 교사는 이렇게 신학기를 시작한다. 유능하지 못한 교사는 대부분 교사 휴게실에 있거나, 커피를 연달아 마시고, 담배를 뻐끔뻐끔 피운다. 학기가 시작되기 전 유능하지 못한 교사는 여러 해 동안 가르쳐 왔던 똑같은 수업자료를 그대로 준비해 놓는다.

유능하지 못한 교사는 시작종이 울리는 동시에 교실에 서둘러서 도착한다. 학생들은 교실로 급하게 와서 숨이 차 있는 교사의 위협적인 얼굴을 본다. 교사는 자신의 소개도 하지 않고, 현재 진행하고 있는 수업이 몇 교시의 어떤 수업인지도 모르는 것처럼 보인다. 교사는 마치 훈련담당 하사관과 같은 포즈를 취하고 교실 앞에 서서 이렇게 말한다. "내가 출석을 부르겠다. 해당 학생은 대답을 하면서 잠시 일어섰다가 앉기 바란다."

모든 학생들이 다 출석한 것 같으면 교사는 학생들을 보고 모든 학생들 이름을 다 불렀는지를 물어본다. 한 학생이 손을 든다. 그 학생이 잘못 들어온 것을 파악하고, 어느 교실로 가야 하는지를 말한다. 그 학생이 다른 교실로 가기 위해서 교실을 나설 때 모든 학생들은 그 학생을 바라보며 속으로 이렇게 말한다. "바보, 다른 교실에 와서 앉아 있고, 어떻게 저렇게 멍청할 수가 있지?" 그리고 학생들은 또 이렇게 말한다. "아니지, 저 학생은 앞으로 1년 동안 이 마음에 들지 않는 선생님으로부터 배우지 않아도 되고, 다른 반에서 수업을 듣는구나. 좋겠다."

교사는 학생을 맞이할 준비를 제대로 하지 않았고 학생들에게 매너 없이 행동을 해서 한 학생에게 창피를 주었다. 그리고 그 유능하지 못한 교사에 대한 학급 학생들의 좋지 않은 첫 인상은 앞으로 1년 동안 학생들의 학습활동에 영향을 줄 것이다.

교사의 행동이 비효과적으로 보이는 경우

1. 학생들이 교실에 들어올 때 교사가 없는 경우
2. 학생들이 교실에 들어오기 전에 출석부를 미리 확인하지 않는 경우
3. 교사가 자신의 이름, 교실번호, 수업시간, 학년 그리고 과목을 말하지 않는 경우
4. 학생들을 환영하지 않는 경우
5. 모든 학생들이 교실에 들어와서 자리에 앉은 다음 좌석 배치를 다시 하는 경우
6. 행정업무를 미리 해야 했는데 하지 않았다고 불평하는 경우
7. 학생들에게 과제를 미리 내주지 않아서 출석을 부르는 동안 학생들이 아무것도 하지 않는 경우

자리배치 또는 자리배정

교사가 학생들의 자리를 지정해주어야 하는가? 아니면 학생들이 어느 자리를 골라서 앉든지 학생 스스로에게 맡겨야 하나? 이 질문은 교사가 학생들이 무엇을 하기를 원하는지를 결정한 후에 물어봐야 할 것이다. 자리배정 문제가 아니다. 자리배정은 자리를 모두

그룹 학습활동

이야기 시간

시험, 비디오 시청 또는 강의

자리를 배정하는 목적은 학습을 성취하기 위함이다.

배치한 후에 해야 하는 것이므로 자리배치를 먼저 해야 한다.

학생들의 자리를 배정하기 전에 교사는 학생들이 무엇을 성취할 것인가를 미리 알아야만 한다. 그리고 학생들의 학업성취를 최대로 늘리고 불량한 태도를 최소로 줄일 수 있는 자리배치를 한다. 자리배치가 끝난 후 학생들에게 자리를 배정해줄 수 있다.

대화를 위한 자리배정

자리를 배정하는 것이 가장 중요한 것이 아닐지는 모르지만, 학생들의 의자 위치가 학습 결과에 커다란 영향을 끼칠 수 있다. 학생들의 자리배치에 대한 주목적은 대화이다.

- 유능한 교사는 학기 동안 학생들이 학업에 열중하게 하기 위해서 다양한 학습활동을 한다.
- 수업활동에 맞는 다양한 자리배치를 한다.
- 가장 좋은 자리배치는 교사와 학생 그리고 학생들 간의 대화를 잘 전달하는 것이다.

학생들이 수업시간에 어떻게 대화를 하는가는
교사가 성취하기를 원하는 수업목표의 성취에 중요한 영향을 미친다.

음악공연 실습

대화 또는 실험논증

교사는 학생들과 대화를 하고 있는가? 학생들은 다른 학생들과 대화를 하고 있는가? 학생들은 서로간에 대화를 나누는가? 학생들은 컴퓨터로 소통을 하고 있는가? 학생들은 원격으로 가르치는 교사와 대화를 하고 있는가?

크리스 베넷 교사는 극장예술을 가르친다. 그는 강당에서 수업을 하고, 좌석은 모두 바닥에 고정되어 있다. 그 교사는 학생들과 대화를 나눈다. 학생들끼리도 대화를 나눈다. 그리고 학생들은 무대에 있는 다른 학생들과도 대화를 나눈다. 학생들이 모두 자리에 앉아서 대화를 나누는 것보다 청중으로서 무대의 장면을 보고 대화를 나누는 것이 좋은 방법이다.

라모인 모즈는 고등학교 과학교사이다. 그의 교실은 탐구를 주로 하는 과학 활동으로 꾸며져 있다. 학생들은 같이 실험을 할 수 있고, 실험실습에 몰두할 수 있는 소그룹으로 이루어져 있다. 학년과 과목에 상관없이 이러한 소그룹을 위한 자리배치를 할 수 있다.

다이애너 그린하우스 교사는 두 개의 원형으로 학생들을 앉혀서 '내·외부 대화'를 유도한다.

같은 원형에 앉은 학생들끼리 얼굴을 마주볼 수 있고, 다른 원형에 앉은 학생들은 서로 등을 지고 앉는다(이 형태의 자리 배치에 대한 세부내용에 대해서는 345쪽을 보라).

학생들은 두 개의 원형을 만들어 앉아서 서로 등을 지고 앉는다.

로빈 발랙 교사의 교실

토니 트린게일 교사는 5학년 학생을 가르친다. 그 교사의 사회시간은 강의와 대화를 위주로 하는 수업이기 때문에 말발굽 모양의 자리 배치가 가장 좋다. 그 교사는 수업시간에 말을 많이 하며 수업을 이끌고 학생들의 대화참여를 유도한다. 이러한 자리배치를 하면 학생들이 교사를 잘 볼 수 있고, 학생들끼리도 서로 잘 볼 수 있다.

안젤리카 가르시아 교사는 여러 학년이 섞인 음악공연을 가르친다. 그 음악시간에 학생 중에서 어린 학생들은 바닥에 앉아서 그 교사를 바라본다. 교실바닥에는 'X'자 모양이 새겨져 있으며, 이 모양에 맞추어 앉는다. 좀 더 큰 학생들은 어린 학생들 뒤 쪽에 서서 교사를 바라본다.

로빈 발락교사는 유치원 특수교육을 가르친다. 몇 명의 학생들은 신체적으로 불편한 몸을 가지고 있다. 그 학생들은 카펫이 깔린 교실 바닥에 반원형 모양으로 앉아서 교사를 바라본다.

자리배치 교사가 계획한 학습활동에 맞게 자리를 배치한다.	자리배치 학습과 수업계획을 최대화하고 학생들의 불량한 행동 문제를 최소화하기 위해 자리를 배치한다.
예	
· 학기 첫날 등록 및 수업 진행 · 협동 학습 · 강의를 들음 · 이야기를 듣기 위해 앉음 · 수업시간 상호 대화 · 소그룹 학습활동 · 시험 · 개인 실험 및 과제	예 · 나이에 따라서 · 키에 따라서 · 알파벳 순서 · 그룹별 학습 · 그룹 문제 해결 · 교실 앞쪽에 학업이 떨어지거나 활동적인 학생을 앉힘.

스티브 가이거 교사는 체육을 가르친다. 자리가 고정되어 있어서 학생들이 꼭 앉아야 할 상황이 아니면 학생들이 앉을 의자가 없다. 가끔 학생들은 가로나 세로로 줄을 맞춰 서기도 하고, 체육교사 주위로 둘러서 있기도 하며, 경우에 따라서는 연습을 위해 각기 다른 방향으로 줄을 서기도 한다.

자리배치

학업성취를 위한 학생들의 자리배치를 결정하기 위해서는 다음 세 가지 질문을 순서대로 교사 자신에게 물어봐야 한다.

1. 교사는 무엇을 원하는가? 학생들에게 이야기책을 읽어줄 것인가? 소그룹 학습활동을 할 것인가? 바른 규율과 수업진행 과정을 가르칠 것인가?

학기 첫날 자리배치를 어떻게 하든 학생들이 교사에게 등이 보이게 앉지 않고, 교실 앞쪽으로 등이 보이게 앉히지도 말아야 한다. 학기 첫날부터 교사가 학생들의 주목을 받도록 노력하면, 학생들은 교사가 하는 말이 중요하다는 것을 인식하고 귀를 기울여 듣는다.

강의를 할 것인가? 비디오를 보여줄 것인가? 합창단을 지휘할 것인가? 체력훈련을 지도할 것인가? 자습시간을 줄 것인가?

2. 어떠한 자리배치가 가능할 것인가? 교실의 크기와 모양 그리고 책상과 의자 수에 따라서 자리를 배치하는데 한계가 있을지도 모른다.

3. 어떤 자리배치를 할 것인가? 다양한 학습활동을 효과적으로 성취하기 위해서 다양한 방법으로 자리배치를 할 필요가 있다. 학생들이 학업의 성취를 촉진할 수 있도록 교사가 배치해놓은 자리에 학생들은 앉아야만 한다.

자리배치를 1년 내내 한 가지로만 해야 한다는 규칙은 어디에도 없다. 교사의 수업 목적에 따라 필요하다고 생각하면 언제든지 자리배치를 바꾼다.

교실이 얼마만큼 정리 정돈이 잘되어 있고, 잘 구성되어 있는지를 학생들이 인식하도록 하는 유일한 방법은 자리를 잘 배치하는 것이다.

GoBe

자리배치 하기

여러가지 학습활동에는 그에 걸맞는 여러가지 자리배치가 뒤따른다. 다양한 자리배치법은 EffectiveTeaching.com 사이트 Going Beyond 폴더 Chapter 14에서 볼 수 있다.

학생들이 교사의 뒤에 앉아 있을 때의 문제점

1. 교사가 수업규칙에 대해서 설명할 때 소그룹으로 구성된 학생들은 서로 쳐다보면서 눈치를 보거나, 천정을 바라보면서 딴 짓을 한다. 학생들이 다른 일에 빠져 있으면 교사가 설명하는 규칙은 중요하게 생각하지 않는다.

2. 교사가 수업진행 과정에 대해서 설명할 때 반 정도의 학생들은 교사를 보기 위해서 돌아앉아야 하고, 노트필기를 해야 하고, 끝나면 또 돌아앉아야 한다. 수업진행 과정을 알기 위한 절차가 매우 복잡해진다.

3. 교사가 수업진행 과정에 대해서 설명할 때, 학생들의 반 정도가 교사의 뒷부분에 있으므로 그들을 보고 말을 할 수가 없고, 반 정도의 학생들이 실습하는 것을 알 수 없다. 학생들의 전반적인 학습과정을 점검하기 어려워 수업의 효과가 떨어지게 된다.

그러면 모든 학생들은 교사의 수업준비능력을 인정할 것이다. 교사가 학생들에게 규칙, 수업진행 과정과 진행에 대해서 가르치기를 원하면 학생들을 원형으로 앉히고 교사가 그 원형 한가운데 있어야만 하는 자리배치는 하지 않도록 한다. 왜냐하면 학생들의 반 정도를 교사의 등 뒤에 두고서는 모든 학생을 볼 수 없기 때문이다. 규칙, 수업진행 과정 및 진행 등에 관한 내용은 18장과 20장에서 설명할 것이다.

자리배정

유능한 교사는 학기 첫날 학생들의 자리를 배정한다. 학생들이 학기 첫날 등교하여 교실에서 스스로 빈자리를 찾아 앉도록 하지 않는다. 교사가 이 일을 하는 데는 불과 몇 초도 걸리지 않는다. 이렇게 자리를 배정하는 것은 수업시간에 하는 토론 주제와 같이 어려운 것도 아니다. 자리배정을 하는 것은 교사의 재량이므로 교사가 쉽게 결정할 수 있는 일이다. 교사가 교실의 가구와 장비를 배치하는 것과 같이 자리배정도 교사의 판단에 따라서 처리하면 된다.

교사가 학생들의 자리를 배정하면 더욱 효과적인 수업을 이끌 수 있다. 학생들에게 그룹 프로젝트를 하게 하려면 그룹별로 앉게 하기 위한 자리를 배정해준다. 예를 들어 저녁식사 파티를 초대할 때 세 개의 식탁을 각각 준비해 놓고, 손님이 왔을 때 주인은 손님들에게 수저, 젓가락, 포크, 나이프 등을 서랍에서 손수 꺼내게 하거나, 아무 자리나 앉고 싶은 자리에 앉게 하지 않는다. 만일 당신이 훌륭한 파티 주최자라면 손님들의 자리를 먼저 정해 놓고 손님들에게 그 자리에 앉도록 안내할 것이다(이 부분은 미국의 경우임).

비행기, 극장, 고급 레스토랑 등에서도 손님들에게 자리를 배정해준다. 교사도 수업시간에 학생들에게 이와 같이 하도록 한다. 교사는 교사인 동시에 지도자이고, 학습촉진자이다.

자리배정표를 만들어야 하는 이유

1. 학생들의 역할을 촉진시킨다.
2. 학생들의 이름을 외우는 데 도움이 된다.
3. 문제가 되는 학생들을 분리해서 교육시킨다.

학생들의 자리를 배정하게 되면 때로는 학생들의 사회성과 행동에도 영향을 준다. 학생들 끼리 사이가 좋지 않거나 같이 앉기 싫어하는 학생들끼리는 분리해 놓는다. 학생들이 교실에서 자리에 앉기 전에 이렇게 말한다. "여러분 내가 자리배정을 해줄 테니 자리에 앉지 말고 기다리세요." 자리를 배정하면 학생들이 수업시간에 혼자서 집중해야 하는 과제수행을 촉진시킬 수 있다(175쪽 참조).

자리배정을 한 다음 그 자리에 학생들이 한 학기 또는 1년 내내 앉아 있도록 하지 않는다. 학생들의 이름을 포스트잇에 써서 책상에 붙여, 학생들이 그룹 프로젝트 등을 할 때 교사가 학생들을 쉽게 이동시킬 수 있도록 한다.

자리배정과 배치를 하는 것이 주요 문제가 되어서는 안 된다. 학생들의 성공과 강의 프로그램이 교사의 주요 관심사이다.

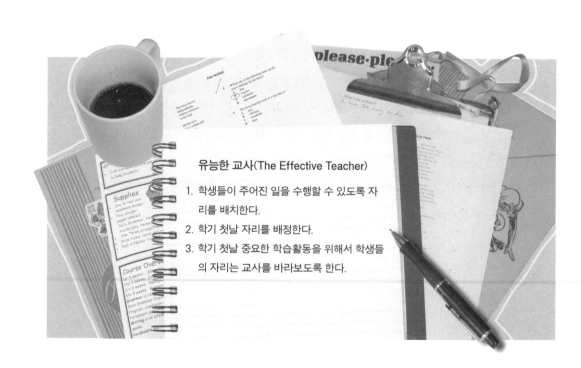

유능한 교사(The Effective Teacher)

1. 학생들이 주어진 일을 수행할 수 있도록 자리를 배치한다.
2. 학기 첫날 자리를 배정한다.
3. 학기 첫날 중요한 학습활동을 위해서 학생들의 자리는 교사를 바라보도록 한다.

15장

효과적인 수업시작 방법

THE KEY IDEA

학생들이 교실문을 들어서기 전에 과제를 정하고 게시를 해서 학생들이 볼 수 있도록 하라.

과제물은 매일 같은 장소에 게시한다.

수업을 시작하기 전에 교사가 가장 먼저 해야 할 일

수업을 시작하기 전에 교사가 가장 먼저 해야 할 일은
학생들이 곧바로 공부를 할 수 있도록 하는 것이다.

대부분의 백화점 입구에는 손님을 맞이하는 안내원이 있다. 그 안내원은 손님에게 밝은 미소를 지으며 이렇게 얘기한다. "혹시 바구니가 필요하세요?" 그리고는 손님들에게 바구니를 건넨다. 백화점은 손님이 그 바구니를 받아서 하나 가득 채울 때까지 물건을 사기를 원한다. 손님은 또한 안내원이 백화점 입구에서 환한 미소로 인사하며 바구니를 건네는 것에 고마워하고, 백화점에서 환영 받는 느낌을 좋아한다.

유능한 교사도 이와 같이 한다. 그들도 교실입구에서 환한 미소로 아이들에게 이렇게 얘기한다. "여기 너희들이 해야 할 과제가 있다." 학생들은 그 과제물을 받아서 그 즉시 공부를 시작한다. 이런 방법으로 이 교사와 학생들은 성공적으로 학습할 수 있다.

이러한 학습활동은 환상이 아니고, 수천 개의 교실에서 매일 일어나고 있다. 학생들은 교실에 들어오자마자 책상에 앉아서 교사가 내준 과제물로 학습활동을 한다. 어느 누구도 학생들에게 그것을 하라는 말조차 하지 않는다. 어떤 나라에서는 교사가 한 교실에서 가르치는 것이 아니고 교실을 옮겨 다니며 가르치기도 한다. 어떤 교실에서 학생들을 가르치든, 교실에 있는 학생들이 무엇을 할 것인지를 빨리 알 수 있도록 해주어야 한다.

매일 같은 장소에서

교사가 교실에서 가장 첫 번째로 해야 할 일은 출석을 부르는 것이 아니고, 학생들이 곧장 학습활동을 할 수 있도록 하는 것이다. 학생들은 교사의 수업 과제에 대한 지시를 기다리며 "오늘 수업시간에 무엇을 할 건가요?"라고 물어보며 책상 주변에서 서성거리지 않는다. 수업과제를 처음에 주면 학생들은 배정된 수업시간 내내 공부를 하게 된다.

수업이 시작되고 다음 세 가지가 준비되면 교사는 학생들에게 쉽게 공부를 하게 할 수 있다.

1. 학생들은 학습할 과제가 있다.

2. 학생들은 과제물이 어디에 게시되어 있는지를 안다.

3. 학생들은 왜 이 과제를 해야 하는지를 안다.

효과적인 교실을 운영하려면 교사는 과제물을 매일 교실에 게시한다.

매일 같은 장소에 과제물을 게시한다. 전날 과제물과 같더라도, 그 과제물을 게시한다. 같은 장소에 과제물이 게시되어 있다는 것을 알면 학생들은 다음과 같은 질문을 교사에게 하며 시간을 허비할 필요가 없다. "오늘 과제는 무엇인가요?" 또는 "오늘 무슨 공부하죠?"

과제물은 매일 일관되게 게시한다.

1. 학생들이 교실에 들어오기 전에 과제물을 게시한다.   2. 매일 같은 장소에 과제물을 게시한다.

오늘 무엇을 하나요?

유능하지 못한 교사로부터 배우는 학생들은 교사가 과제물에 대해서 학생들에게 말을 할 때까지 어떤 과제를 해야 하는지 전혀 모른다. 유능하지 못한 교사는 과제물에 대해서 학생들에게 매일 다른 방법으로 알리거나 다른 곳에 게시한다.

학생들이 과제물로 공부를 하고 싶어도 유능하지 못한 교사는 학생들에게 과제를 내주지 않는다. 이렇게 하는 이유는 유능하지 못한 교사는 학생들이 어떤 공부를 해야 하고, 학생들이 무엇을 배워야 하며 또는 어떤 식으로 가르쳐야 하는지를 모르기 때문이다.

유능하지 못한 교사는 학생들에게 과제가 없다고 말하고, 다음과 같이 말한다.

"우리가 어제 어디까지 공부했었지요?"(해석: 난 전혀 모르겠어요.)

"자 여러분, 책을 펴고 돌아가면서 책을 읽도록 합시다."(해석: 어떤 이유에서 책을 읽으라는 것인가요?)

"자리에 조용히 앉아서 연습문제를 풀도록 하세요."(해석: 무엇을 위한 것인가요?)

"자, 이 영화를 보도록 합시다."(해석: 영화에서 무엇을 배우는 것인가요?)

"자, 여러분 자습시간이에요."(해석: 여러분에게 내줄 과제가 없어요. 난 준비를 하지 않았어요.)

교과서가 모든 수업의 교육 과정은 아니다. 학생들을 조용히 있게 하면서 바쁘게 공부하게 하는 것만이 교육 과정은 아니다. 교육 과정에 대한 다른 지식이 없는 교사는 교과서를 그대로 따라서 수업을 이끌고, 학생들을 바쁘게 하는 학습활동을 한다. 이러한 학습을 받는 학생들은 교실에 들어가면서 다음과 같이 말을 한다.

"선생님, 저희들에게 비디오를 보여주실 건가요?"

"선생님, 저희들에게 책을 읽어주실 건가요?"

"선생님, 저희들에게 강의를 해주실 건가요?"

"선생님, 자습시간을 주실 건가요?"

또는 이보다 더 심각한 상황의 말을 학생들이 한다.

"선생님, 오늘 우리는 무엇인가를 배울 건가요?"

"선생님, 오늘 중요한 학습활동을 할 건가요?"

"선생님, 어제 결석했는데, 뭐 중요한 것이라도 있었나요?"

위에 학생들이 하는 말과 같은 교실 분위기에서 학생들은 그들이 하는 학습활동에 어떠한 책임감도 갖지 않는다. 교사만이 교실에서 책임의식을 갖는다. 그렇기 때문에 학생들은

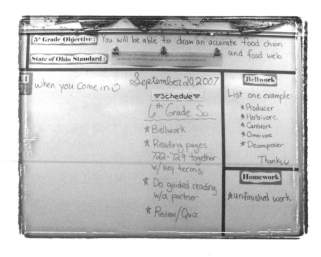

학생들이 배울 준비를 갖추도록
하기 위해서 교사의 일정을 게시한다.

> **잃어버린 한 달**
>
> 셜리 호드(Shirley Hord)의 연구에 의하면 교사와 학생들이 수업을 시작하면서 3분에서 17분 정도 시간을 허비하는 것으로 나타났다. 즉, 첫 번째 학생이 교실에 들어와서 교사가 강의를 시작할 때까지 총 수업시간의 9퍼센트에서 31퍼센트 정도의 시간을 허비하는 것이다.
>
> 수업 한 시간에 10분을 허비한다고 볼 때, 하루 6교시 수업으로 본다면 하루 평균 한 시간을 허비하는 것이다. 그렇다면 한 학년 수업일 수를 180일로 볼 때 1년에 180시간을 허비하는 것이다. 하루를 6시간 수업으로 계산하면 1년에 한 달이라는 시간을 허비하는 것이다.
>
> 정책 당국에서는 1년 수업 일수를 늘리는 방안에 대해서 논의를 하고 있지만 전혀 그럴 필요가 없다(현재 미국의 상황). 왜냐하면
>
> 유능한 교사는 자신들의 가장 중요한 자원인 강의시간을 활용하는 방법을 알고, 할당된 수업시간에 그들이 할 수 있는 모든 것을 동원하여 학생들을 가르치기 때문이다.

교사에게 무엇을 배울 것인가를 물어보는 것이다. 학생들은 교사로부터 학습하는 방법, 오락 그리고 학습활동 등 모든 것을 수동적으로 기대한다.

가장 중요한 것은 '어떻게 시작하는가'이다

테니스 경기에서 두 개의 서브가 허용되지만 첫 번째 서브를 어떻게 넣느냐에 따라서 포인트가 결정된다. 뜨개질에서 처음을 어떻게 시작하느냐에 따라 나머지 뜨개질 작품을 성공적으로 마칠 수 있는가가 결정된다. 실제로 처음 뜨개질이 잘못되었으면 다 푼 다음에 다시 시작해야 하는 경우도 많다. 데이트에서도 첫말을 잘하느냐 못하느냐에 따라서 그 다음 말이 허용되는지 아닌지가 판가름날 수 있다.

학생들은 하루의 학습을 준비하기 위해서 교실로 들어가서 아침 과제 또는 학습활동을 시작한다.

유능한 교사는

- 학생들이 교실로 들어오기 전에 학습과제를 교실에 게시한다.
- 그 학습과제를 매일 같은 장소에 게시한다.

아침 과제는 칠판, 교실 게시판 또는 슬라이드를 이용해서 학생들이 볼 수 있게 하던가, 아니면 학생들이 교실에 들어올 때 나누어준다. 교실을 옮겨 다니며 가르치는 교사는 슬라이드 또는 플립차트에 과제를 적어서 학생들에게 보여주거나 또는 노트북 컴퓨터를 프로젝터에 연결해서 과제를 보여준다.

체육시간이나 유치원 또는 1학년 학생에게는 과제물을 게시할 필요가 없다. 그렇지 않을 경우에는 매일 수업준비 절차를 연습시켜서 실제 수업에서 어떻게 할 것인지 알 수 있도록 해주어야 한다.

유능한 교사는 수업을 시작할 때 학생들에게 여러 가지 형태의 과제를 내준다. 그 과제들의 이름은 다음과 같다.

- 과제(Assignment)
- 약간의 정보(Bell Ringer) 수
- 입실 과제(Bellwork)
- 즉석 과제(Do Now)
- 오늘의 언어(DOL: Daily Oral Language)
- 에너지 강화(Energizer)
- 수업시작 학습활동(Opening Activity)
- 황금 시간(Prime Time)
- 추가 과제 활동(Sponge Activity)
- 오늘의 명언(WOD: Word of the Day)

버지니아주 Wilson Memorial 고등학교
체육선생님들

수업 전 학습과제는 성적에 반영하지 않는다. 처음부터 점수로 학생들을 위협하지 않는 것이 좋다. 수업 전 학습과제는 수업을 진행하는 절차의 한 단계이고, 그 절차는 규칙이 아니다. 그러므로 점수도 없고, 벌점도 없다.

효과적인 학교는 학교 전체의 수업진행 과정이 있다

완다 브래드포드는 캘리포니아 베이커스필드의 해리스 초등학교 교장이다. 그는 교직원들에게 유능한 교사(The Effective Teacher)라는 비디오를 보여주었다. 교장이 교사들에게 강요하지 않았지만 교사들은 매일 수업 전 학습과제를 실시하기로 했다. 그 결과 이 수업 전 학습과제는 그 학교 전체의 수업진행 과정이 되었다.

완다 브래드포드 교장은 이렇게 말한다. "우리 학교는 매일 체계적으로 수업을 시작합니다. 각 교사는 수업 전 학습과제로 매일 아침에 수업을 시작하고 있으며, 학생들도 그 학습활동에 잘 따르고 있습니다." 그 교장은 그 학교의 성공을 다음과 같은 시로 묘사한다.

일일 지리연습

앨라배마 주의 데브라 린치 교사는 5학년 과학과 사회를 매일 90분씩 가르친다. 그 교사는 '일일 지리 연습'이라는 주제를 수업 전 학습과제로 사용한다. 학생들은 매일 이 학습활동을 하기 때문에 선생님에게 질문을 할 필요도 없고 그들이 매일 무엇을 해야 하는지를 안다.

일일 지리 연습은 에반 무어 교육출판사에서 출판한 것으로 서점이나 인터넷을 통해 구입할 수 있다(미국의 도서). 학생들은 매주 '한 주일의 지도'를 가지고 매일 두 개의 질문을 준비한다. 그 질문은 문법적으로 맞는 완전한 문장이어야 한다.

데브라 린치 교사는 이러한 과제를 수행한 결과 학기말이 되면 학생들은 지도를 보는 기술이 뛰어날 뿐만 아니라 지리학에 관련된 문장작성 능력도 향상된다고 말한다.

이름 _____

일일 지리문제 연습

지침 아래 질문에 문장으로 답하세요. 매주 말에 완성된 답과 함께 숙제를 제출하세요. 어느 질문이든 답하기 위해 사회책 뒷부분에 있는 지도책을 참조할 수 있습니다.

월요일
1. 미국의 가장 큰 주는 무슨 주인가요?
2. 미국의 가장 작은 주는 무슨 주인가요?

화요일
1. 태평양과 경계한 세 개의 주 이름을 쓰세요.
2. 걸프만과 경계한 세 개의 주 이름을 쓰세요.

수요일
1. 태평양과 걸프만을 동시에 경계한 주 이름을 쓰세요.
2. 알라바마주 북쪽에 경계한 주는 무슨 주인가요?

목요일
1. 어떤주가 반도형태인가요?
2. 주 이름에 방향표시가 들어간 주는 무슨 주인가요?

금요일
1. 지도에서 보이는 주들은 몇 개인가요?
2. 지도에서 보이지 않은 주는 무슨 주인가요?

학생들이 교실에 들어오자마자 배우기 시작해요.

학생들은 떠들지 않고 아침에 해야 할 일을 하며 하루를 시작해요.

교실에 게시된 수업 전 학습과제가 있기 때문에 학생들은 선생님께 물어볼 필요도 없지요.

선생님이 학생들의 출석을 확인하는 동안 학생들은 조용히 자리에 앉아서 수업 전 학습과제를 해요.

매일 학생들이 할 일을 스스로 하면 시간을 허비하지 않아요.

선생님의 수업관리로 수업도 부드럽게 진행돼요.

유능한 교사가 최대한의 학업성과를 낼 수 있도록 하루를 시작하면 학업성취도가 향상된다는 연구결과도 있지요.

완다 브래드포드 교장이 이 시를 지은 목적은 학생들의 학업성취에 있다. 교사들은 수업관리를 하며 매일 습관적으로 행하는 학습활동을 성공적으로 이끌었다.

해리스 초등학교를 생각해보고, 교사 자신의 학교에 대해서도 생각해보자. 그리고 다음과 같이 학교가 진행이 되는 것도 상상해보자.

완다 브래드포드 교장과 해리스 초등학교 학생

- 학생들은 교실에 들어와서 자리에 앉자마자 해야 할 학습활동을 한다. 어느 누구도 학생들에게 무엇을 하도록 말을 하지 않아도 자기 스스로 알아서 한다.
- 학생들은 해야 할 과제가 어디에 게시되어 있는지 안다.
- 학생들은 다음에 수업할 교실에 가서도 앉아서 바로 해야 할 과제를 한다.
- 그리고 다음 수업에서도 그렇게 한다.
- 다음 수업에서도
- 그리고 그 다음에도

이러한 학습활동은 그 학교의 문화로 확산될 것이다. 그 다음 해에 학생들이 3학년에서 4학년, 6학년에서 7학년(중1) 그리고 11학년(고2)에서 12학년(고3)으로 한 학년씩 올라가면서 이 학습활동을 계속한다. 이러한 성과는 그 지역에 있는 다른 학교의 문화로 확산되고 있다.

다음과 같은 상황을 생각해보자.

- 교사들이 서로 협력하여 같은 학년의 교실에서 일관된 학습활동을 한다면 교사들이 수업을 이끌어가기가 얼마나 쉬울 것인지 생각해보라.

아침에 출근하여 준비할 일들

콜로라도주 미래기금재단의 다니엘 퍼먼은 회사의 고용담당자들이 다음과 같이 불평하는 것을 전해주었다. '고등학교 졸업자들이 취직을 하기 위해서 인터뷰를 하러 올 때 옷을 단정하게 차려입지 않고 온다. 인터뷰를 받을 때 지원한 직업에 대해서 얘기할 준비도 하지 않고 온다. 다행히 취직을 하더라도 월요일부터 금요일까지 아침 일찍 출근해야만 한다는 것도 모른다.'

- 이러한 학습활동이 그 학교의 문화로 확산되었다면 학생들의 학업성취가 어떻게 될 것인가 생각해보라.
- 이러한 학습활동이 지역 전체의 학교로 확산된다면 얼마만큼의 효과적인 학교가 될 것인가 생각해보라.

이러한 학습활동을 성취하기 위해서 돈이 들어가는 것도 아니고, 일시적인 예산을 들여서 추진하는 프로그램이 필요한 것도 아니며, 또한 논쟁의 여지가 있는 것도 아니다. 이 개념은 몇 학년을 가르치든 또는 어떤 과목을 가르치든, 지역 교육청에서 어떤 교육적인 철학을 채택하든 상관없이 모두 활용할 수 있다.

학교에서 교직원들이 한 가족과 같이 일을 하는 것이 중요하다. 이렇게 하면 서로를 믿으며 친밀한 관계 속에서 모든 교직원에게 일이 훨씬 쉬워진다. 또한 강의와 학습활동을 하는 시간이 더 많아지기 때문에 학생들의 학업성취도도 향상된다.

> **GoBe**
>
> **학생들의 하루 시작**
>
> 5학년과 고등학교 경영 과목 수업에서는 교사가 아닌 학생들이 수업을 시작한다. 이 수업이 어떻게 시작하는가를 보려면 EffectiveTeaching.com에서 Going Beyond 폴더의 Chapter 15를 보기 바란다.

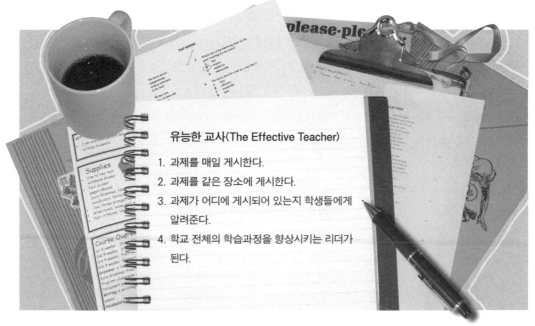

유능한 교사(The Effective Teacher)

1. 과제를 매일 게시한다.
2. 과제를 같은 장소에 게시한다.
3. 과제가 어디에 게시되어 있는지 학생들에게 알려준다.
4. 학교 전체의 학습과정을 향상시키는 리더가 된다.

16장

출석확인의 시기와 방법

THE KEY IDEA

수업시간이 줄어들지 않도록 출석확인을 짧게 하라.

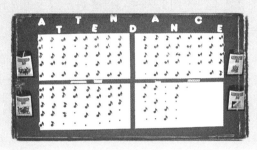

베키 휴즈스 교사는 학기 첫날
수업이 준비되어 있다.

효과적인 출석 확인의 결과

> 유능한 교사는 수업을 시작하면서 출석확인보다는 과제를 먼저 하도록 한다.

캔자스주의 베키 휴즈스 밴드 교사는 학생들의 출석을 확인하지 않는다. 각 학생들의 이름은 그 교실에서 음표코드가 있는 차트에 부착되어 있다. 학생들은 교실에 들어와서 먼저 무엇을 해야 한지를 이미 알고 있다. 차트에 가서 본인의 이름이 적힌 음표를 떼어서 차트 옆에 있는 봉투에 넣는다.

지명된 한 학생이 피아노로 가서 'C(도)' 코드를 치고 나머지 학생들은 자리에 앉아서 본인들 악기의 음을 맞춘다. 시작종이 울리면베키 휴즈스 교사는 지휘봉을 잡고 학생들은 연주를 시작한다. 수업이 끝나는 종이 울리면 그 교사는 지휘봉을 내려 놓는다. 학생들이 자리에 앉는 동안에도 소란을 피우는 경우가 전혀 없고, 학생들은 곧바로 연주한다. 그 음악교사는 학생들에게 환한 미소를 지으며 학생들은 에너지가 넘치게 악기를 연주하고 학교 전체에 아름다운 음악이 울려 퍼진다. 이렇게 아름다운 음악이 울려 퍼진 뒤 학생대표가 학생들의 이름이 담긴 봉투를 교사에게 가져다준다.

네바다 주의 하이디 올리브 교사는 수업시작 후 처음 5분이 매우 중요하다는 것을 안다. 그 교사는 교실에 게시된 수업 전 학습활동을 검토한다. 여러 가지 다양한 수업 전 학습활동들이 있다. 학습활동으로 학생들은 인용된 문장 또는 신문의 기사를 읽고 그에 대한 감상문을 쓰기도 하고, 교사가 만든 시간표를 옮겨 쓰기도 하며, 음악을 듣고 그 음악에 대한 영감을 떠올리기도 하고, 전날 독서숙제에 대한 교사의 질문에 답을 하기도 한다. 수업 전 학습활동이 무엇이든지, 그 학습활동의 궁극적인 목적은 학생들이 교실로 들어와서 짧은 시간 동안 하루를 준비할 수 있는 마음가짐을 갖게 하고, 학습활동을 촉진시킨다. 이 시간에 하이디 올리브 교사는 또한 학생들의 출석을 확인하고, 하루의 수업을 준비할 수 있는 시간을 가질 수 있다. 이러한 수업 전 학습활동은 그날의 수업을 미리 시작하는 시발점이 된다.

수업 전 학습활동을 계획하는 것은 학생들이 그날 하루 동안 수업에 얼마만큼 참여하는가를 알 수 있는 중요한 일이다. 이것은 마치 영화관에서 관람자들의 주의를 끌고, 관람자들을 자리에 앉게 한 다음 영화를 볼 준비를 하는 영화관과도 같다. 수업 전 학습활동이 없다면 학생들은 자리에 앉지도 않은 채 수업시작을 기다릴 것이다.

어떤 일이든 정시에 시작하는 것은 일반적인 것이다. 모든 가게도 그들이 정한 시간에 시작한다. 결혼식, 회의, 야구게임, 텔레비전 프로그램 등 모두 계획된 시간에 한다. 수업도 정해진 시간에 시작해야 한다.

출석을 부르는 교사를 향한 학생들의 못마땅한 시선

요즘에도 학생들의 출석을 매일 매 수업시간마다 부르는 교사가 있다. 이렇게 하는 것은 학생들이 학습을 할 수 있는 시간에서 최소한 5분을 허비하는 것이다. 또 결석한 학생을 찾는 것이 수업의 중요 논쟁주제처럼 보이기도 한다.

논쟁? 그렇다, 논쟁이다. 학생들은 이렇게 출석확인을 하는 교사를 못마땅하게 생각한다. 학생들은 교실이 아니라 학교 내 다른 곳에 있어도 그들은 이미 수업에 있다고 생각하는 반면, 대부분의 교사는 학생들이 교실의 의자에 앉아 있지 않으면 결석으로 처리하려고 한다.

교사가 출석을 부르고 학생이 대답을 하지 않거나 학생의 자리가 비어 있는 것을 보면, 교사는 "아, 어니가 결석했군"이라고 말하고, 어니를 결석처리하려고 한다. 그때 한두 명 이상의 학생이 외친다. "어니는 결석하지 않았어요. 어니는 지금 복도에 있는데, 교실로 오고 있는 중이에요. 곧 들어올 것입니다" 또는 "제가 어니를 도서관에서 봤어요. 책을 빌리려고 서 있는데 줄이 많이 길었어요. 곧 올 것입니다"

그럼, 이 교사는 어떻게 할 것인가? 교사와 학생들은 논쟁을 벌이는 것이다. 학생들은 어니가 이미 학교 내에 있기 때문에 결석이 아니라고 하고, 교사는 어니가 교실 자리에 앉아 있지 않기 때문에 결석으로 처리하려고 한다.

한 학급에서 네 명이 결석했을 경우 어니의 상황과 비슷한 내용으로 교사와 학생들은 네 번의 논쟁을 벌인다. 이렇게 한 명씩 결석에 대해서 얘기가 오갈 때 소란은 커지고 학습활동을 할 시간은 허비되는 것이다.

교사는 출석부에 있는 학생들의 이름을 순서대로 부르고, 학생들은 출석을 했는지를 답한다. 동시에 학생들은 킬킬대고 웃고, 학급은 소란스러워지며, 수업은 통제가 되지 않는다.

학생들은 적절하지 않은 행동을 했을 경우에 교사가 아무것도 봐주지 않는다는 것을 알게 된다. 학생들은 교사가 출석을 확인하는 것에

GoBe

출석확인
출석확인을 하는 데 수업시간을 허비해서는 안 된다. EffectiveTeaching.com 사이트 Going Beyond 폴더의 Chapter 16 에서 Sarah Jondahl 교사가 학생들의 출석확인을 어떻게 하는지를 볼 수 있다.

신경을 오히려 덜 쓰게 되고, 교실에서 소란을 더 피우게 된다. 그러므로 이러한 출석확인은 학생들을 조용히 시키는 데 실패하게 만든다. 이러한 소란 속에서 수업은 아직도 시작하기 진이다. 이에 반해 유능한 교사는 학생들이 스스로 수업을 어떻게 시작하는지를 알게 한다.

수업을 시작하면서 출석을 부르지 않는다.

> 출석확인을 하는 것은 학생들의 책임이 아니므로 중요한 수업시간을 허비해서는 안 된다.

> ### 결석한 학생
>
> 나는 학생들의 출석을 확인하고 결석한 학생을 위한 나만의 절차가 있다. 우리 반에는 내가 출석을 확인할 수 있도록 세 명의 학생이 돌아가면서 학생들의 출석을 확인하여 알려준다. 이 학생들은 나머지 학생들이 수업 전 학습과제를 하는 동안에 출석을 확인한다.
>
> 결석한 학생이 있으면 '결석한 학생을 위한 보충 과제' 서류를 작성하고 이미 준비되어 있는 '오늘 하루의 일과'라는 게시판에 준비된 봉투에 넣는다.
>
> 결석한 학생은 나에게 올 필요 없이 게시판에 있는 봉투에서 그들이 해야 할 일을 꺼내서 과제를 스스로 한다. 이해가 가지 않는 부분이 있으면 출석을 확인하는 세 명의 학생들에게 묻고, 그래도 이해가 가지 않으면 그때는 나에게로 온다. 결석한 학생들이 이해가 가지 않는다고 나에게로 오는 경우는 거의 없다. 이렇게 하면 출석점검 없이 빠른 수업진행을 할 수 있다.
>
> 에드 흐켄베리
> (버지니아주 미들로디언 중학교)

효과적인 교실에서의 출석확인

유능한 교사는 학생들의 출석을 확인하지 않고 수업을 곧장 시작한다. 유능한 교사는 학생들이 책임감을 가지고 스스로 공부를 시작할 수 있도록 수업을 진행하는 방법을 안다. 효과적인 출석확인을 받는 학생들은 다음 사항을 실행한다.

- 교실에 조용히 예의바르게 들어오기
- 책상으로 가서 책가방에서 내용물 꺼내기
- 과제물 찾기
- 수업 전 학습과제 곧바로 시작하기

교사는 여러 방법으로 학생들의 출석을 확인할 수는 있다. 하지만 교사가 해야 할 우선순위는 학생들이 수업 전 학습과제를 시작하게 하는 것이다.

시작종이 울리면 교사는 학생 전체를 훑어본다. 이것은 출석을 확인하는 것이 아니고, 수업 전 학습과제를 하지 않고 있는 학생이 있는가를 확인하는 것이다. 수업 전 학습과제를 하지 않는 학생이 있으면, 그 학생들에게 신호를 보내면서 즉시 하도록 시킨다. 환하고 믿음직한 웃음을 보이며 모든 학생들이 수업 전 학습과제를 해야 한다는 제스처를 보인다.

학생들은 수업 전 학습과제가 어디에 게시되어 있고, 무엇을 해야 하는지를 안다. 교사는 수업시간을 최대한 활용한다. 학생들이 과제를 하고 있을 때 학생들의 출석을 확인하고, 그 이외의 다른 행정적인 일을 처리한다.

- 매시간마다 학생들은 출석을 부르는 데 대답하기 위해서 소리를 지르면, 교실이 소란스러워진다.
- 학생이 결석인지 아닌지를 결정하는 논쟁이 교사와 학생 간에 벌어진다.
- 귀중한 시간을 허비한다.
- 수업과 관계가 없는 출석을 부르면서 귀중한 학습시간을 허비하는 동안 많은 학생들이 앉아서 지루해한다.

출석을 효과적이고 효율적으로 확인하는 세 가지 방법

교사가 학생들의 출석을 확인하는 여러 가지 방법이 있다. 출석확인을 어떤 방법으로 하든지 수업을 방해하지 않는 상태에서 신속하고 조용히 출석확인을 해야 한다.

1. 학급의 학생들이 앉아 있는 것을 보고 학생들의 자리배치 차트를 본 다음 결석한 학생을 확인한다. 출석확인을 위해서 과제를 하고 있는 학생들을 방해하지 않는다.

2. 각 학생들의 폴더나 개인 소지품을 출입문 옆 박스에 놓도록 하고, 학생들이 교실에 들어올 때 그들의 폴더 또는 소지품을 가지고 본인들 자리로 가서 앉은 다음 게시된 수업 전 학습과제를 하도록 한다. 학생들이 모두 들어 온 다음 교사는 문 옆에 놓인 박스를 본다. 교사는 세 개의 폴더가 박스에 남아 있는 것이 보이면, 그 폴더 주인의 이름을 적고, 그 학생들을 결석 학생으로 체크한다.

3. 171쪽의 베키 휴즈스 교사의 방법과 비슷한 것으로서, 어떤 교사는 빨래집게에 각 학생들의 이름을 써 놓는다. 차트, 계절별로 다양한 그림 또는 하트 모양의 그림에 학생들의 이름이 새겨진 빨래집게를 꽂아 놓는다. 학생들이 교실에 들어와서 빨래집게가 있는 곳으로 가서 본인들의 이름이 새겨진 빨래집게를 출석이라고 쓰인 곳으로 옮겨 놓는다. 모든 학생들이 교실에 들어와서 수업 전 학습과제를 하고 있는 동안 교사는 어떤 빨래집게가 출석으로

학생들이 본인들의 이름이 새겨진 빨래집게를 옮기는 동안 교사는 다른 업무를 본다.

매일 아침 학생들은 사과모양의 보드판안에서 카드를 뽑아 옆의 보드에 붙인다. 이것으로 그날 점심당번이 누구인지 알수 있고, 교사는 학생들이 아침 선행학습 동안 눈짐작만으로 그날 출석과 점심시간의 계획을 짤 수 있다.

옮겨지지 않았는가를 보고 그 학생들을 결석처리 한다. 그리고 적절한 시간을 봐서 학생들에게 본인들의 빨래집게를 원위치시키도록 한다.

연구결과에서도 확인된 바와 같이, 학생들이 과제를 하기 위해서 더 많은 시간을 보내면 보낼수록 더 높은 학업성취 효과를 갖는다. 유능한 교사는 학생들이 교실에 들어와서 곧장 과제를 할 수 있게 하는 방법을 알고, 학생들에게 표시내지 않고 출석을 확인한다.

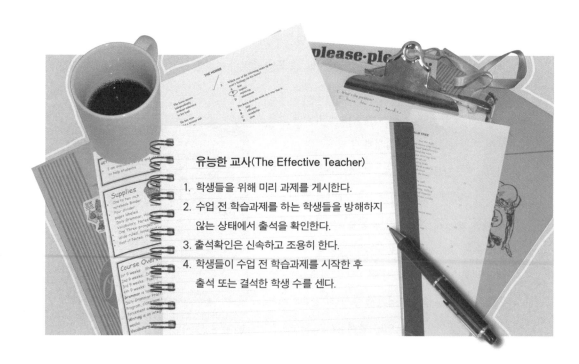

유능한 교사(The Effective Teacher)

1. 학생들을 위해 미리 과제를 게시한다.
2. 수업 전 학습과제를 하는 학생들을 방해하지 않는 상태에서 출석을 확인한다.
3. 출석확인은 신속하고 조용히 한다.
4. 학생들이 수업 전 학습과제를 시작한 후 출석 또는 결석한 학생 수를 센다.

17장

효과적인 성적관리시스템의 유지방법

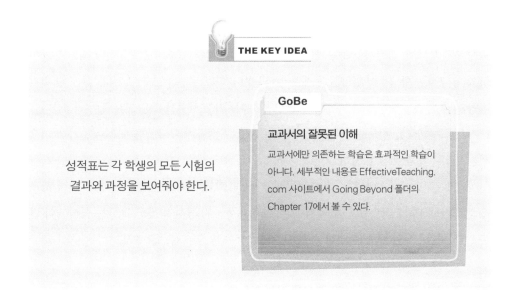

THE KEY IDEA

성적표는 각 학생의 모든 시험의
결과와 과정을 보여줘야 한다.

GoBe

교과서의 잘못된 이해

교과서에만 의존하는 학습은 효과적인 학습이
아니다. 세부적인 내용은 EffectiveTeaching.
com 사이트에서 Going Beyond 폴더의
Chapter 17에서 볼 수 있다.

학생들의 성적기록부

정리가 잘된 학생들의 성적기록부에는 모든 학생들의 학습기록이 수록되어 있다.

한때는 학생들이 교실로 들어와서 줄을 맞춘 의자에 앉아서 교사가 가르치는 것을 듣는
것이 전부였다. 학생들이 할 수 있는 학습활동은 조용히 책을 읽고, 쓰는 것이었다.

학생들은 이렇게 하는 수업의 목적에 대해서 전혀 알 수 없었고, 왜 책을 읽고, 쓰는 학습
활동을 하는 것인지 짐작할 수도 없었다. 학생들은 교사에게 감히 다음과 같은 질문도 할
수 없었다. "선생님, 왜 우리가 이렇게 책만 읽고, 쓰는 것이지요?"

매 학기말 학생들의 성적표를 기록해야 할 때가 되면 시험을 봐야 했다. 시험문제는 교사가 학생들에게 시험을 대비해서 어떻게 공부를 해야 할지에 대해서 전혀 이야기 없이 교사 임의대로였다.

그런 다음 교사는 학생들에게 성적을 부여했다. 그렇다, 교사는 각 학생들에게 어떤 점수를 줘야 할지를 결정하는 최고결정권자였다. 몇몇 교사들은 자랑스럽게 다음과 같이 얘기했다. "난 여러분들이 아무리 공부를 잘해도 A는 한 명에게만 그리고 B는 세 명에게만 줍니다." 교사가 준 성적에 대해서 논쟁을 할 여지가 없었지만, 학생과 학부모는 성적에 대한 불만이 많았다. 교사는 학생들이 얼마만큼 배워야 하는지에 대해서는 잘 모르고 있다. "짧은 한 학기 동안 이 모든 것을 어떻게 다 가르칠 수 있단 말인가?"라고 하면서 많은 교사들이 걱정한다.

가르치는 분량을 정하는 것은 교사의 임무였고, 학생들이 얼마만큼 배울 것인가에 대해서는 전혀 신경을 쓰지 않았다.

이와 같은 강의시스템에서 성적기록부는 학생들의 출석과 교사로부터 받은 시험 성적을 기록하는 데 꼭 필요했다. 오로지 교과서만 다루는 유능하지 못한 교사는 학생들이 받은 여러 시험성적의 평균을 내서 성적표를 작성하여 학생의 집으로 보냈다.

어떤 종류의 성적기록시스템을 사용하는가?

유능한 교사는 학생들이 무엇을 하고, 얼마나 학습을 잘하는지를 기록하며, 각 학생들이 학습을 최대한으로 할 수 있도록 도와준다.

여기서 핵심적인 질문은 다음과 같다. '유능한 교사는 전통적인 성적표 형태를 사용하는가, 아니면 컴퓨터 소프트웨어 프로그램을 사용하는가?'

유능한 교사의 위 질문에 대한 대답은 '두 가지 모두 사용한다'이다. 성적기록부를 잃어버릴 때를 대비해서 컴퓨터에 학생들의 성적을 파일로 저장하는 것도 하나의 좋은 방법이다. 그러나 때로는 학교의 네트워크 시스템이 작동하지 않고, 컴퓨터가 고장날 때도 있다. 이런 경우에는 성적기록부가 따로 있다는 것이 교사에게 위안이 된다. 많은 교사들이 학생들의 성적을 관리하기 위하여 소프트웨어 프로그램을 사용하고, 또한 만의 하나를 위하여 성적기록부도 따로 사용하고 있다.

전통적인 생활 / 성적기록부

학기 첫날부터 교사는 학생들의 학교생활과 성적을 기록하는 성적기록부가 필요하다. 이 기록부는 학기 첫날이 시작되기 전에 미리 준비를 해야 한다. 이 기록부는 전통적으로 '성적기록부'라고 부르며, 크기, 모양, 배열 등이 다르다. 이 기록부는 학생들의 생활기록부 또는 성적기록부라고 부를 수 있다. 이 성적기록부는 학생들의 성적만 기록하는 것이 아니라, 각 학생들의 여러 가지 학교생활을 기록한다.

기존에 나와 있는 성적기록부의 문제는 학생들의 정보를 기록하는 데 각 항목에 한두 줄 정도밖에 기록할 수 없다는 것이다. 그러므로 전통적인 성적기록부를 사용하는 교사는 다음과 같은 문제점을 가지고 있다.

- 한 면에 학생들의 출석 등 한 가지 정도의 기록밖에 기재할 수 없다.
- 추가적으로 학생들의 정보를 기재하려면 다음 페이지로 넘겨야 하고, 학생들의 이름을 또 써야 한다. 교사는 연속해서 페이지를 넘겨야 할 것이다.
- 한 학급의 학생 수가 한 페이지의 줄보다 더 많을 경우, 줄 수를 늘리거나 다음 페이지로 넘겨야 하고, 이런 과정을 그 다음에도 계속해야 한다.
- 더 큰 문제점은 교사가 학생들의 학습발달기록표나 성적을 요약할 때이다. 각 학생의 정보를 기재하는 데 한 줄밖에 없기 때문에 교사는 그 한 줄에 출석 상황, 숙제, 프로젝트, 시험 그리고 학생의 학습발달 과정에 대한 내용을 요약해서 기재해야 한다. 학생들의 학습발달은 한 눈에 볼 수 있는 것이 아니고 오랫동안 학생들의 학습을 지켜보고, 기재해서 그 결과를 보는 것이다.

> 성적기록부에는 학생들에 대한 정보를 검색하기 쉽도록 정리해 놓는다.

교사가 자신이 사용할 성적기록부를 제작할 계획이라면 교사는 첫째로 학생들의 성적을 어떤 방법으로 산출할 것이며, 어떤 정보를 기록할 것인가를 미리 정하면 자신이 원하는 기록부를 만들 수 있을 것이다.

학생들의 어떠한 내용을 성적기록부에 기재할 것인가를 학기가 시작되기 전에 결정해야 한다. 다른 전문직에 있는 사람들도 이와 같이 한다.

- 회계 담당자는 모든 숫자를 입력하기 전에 장부에 있는 계정 과목을 미리 구별해 놓는다.
- 회사원은 데이터를 입력하기 전에 데이터의 이름이 무엇인지 제목을 써넣는다.
- 야구게임에서 기록관들은 전광판에 있는 해당 칸에 팀이름과 각 선수들의 기록 등을 입력하고 게임이 진행되면서 점수 등 각종 기록을 입력한다.
- 결혼을 준비하고 있는 신부는 신혼에 필요한 살림살이 목록을 적는다.

> 디자인이 잘된 성적기록부는 학생들의 학교생활 및 성적결과와
> 학습발달 과정을 즉시 볼 수 있다.

교사는 각 학생들의 어떠한 정보를 입력할지를 미리 정해야 한다. 예를 들면,

| 출석 | 프로젝트 성적 | 숙제 | 보너스 과제 | 수업시간과제 |
| 수업참여도 | 시험성적 | 수업태도 | 학업성취도 | 학습발달 과정 |

기본적인 세 가지 성적관리

좋은 성적기록부를 유지하기 위해서 교사는 학생 당 최소한 3~4줄 정도가 필요할 것이다. 서점에서 파는 대부분의 성적기록부는 학생 당 1~2줄 정도이기 때문에 교사가 이 기록부를 사용하기에 불편할 수 있다.

> 기본적인 세 가지 성적기록부는 다음과 같은 세 가지 항목이 필요하다.
> 1. 출석   2. 점수   3. 총점

첫 번째 줄: 출석

학생들의 출석을 확인하는 것은 학교 또는 교육청에서 교사에게 요구하는 필수적인 것이다. 출석은 매일 등교하는 것으로 학생들에게 가장 중요한 요소이다. 교사는 학교에서 월급을 받지만 학생들은 그들이 한 학습활동에 대하여 점수를 받는다. 출석기록은 효과적이고 평범하게 한다(16장 참조).

출석에 대한 일반적인 네 가지 종류는 '출석', '결석', '무단결석' 그리고 '지각'이다.

1. 출석 출석한 학생에 대해서는 아무것도 기재하지 않는다. 이것은 학생이 출석을 했다는 것을 의미한다.

2. 결석 결석한 학생에 대해서는 'A'라고 쓰면, 학생이 수업에 오지 않은 것을 의미한다. 결석한 학생이 다음날 결석에 대한 사유서를 가져 오면 'A'에 사선(/)을 긋는다. 'A'에 사선을 그었다는 것은 교사가 결석에 대한 사유서를 보았거나 교무실로부터 결석승인이 나서 결석사유가 있다는 것을 의미한다. 'A'에 사선이 없으면 결석사유가 없거나, 결석사유서를 기다리고 있다는 것을 의미한다.

3. 무단결석 학생이 결석사유를 제출하지 않을 경우에 ✔를 표시한다. 무단결석은 부모, 의사 또는 다른 교사로부터 보내 온 결석사유서가 없는 경우를 의미한다. 어떤 학교에서는

Subject CORE B		1st Week					2nd Week				
Indicate Calendar Date →		8/27	28	29	30	31	9/3	4	5	6	7
Grade ATTENDANCE		M	T	W	T	F	M	T	W	T	F
The Blank Columns at the Right May Be Used to Indicate Assignments	Text Book No.						H O L I D A Y				
ANDRIANO, LEO 1						A					
AQUINO, JODY 2											
CASTRO, RHONDA 3						A		T			
COLLINS, JOEL 4				A				A			
DOAN, DUC 5											
ELDER, SCOTT 6											
FLYNN, SANDI 7											
GILBERTSON, ERIC 8						A					
HARRIS, ELIZABETH 9											
HUNG, VINCENT 10											
JAEHNICHEN, TONY 11								A	A	A	
KIM, PETER 12											
KWONG, MAY 13								T			
LEVINE, SALLY 14											
McBIRNEY, NANCY 15			A								
POLOMSKI, ROBYN 16											

성적기록부에 각 학생들의 성적을 기재하기 위해서 한 줄 또는 두 줄 정도에 교사가 원하는 모든 성적을 입력할 수 없다.

교사가 학생의 결석에 사유가 있는지 없는지를 확인한다. 또 어떤 학교에서는 학생들의 출석을 확인하는 사무실이 따로 있어서 이곳에서 학생들의 결석사유가 있는지 없는지를 알아서 교사에게 알린다. 교사가 학생들이 무단결석을 했는지 하지 않았는지는 학교의 규정에 따른다. 이러한 규정에 대해서는 학교에 물어보면 된다. 학생이 여러 날 무단결석을 하면 학교에서 학부모에게 직접 연락을 취한다. 각 학생들에게 신경을 많이 쓰는 좋은 학교에서는 학생이 사유 없는 결석을 한 번 하게 되면 그 즉시 부모에게 연락을 취한다. 또한 무단결석자가 있을 경우에 어떻게 하는지 다른 교사에게 물어보는 것도 좋은 방법이다. 무단결석하고 그 다음날 온 학생에게 전날 했던 수업내용을 알려주고 과제를 하게 한다. 교사는 무단결석한 학생에게 전날 한 수업에 대해서 설명하고 과제를 할 수 있도록 할 의무가 없다고 생각할 수도 있다. 그러나 교사는 그 학생에게 다음과 같이 설명을 하는 것이 좋다. "네가 수업에 오지 않아서 전날 빼먹은 수업, 영화 그리고 다른 학습활동을 할 책임이 있다. 너는 그 자료들을 네 스스로 찾아야 한다. 스스로 찾는 것이 어렵겠지만 네가 결석을 한 것에 대한 벌칙이라고 생각하고 잘하도록 하렴."

4. 지각 학생이 지각했을 경우에 'T'라고 표시한다. 'A'로 결석처리를 한 학생이 지각했을 경우 이것을 'T'로 고친다. 지각에 대한 학교의 규정이 무엇인지를 알아본다. 학생이 몇 번의 지각을 할 경우에는 학교 사무실에 보고를 해야 하는 경우도 있을 것이다.

두 번째 줄: 점수

두 번째 줄은 시험, 프로젝트, 연습문제 풀이, 숙제와 같은 학생 개인의 점수 결과를 기록한다. 어떤 형태의 점수를 주는지는 교사가 결정해서 그 결과를 기재한다. 하지만 각 프로젝트마다 학생의 점수를 환산하거나, 학생의 학습발달 과정을 보려면 글로 표시된 점수보다는 숫자로 표시된 점수를 주는 것이 좋다.

세 번째 줄: 총점

교사는 학생들의 학습발달 결과에 대해서 많은 질문을 받는다. 학부모들의 전화를 받기도 하고, 상담실 또는 교무실에 학생들의 보충학습활동에 대한 보고를 하기도 하며, 학업에 대해서 학생들로부터 많은 질문을 받기도 한다. 그러므로 어느 누구로부터 어떤 질문을 받

세 줄짜리 성적기록부

멀 웨일리 교사는 그가 속해 있는 교육청에서 제공한 한 줄짜리 성적기록부를 사용하는 데 불만이 많았다. 그래서 그는 아내에게 이렇게 말했다. "여보, 모든 사람이 쉽게 이해를 할 수 있고, 각 학생들의 학습발달 과정을 쉽게 볼 수 있도록 성적기록부를 내가 직접 만들 거야." 그렇게 하고 2년 동안 노력해서 세 줄짜리 성적기록부를 만들었다.

웨일리 교사는 이렇게 말한다. "이제 나는 학생들의 성적과 학습발달 과정을 불과 몇 초 이내에 어느 누구에게도 쉽게 보여줄 수 있는 성적기록부와 성적을 내는 방법을 가지고 있다. 각 학생당 세 줄짜리 기록부에 학생들의 출석이나 기본적으로 익히는 기술을 첫째 줄에 기재할 수 있다. 둘째 줄에는 매일 하는 학습활동, 퀴즈, 프로젝트, 시험 성적 등과 같은 학생들의 학습의 결

세 줄짜리 성적기록부에서 학생들의 출석, 성적, 총점을 기재할 수 있다.

과를 기재한다. 그리고 매우 중요한 세 번째 줄에는 각 학생들의 총점을 기재한다. 이렇게 한 다음 학부모가 전화를 하거나 학교에 찾아 와도 학생들의 학습발달 과정을 불과 몇 초 이내에 보여줄 수 있다."

웨일리 교사가 사용하고 있는 성적기록부의 각 페이지는 위쪽에 절취선이 있어 떼어낼 수 있도록 되어 있다. 날짜 또는 과제명을 첫 페이지에 한 번만 작성하고 같은 과제가 계속 진행되는 한 나머지 페이지에는 날짜 또는 과제명을 다시 작성할 필요가 없다. 사용하지 않는 절취선 위쪽은 떼어내서 해당 과제를 절취선 위쪽과 아래쪽을 맞춘다. 예를 들면, 많은 교사들이 30~40명이 넘는 몇 개 학급에 같은 과목을 가르칠 때, 기록부의 절취선 위쪽을 떼어내서 학습활동, 날짜 그리고 점수를 맞춰서 기록부를 작업하는 시간을 절약할 수 있다. 각 기록부마다 세부적인 견본이 있다.

웨일리 교사는 학생 및 학부모 이름, 전화번호, 학생 번호 등을 출력하는 컴퓨터 프로그램을 개발했다. 이 프로그램을 이용하면 각 성적 작성 때마다 학생들의 이름을 따로 쓰거나 타이핑하지 않고 세 줄짜리 성적기록부를 직접 출력할 수 있다.

이 프로그램은 다음 연락처에서 얻을 수 있다.

Whaley Gradebook Co., Inc.
2521 Weslo Court Grand Junction, CO 81505
전화: 970-241-7777   팩스: 970-241-0016   인터넷: www.whaleygradebook.com
이메일: office@whaleygradebook.com

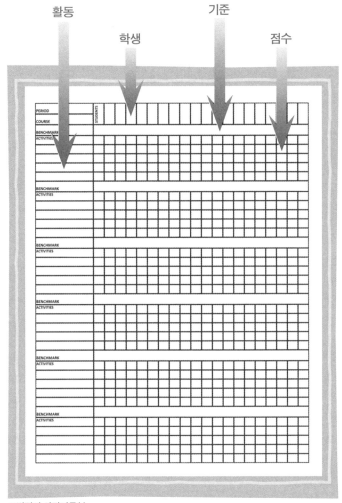

학생　　　　　　　점수

모범적인 성적기록부

더라도 대답을 하기 위해서 교사는 각 학생들의 최근 학습발달에 대한 정보를 항상 준비하고 있어야 한다.

　세 줄짜리 성적기록부를 사용할 경우, 두 번째 줄에 학생들의 여러 가지 학습활동 성적을 기록하고 세 번째 줄에는 이전 점수와 현재의 총점을 써넣는다. 이 총점란에는 학생들이 그동안 여러 가지 학습활동을 했던 점수의 누적된 총점을 계속 업데이트하면서 기록한다. 이렇게 세 줄짜리 성적기록부를 사용하면 학생들의 세부적인 학습발달 과정을 언제든지 쉽게 볼 수 있다.

세 줄짜리 성적기록부에 학생들의 기록을 기재하면 교사는 평소에 학생의 성적변동 상황을 파악할 수 있고 점수도 곧바로 산출할 수 있다. 이렇게 기록부를 정리해오지 않은 교사는 학교에 보고하기 위해서 이를 악물고 바쁘게 학생들의 성적을 내야 하고, 평소에 꾸준히 기록부를 정리해온 교사는 운동이나 영화감상 등 다른 취미활동을 하거나 여유롭게 독서를 하며 즐길 수 있다.

전산화된 성적기록프로그램

시대는 많은 변화를 가져왔고, 계속 변하고 있다. 유능한 교사는 학생들의 학습평가를 잘 한다. 유능한 교사들 몇몇이 모여 학습활동에 도움이 필요한 학생들에 대해서 토의를 한다. 이것은 마치 의사들이 그룹으로 모여 환자에게 가장 좋은 치료가 무엇인지를 협의하고 계획을 세우는 것과 같다.

환자에 대해 의사가 세밀한 의료기록을 하는 것과 마찬가지로, 각 학생들이 학습을 하는 데 성공할 수 있도록 학생들의 학습내용에 대한 교사의 세부적인 성적기록시스템이 필요하다. 이렇게 하기 위해서는 전산화된 성적기록프로그램이 필요할 것이다. 교사는 학생들의 기록이 필요할 때마다 언제든지 조회할 수 있고, 학생들에 대한 기록을 입력할 수 있는 프로그램이 필요할 것이다.

몇몇 학교 또는 교육청에 성적기록을 하는 프로그램이 있을 것이다. 만약 없다면 다음 웹사이트에서 여러 가지 정보를 얻을 수 있다.

- www.educational-software-directory.net/teacher/gradebook
- www.google.com/Top/Computers/Software/Educational/Teachers_Help/Gradebook/
- www.gradebooks4teachers.com/

4부에서 보겠지만, 교사가 학생을 잘 가르치기 위해서는 학생들의 점수를 학습과제별로 상세하게 볼 수 있는 성적기록프로그램이 필요할 것이다. 이것을 이용하여 해당 학생이 달성해야 할 점수에 이르기 위한 방법을 조언해줄 수 있을 것이다.

교사가 전산화된 성적기록프로그램을 찾고 있다면, 다음과 같은 사항을 기록할 수 있는 것인가를 점검해보아야 한다.

- 학습활동(실험, 미술, 테크놀로지 학습)
- 작문과제
- 숙제
- 수업시간과제
- 학습활동 참여
- 프로젝트(도서관 학습, 학기말 리포트)
- 공연 점수(노래, 과제 암송, 댄스)
- 보너스 점수
- 목표 성적과 비교한 점수

전산화된 생활·점수 기록 프로그램은 다음과 같아야 한다.

1. 배우기가 쉽고, 데이터를 입력하는 데도 쉬워야 한다.
2. 데이터를 분석하기가 쉬워야 한다.
3. 학생별로 전체 과목의 정확한 점수를 신속하게 제공할 수 있어야 한다(학기 중간 진행사항에 대한 정보도 포함).
4. 교사가 집에서도 온라인으로 성적을 입력할 수 있어야 한다.
5. 네트워크로 연결된 교실의 컴퓨터에서도 접속을 할 수 있어야 한다.
6. 개인지도뿐만 아니라 그룹지도에도 이용할 수 있어야 한다.

우수한 성적기록프로그램을 이용하면 교사가 학생들의 취약한 부분을 진단해서 그에 적합한 지도를 할 수 있다. 또한 학생과 학부모도 온라인으로 접속하여 올려져 있는 성적과 과제물에 대한 점수를 보고 질문이 있을 시 언제든지 교사에게 연락할 수 있도록 한다.

물론 그 성적기록프로그램에는 보안장치를 해서 등록된 사람만 접속할 수 있도록 해야 한다. 많은 학교에서 성적기록프로그램을 사용하여, 학생 가족이 집에서 해당 학생에 한정하여 점수와 출석상황을 확인할 수 있다.

학생들도 이와 같은 온라인 성적기록 시스템을 좋아한다. 많은 학생들은 이와 같이 시각적인 정보(visual references)가 이해하고, 기억하기 쉬워서 좋아한다.

학생들은 이제 다음과 같은 질문은 하지 않는다.

"제가 어떻게 해야 하나요?"

학생들이 성적을 수업시간에 교실에서 불편하게 보지 않고,

그들의 성적을 온라인에서 개인적으로 보고

성적에 대한 그들의 반응을 게시할 수 있기 때문에

학생들은 생각이 깊어지고, 문제 해결 능력이 좋아진다.

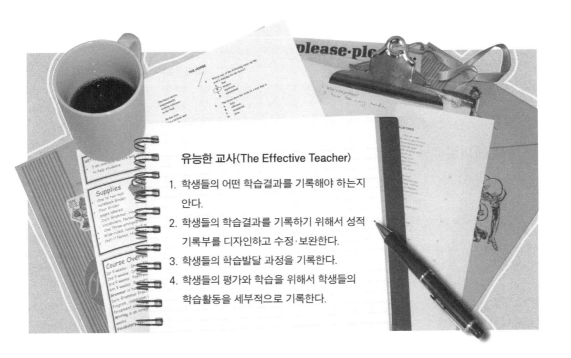

유능한 교사(The Effective Teacher)

1. 학생들의 어떤 학습결과를 기록해야 하는지 안다.
2. 학생들의 학습결과를 기록하기 위해서 성적 기록부를 디자인하고 수정·보완한다.
3. 학생들의 학습발달 과정을 기록한다.
4. 학생들의 평가와 학습을 위해서 학생들의 학습활동을 세부적으로 기록한다.

18장

효과적인 교육 계획

THE KEY IDEA

계획을 세우고 그것에 따르라.

어떤 시스템도 없었다

나는 처음에 어떻게 해야 할 줄을 몰라 정신이 없었다. 그런 다음 어떤 시스템도 없다는 것을 알았다.

우리는 계획을 세우고, 그 계획을 이행한 후에 우리반 학생들은 교실이 얼마나 조용해졌고, 그들이 학습활동을 얼마나 쉽게 할 수 있는지에 대해서 얘기했다. 교장선생님도 그 계획에 대해서 좋게 평가를 했고, 수업시간에 조용하고 학습 분위기가 좋아졌으며 그리고 학생들의 학습 태도가 좋아진 것에 대해서 매우 만족해 하셨다!

난 처음에 긴장하고 불안해서 가르치는 것을 포기할까도 생각했었다.

학생들이 그 계획을 나와 공유하기 전까지는.

세일라, 캐나다 앨버타 레스브리지

계획에 따른 교육

계획이 없다는 것은 실패를 계획하는 것과 같다.

수업시간에 학생들의 학습 태도에 대한 문제를 다루는 데 교사로서 두 가지 형태, 즉 반응적인 것과 혁신적인 것이 있다.

유능하지 못한 교사나 아직까지도 무엇을 해야 할지 모르는 교사는 반응적인 교사이다.

수업준비가 제대로 되어 있지 않아서(앞 1장부터 17장에까지 걸쳐 언급한 바와 같이) 이 반응적인 교사는 학생들이 말을 듣도록 하기 위하여 고함을 지르고, 체벌을 하며, 위협하고, 강제력을 발휘하기도 한다. 이러한 반응적인 교사는 퇴근할 때까지 화가 나 있고, 피곤해 하며, 스트레스가 잔뜩 쌓여 있다.

유능한 교사는 혁신적인 교사이다. 수업시간에 80퍼센트 이상의 문제가 유능하지 못한 교사로부터 원인이 되는 만큼, 유능한 교사는 수업시간에 일어날지도 모르는 문제를 예방하는 혁신적인 계획을 미리 세운다. 유능한 교사는 수업시간의 규율이 가장 큰 문제점은 아니라는 사실을 안다. 가장 큰 문제점은 학습진행 과정과 일정, 즉 학습을 성공적으로 이끌 수 있도록 수업을 체계화하기 위한 계획의 부족이라고 생각한다.

혁신적인 교사는 문제를 어떻게 예방하는지를 알고, 성공적인 수업을 이끌 수 있다. 이러한 혁신적인 교사는 학생들이 많은 것을 배웠다는 것을 잘 알기 때문에 방과 후 행복하고 즐거운 마음으로 퇴근한다.

18, 19, 20장은 한 번에 읽기 바란다.
수업관리가 잘 된 교실에서는 교육에 대한 문제를 최소화시킬 수 있다.

교사중심 수업에서의 교육계획(191쪽 참조)

교육계획에 규칙 또는 지침이 있다

교사가 중심이 되는 교육계획의 기본 구조에는 세 가지 부분이 있다.

1. 규칙: 학생들이 따라야 하는 것
2. 결과: 규칙을 지키지 않으면 학생들이 직면하게 되는 것
3. 보상: 학생들이 적절한 행동을 하면 받는 것

내가 무엇을 할 수 있을까?

"이 아이들에게 내가 무엇을 할 수 있을까?"라고 질문을 던지는 것은 효과적이지 않다. 사전에 문제를 해결하는 것보다 교육계획(18장 참조)과 수업관리 계획(19, 20장 참조)을 세우는 것이 훨씬 더 효과적이다.

교육계획의 중요성

자동적으로 진행되는 것보다 간단명료하고 확실한 교육시스템은 없다. 1장에서 17장 그리고 19장과 20장을 읽고도 교사가 아직 이행하지 않았다면, 이 18장의 내용만으로는 수업시간에 일어나는 학습 태도에 대한 문제를 해결할 수 없을 것이다.

교육을 위한 계획은 다이어트 계획과도 같다. 대부분의 사람들은 먹는 버릇을 바꾸지 않고 빠른 시일 내에 다이어트할 수 있는 해결책을 찾기 때문에 다이어트 계획을 성공적으로 이룰 수 없다.

교육을 위한 계획도 마찬가지이다. 여러 가지 교육계획은 있지만 교사가 그 계획을 이행하고, 일어날지도 모르는 문제를 방지하기 위해서 수업관리 계획을 철저하게 세우지 않는다면 교육계획은 실패하고 만다.

다양한 종류의 교육계획이 있다. 이들은 각각 장점도 있고, 단점도 있지만 모두 다 학교에서 행하고 있는 계획들이다. 요즘 학생들은 다양한 기술, 언어 그리고 욕구를 가지고 있기 때문에 한 가지 계획이 모든 상황에서 좋은 효과를 발휘하지는 않는다. 유능한 교사는 상황에 따라서 다른 교육계획을 사용하고, 매년 상황에 따라서 다른 방법을 사용한다.

모든 교육에 적용할 수 있는 한 가지 교육계획은 없다. 교사가 매년 가르치고 경륜이 쌓이면서 한 가지 교육계획에서 다른 계획으로 바꿀 수 있다. 필요하면 학기중에도 교사가 사용하는 교육계획을 바꾸기도 한다.

교육계획에는 여러 가지 방법이 있다. 교사가 모든 것을 수행하면서 규율, 결과 그리고 보상을 전부 담당하는 교육계획이 있기도 하고, 반면에 학생이 주도적으로 규율, 결과, 보상을 실시하는 방법도 있다. 중요한 것은 교사가 모든 학생들을 위한 교육계획을 가지고 있으면서 그 계획대로 진행해야 한다는 것이다.

교사가 가르치는 것에 더 능숙하게 되면, 하나의 계획에서 또 다른 계획으로 종종 발전시킨다. 이렇게 계획을 바꾸는 것은 교사의 책임이다. 교사는 교육계획을 발전시켜 교사와 각 학생이 학습범위를 공동으로 정할 수 있는 방향으로 발전시킨다. 많은 교사들은 더 발전된 계획으로 각 학생들이 스스로 책임을 지고 학습할 수 있는 교육계획을 채택한다.

여러 교육계획에서 사용되고 있는 교사와 학생 간의 전형적인 역할

교사중심 수업(189쪽 참조)

교사가 실질적인 수업을 진행한다.

학생들에게 어떤 선택권도 없다.

교사가 학습결과를 제공한다.

교사가 중재와 고립을 사용한다.

교사가 학생들에게 무엇을 해야 할지를 말한다.

수업분위기가 긴장되고 어색하다.

수업은 자유가 없고 학생들이 배울 수 있는 한계가 있다.

학생과 교사중심 수업(203쪽 참조)

교사와 학생들이 협력하여 학습을 한다.

학생들에게 선택권이 있다.

교사는 학생들에게 질문을 하고, 토론을 하며, 학생들과 같이 문제를 해결한다.

교사는 토론에 끼어들어 학생들과 함께 합의점을 찾는다.

교사와 학생들이 함께 학습범위를 정한다.

수업은 일정 범위 내에서 자유가 있다.

학생중심 수업(209쪽 참조)

수업은 학생중심이다.

교사는 학생들이 하는 것을 지켜본다.

학생들에게 많은 선택권이 있다.

교사는 지시적인 말을 사용하지 않는다.

학생들은 자기들의 행동에 책임을 진다.

교사는 학생들의 말을 들어준다.

학생들은 책임의 중요성에 대해서 배운다.

수업분위기는 질서가 없고 혼란스럽다.

수업에는 자유가 많다.

안전하고 바람직한 학습환경을 위해서 교사가 먼저 해야 할 일은 학생들이 지켜야 할 명확한 규칙을 만드는 것이다. 규칙은 학생들과 충분히 협의해서 결정하고, 학생들로부터 그 규칙은 명령도 아니고 처벌도 아니라는 것을 알게 한다. 규칙을 만드는 목적은 학생들이 넘지 않아야 할 범위 또는 한계를 정하는 것으로서 게임에서 규정을 지켜야 하는 것과 같다.

명확한 규칙은 교실에서의 일관성을 촉진시킨다. 학생들은 교사가 한 순간을 모면하기 위해서 독단적으로 규칙을 바꾸거나 새로 만드는 것보다 일관성 있는 규칙, 결과 그리고 보상이 확립되기를 바란다. 유능하지 못한 교사는 학생들과 문제가 있을 때 이에 대응하기 위해서 새로운 규정을 만든다. 이렇게 만들어진 규정은 학생들에게는 벌로 느껴지게 된다. 문제가 발생하기 전에 규칙을 만들어야 학생들은 그 규칙을 이해하고 좋은 학습 태도를 보인다.

▪ 규칙은 학생들에게 학습할 수 있는 분위기를 제공해주고, 학생들은 교사가 그들에게 원하는 것이 무엇인지를 안다.

몇 가지 규칙이 적절한가?

전화번호, 신용카드번호, 차량번호판, 우편번호 등이 한 섹션에 다섯 숫자 또는 그 미만의 숫자로 구성되어 있다. 이렇게 하는 이유는 한 번에 세 개에서 다섯 개 정도로 이루어진 숫자를 기억하는 것이 쉽기 때문이다.

▪ 교사와 학생들이 쉽게 기억할 수 있도록 규칙을 정할 때 다섯 개가 넘는 규칙을 만들지 않도록 한다.
▪ 다섯 개가 넘는 규칙이 필요하면 그 규칙들을 한 번에 다 써놓지 않도록 한다.
▪ 수업태도에 관한 모든 상황을 규칙에 포함시킬 필요는 없다.
▪ 규칙을 바꾸는 것은 교사의 특권이다.
▪ 새 규칙이 필요하면 바꿀 수 있고, 그 바꾼 규칙은 '문서화되지 않은 규칙'으로 정할 수도 있다. 그러나 그렇게 새로운 규칙이 문서화되지 않으면 학생들이 바뀌기 전의 규칙을 더 잘 알고 있는 경우가 많다.

- 규칙을 만들 때는 심사숙고해서 결정하고, 그 규칙을 작성해서 학기가 시작하기 전에 학생들에게 보내주거나 교실에 게시한다.
- 학생들에게 원하는 적절한 행동에 대해서 말과 문서, 두 가지로 방식으로 명확하게 커뮤니케이션 한다.

이미 버릇이 되어 버린 학생들의 불량한 학습 태도를 바꾸는 것보다 좋은 학습 태도를 유지하는 것이 더 쉽다.

두 가지 종류의 규칙

규칙은 한계 및 범위를 정하기 위해서 사용된다. 학생들은 교사가 올바르게 방향을 제시해주고, 범위를 정해주기를 원한다. 학생들의 학습 태도가 각각 다르고, 교사에 따라서 묵인하는 정도가 다르기 때문에 학교에서 학생들에게 범위 및 한계를 정해주는 것은 중요하다. 예를 들어, 어떤 교사는 학생들이 수업시간에 교실을 돌아다니는 것을 허용하고 어떤 교사는 그렇게 하지 않는다.

학생들은 누군가가 그들을 통제하고, 수업환경을 책임지고 있다는 것을 알아야 하고, 누군가가 범위를 정하는 것뿐만 아니라 그 범위를 유지하고 있다는 것도 알아야 한다. 학교는 학생들이 아무런 걱정과 두려움 없이 등교할 수 있는 안전하고 보호를 받는 환경이어야 한다.

학생들에게 규칙에 대해서 명확하게 설명하고, 교사가 그들에게 거는 기대를 말해줌으로써 불량한 태도를 방지할 수 있으며, 좋은 학습행동을 하는 데 용기를 북돋아줄 수도 있다. 규칙에는 일반규칙과 세부규칙이 있다. 일반규칙은 넓은 범위를 설정하고, 반면 세부규칙은 명확하고 꼼꼼하게 설정한다.

일반적인 규칙. 광범위한 행동을 포함한다.
- 다른 사람을 존경하라.   · 공손하고 남을 도와줘라.   · 교실을 깨끗하게 하라.

장점: 광범위한 내용을 포함하는 용어로 많은 행동 개념과 기대를 언급한다.

단점: 규칙들을 따로 설명해야 한다. 예를 들어, 다른 사람을 존중하라는 규칙이 있으면 덧붙여

다른 친구를 때리지 말고, 다른 사람의 물건을 허락 없이 사용하지 말고, 고자질도 하지
말라 등의 설명을 한다.

여러 해 동안 많은 경험을 통해서 학생에게 좋은 학습태도를 갖게 하는 방법을 알고 있는
경륜이 높은 우수한 교사에게는 이러한 일반적인 규칙이 잘 통한다. 이러한 우수한 교사는
학생들에게 조용하게 신호만 보내고, 손짓만 하고, 바라만 봐도 학생들은 교사를 잘 따르
고 좋은 학습태도를 보인다.

세부적인 규칙. 특정한 행동을 포함한다.

- 시작종이 울릴 때 교실에 들어와 있다.
- 공격적인 말은 삼가한다.
- 다른 학생들을 건드리며 방해하지 말고, 물건을 던지지 않는다.

장점: 학생들에게 기대하는 행동을 명확하게 언급한다.

단점: 위에 언급한 바와 같이 규칙을 다섯 개 또는 그 미만으로 해야 하기 때문에 모든 자세한
규정을 포함시키기가 어렵다.

세부적인 규칙은 신임교사 또는 좋은 규율제도를 추구하는 경험 있는 교사에게 더 유용
하다. 학기가 진행되면서 학생들의 학습태도가 교사가 바라는 만큼 좋아지면 교사는 세부
적인 규칙을 일반적인 규칙으로 바꿀 수 있다.

나의 규칙은 어떠한 것인가?

어떤 사람은 규칙을 지침 또는 기대라고 칭하기도 한다. 이것을 어떻게 칭하든 규칙 (18장 참조)과 절차(19, 20장 참조)의 차이에 대해서 이해하기 바란다. 학생들에게 특정한 성과를 요구하기보다는 학생들에게 기대하는 특정 행동에 대해 말해주기 위해서 규칙을 사용한다.

다음은 교사가 규율계획을 세울 때 사용할 수 있는 세부적인 규칙에 대한 예이다.

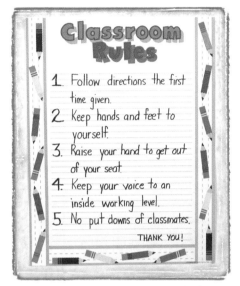

학기 첫날에 교실 규칙을 준비해서 교실에 게시해 놓고, 학생들에게도 나누어준다.

보편적인 세부 규칙

1. 첫 시간에 받은 지시를 따른다.

2. 질문이 있으면 손을 들고 허락을 받도록 한다.

3. 허락 없이 자리를 뜨지 않는다.

4. 다른 학생들을 건드리며 방해하지 말고, 물건을 던지지 않는다.

5. 욕을 하거나 학급 친구들을 괴롭히지 않는다.

초등학생을 위한 세부적인 규칙

1. 옆 사람과 얘기하지 않고 교사가 지시할 때까지 기다린다.

2. 교사가 말을 할 때 교사를 바라본다.

3. 학습활동을 바꿀 땐 신속하고 조용하게 한다.

4. 아침과제를 완성한다.

5. 지정된 자리에 앉는다.

고등학생을 위한 세부적인 규칙

1. 시작종이 울릴 때 자기 자리에 앉는다.

2. 수업에 사용하는 모든 교과서와 학습자료를 가져 온다.

3. 수업시간에 몸단장을 하지 않는다.

4. 매일 지정된 자리에 앉는다.

5. 제시된 활동을 따르도록 한다.

운동장에서의 세부적인 규칙

1. 그네타기를 할 때는 앞뒤로만 타고, 옆쪽으로는 타지 않는다.

2. 얼음이나 눈을 다른 사람한테 던지지 않는다.

3. 미끄럼틀을 탈 때 밑에 아무도 없는지 확인한 다음 탄다.

4. 시소는 두 사람만 탄다.

식당에서의 세부적인 규칙

1. 음식을 받아서 테이블로 가고, 테이블에서 식사 후 반납하는 곳까지 그리고 식당을 나갈 때 까지 질서를 잘 지킨다.

2. 자리에 한 번 앉으면 식사 중 자리를 옮기지 않는다.

3. 음식을 남기지 않는다.

4. 음식을 먹고 먼저 나가야 하면 손을 들도록 한다.

5. 그릇을 반납할 때 남은 음식을 통에 잘 버린다.

규율계획은 좋은 결과를 가져 온다

규칙은 결과가 있기 마련이다. 어떤 학생들은 규칙을 어겨도 어떤 벌칙도 받지 않는다는 것을 알기 때문에 규칙을 어기는 경우가 있다. 책임의식이 있는 성인들도 규칙을 지키는 것이 어렵다는 것을 알고 있고, 어린이와 어른을 포함한 많은 사람들은 규칙을 어긴 다음 발각이 될 때까지 무엇을 잘못하고 있었는지도 모르는 경우가 많다.

규칙을 지키거나 또는 지키지 않을 때 긍정적 또는 부정적인 결과를 얻는다. 교사가 규칙을 지키는 것에 대해서 학생들에게 말하기 전에 진정으로 인생에 대해서 논의하는 시간이 필요하다. 어떤 행동을 하든지 그 행동에 대한 결과가 있게 마련이다. 여기서 결과가 처벌을 의미하는 것만은 아니다. 그것은 어떤 사람이 무엇을 했는지에 따른 결과물이다.

예를 들어 과식을 하거나, 담배를 피우거나 또는 주차금지구역에 주차를 하면 그에 따르는 결과가 있다. 공부를 열심히 하거나, 저축을 하거나, 친절함을 보일 때도 마찬가지로 그에 따르는 결과가 있다. 학생들이 학교에서 규칙을 어길 때 처벌을 받지 않을 수도 있다. 하지만 이렇게 학교에서 규칙을 위반하는 습관을 갖고 있으면, 학교 이외의 장소에서도 규칙을 계속 위반할 수 있고, 그렇게 되면 학생들에게 부정적인 결과를 가져올 것이라는 점을 교사는 학생들에게 일러주어야 한다. 어떤 행동을 하든지 그 행동에 대한 긍정적 또는 부정적인 결과를 가져온다.

부정적인 결과를 가져온다고 해도 처벌(punishments) 대신 경고(penalty)가 있을 수 있다. 운동에서 선수들이 운동의 규칙을 지키지 않을 때 경고를 받고도 계속 게임에서 뛸 수 있는 것처럼, 학생들이 잘못하면 경고를 받고도 학교에 계속 와서 공부를 할 수 있는 것이다.

문제의 핵심은 선택이다. 선택에 대한 책임을 받아들일 수 없는 사람은 자신을 희생자라고 생각한다. 그 희생자들은 다른 사람들을 비난한다. 그렇기 때문에 규칙에 대해서 학생들에게 얘기하

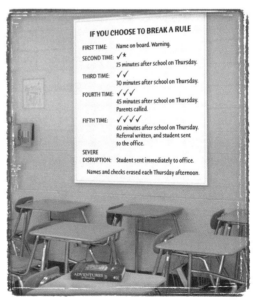

교실에 게시되어 있는 부정적 결과

는 것보다 더 중요한 것은 어떤 결과를 얻을 것인가에 대해서 얘기하는 것이 더 중요하다. 학생들의 행동이나 선택이 어떤 결과를 가져올 것인지에 대해서 이해를 해야 한다. 성공적인 사람들은 인생은 결과의 연속이라는 것을 안다. 그 결과는 긍정적일 수도 부정적일 수도 있다.

가르치는 것을 멈추지 말라

교사가 학생에게 규칙을 어길 경우에 경고를 주어 가르치지 않는다면 교사의 수업은 무너질 것이고, 교사가 가르치려고 하는 중요한 부분을 학생들에게 전달하지 못할 것이다. 또한 열심히 공부하려고 하는 학생들의 집중력을 떨어뜨릴 것이다. 규칙을 어긴 것에 대한 경고를 줄 때도 강의를 멈추지 않도록 한다.

규칙은 결과를 반드시 수반한다.

- 교사는 학생들이 규칙을 어기는 것을 보면 즉시 경고(penalty)를 주도록 한다.
- 학생들에게 경고를 줄 때는 조용히 다른 학생들에게 피해가 가지 않게 하고, 강의를 계속 진행해서 학생들이 하고 있는 학습활동을 계속하도록 한다.

다음은 학생들에게 경고(penalty)를 줄 수 있는 방법들이다.

1. 화이트보드를 사용할 경우 수업을 중단해서는 안 된다. 학생이 규칙을 어겼을 때는 그 학생의 이름을 확인한 후 정해진 화이트보드로 가서 학생들의 이름을 쓰고, 학생 이름 옆에 체크 표시를 한다. 수업이 끝나거나, 방과 후에 규칙을 어긴 학생들을 잠시 불러 그들에게 어떤 경고(penalty)를 줄 것인가에 대해서 상기시킨다. 학생들이 규칙을 어기는 것을 보고도 그냥 넘어가면 학생들은 계속해서 규칙을 어기고, 그 다음 규칙도 어길 것이며, 그보다 더 심한 규칙을 어기게 될 것이다.

2. 티켓(Ticket)을 사용할 경우 학생들의 이름을 화이트보드나 칠판에 적으면 학생들이 창피하게 생각할 수도 있다. 이럴 경우에는 다른 방법으로 축구에서 경고장을 주는 것처럼 옐로우카드에 학생의 이름을 적어 게시판에 붙이는 방법도 있다. 또는 교통신호를 위반했을

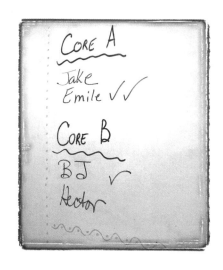

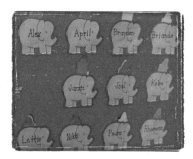

학생들의 무늬에 주머니가 있어서 학생들의
생활태도를 나타내는 깃발을 넣을 수 있다.

학생이 규칙을 위반하면 수업을 방해하지 않는 선에서 위반한
학생의 이름을 화이트보드나 칠판 또는 지정된 장소에 적는다.

때 경찰이 교통위반 티켓을 주는 것처럼 티켓을 만드는 방법도 있다. 이 티켓의 양식은 고급
스럽게 보이지 않아도 된다. 한 장의 종이에 규칙을 어긴 학생의 이름과 위반한 규칙의 번호
를 적으면 된다. 이렇게 티켓을 사용하는 방법은 화이트보드가 없는 체육 또는 연극수업과
같이 학생들을 집합시킬 때나 견학 등에서 사용하면 좋다. 교사는 누가 티켓을 받는지를 생
활기록부에 기록하면 된다.

3. 무늬 만들기 학생들에게 학생들이 좋아하는 무늬를 만들게 해서 학생들의 이름을 써서
게시판에 붙여 놓는다. 학생들이 규칙을 위반하면 게시판으로 가서 위반한 학생의 무늬에
'깃발' 등을 꽂아 놓는다. 깃발은 여러 곳에 쉽게 떼고 붙일 수 있는 포스트잇으로 하면 좋
다. 학생들의 무늬가 합판 등 얇은 판으로 되어 있으면 색깔이 있는 펜을 사용한다.

규율계획을 잘하면 긍정적인 결과를 가져온다

어떤 일이든 잘했을 때 우리는 인정을 받고, 보상 또는 혜택받기를 기대한다. 일을 잘해서
좋은 결과를 얻으면 그 일을 한 사람은 일반적으로 뿌듯해하고, 칭찬, 명예, 상품 등을 받을
수 있다.

보상을 받아서 싫어할 사람은 아무도 없고, 이러한 원리를 학생들에게 적용하면 좋은 결

과를 얻을 수 있다. 학생들에게 칭찬해주는 말을 써서 붙여주는 스티커, 캔디, 그 이외의 학생들이 좋아할 만한 것을 준비해서 학생들이 잘할 때마다 하나씩 주는 식으로 잘한 것에 대한 칭찬을 해주면 학생들의 학습 태도는 좋아질 것이다. 학생들은 교사가 시키는 것만 하는 수동적인 태도에서 솔선수범하는 긍정적인 태도로 바뀔것이다. 교사들은 열심히 활동하는 학생들에게 칭찬을 아끼지 않고, 용기를 심어주며, 혜택을 주어야 한다. 한때 학습 태도가 좋은 학생들에게 혜택을 주는 차원에서 좋은 음식을 제공하는 프로그램을 진행했었으나, 2004년 어린이 영양(Child Nutrition) 및 WIC 재승인 법률안(WIC Reauthorization Act)이 통과되면서 학교식단이 바뀌는 등 음식으로 혜택을 주는 것은 무의미하게 되었다.

학생들에게 자아교육을 가르치는 것은 매우 중요하다. 잘 보이려 한다거나 결과에 대해서 맛있는 것이나 티켓 등 항상 무엇인가를 바라고 학습활동을 잘하려는 학생에게는 자아교육을 가르칠 수 없다.

> 가장 좋은 보상은 좋은 결과에 대해서 만족하는 것이다.

교사가 학생들의 학습 태도 등이 좋아서 그들에게 혜택을 줘야 한다고 생각할 때, 어느 학년, 어떤 과목에서든 모두 사용할 수 있는 한 가지 방법으로는 금요일에 30분 정도 자유시간을 주는 등 학급전체에게 혜택을 주는 것이 있다. 학생들은 그러한 혜택을 받기 위해서 일주일 동안 하나같이 모두 열심히 공부한다. 이렇게 금요일에 주는 30분간의 자유시간은 학생들에게 어떠한 물건을 주는 보상도 아니고, 또한 학생들은 그렇게 받는 혜택이 전혀 지루하지 않다고 생각하기 때문에 효과적이고 간단하게 줄 수 있는 혜택이다. 게다가 그 30분간의 시간도 학생들이 하고 싶은 공부에 시간을 보내는 것이다. 학생들이 잘한다고 팝콘 또는 피자파티 등을 하고 나서 어질

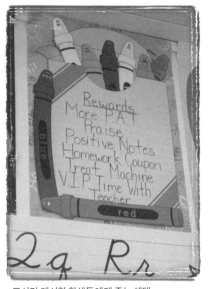

교사가 게시한 학생들에게 주는 혜택

16반 규율계획

수업규칙

1. 시작종이 울렸을 때 미리 자리에 앉아서 수업시간에 사용할 학습자료 등을 책상 위에 올려 놓는다.
2. 16반 교실에서는 다른 사람을 존경하고, 학습 도구와 기자재를 아낀다.
3. 학습활동에 따라서 목소리 크기를 조절한다.
4. 지침서에 있는 내용을 잘 따른다.
5. 학생안내서에 있는 규칙을 자세히 살펴본다.

규칙을 어겼을 때는

처음 어긴 경우: 게시판에 이름을 적고, 경고를 준다.
두 번째 어긴 경우: 표시를 한 번 한다. 목요일 방과 후 15분 남아서 공부를 하게 한다.
세 번째 어긴 경우: 표시를 두 번 한다. 목요일 방과 후 30분 남아서 공부를 하게 한다.
네 번째 어긴 경우: 표시를 세 번 한다. 목요일 방과 후 45분 남아서 공부와 부모에게 전화한다.
다섯 번째 어긴 경우: 표시를 네 번 준다. 목요일 방과 후 60분 나머지 공부와 위탁편지를 써서 상담교사
　　　　　　　　 에게 보낸다.
수업환경 문란 경우: 곧바로 상담교사에게 보낸다.
학생이름에 체크된 표시는 매주 목요일 오후에 없앤다.

혜택·보상

칭찬(매일)
학부모에게 칭찬하는 서신 보내기(가끔씩)
학급 전체 음악듣기 또는 자유시간(매주)
성적 올려주기(매월)
학급 전체를 위한 영화와 팝콘파티(9주마다)
여러 가지 방법으로 학생들의 기를 살려주기(학년 내내)
배움의 즐거움(학년 동안 매일)

학생: 나는 이 수업 학습계획을 읽고 모두 이해합니다. 나는 16호 교실에 있는 것을 영광으로 생각합니다.

서명_____　　　날짜 _____

부모: 우리 아이는 나와 함께 수업 규율계획에 대해서 이야기를 나누었으며, 나 또한 수업 규율계획을
　　　이해하고, 이에 대한 지원을 한다.

서명_____　　　날짜 _____

교사: 나는 16반 교실의 규율계획을 진행하는 데 있어서 모든 학생들에게 공평하고 일관되게 진행할
　　　것이다.

서명_____　　　날짜 _____

··· 중요 사항 ···
이 서류를 개인 학습 폴더에 보관하도록 할 것

러진 교실을 청소하는 데 시간을 보낼 필요도 없이 30분 동안 학생들이 하고 싶은 공부를 하는 자유시간을 갖는 것이다.

학업규칙과 결과를 교실에 게시하는 것과 같이 교사는 잘하는 학생들에 대한 혜택에 대해서도 게시를 해 놓는다. 학생들에게 혜택·보상을 매일 줄 것인가, 아니면 매주, 매월 또는 분기마다 줄 것인가?

학생들에게 어떠한 혜택·보상을 줄 것인가에 대해서 간단하게 설명하도록 한다. 교사가 학생들에게 혜택·보상을 주는 것이 아니고, 학생들이 열심히 학습을 해서 그 혜택·보상을 받는 것이다.

수업시간에 학생들에게 혜택을 주기 위해서 학급 전체 단위로 할 수 있는 일반적인 방법은 학생들이 잘할 때마다 누적표시를 해서 이런 표시가 정해놓은 수에 도달했을 때 학생들에게 혜택·보상을 해주는 것이다. 이 방법 이외에 병에 구슬을 정해 놓은 수만큼 담는 방법이나 온도계의 빨간 눈금을 만들어 정해 놓은 숫자까지 올라갔을 때 학생들에게 혜택·보상을 주는 방법도 생각해볼 수 있다.

학생과 교사 중심의 규율계획(191쪽 참조)

나의 활동 계획

상호협력 규율계획을 세우는 데 가장 일반적인 양식은 학부모와 같이 계획을 세우거나 학생들의 동의를 얻어 진행하는 것이다.

몇몇 초등학교 교실에서는 학생들의 불량한 태도를 바로 잡기 위해서 교실 한쪽에 '파워 센터(Power Center)'라는 책상 하나를 놓는다. 교사는 태도가 불량한 학생이 있으면 불러 상담을 한다. 불려온 학생은 "선생님, 저 이제 수업에 적극적으로 참여하고 학습 태도가 좋아질 수(power) 있어요"라고 교사에게 말하고, 자기 자리로 돌아가서 학습활동을 계속할 수 있다. 교사는 그 말을 듣고 학생에게 말한다. "너 진짜 이제 잘할 수 있지? 잘할 수 있는 능력(power)이 너에게 있는 거지?"라고 말하고, 두 사람은 서로 미소를 보인다.

'파워 센터'와 비슷한 것으로 '타임 아웃 센터(Time Out Center)'가 있는데 이것은 학생들이 떠들거나 학습 태도가 불량할 때 잠시 벌을 주고 뉘우치게 할 수 있는 공간이다.

'나의 학습활동 계획'은 특별한 문제를 진술하는 것뿐만 아니라 학생들에게 책임감, 문제 해결 방법 그리고 스스로 교육하는 방법 등을 가르치는 테크닉을 의미한다.

학습 태도가 불량한 학생에게 연필과 '나의 학습활동 계획'을 주고 그것을 작성하도록 한다('나의 학습활동 계획' 양식은 EffectiveTeaching.com 웹사이트에서 Going Beyond의 18장에서 다운로드할 수 있다).

1단계 학생들에게 '나의 학습활동 계획' 양식을 보여주고, 다음과 같은 세 가지 질문에 대한 답을 준비하도록 한다.

무엇이 문제인가?

그 문제의 원인은 무엇인가?

그 문제를 해결하기 위해서 어떤 계획을 세울 것인가?

무엇이 문제인가? 학생들이 위반한 규칙에 대해서 설명해준다.

그 문제의 원인은 무엇인가? 문제를 일으킨 모든 원인을 학생들이 나열한다.

나의 학습활동 계획

1. 무엇이 문제인가?

2. 그 문제의 원인은 무엇인가?

3. 그 문제를 해결하기 위해서 어떤 계획을 세울 것인가?

학생 서명 _____

날짜 _____

교사는 그 학생과 함께 문제를 해결한다. 교사는 문제를 해결할 수 있는 방법을 학생들과 공유하고 그 방법을 학생들에게 가르친다. 교사는 학생들의 인격을 비하하거나 꾸짖어서는 안 되고, 학생들이 문제를 해결할 수 있는 방법, 즉 학생들이 장래에 사용할 수 있는 테크닉도 가르친다.

그 문제를 해결하기 위해서 어떤 계획을 세울 것인가? 학생들은 문제를 해결하는 데 필요한 학습활동 계획을 작성한다.

교사는 학생들에게 문제를 일으키는 원인이 무엇인가 찾아보도록 한다. 문제를 해결하는 방법은 그 문제를 일으키는 요소를 변화시키거나 없애야 한다는 것을 학생들에게 보여주도록 한다. 교사는 학생들이 이러한 과정을 알 수 있도록 돕는다.

학생들에게 다음에 제시되는 두 가지 요인들을 기초로 학습활동 계획을 작성하도록 한다. 그 계획을 작성한 학생들은 본인들이 작성한 계획에 대해서 책임감을 갖게 된다. 교사는 학생들에게 무엇을 해야 할지에 대해서 전혀 말을 하지 않는다. 문제 해결을 통해서 학생들은 문제 해결을 위한 자기들의 계획을 세우게 된다. 이러한 방법을 통해서 교사는 학생들에게 '책임'에 대해서 가르치는 것이다.

'나의 학습활동 계획'을 사용하는 데 중요한 세 가지 사항
1. 문제 해결   2. 책임감   3. 자아교육(Self-discipline)

2단계 학생들에게 학습활동 계획을 서명하게 함으로써 책임의식을 갖게 한다.

문제 해결이 되지 않았을 경우 학습활동 계획안을 수정·보완하도록 한다. 학생들에게 고함지르고 낙제시키는 것보다 문제 해결 방법, 책임의식 그리고 자아교육을 학생들에게 가르치는 것이 훨씬 좋은 방법이다. 고함을 지르고 낙제를 시키는 교육은 이느 누구에게도 득이 되지 않는다. 자아교육과 책임의식을 통한 학습은 지역 사회에도 득이 될 수 있다. 문제가 해결될 때까지 인내심을 가지고 학생들이 학습활동 계

GoBe

태도 불량 방지에 도움이 되는 자료

학습에 대한 문제를 해결하는 것은 복합적이다. 문제를 위한 완전한 해결책은 없다. 이에 대한 언급은 EffectiveTeaching.com 사이트 Going Beyond 폴더의 18장에서 볼 수 있다.

자아관리 계획

애리조나주의 제인 슬로벤스키 교사는 '자아관리자 계획(Self-Manager Plan)'을 학생들에게 사용하게 하고 있으며, 학생들은 그들의 학습 태도를 관리하기 위한 책임의식에 대해서 배운다. 학생들은 자아관리자 계획을 신청하는데, 이러한 학습관리 계획은 책임감 있는 학습 태도, 다른 학생들에 대한 존중 그리고 그들이 가지고 있는 능력을 최대한으로 발휘해서 신속하게 학습을 완성할 수 있는 것에 대한 자아 평가이다.

올바른 학습 태도 학급에서 올바른 학습 태도와 자아관리자의 기본에 대한 목록에 대해서 토론한다. 그런 다음 그 목록을 수정하는 시간을 갖는다. 학생들이 학습 태도 목록에 모두 동의하면 각 학생은 그 자아관리자 계획 신청서를 집으로 가져가서 부모에게 그 신청서를 검토하도록 한다. 부모는 아이들의 자아 평가에 동의하면 그 신청서에 서명하고 학교로 보낸다.

자아관리자 신청서

이름: _____   신청일: _____
부모 서명: _____   시작 날짜: _____

관리 기술	거의 항상 그렇다	조금 그렇다
1. 나는 잘 듣고, 이해를 하려 한다.	_____	_____
2. 나는 교실 수업과 학교 규칙을 잘 따른다.	_____	_____
3. 나는 학습활동을 제시간에 잘한다.	_____	_____
4. 나는 다른 학생들과 그룹으로 학습활동을 하는 것을 좋아한다.	_____	_____
5. 나는 혼자 학습할 수 있다.	_____	_____
6. 나는 운동장에서 놀이기구를 잘 이용한다.	_____	_____
7. 나는 다른 사람이 돌봐주지 않아도 학교생활을 혼자 잘할 수 있다.	_____	_____
8. 나는 자제력이 있다.	_____	_____

학습도구, 자신, 학급친구에 대한 존경		
1. 나는 학급 친구들과 협력을 잘한다.	_____	_____
2. 나는 내 학습 도구를 잘 관리하고, 학급 친구들의 학습도구도 소중히 여긴다.	_____	_____
3. 나는 아무 문제없이 여러 교실 수업을 잘 찾아다닌다.	_____	_____
4. 나는 점심 먹을 때 매너가 좋다.	_____	_____

다른 사람 돕기		
1. 나는 학급친구들에게 피해를 주지 않는다.	_____	_____
2. 나는 학급친구들을 돕는다.	_____	_____
3. 나는 운동을 좋아하고, 어떤 운동을 하더라도 정당하게 규칙을 잘 지킨다.	_____	_____

참고: 자아관리자가 되려면 위 표에서 '거의 항상 그렇다' 란에 표시가 되어 있어야 한다.
　　　학생들의 학습태도는 학생들의 교육에 책임을 지고 있는 교사나 교직원이 확인할 수 있다.

·이 양식은 EffectiveTeaching.com 사이트 Going Beyond 폴더의 18장에서 다운로드할 수 있다.

교사-학생 평가 교사가 학생들의 자아 평가에 동의를 해야 한다. 교사가 동의하지 않으면 동의하지 않는 이유를 제시하도록 한다. 그런 다음 학생들과 교사가 의견이 다른 부분에 대해서 토론을 해서 모두 동의할 수 있도록 한다. 제인 슬로벤스키 교사는 이렇게 학생과 교사가 의견이 맞지 않아 동의를 하기 위해서 토론을 하는 경우는 드물다고 말한다. 왜냐하면 학생들 대부분은 부모들의 의견을 수렴했기 때문에 그들의 결과는 긍정적이다. 학생들은 자아관리의 각 부분에서 '거의 항상 그렇다'에 표시했다.

자아관리자 신청에 등록이 된 학생들은 '나는 자아관리자입니다'라고 쓰인 배지를 달고 있다. 교직원과 학생들은 그 배지를 보고 자아관리자에 대해서 인식을 하고 배우게 된다.

학생들의 자아 평가 자아관리자에 등록된 학생을 포함한 모든 학생들은 6주에 한 번씩 자아 평가를 한다. 자아관리자 학생은 올바른 학습 태도를 유지하고, 그릇된 행동에 대해서 반성하도록 한다. 학급의 나머지 학생들은 그들의 학습 태도를 좋게 유지해서 자아관리자가 될 수 있는 기회를 보도록 한다.

자아관리자 학생이 배지를 잃어버렸을 때는 다시 만들어주고 배지값을 받도록 한다. 이 배지에 대한 비용은 학교에서 만든 학생의 은행계좌에서 내도록 한다. 학생들은 수업시간에 할 수 있는 역할을 신청할 수 있고, 그 역할을 하면 학생들의 계좌번호에 입금이 된다. 이것은 역할을 신청하는 학생들에게만 해당된다. 학생들이 1년 동안 수업시간에 규칙을 위반하면 벌금 등을 자신의 계좌번호에서 지불하도록 한다.

학급에서는 자아관리자 배지를 가진 학생에게 특권을 주도록 한다. 학생들이 가지는 특권으로는 체육, 음악, 미술 교실에 들어갈 때 제일 먼저 들어가게 하고, 교사가 학생들에게 책을 읽어주거나 학생들끼리 독서를 할 때 제일 안락한 의자에 앉게 하며, 화장실에 갈 때 교사에게 허락을 받지 않아도 되고, 수업이 끝나고 교실을 나갈 때 제일 먼저 나가게 하는 등의 특권이 있다.

자아관리자 도움 그룹 자아관리자 학생들은 아직 자아관리자 수준에 오르지 못한 학생들과 짝을 이루도록 한다. 매주 금요일 모든 학생들이 일주일간의 학급 성적표를 받은 다음 짝을 이룬 학생들은 그들이 틀린 과제를 같이 검토하고, 답을 찾으며 모든 문제를 이해하도록 서로 돕는다. 이렇게 학생들끼리 짝을 이루는 것은 의무는 아니지만 자아관리자가 아닌 학생들은 자아관리자인 학생에게 도움을 요청해야 한다.

제인 슬로벤스키 교사의 학생들은 자신의 행동을 스스로 관리한다.

학생들은 자아관리자가 된 것에 대해서 매우 자랑스럽게 생각한다. 우리 반의 몇몇 학생들 중 언니나 오빠들도 이렇게 자아관리자 학생들이었고, 그 언니 오빠들은 아직까지 자아관리자 배지를 간직하고 있으며, 그들의 동생들에게 그 배지를 자랑스럽게 보여준다.

획에 의해서 이행할 수 있도록 한다. 학생들이 성공적으로 문제 해결을 하면 칭찬하는 것을 잊지 않도록 한다.

3단계 책임의식을 가지고 집과 학교에서 자아교육을 성취하는 학생들에게 용기를 주고, 칭찬하도록 한다. 교사가 학부모에게 전화하는 방법에 대해서는 EffectiveTeaching.com 사이트 Going Beyond 폴더의 18장에서 볼 수 있다.

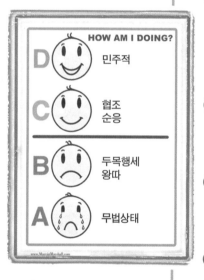

발달 단계

D Democracy(민주적) - 가장 높은 단계
Develops self-discipline(자아 교육 발달)
Demonstrates initiative(선도적 역할)
Displays responsibility(책임의식)
Democracy and responsibility are inseparable
 (평등과 책임은 떨어질 수 없는 관계이다).
Internal motivation(내부적인 동기)

C Cooperation·Conformity(협조·순응)
Considerate(친절함)
Complies(동의)
Conforms to peer pressure(동료와 경쟁에 순응)
External motivation(외부적인 동기)

B Bossing·Bullying(두목 행세·왕따)
Bothers others(다른 사람을 방해)
Bullies others(다른 사람 왕따시키기)
Breaks laws and standard(법규와 규칙 위반)
Must be bossed to behave(우두머리 역할을 해야 한다).

A Anarchy(무법상태) - 가장 낮은 단계
Absence of order(무질서)
Aimless and Chaotic(목적이 없고, 대 혼란)

www.MarvinMarshall.com

위 두 개의 포스터를 교실에 게시해 놓고 학생들이 어느 단계에 있는지를 볼 수 있도록 한다. 위에서 보는 것과 같이 높은 단계에 웃는 얼굴을 그려서 학생들이 그 단계에 닿을 수 있도록 한다.

학생중심 수업에서의 규율계획(191쪽 참조)

책임감을 높여주는 시스템

학생중심 수업에서의 학습계획은 학습 태도를 학생에게 전적으로 맡기는 것이다. 마빈 마샬(MarvinMarshall.com) 교사는 책임감을 높여주는 시스템을 학생들에게 가르치고 있다. 그 학습계획이 가르치는 것은 민주적인 것과 책임감은 불가분의 관계에 있다는 것이다. 이 학습계획은 강제적인 교육시스템이 아니지만 그렇다고 자유방임적이지도 않다. 이 시스템은 다음과 같이 네 가지의 사회적 발달 단계가 있다.

- **무법상태(Anarchy)** 가장 낮은 단계로 사회적 질서 결여 상태. 마치 어린 아이처럼 학생 자신에게만 관심이 있다.
- **두목행세(Bossing)** 우두머리 같은 태도를 취한다. 다른 학생들을 방해하고 왕따시킨다. 교사가 권력을 가하고 위협을 받을 때만 복종을 한다.
- **협조·순응(Cooperation·Conformity)** 외부적인 동기에 의해 올바르게 행동하고 교사가 기대하는 것에 동의하며 수업·학교생활에 대한 절차를 잘 따른다. 교실 이외의 효과를 잘 적용하고, 동료와의 경쟁에도 순응한다.
- **민주적(Democracy)** 가장 높은 단계로 내부적인 동기에 따른 자아교육을 계발시키기 위해서 선도적 역할을 하고, 올바른 것에 대해서는 책임감있는 행동을 한다. 노력한 후에 만족스런 결과를 얻는다.

책임감을 높여주는 시스템에는 다음과 같이 이행하는 세 가지 단계가 있다.

1. **가르침** 선행학습. 학생들이 불량한 태도를 보일 때까지 기다리지 않고 처음부터 모든 단계를 가르친다. 각 단계가 어떤 것인지 학생들이 보고 그들이 어느 단계에 속하는지를 알고, 학생들의 단계가 낮으면 그에 대한 반성을 하는 시간을 갖게 하는 등 가장 효과적인 방법으로 학생들에게 가르칠 수 있다.
2. **질문** 학생들이 스스로 인식하는 그들의 태도에 대한 단계로써 교사는 학생들에게 그

들의 단계를 확인하고, 생각하며, 반성하도록 한다. 이 방법에서는 학생들 개개인을 보호할 수 없다. 학생들에게 그들의 학습 태도에 대해서 직접적으로 물어보는 것은 피하고, "네 태도는 네 가지 단계 중에서 어디에 속한다고 생각하니?"라고 물어본다. 학생들의 태도 자체가 아닌 그들이 선택한 단계에 대해서 상담하도록 한다.

3. 유도 학생들이 선택한 단계가 맞지 않을 때는 바로 잡도록 한다. 학생들에게 "네가 선택한 단계에 대해서 한 번 더 생각해보지 않겠니?"라고 물어봄으로써 학생들이 올바른 단계를 선택하도록 유도한다.

규율 계획을 위한 효과적인 대화

이제 지금까지 언급해온 규율계획을 학기 첫날에 학생들과 어떻게 소통할 것인지에 대해 생각해보자. 교사가 학생들에게 규율 계획에 대해서 어떻게 가르치는지에 따라 학생들의 학습활동의 성공과 실패가 좌우된다.

유능하지 못한 교사

- 뚜렷한 규칙이 없다.
- 학생들에게 규칙에 대해서 돌발적으로 말하고, 갑자기 규칙이 필요할 때 급한 위기상황을 넘긴다.
- 무뚝뚝하고, 화난 것처럼 보이고, 생색내는 듯한 매너로 규칙에 대해서 말한다.
- 학생들에게 말을 할 때 망설이거나, 어깨를 움츠리고 또는 얼굴 표정 또는 몸짓으로 규칙에 대해서 신뢰할 수 없다는 인상을 준다.
- "학교에서 교사들에게 이 학습 계획에 대해서 하라고 하는 것이기 때문에 난 여러분에게 하는 것이에요"라고 학생들에게 말한다.
- '나는 내 과목을 여러분에게 가르치기 위해서 교사로 고용된 것이지 학생들의 규율을 잡고 유지하기 위해서 고용된 것이 아니랍니다'라는 뜻을 비친다.
- "여러분이 배우고 싶지 않다면 그것은 내 문제가 아니에요"라고 학생들에게 말한다.
- "여러분 더 잘 할 수 없어요?" 또는 "내가 여러분에게 몇 번이나 얘기했는지 알아요?"라고 말하면서 학생들에게 올바르지 않은 태도에 대해서 질책한다.

유능한 교사

- 학생들을 좌절시키는 학습계획은 없다.

- 학기 첫날 잘 정리정돈된 학습 계획에 대해서 학생들과 친절하게 대화를 나눈다.

- 학생들에게 학습 계획에 대해서 말을 할 때 망설이지 않고, 신뢰할 수 있도록 한다.

- 학습 계획에 대해서 말할 때 각 학생들과 눈을 마주치도록 한다.

- 학생들이 이해할 수 있도록 학습 계획에 대한 이유를 설명한다.

- 학생뿐만 아니라 학부모에게도 학습 계획을 보내도록 한다.

- 학습 계획을 일관되게 시행한다.

- 학교에서도 학습 계획을 적극 권장한다는 말을 학생에게 한다.

- 새로 들어온 학생들과 학습 계획을 검토하도록 한다.

- 모든 학생이 학습 계획을 지킨다고 믿는다.

- 학생들의 능력에 대해서 확신하고 신뢰를 갖는다.

- 학생들에게 책임감에 대해서 가르친다.

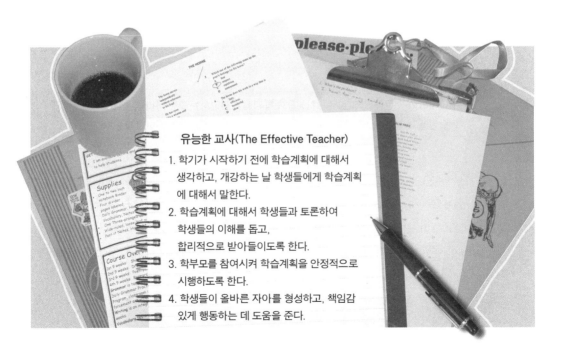

유능한 교사(The Effective Teacher)

1. 학기가 시작하기 전에 학습계획에 대해서 생각하고, 개강하는 날 학생들에게 학습계획에 대해서 말한다.
2. 학습계획에 대해서 학생들과 토론하여 학생들의 이해를 돕고, 합리적으로 받아들이도록 한다.
3. 학부모를 참여시켜 학습계획을 안정적으로 시행하도록 한다.
4. 학생들이 올바른 자아를 형성하고, 책임감 있게 행동하는 데 도움을 준다.

19장

교실관리 방법

THE KEY IDEA

수업 진행을 하는 교사의 능력에 따라 수업이 부드럽게 된다.

교사가 하는 일에 대해서 학교에서 강제하고, 그 강제에 순종한다고 생각하면 교사는
방과 후에 기진맥진하고 화가 난 상태에서 퇴근하게 된다. 왜 그럴까?
많은 교사들은 가르치지 않는다. 그들은 단지 그들이 해야 할 일을 '커버'하고 학습활동을 할
뿐이다. 그런 다음 결과가 좋지 않으면 그때는 교사들이 재교육을 받기도 한다.
이는 수업관리가 제대로 되지 않는 것이다.

교육에 문제가 있는 것은 아니다

수업에서 가장 문제가 되는 것은 학생들에게 지식을 전달하는 것이 아니라,
학습진행 과정(procedures)과 일상적인 학습활동(routine)이 부족하기 때문이다.

19장과 20장은 이 책에서 가장 중요하다고 볼 수 있다. 이 두 개의 장은 부드럽고 기름칠
을 잘해서 원활하게 돌아가는 기계와 같은 학습 분위기에 대해서 설명하고 있다. 이러한
원활한 학습 분위기를 조성하기 위해서 19장과 20장에서 설명한 바와 같이 연습과 학습
진행 과정을 잘 이행해야 한다. 이 두 개의 장에서 설명하는 수업관리에 대한 정보는 선행
학습을 하는 혁신적인 교사가 되는 것에 도움을 줄 것이고, 수업에서 학습 태도가 불량한
학생들의 수를 줄이는 데에도 도움을 줄 것이다.

수업에서 대부분의 학생들이 학습 태도에 문제가 있는 것은 학생들이 학습진행 과정을

따르지 않고, 버릇처럼 스스로 알아서 하지 않기 때문이다. 다음은 학생들이 학습진행 과정을 따르지 않는 세 가지 이유이다.

1. 교사는 수업시간에 일어나는 일에 대해서 깊이 생각해본 적이 없다.
2. 학생들은 학습진행 과정을 어떻게 따라야 하는지에 대해서 배운 적이 없다.
3. 교사는 학습진행 과정을 포함한 수업관리를 위해서 시간을 보내지 않는다.

그러므로 학생들은 존재하지도 않는 학습진행 과정을 따를 수가 없는 것이다.

난 학생들이 할 수 있다고 믿었다

첼론다 세로이어
앨라바마 밥 존스 고등학교

어느 날 아침 학교에 갑자기 가지 못하는 상황이 벌어졌고, 학교에 전화해서 일일교사에게 몇 가지 전달해줄 것을 부탁하려고 했다. 하지만 학교는 전화를 계속 받지 않았고 난 당황하기 시작했다. 난 옆교실 선생님에게 전화를 해서 일일교사가 내 교실에 와서 가르치는지를 물었다. 그 옆교실 선생님이 말하기를 일일교사가 아침에 교실에 있는 것을 봤는데, 전화를 왜 받지 않는지는 모르겠다고 했다.

다음날 학교에 갔을 때 옆교실 선생님이 복도에서 나를 보고 말하기를, "선생님, 내가 어제 전화통화할 때 일일교사가 교실에 있다고 얘기했잖아요? 그런데 그것이 아니었어요. 그 일일교사는 선생님이 교실에서 가르치고 있는 줄 알았답니다. 그래서 그 일일교사는 교실에 들어가지도 않았답니다."

나는 또다시 당황하기 시작하고 아무 말도 하지 않고 있었다. 옆교실 선생님은 계속 말을 이었다. "하지만 선생님반 학생들은 스스로 너무 잘하고 있었어요. 학생들 스스로 출석을 확인했으며, 선생님이 준비해놓은 수업계획서를 읽고, 조용하게 그들이 해야 할 일을 하고 있었어요. 그때 일일교사가 도착했고요."

학생들이 스스로 잘했다는 말에 너무 기뻤고 자랑스러웠다. 학생들은 매일 하는 학습진행 과정을 그대로 따라 했으며 그 다음 일도 스스로 알아서 잘했던 것이다!

옆반 선생님이 나에게 전날 있었던 일을 얘기해준 다음 교장선생님이 와서, "세로이어 선생님, 선생님과 잠시 이야기를 나눌 수 있을까요?"하는 것이었다. 교사가 없는 교실에 아이들만 놓았기 때문에 나는 교장선생님이 이에 대해서 불평을 할 것이라고 생각했다.

'아이고 큰일 났구나, 이러다 직업을 잃는 건 아닌가…'라고 혼자 생각했다. 하지만 교장선생님이 하는 말은, "세로이어 선생님, 축하해요! 어제 일일교사가 교실에 도착했을 때 아이들은 그들의 출석상황을 교실문 밖에 붙여 놓고, 조용하게 공부하고 있었기 때문에 교실에 아이들만 있다고 생각하지 않았어요!"

난 그때서야 환하게 웃음을 지으며 말했다. "전 알고 있습니다. 우리반 학생들은 모두 그들이 교실에서 해야 할 학습진행 과정을 알고 있습니다. 전 아이들이 잘할 수 있을 거라 생각했습니다."

우리가 하던 공부를 계속할 수 있게 해주세요

테리 슐츠
오하이오주 라코타 교육청

어느 날 난 아파서 학교에 갈 수 없어서 일일교사에게 전화를 했다. 우리 학급 학생들이 아침에 교실에 왔을 때 나도 없었고, 일일교사도 없었다. 학생들은 스스로 출석을 확인하면서 출석부에 기재했으며, 학교에서 방송하는 안내문을 들었고, 국기에 대한 맹세문을 낭독했으며, 시작종이 울리고 수업이 시작되었다.

1교시가 시작될 때까지 일일교사는 오지 않았다. 학생들은 스스로 그들이 매일 버릇처럼 하는 일을 꺼내서 공부를 시작했다. 대부분의 학생들이 그 학습을 끝냈을 때 한 학생이 교실 앞으로 나가서 핵심단어를 사용하며 답을 찾기 위해 학급 전체 학생을 이끌었다. 그리고 나서 그 학생은 게시판에 붙어 있는 스케줄을 보고 모든 학생에게 문법숙제를 꺼내도록 했다. 그리고 그는 핵심단어를 사용하여 전체 학생들과 숙제를 한 번씩 훑어보았다.

수업이 시작하고 20분이 지났어도 일일교사는 오지 않았다. 학생들이 뽑은 대표가 메모를 적어 다른 학생에게 주었고, 그 학생이 그 메모를 들고 교사의 상황을 파악하기 위해서 교무실로 갔다. 교무실에서 그 사실을 알고 걱정하기 시작했다. 교장선생님은 그 메모를 교무실로 가져온 학생에게 그동안 20분 동안 무엇을 했는지 물어보고, 그 학생과 함께 교실로 왔다.

그 다음날 학교에 가서 교장선생님을 만났을 때 교장선생님이 말하기를, 그가 교실에 들어갔을 때 학생들은 자리에 앉아 슬라이드를 사용해서 반대표와 함께 문법공부를 하고 있었다는 것이었다. 교장선생님은 학생들에게 다른 수업계획이 있으니 하던 공부를 그만두고 교실을 옮기라고 했다. 그때 학생대표가 교장선생님에게 말하기를, "교장선생님, 우리가 하던 공부를 계속할 수 있게 해주세요. 우리가 하던 문법공부를 아직 끝내지 못했어요."

계획이 잘 짜여진 학습진행 과정이 있었기에 학생들 스스로 공부할 수 있었다. 학습진행 과정을 사용한 이후로 나는 우리 학생들을 가르치는 데 아무 문제가 없고, 매일 학교에서 우리반 학생들과 같이 공부하는 것이 즐겁다.

수업관리(Classroom Management)란 무엇인가?

수업관리란 학습을 위한 최고의 환경을 유지하기 위하여 교사가 사용하는 연습과 절차를 의미한다.

수업관리(Classroom management)와 학습법(Discipline)은 같은 것이 아니다. 가게는 학습시킨다고 하지 않고 관리한다고 한다. 팀을 학습시킨다고 하지 않고 관리한다고 한다. 이와 같이 유능한 교사는 교실을 학습시키는 것이 아니고 교실을 관리(수업관리)하는 것이다. 교실에서 행하는 학습활동을 위해서 정리 정돈을 잘하고, 조직화하는 것을 수업관리라고 생각하는 교사가 학습을 위하여 규율을 잡아야 한다고 생각하는 교사보다 더 유능한 교사라고 볼 수 있다.

유능한 수업관리자인 교사는

- 교실배치와 조직을 위한 계획을 세운다.
- 학생들의 참여를 최대한으로 높이기 위한 강의절차를 가지고 있다.
- 이러한 절차를 체계적으로 가르친다.

효과적인 교실과 비효과적인 교실 비교

효과적인 교실

학생들은 중요한 학습활동에 적극 참여한다.

학생들이 학습진행 과정을 모두 이해하며 수업이 어떻게 진행되는지 안다.

학습활동에 관여하는 교사는 교실 주위를 돌아다니며 학생들을 도와주고, 학생들이 틀리게 하는 것이 있으면 고쳐주고, 질문에 대답하고, 규율을 잡고, 학생들을 격려하고, 미소를 지으며 그들을 돌본다.

비효과적인 교실

학생들은 자리에 앉아서 바쁘게 공부를 하거나 아무것도 하지 않는다.

학생들이 학습활동을 하는 것을 관찰하는 사람은 교사뿐이다.

교사가 수업을 전면적으로 이끈다

학생들이 적극적으로 수업에 참여하거ㅏ 스스로 알아서 할 때만 학습이 이루어진다.

여러분 교실에 있는 학생들은 지금 배우고 있는 것일까요?

교사의 역할은 잘못된 행동을 멈추게 하여 효과적으로 그룹을 관리하는 것이 아니고, 어떻게 문제를 예방하느냐이다. 유능한 교사는 학기 첫날부터 학습진행 과정과 함께 수업관리를 체계적으로 이행한다.

공부하고 배우는 학생

학교생활에서 해야 할 일들을 단순화시켜주기 때문에 학생들은 일련의 수업절차에 대한 개념을 쉽게 받아들인다. 학습진행 과정은 학생들이 학교생활을 하는 동안 일어나는 많은 활동을 포함하고, 때로는 그 활동들이 동시에 일어난다고 해서 혼동하거나 시간을 낭비하는 일도 없다. 학습진행 과정이 없으면 수업을 구성하고, 각 활동들을 설명하며, 또한 그 활동을 다시 할 때 또다시 설명하는 데 시간을 낭비하게 된다. 학습진행 과정이 체계적으로 되어 있지 않으면 학생들이 학습활동을 할 때 욕구가 없고, 학습 태도도 나빠지며, 그 후에는 그 나쁜 습관을 고치기도 힘들다.

교사만 수업을 하면 학습은 이루어지지 않는다. 학생들이 학습활동을 하고 있을 때 학습이 이루어지는 것이다. 교사가 학생을 직접 가르칠(discipline) 때 학생들의 불량한 태도를 잠시 멈출 수 있지만 학습에 대한 발전은 없게 된다.

유능한 교사는 학생들이 직접 학습활동을 더 많이 하면 할수록 더 많은 것을 배운다는 것을 알고 있다. 누가 학습활동을 하고 있고 누가 배우고 있는 것일까?

누구나가 학습활동을 하면 배움이 있다.

규율(Discipline)과 학습진행 과정(Procedures)의 다른 점

　수업관리(Classroom management)와 규율(Discipline)은 같은 의미가 아니다. 수업관리에 학습진행 과정이 포함되며, 이는 규칙이 아니다. 학습진행 과정은 규율계획에 포함된 것이 아니며, 학습진행 과정에 위협·강요·규칙·명령 등이 있는 것도 아니다. 학습진행 과정은 학생들의 학습을 위한 기초 단계이다. 학습진행 과정은 수업시간에 학생들이 마무리해야 하는 간단한 방법과 과정이다.

　학습진행 과정(Procedure)과 일상적인 학습활동(Routine)은 규율계획과 다르다. 학습진행 과정과 규율을 혼동하지 않도록 한다. 여기에는 두 개의 큰 차이점이 있다.

　　　　규율은 학생들의 행동과 관계가 있다.

　　학습진행 과정은 학습활동이 어떻게 행해지는지와 관계가 있다.

　　　　　규율은 벌칙이나 보상을 줄 수 있다.

　　　　학습진행 과정은 벌칙이나 보상이 없다.

　학생들은 일반적으로 학습진행 과정을 지키지 않는다고 해서 벌칙을 받고, 잘한다고 해서 보상을 받지는 않는다.

> 규칙은 위반할 수도 있지만,
> 학습진행 과정은 그렇지 않다.
> 학습진행 과정은 실행하는 것이고
> 배움의 한 단계이다.

학습진행 과정의 예

번호가 있는 자물쇠를 여는 절차가 있다. 자물쇠를 열 때 세 개의 번호가 있는데 오른쪽으로 두 번, 왼쪽으로 한 번 그리고 마지막으로 오른쪽으로 돌려서 자물쇠를 연다. 그 절차를 지키지 않는다고 해서 벌칙을 받는 일은 없고 자물쇠만 열리지 않을 뿐이다. 마찬가지로 그 절차를 따라서 자물쇠를 열었다 해도 보상은 없다. 그저 자물쇠만 열렸을 뿐이다. 인생을 성공적으로 살기 위해서는 인생의 절차를 순탄하게 따라가면 된다.

교사가 학기 초에 만든 좋은 학습진행 과정은 학생들이 학기말에 성공적으로 학업을 성취하는 것과 직접적인 관계가 있다. 학습진행 과정은 학업성취를 위한 수업을 준비한다.

진행 과정은 왜 중요한가?

학생들은 학기 초부터 그들이 수업에서 무엇을 해야 하는지를 알아야 한다. 규율 (discipline)은 학생들이 어떻게 행동을 해야 하는지를 지시하는 것이고, 학습진행 과정 (procedures)과 일상적인 학습활동(routine)은 학생들이 무엇을 해야 하는지를 가르쳐 주는

학습진행 과정이 뚜렷하게 명시되어 있으면 학생들은 당황하지 않고 선생님이 무엇을 원하는지를 쉽게 알 수 있다.

것이다. 학습진행 과정과 일상적인 학습활동을 지키면 마음이 편해진다. 학생들이 교실에서 마음이 편해지지 않으면 학습을 제대로 할 수가 없다. 학생들이 수업을 위해서 교실에 들어오면 행동을 어떻게 해야 하는지에 대한 교사의 설명과 안내가 필요하다. 예를 들면, 글을 쓸 때 제목을 무엇으로 해야 할지, 교사의 도움이 필요할 때 어떤 식으로 요청을 할지, 연필은 어떤 식으로 깎는지, 학습활동을 어떻게 하는지, 컴퓨터는 어떻게 그리고 언제 사용하는지 등에 대한 설명과 안내가 필요하다.

학습진행 과정은 학습활동이 어떻게 진행되는지를 설명하므로 교사는 학습진행 과정을

뚜렷하게 명시해야 한다. 일상적인 학습활동은 교사가 말하지 않아도 학생들이 스스로 알아서 하는 학습활동이다.

- 학습진행 과정(Classroom procedures)은 학생들이 배우고, 학교의 기능을 효과적으로 활용하기 위해서 학습활동에 성공적으로 참여하는 데 필요한 학생들의 기대를 의미한다.
- 학습진행 과정은 학생들이 학교에서 하루종일 생활하는 동안 일어나는 많은 활동들을 의미하며 이러한 절차는 시간을 낭비하는 것과 혼동을 방지한다.
- 학습진행 과정은 학생들의 학습활동을 향상시키고 수업시간에 혼란스러움을 방지한다.
- 학습진행 과정은 학생들에게 교실이 어떻게 구성되어 있는지에 대해서 말해주는 것이며, 이것은 규율에 대한 문제를 감소시킨다.

> 학습진행 과정(Procedure)
> 학생들이 해야 할 일을 교사가 알려주고 그 행위를 학생들이 실천하는 것
> 일상적인 학습활동(Routine)
> 학생들이 스스로 알아서 하는 것

학생들은 학습진행 과정을 받아들이고 원한다

유능한 교사는 수업에 학습진행 과정을 이용한다. 교사가 학생들이 무엇인가를 하도록 하려면 학습진행 과정과 같은 절차가 있어야 한다. 예를 들면, 출석을 확인하고, 학생들이 작문을 바꿔서 보며, 학기 첫날 학생을 수업에 등록시키고, 말하기 순서를 정하고, 하고 있던 학습활동에서 다른 학습활동으로 옮길 때 등이 있다. 이러한 학습진행 과정이 없으면 학생들이 이러한 활동을 행하는 데 많은 시간이 걸릴 것이다.

다음은 학습진행 과정에 대한 예이다.

- 시작 또는 수업이 끝나는 종이 울릴 때 어떻게 할 것인가?
- 연필이 부러졌을 때 어떻게 할 것인가?

- 비상벨이 울리면 어떻게 할 것인가?
- 수업시간에 다른 학생들보다 과제를 먼저 끝내면 어떻게 할 것인가?
- 질문이 있을 때 어떻게 할 것인가?
- 화장실을 가고 싶을 때 어떻게 할 것인가?

학습진행 과정은 학생들에게 주는 편의라는 것을 학생들에게 말을 하도록 한다. 다음 학습진행 과정은 학생들이 혼동하지 않고 그들이 학습활동을 하는 데 도움을 주는 것이고, 학생들을 성공으로 이끌 수 있다. 그러므로 학습진행 과정을 이해하는 학생들은 다음 사항을 잘한다.

- 교실에 어떻게 들어오는가?
- 교실에 들어온 다음 무엇을 할 것인가?
- 과제를 어디에서 찾는가?
- 학생들을 집중시킬 때 어떻게 하는가?
- 작문은 어떤 식으로 작성하는가?
- 작문 또는 과제를 어디에 제출하는가?
- 연필을 깎고 싶으면 어떻게 하는가?
- 전날 결석을 했으면 전날 숙제를 어디에서 찾는가?
- 수업이 끝나면 어떻게 하는가?

규율이 필요 없다

나는 규율을 잡는 데는 서툴지만 좋은 수업관리자라고 신임교사들이 말한다. 신임교사들도 나처럼 그들이 교실에서 하는 모든 활동에 대한 학습진행 과정을 갖고 있으면 학생들에게 따로 규율을 정해줄 필요가 없다.

조앤 블래슨 게임 데이비스
버지니아주 햄스턴 시티 학교

모든 교실에 이와 같은 학습진행 과정이 필요하며, 이 과정이 있으면 수업이 원활하게 진행된다. 이렇게 원활하게 진행되는 효과적인 교실에 있는 교사와 학생들은 전혀 혼동하지 않고 가르치고 배우는 즐거움을 느낄 수 있다.

교사가 책임감 있고 원활하게 수업을 진행하면 학습진행 과정을 가르치는 교사의 능력을 좋은 결과로 보여줄 수 있다.

> **❝** 내 딸아이는 작년까지 학교를 싫어했어요.
>
> 하지만 지금은 학교에 가는 것을 너무 좋아해요. 왜 그럴까요?
>
> 왜냐하면 딸아이 선생님이 수업을 조직적으로 잘 구성하고 있기 때문이지요. **❞**
>
> — 한 학생의 부모

텍사스주의 주디 구스타프슨은 고등학교 수학교사이다. 학기 초에 구스타프슨 교사는 8페이지 분량의 '학습진행 과정'을 학급 학생에게 나누어준다. 그 학습진행 과정은 다음과 같이 시작한다.

학습진행 과정은 인생의 일부이다. 전화번호부를 볼 때나 비행기에 올라탈 때, 운전하면서 신호등에 접근할 때 그리고 결혼식에 참가할 때 우리는 절차를 따른다. 우리 인생에 과정이 필요한 이유는 사람들이 무엇인가를 할 때 그것이 받아들여지고 효율적인 방법으로 만들 수 있기 때문이다. 이와 마찬가지로 교실에서도 학습진행 과정이 있다. 이 과정은 교실 문화를 확립하는 것이다.

다음과 같은 상황은 학습진행 과정에 포함된다.

·교실에 들어가기	·질문하기
·질문을 듣고 대답하기	·연필깎기
·이해를 했는지 못했는지 알리기	·주목을 요구했을 때 학생들의 반응
·숙제제출	·그룹멤버 바꾸기
·노트북컴퓨터 관리	·교실떠나기
·지각했을 때	·연필이나 종이가 필요할 때
·결석했을 때	·누군가 헐뜯을 때(knocks)
·도움이 필요하거나 상담을 요구할 때	·누군가 전화를 해서 꼭 받아야 할 때
·비상벨이 울릴 때	·생활기록표
·방과 후 해산	

과정은 인생의 일부분이다

사회집단에서 과정은 중요하며, 사람들은 그 절차를 적절한 방법으로 받아들인다. 우리는 매일 절차와 함께 살아가고 있다. 예를 들면 다음과 같다.

전화번호부 전화번호부 앞 페이지에는 장거리 전화, 국제전화, 전화번호 문의 정보, 비상시 도움 요청, 전화 서비스 업그레이드 그리고 업소 연락처 등을 어떻게 이용하는지에 대한 정보가 있다.

항공 비행기의 각 좌석 앞에 승객들이 비행기가 이륙하기 전 준비매뉴얼(discipline plan, 이러한 규칙을 어기면 처벌이나 벌금을 내는 경우도 있다)이 있고 승무원들이 그 절차에 대해서 설명해준다. 이 절차는 안전벨트 매는 방법, 산소마스크 사용 방법, 구명조끼 위치, 비행기 안에 연기가 자욱하게 끼는 등 위급한 상황시 비상통로를 찾는 방법 등이 포함된다.

엘리베이터 엘리베이터를 타려고 기다릴 때, 엘리베이터에서 나오는 사람이 먼저 나오도록 타려는 사람은 엘리베이터 옆쪽에 서 있는다. 엘리베이터에 이미 타고 있는 상태에서 더 많은 사람이 들어오면 엘리베이터 안쪽으로 들어가서 더 많은 사람들이 탈 수 있도록 자리를 만들어준다. 엘리베이터가 멈추어서 더 많은 사람들이 타려 하고 있고, 본인은 다음 층에서 내릴 계획이라면, 엘리베이터에서 잠시 나왔다가 다른 사람들을 먼저 타게 한 다음에 다시 엘리베이터로 들어간다.

결혼 결혼식장에서 신랑, 신부 부모들이 맨 앞자리에 앉고 그 뒤로 하객들이 앉는다.

절차는 적절하고 조직화된 방법으로 상황에 맞도록 행하는 것을 의미한다. 어떤 사람이 무례하다고 생각하는 것은 그 사람이 상황에 맞는 관습, 문화 또는 절차를 모르거나 관심이 없기 때문이다. '로마에서는 로마의 법을 따르라'는 속담에서와 같이 어떤 상황에서도 그에 맞는 절차를 따르도록 하는 것이다.

> 학기가 시작되고 며칠 동안, 수업을 원활하게 진행할 수 있도록 필요한 학습진행 과정을 가르치도록 한다. 다른 학습활동을 할 때까지 그에 대한 절차는 미루도록 한다.

학습진행 과정은 학교생활의 일부분이다

일상생활과 마찬가지로 매일 교실에 학습진행 과정이 있어야 한다. 다음은 모든 교사가 학생들에게 가르쳐야 하는 것들이다.

일상적인 학습활동(Routine)이 되어야 하는 학습진행 과정(Classroom procedures)

1. 수업을 시작할 때(250쪽 참조)
2. 학급을 조용히 시킬 때(233쪽 참조)
3. 교사의 도움이 필요할 때(237쪽 참조)
4. 과제물을 제출할 때(251쪽 참조)
5. 수업이 끝날 때(228쪽 참조)

수업이 끝나거나 방과 후 교실을 떠날 때의 절차 끝나는 종이 울렸지만 교사는 아직도 말을 하고 있다. 이때 학생들은 교실을 떠나려고 일어서서 교실문까지 가서 교사의 말이 끝나기를 기다리는가? 아니면 그냥 교실을 떠나는가? 학생들의 학습 태도에 따라서 수업이 끝날 때 또는 하루의 수업을 마치고 학생들이 집으로 가기 전에 교사는 학생들에게 교사와 학생 중 누가 수업을 이끄는지를 말한다(228쪽 참조).

수업을 조용하게 하는 절차 15초 이내로 학급을 조용히 시키는 방법은 쉽다. 학생들을 조용히 시키기 위해 고함을 지르고 라이트를 껐다 켰다를 반복하는 것은 소용이 없다. 그런 방법을 사용해서 설령 학생들을 조용히 시켰다 하더라도 시간이 오래 걸렸을 것이고, 교사는 스트레스를 많이 받아 수명이 단축될 것이다(233쪽 참조).

수업 또는 하루의 학교생활을 시작하는 절차 학생들이 교실에 들어오면 자신이 무엇을 할지, 어디에 앉을지, 어떤 학습 자료를 준비해야 할지를 알고 있는가? 아니면 학생들은 아무 자리에나 앉아서 교사가 무엇을 하라고 말할 때까지 아무것도 하지 않고 있는가?(250쪽 참조)

학생들이 도움을 요청하는 절차 학생들이 교사의 도움이 필요할 때, 손을 드는가, 교사의 주의를 끌기 위해서 손을 이리저리 움직이는가, 교사를 부르는가, 아니면 하던 일을 멈추는가? 또 질문하는 학생은 교사가 금방 대답하지 않는 것에 대해서 다른 학급 친구들에게 불평하고 투덜거리지는 않는가?(237쪽 참조)

과제물 제출할 때의 절차 학생들이 과제물을 제출할 때나, 그룹 프로젝트를 위해 한 그룹에서 다른 그룹으로 바꿀 때, 하던 학습활동에서 다른 학습활동으로 바꿀 때 시간이 오래 걸리지는 않는가? 혹은 과제물을 교사의 책상에 던지거나 과제물을 앞으로 전달할 때 앞에 앉아 있는 학급 친구들의 등을 때리지는 않는가?(251쪽 참조)

학습진행 과정을 가르치는 세 가지 단계

학생들이 불량한 학습태도를 보이는 것은 교사가 학생들에게 학습진행 과정을 어떻게 따르는지 가르쳐주지 않았기 때문이다. 교사는 학생들에게 단순히 지식만을 가르치는 것이 아니다. 학생들이 실제로 배우기를 원한다면 학생들에게 실제로 경험하고 참여하게 해야 한다.

학습진행 과정을 가르치는 세 가지 단계

1. 설명 학습진행 과정을 언급하고, 설명하고, 본보기가 되며, 실제로 보여준다.
2. 리허설 교사의 감독하에 학생들에게 리허설 등을 통해서 학습진행 과정을 연습하게 한다.
3. 강화 학습진행 과정이 학생들의 습관이 될 때까지 반복해서 가르치고, 리허설을 하며 강화 시킨다.

1단계 학습진행 과정을 명료하게 설명한다

유능한 교사는 학생들이 어떤 활동들을 해야 하고, 그 활동을 위해서 어떤 학습진행 과정이 필요한지를 안다. 이러한 학습진행 과정은 학기 초 또는 학습활동을 시작하기 전 교실에 게시를 해놓거나 학생들에게 나누어준다. 글을 잘 읽지 못하는 저학년 학생들에게는 학습진행 과정을 교실에 게시해 놓는 것보다 교사가 학생들에게 직접 설명을 해주는 것이 좋다.

모든 학습활동에 대한 학습진행 과정은 학기 초에 준비가 되어 있어야 한다. 이 학습진행 과정이 전형적인 견본이 될 때까지 매년 수정하고, 갈고 닦는다. 유능한 교사는 학기 초에 모든 학습활동에 대한 대본을 가지고 있다(146쪽 참조).

2단계 학습진행 과정이 학생들의 습관이 될 때까지 리허설을 한다

모든 학습진행 과정은 리허설을 해야 한다.

유능한 교사는 학생들에게 학습진행 과정을 소개하고, 학생들의 본보기가 되며, 이를 위해 리허설을 해야 한다. 학생들이 하루에 모든 학습진행 과정을 다 이해하고 배울 수 있다고는 생각하지 않는다. 특히 초등학교 학생들은 더 그렇다. 학생들에게 학습 태도를 가르쳐야 하고, 본보기가 되어야 하며, 연습하고, 관찰하고 그리고 또 가르쳐야 한다.

음악·드라마·운동 또는 외국어를 잘 가르치는 사람을 보면 그들은 리허설 기술이 뛰어나다. 그들은 기술에 대해서 말하고 보여주며 때로는 그 기술을 비디오로 녹화해서 보여주기도 한다. 그리고 그 녹화된 비디오를 배우는 사람들에게 반복해서 보여준다. 어떤 사람은 이러한 기술을 '가이드가 딸린 연습(guided practice)'이라고 부른다.

부모들은 아이들이 피아노 연습을 하면 할수록 더 잘 칠 수 있다는 것을 알기 때문에 아이들에게 피아노 연습을 많이 하도록 한다. 운동팀 코치가 선수들에게 연습을 반복해서 계속 시키는 이유는 선수들이 연습을 많이 하면 할수록 게임에서 더 잘할 수 있기 때문이다.

리허설

- 교사의 감독하에 학생들이 학습진행 과정을 단계별로 연습하도록 한다.
  한 단계가 끝나면 학생들이 올바르게 했는지 확인한다.
- 학습진행 과정이 학생들의 일상적인 버릇(routine)이 될 때까지 반복하도록 한다.
  학생들은 교사가 지켜보지 않아도 학생들 스스로 학습진행 과정을 이행할 수 있어야 한다.

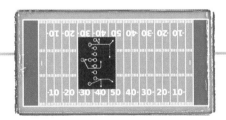

연습을 시키고, 노래를 부르게 한다.

많은 교사들이 학생들에게 원하는 것이 있는데 그 학생들이 교사가 원하는 대로 할 수 없는 이유는 교사가 학생들에게 단순히 그 일을 하라고 말만 해서 그렇다.

교사도 모든 코치들이 하는 것처럼 하고, 모든 음악가가 하는 것처럼 하며 그리고 모든 유능한 교사가 하는 것처럼 해야 한다. 학생들에게 음악이든 운동이든 연습을 시키고, 노래를 부르게 하며, 단어공부를 반복적으로 시켜서 학습진행 과정이 일상적인 버릇이 되도록 한다.

3단계 올바른 학습진행 과정을 강화하고, 그릇된 것은 다시 가르친다

운동 코치들은 선수들에게 훌륭한 교사이기에 자신들이 하는 것을 지켜보게 한다. 코치는 연습 도중 선수들이 잘못하는 것이 있으면 그 즉시 수정해준다. 코치는 선수들에게 설명해주고, 기술을 보여주며, 선수들을 치켜세우기도 하고 또는 선수들이 잘할 때까지 큰소리로 나무라기도 한다.

그리고 선수들이 잘했을 때 코치는 선수들을 칭찬하고, 안아주고, 가볍게 어깨를 두드려주기도 하며 미소를 띠운다. 하지만 좋은 코치는 거기서 멈추지 않는다. 코치는 선수들이 익힌 테크닉을 반복해서 연습하게 하여 이를 강화해 나간다. 그리고 선수들이 더 잘할 수 있도록 훈계를 하기도 한다.

강화

- 학생들이 학습진행 과정을 배웠는지 또는 더 자세한 설명이 필요하고, 학생들에게 실제로 더 많이 보여줘야 하며, 연습이 필요한지를 결정한다.
- 학생들이 하는 리허설이 잘못되었을 때 올바른 학습진행 과정을 다시 알려주고, 그에 대한 평가를 한다.
- 학생들이 리허설을 잘했을 때 인정을 해준다.

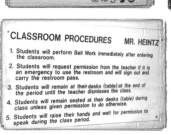

학생들에게 학습진행 과정을 따르게 하려면 이것을 게시해놓도록 한다.

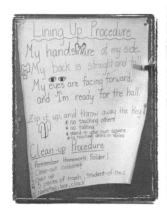

학습진행 과정을 가르치는 세 가지 방법 사용

다음은 학생들에게 가르치는 몇 가지 학습진행 과정의 예이다. 모든 교사가 아래 학습진행 과정이 모두 필요한 것은 아니겠지만 교사가 그 학습진행 과정들을 어떻게 가르쳐야 하는지를 알 수 있다. 그런 다음 각 개인의 수업에 맞도록 학습진행 과정을 만들고, 그에 대한 것을 학생들에게 설명하고 직접 체험하게 하며 학생들의 기술을 강화시킨다.

- 수업 해산하기(228쪽 참조)
- 학급을 조용히 시키고 주목하게 하기(232쪽 참조)
- 교사에게 도움 요청하기(237쪽 참조)
- 과제물 제출하기(251쪽 참조)
- 다른 교실로 이동하는 방법(253쪽 참조)
- 강의 노트하기(364쪽 참조)
- 채점표 완성하기(334쪽 참조)

GoBe

학기 첫날 나는 준비가 되지 않았었다.

학기 중간에 교사로 부임되었거나 또는 교사의 수업진행 방식을 변화하는 데 필요한 내용은 EffectiveTeaching.com 사이트 Going Beyond 폴더의 Chapter 19에서 볼 수 있다.

수업이 끝나거나 방과 후 해산할 때의 과정

설명

여러분, 수업이 끝나면 여러분이 따라야 할 과정이 있어요. 내가 수업이 끝나고 해산할 때까지 자리에 앉아 있어야 합니다. 끝나는 종이 울렸다고 해서 수업이 끝난 것은 아니에요. 수업은 학습과정이 모두 끝났을 때 종료되는 것이에요. 고맙습니다.

교사는 수업을 종료하는 데 있어 학생들에게 해야 할 일을 설명할 필요가 있다. 예를 들면 책상 또는 학습하는 지역을 깨끗하게 정리하고, 의자 또는 다른 기자재를 어디에 그리고 어떻게 놓는지를 언급한다. 이러한 과정을 학생들에게 직접 보여준다. 몇몇 학생들에게(학생 한 명에게만 시키지 말도록 한다. 왜냐하면 한 명에게만 시키면 과시하는 것처럼 보일 수 있기 때문이다.) 그 과정을 직접 해보도록 한다. 그리고 올바르게 과정을 지킨 학생들을 칭찬하고 인정해주도록 한다.

리허설

학기 첫날 끝나는 종이 울리기 전에 학생들에게 다시 한 번 과정을 상기시켜야 한다. 수업이 끝날 때, 학생들이 과정대로 시행을 하지 않을 경우에 교사는 이를 수정해주도록 한다. 학급 학생들이 교사가 수업이 끝났다는 말을 하기도 전에 교실을 떠나는 등 과정대로 하지 않고, 교사도 그것을 그대로 방치해두면, 학생들을 통제하기가 어려워진다. 수업이 끝나고 해산하는 과정을 이행하지 않는 학생들을 그대로 놓아두면 교사가 수업이 끝났다는 말을 하기도 전에 학생들 스스로 교실을 떠날 것이고, 문제는 점점 더 악화된다.

학기 첫날 학급 전체 학생에게 한 시간의 수업이 끝나거나 하루의 모든 수업이 끝나는 종이 울리기 바로 전에 수업 종료 과정에 대해서 학생들에게 상기시켜준다. 이렇게 하면 학생들이 잘 못을 하고 교사가 이를 수정해주려고 할 때 생기는 혼란을 줄일 수 있을 것이다. 몇몇 학생이 끝나는 종이 울리자마자 교실을 떠나려고 일어나서 나가려 하면 다음과 같이 간단하게 말한다.

톰, 조엘, 앤, 지금 교실을 나가면 안 되지. 책상으로 다시 돌아가주지 않겠니?

이때 학생들에게 꾸짖거나 고함을 지르는 일은 없도록 하고, 학생의 인격을 손상시키는 언행을 삼가도록 한다. 그리고 무의미한 언어나 다음과 같이 불필요한 말을 해서도 안 된다. "내 말을 듣도록 해라" 또는 "수업 종료 과정에 대해서 내가 너희들에게 뭐라고 말했었지?" 교사는 이 상황에서 학생들과 수업 종료 과정에 대해서 대화 또는 논쟁을 벌여서도 안 된다. 교사는 교실을 떠나려고 했던 학생들에게 차분하게 권위 있는 목소리로 자리에 돌아가도록 한다.

강화

매번 학습진행 과정을 교정할 필요가 있다

1. 학급 학생에게 학습진행 과정을 상기시켜준다. 2. 학급 학생에게 학습진행 과정을 경험하도록 한다.

연상 여러분, 수업이 끝나고 종료하는 과정에 대해서 여러분에게 이야기해주고 싶어요. 내가 여러분에게 수업종료라는 말을 하기 전에는 수업이 끝나는 종이 울려도 자리에서 일어나면 안 돼요.

경험 여러분, 교실을 훑어보도록 하세요. 여러분이 앉아 있던 의자를 책상 밑으로 밀어 넣고 여러분은 책상 옆에 서 있어요. 이렇게 하는 것이 올바른 과정입니다. 여러분이 모두 올바르게 따라줘서 고마워요. 여러분, 참 잘했어요. 내일도 똑같이 할 것이라고 믿어요. 방과 후에 집으로 잘 돌아가고, 좋은 하루 되도록 해요!

누구를 위하여 종을 울리나?

수업이 끝나거나 학교가 끝날 때 학교의 종소리, 부저 또는 차임이 울리는 것은 교사를 위한 신호이며, 이것은 교사들이 하고 있는 수업을 마무리하라는 의미이다. 이러한 종소리는 수업 시간이 끝났다고 해서 학생들을 해산시킨다는 의미가 아니다. 교사가 즐거운 마음으로 학생들에게 수업종료를 하는 것이다.

유능한 교사는 학생들에게 학습을 몰두시키기 위해서 수업시간을 잠시라도 헛되이 보내지 않는다.

유능한 교사는 학생들이 각각의 학습진행 과정을 보고, 느끼고 경험하도록 한다. 모든 학생들은 수업이 끝나는 종이 울려도 자리에서 일어나지 않고 수업 종료 과정을 올바르게 경험한다. 유능하지 못한 교사는 학생들이 무엇을 해야 할지에 대해서 말만 한다. 유능하지 못한 교사의 학급에 있는 학생들은 수업 종료 과정을 경험하거나 연습하는 일이 없다. 그렇기 때문에 교사들은 학생들이 수업 종료 과정을 따르기 원해도 학생들은 그 과정을 잘 지키지 않는다.

학생들은 수업 종료 과정에 완전히 적응하고 이것이 일상적인 습관이 될 때까지 매일 연습한다. 이렇게 한다면 학기가 시작하고 3일이나 4일째가 되는 날부터는 학생들이 수업 종료 과정을 자동적으로 지킬 것이다.

그 후부터 수업이 끝나는 종이 울리고 나서 불과 몇 초가 지난 다음에 교사는 미소를 띠우며 학생들에게 이렇게 말만하면 된다. "오늘도 여러분들과 좋은 시간 보냈어요. 내일 보도록 해요. 좋은 하루가 되도록 해요." 이렇게 말하는 것이 "자 모두 해산!"이라고 간단하게 말하는 것보다 훨씬 낫다.

학습진행 과정을 가르치는 테크닉

1. 설명(Explain)   2. 리허설(Rehearse)   3. 강화(Reinforce)

– 연상(Remind) – 경험(Experience)

(224쪽 참조)

학생들은 엄마에게 밖에 나간다는 말을 왜 하지 않을까?

많은 부모들은 아이들이 집을 나갈 때 "엄마, 나 밖에 나갔다 올게요"라는 말을 왜 하지 않는지 실망스런 표정으로 고개를 젓는다. 아이들은 부모들을 존경하는 마음도 없이 집을 나온다.

180일 동안 매일 수업 해산 과정을 잘 지키는 학생들에게 수업 또는 학교가 끝나고 교사가 학생들에게 "여러분 좋은 하루 되도록 해요"라고 하며 수업을 해산하는 것은 학생들에게 존경과 예의를 보여주는 것이다.

학생들은 그러한 존중과 예의를 인식하지 못할 수도 있지만 이러한 예의는 무의식중에 학생들에게 교훈을 준다. 어른들이 올바른 태도를 보여주면 아이들은 그 행동을 보고 경험할 것이다.

가장 좋은 선물

학생들에게 교사가 줄 수 있는 가장 좋은 선물은 학생들이 교실을 뛰쳐나가고 싶을 때 자리에 앉게 도와주고, 학생들이 말을 하고 싶어 할 때 손을 들게 해주고, 다른 학생들을 존중하게 하고, 서로 밀지 않고 줄을 서게 하며 그리고 학생들이 숙제를 기쁜 마음으로 할 수 있도록 도와주는 것이다.

교사가 학생들에게 학습진행 과정에 대해서 얘기하고 지키게 하는 것은 학생들에게 인생을 행복하고 성공적으로 살기 위해서 준비하는 과정을 가르치는 것이다.

새로 전학 온 학생에게 수업시간에 필요한 모든 학습진행 과정을 어떻게 가르치나?

교사는 학습진행 과정을 위해서 학생들에게 연습과 리허설을 몇 주 동안 시켰다. 이제 그 교사의 수업은 원활하고 즐겁게 진행이 되고 있다.

그런데 갑자기 새로 전학 온 학생이 있다. 교사는 어떻게 해야 할 것인가? 걱정할 것 하나도 없다! 첫째, 교사가 학급 전체 학생에게 학습진행 과정에 대해서 아직 언급하지 않았다면 새로 전학 온 학생에게도 말할 필요는 없다. 학급 학생이 학습진행 과정에 대해서 아직도 어떻게 해야 할지 모른다면 새로 전학 온 학생에게 가르칠 방법은 없다. 둘째, 학급 학생들이 학습진행 과정에 익숙해져서 이미 일상적인 습관이 되어 있다면 교사가 이미 수업문화를 개발시킨 것이다. 즉, 수업은 이미 정착이 되어 있는 것이다.

문화는 많은 사람들이 실시하고 있는 널리 보급된 방법이다. 예를 들면,

- 누군가가 횡단보도를 건너려고 하면 운전자는 차를 멈추고 그 사람에게 길을 먼저 건너게 한다.
- 비행기 안에서 영화를 틀어주면 승객들은 창문 가리개를 내린다.
- 결혼식장에서 신부가 입장을 하면 하객들은 모두 자리에서 일어나 신부를 맞이한다(미국의 경우).
- 전통적인 중국 레스토랑 테이블에서 보편화된 문화는 음식을 먼저 덜어서 먹지 않는다. 이것은 이기적이고 버릇없는 행동이다. 식사에 초대한 사람이 "먼저 드세요"라고 하면 그때 먼저 먹을 수 있다.

학생들이 수업에서 올바른 방법으로 행동할 때 교사가 그렇게 올바른 문화를 만들고 있는 것이다.

- 새로 전학 온 학생이 오면 학습진행 과정이 쓰인 목록을 준다.
- 그 학습진행 과정은 무엇이고 왜 그것을 해야 하는지를 전학 온 학생에게 설명한다.
- 전학 온 학생에게 학습진행 과정에 익숙해지도록 교사가 도와준다고 말한다. 또한 학급 학생들이 하는 것을 보고 배울 것이다.

예를 들어, 수업 끝나는 종이 울리고 전학 온 학생이 자리에서 일어난다. 그때 그 학생은 다른 학생들이 아직도 의자에 앉아 있는 것을 볼 것이다. 그 학생은 마음속으로 이렇게 말할 것이다. '오! 나도 다른 학생들처럼 의자에 앉아 있어야겠군. 그런 다음 다른 학생들이 어떻게 하는지 봐야겠어.' 그 학생은 학습진행 과정을 자연스레 배울 수 있는 것이다.

학급을 조용히 시키는 과정

설명

여러분, 여러분을 한눈팔지 않게 하고 선생님에게 주목해야 할 때 여러분이 지켜야 할 과정이 있어요. 여러분은 내가 손을 들고 이곳에 서 있는 것을 볼 거예요. 또는 몇몇 학생이 그룹을 지어 학습활동을 하고 있을 때 선생님이 손을 드는 것을 볼 수 없기 때문에, 그때는 선생님이 이 벨을 울릴 거예요. 여러분은 선생님이 손드는 것을 보거나 벨소리를 들으면 다음과 같은 과정을 따라야 합니다.

1. 동작 그만
2. 앞을 보고 선생님을 바라볼 것, 선생님에게 집중할 것 그리고 선생님을 계속 바라볼 것
3. 선생님이 가르칠 내용에 대해 배울 준비를 할 것. 선생님이 여러분에게 무엇인가를 말할 거예요.

자! 여러분, 선생님이 말한 것을 반복해서 여러분에게 다시 말할게요. 그리고 선생님이 말한 내용대로 그대로 해보도록 할게요.

그 말을 반복한 다음 학생들이 이해를 했는지 확인한다.

바이런, 선생님이 손을 들거나 벨소리를 들었을 때 어떻게 해야 하는지 말해보도록 하렴.

바이런은 선생님이 설명한 내용대로 말한다.

그래, 그거야. 잘했어. 고맙다, 바이런.

어느 곳이든 과정이 있다

인생에서 어느 곳이든 과정이 있다.
과정은 학교에도 적용되며 모든 학년, 모든 과목에 다 적용된다.
교사가 몇 학년 무슨 과목을 가르치든 모든 과정에 익숙해지기 위해서는 리허설을 해야 한다.

몇몇 다른 학생들과 이렇게 반복한다.

혹시 아직 이해가 가지 않는 학생이 있나요?

리허설

자, 이제 그럼 예행연습을 해보도록 하지요. 여러분, 지금 이 교실에 있는 친구들과 1년 동안 같이 공부할 거예요. 그러니 친구들을 만나는 시간을 가져보도록 합시다. 여러분이 있는 곳에서 오른쪽에 있는 친구를 보도록 해요. 그런 다음 여러분에게 2분 동안 시간을 줄 테니 여러분을 친구에게 소개하고 서로 개인에 대한 정보를 교환하도록 하세요.

2분 후에 교사는 손을 들거나 벨을 울린다. 아니면 이번만큼은 두 가지를 다 한다. 교사는 손을 들거나 벨을 울리면서 어떤 말도 하지 않는다. 앞으로 1년 동안 학생들에게 할 행동을 그대로 학생들에게 보인다. 학생들이 세 단계를 마치고 교사에게 주목할 때까지 인내심을 갖고 기다린다.

교사는 학생들 모두가 주목할 때까지 인내심을 가지고 기다리도록 한다. 학생들이 조용히 하고, 교사에게 주목했을 때는 학생들에게 칭찬을 하도록 한다.

여러분, 고마워요. 여러분은 모든 과정에 잘 따라서 조용히 했고, 선생님에게 주목을 잘 했어요.

자! 그럼 이제 여러분 왼쪽에 있는 친구를 보도록 하세요. 여러분에게 2분 동안 시간을 줄 테니 새로 만난 친구에게 자기소개를 하고 서로 친해지도록 하세요.

2분이 지난 후에 교사는 손을 들거나 벨을 울려서 학생들 간 소개하는 대화를 멈추게 하고, 학생들을 주목을 시킨다.

학생들을 조용히 시키려면 아무 말하지 않고 조용히 손만 든다.

학생들이 조용히 하고 선생님에게 주목을 하면 잘했다는 칭찬을 한다.

여러분, 고마워요. 여러분은 모든 과정을 잘 따라 했어요. 아직 과정을 연습하는 리허설이 끝나지 않았어요. 여러분은 가끔 여러분 자리를 떠나 교실의 다른 곳에서 개인적으로 또는 그룹으로 학습활동을 하는 일이 있을 거예요. 그 상황을 연습해보도록 하지요.

여러분들 중 2명은 벽에 걸려 있는 연필깎이 옆에, 두 명은 세면대 옆에, 두 명은 책장 옆에 그리고 한 명은 컴퓨터 옆에 서 있도록 하세요.

그리고 교사는 손을 들어 7명의 학생들을 주목시킨다.

강화

여러분, 잘했어요. 선생님이 손을 드는 것을 보거나 벨소리가 들리면 이런 식으로 선생님에게 주목하는 거예요. 다음부터 선생님이 손을 들거나 벨을 울리면 지금과 같이 하는 거예요.

학생들을 같은 방법으로 주목시키려면 교사는 같은 과정을 사용해야 하므로 학생들에게 말을 할 때도 같은 언어를 사용하도록 한다. 다음 페이지와 같이 교사는 '학생들을 칭찬하고 격려'하는 테크닉을 사용한다.

'다섯 단계'만이 학급 학생들을 조용히 시킬 수 있는 방법은 아니다. 교사 자신의 방식대로 테크닉을 개발할 수 있고, 다음 중 한 가지를 사용해도 된다.

1. 교장선생님이 조회에서 오렌지 색깔 카드를 들어서 몇 초 이내에 전체 학생들을 조용히 시킨다.
2. 많은 학생들은 간단하게 다음과 같이 말한다. "여러분 주목해주세요."
3. 텍사스주에 있는 한 교사는, S-A-L-A-M-E라고 말한다. 이것은 "자, 여러분 하던 일을 멈추고 선생님을 보도록 하세요(Stop and Look at ME)"를 의미한다.
4. 한 미식축구 코치는 이렇게 말한다. "자 여러분, 잘하도록 합시다(Gentlemen, please)."
5. 애리조나주의 한 교사는 테이블에 놓인 차임을 연주한다.
6. 한 유치원 교사는 노래를 한다.

학생을 칭찬하고 격려하라

효과적으로 칭찬하는 방법은 학생을 칭찬하는 것이 아니라 학생이 한 일에 대해서 칭찬하는 것이고, 그 학생이 성취할 수 있도록 그리고 올바른 행동을 계속할 수 있도록 격려하는 것이다. 이렇게 칭찬하고 격려하는 문구를 '학생을 칭찬하고 격려하라(Praise the deed, and encourage the student)'고 한다. 칭찬은 좋은 것이지만 실제적이거나 의미심장한 것은 아니다. 예를 들면,

앰버, 너는 참으로 총명한 아이로구나.

좀 더 효과적으로 칭찬을 하기 위해서 학생이 한 일에 대해서 칭찬하도록 한다. 그런 다음 학생들이 계속 잘할 수 있도록 격려한다. 예를 들면,

앰버, 지난번에 본 단어시험 성적을 보렴. 몇 점 맞았니? 그래, 20개 중에서 19개 맞았어. 참 잘했다. 아주 칭찬할 일이야. 축하한다. 다음 시험에서도 잘할 수 있길 바란다.

아래 또 다른 예를 들어보자면,

여러분, 모두 참 잘했어요. 고마워요. 여러분 모두 선생님이 손을 든 것을 보거나 또는 벨소리를 들은 다음에 여러분이 취한 행동은 아주 올바른 과정이었어요.

하이디, 교사회의 때 네가 보고한 내용은 참으로 훌륭했다. 다음번에도 네 도움이 필요하면 그때도 네가 잘할 수 있으리라 믿고, 네가 선생님에게 많은 도움을 줘서 고맙구나.

줄리오, 어젯밤에 엄마 대신 설거지를 해줘서 너무 고맙다. 어제 엄마는 회의가 있어서 거기에 가봐야 했어. 다음에도 엄마가 그렇게 바쁜 일이 있을 때 네가 도와주면 많이 고마울 거야.

학생들이 칭찬과 격려를 받고 다음에도 잘하려고 하는 이유는 교사가 그들을 특별하게 관심을 가지고 보고 있다는 것을 알기 때문이다. 학생들은 이렇게 생각한다. '선생님이 나에게 특별히 관심을 가지셨어. 내가 하는 일을 인정해주시고. 그리고 선생님이 내가 한 일에 대해서 고맙다고 하셨어.'

학급 학생 전체에게 격려하는 말은 학생들의 기분을 좋게 만들고 기운이 나게 하지만 실속이 없다. 그 격려의 말을 정확하게 누구에게 하는지 학생들은 잘 모르기 때문에 그 격려가 무의미하게 된다. 학생들을 칭찬하고 격려할 때 학생들이 다음 두 가지를 할 수 있도록 도와준다.

1. 학생이 한 것에 대한 책임을 지게 한다.　　　2. 성취에 대한 기분을 느끼게 한다.

학생들에게 상기시켜줘야 할 주요 핵심단어는 책임감과 성취이다. 이 두 가지는 학생들이 인생에서 성공하기 위하여 개발시켜야 하는 것이다.

이러한 기술을 제안한 '가치 있는 아이들(Kids Are Worth it)'의 작가인
바바라 콜로로소에게 감사드리며

그 교사는 5초 내에 100명의 학생을 조용히 시켰다

스페인어로 쓰인 '다섯 단계'

우리는 며느리의 학급에서 주관하여 매년 열리는 여러 나라의 문화를 경험하는 행사에 초대 받아서 간 적이 있다. 6학년 학생 세 개 반이 큰 교실에 모여서 그동안 학생들이 작업해온 조상의 뿌리 또는 학생들이 선택하고 싶은 주제에 대해서 준비한 것을 발표하는 시간이었다. 학생들은 그들 조상의 전통적인 복장을 하고 그들이 선택한 나라에 대한 정보와 그 나라의 대표적인 음식을 준비했다.

그 행사에는 학생들의 부모, 다른 반 교사, 학교 행정가, 교육청 장학사 등을 포함해서 100여 명 정도가 있었다. 우리는 진열된 학생들의 작품을 보고, 여러 음식을 시식하고 있을 때 학생들이 "…셋, 넷, 다섯"이라고 수를 세는 것을 들었다.

무슨 일이 벌어지고 있는지 도저히 알 수 없는 우리들을 포함해서 모두는 조용히 했다. 모든 사람들은 그 반 담임 교사인 신디 왕을 보고 있었고, 그 교사는 이번 작품에 수고한 학생들과 행사에 와준 모든 사람들에게 고맙다는 말을 했다. 그리고 모든 사람들은 학생들의 작품과 음식이 놓인 곳으로 다시 돌아갔다.

그리고 난 후 나는 며느리 신디 왕 교사에게 어떻게 해서 그렇게 빨리 교실 전체를 조용히 시킬 수 있었는지를 물어보았다. 그녀의 대답은 아버님, 제가 수업시간에 사용하고 있는 과정은 아버님이 가지고 계신 세 단계의 테크닉과는 달라요. 우리 반 학생은 아버님께서 가르치는 학생들보다 어리기 때문에 좀 더 구체적으로 하기 위해서 우리반에는 다음과 같은 다섯 단계의 과정이 있어요.

1. 말하는 사람의 눈을 볼 것
2. 조용히 할 것
3. 동작 그만
4. 모든 활동 중단(모든 것을 내려놓음)
5. 주의를 기울여 듣기

학생들이 이 단계를 지키게 하기 위해서, 전 학생들에게 이렇게 말해요. '자, 여러분 다섯 단계를 보여주세요(Give me five).' 그렇게 하면 학생들은 그 다섯 단계를 그대로 따라서 해요.

전 학생들에게 이 다섯 단계를 연습시켰어요. 그래서 내가 학생들에게 '자, 여러분 다섯 단계를 보여주세요'라고 말하면 그들이 나에게 주목하는 데 5초도 걸리지 않아요.

모든 세 개 반의 6학년 교사들이 이 과정을 그대로 사용하고 있어요. 그래서 저 이외에 다른 교사·보조교사·일일교사·교장·교감 선생님·다른 학생이 '자, 여러분 다섯 단계를 보여주세요'라고 말하면 학생들이 모두 주목을 하게 됩니다. 이 학습진행 과정은 이제 6학년의 전통이 됐답니다."

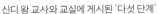

신디 왕 교사와 교실에 게시된 '다섯 단계'

도움이 필요한 학생들을 위한 과정

학생들이 교사에게 질문이 있어서 교사에게 알릴 때 손을 드는 것만으로는 효과적이지 않다. 학생이 교사의 도움이 필요하다는 것을 알릴 수 있는 더 좋은 방법이 있다.

학생들이 개인적으로 또는 그룹으로 학습활동을 하고 있고, 교사는 학생들에게 도움을 주기 위해서 이리저리 다니고 있다. 그때 교사가 한 학생이 손 든 것을 보고, "팸, 질문 있니?" 이렇게 교사가 말을 하면 학생들 모두 하던 학습활동을 멈추고 교사와 팸을 바라본다.

팸이 말한다. "선생님, 제 연필을 좀 깎아도 될까요?"

그러면 교사는 "그래, 그렇게 하렴"이나 "안 된다"라고 말하고 나머지 학생들은 그들이 하던 학습활동으로 다시 돌아간다.

몇 초 뒤에 교사는 다른 학생이 손드는 것을 보고, "카룰로스"라고 하면 모든 학생들이 교사와 카룰로스를 바라본다.

카룰로스가 말한다. "선생님, 좀 도와주세요."

교사가 "잠깐 기다려라"라고 말하면 학급 학생들은 또다시 학습활동으로 돌아간다.

교사가 이런 식으로 말할 때마다 학생들이 하는 학습활동을 방해하는 것이다. 이렇게 학습활동 중단은 1분에 두 번에서 세 번 정도 일어날 수 있다.

수업을 방해하지 않고 학생이 교사를 부를 수 있는 방법

손으로 하는 신호: 학생들은 손가락 숫자를 달리해서 신호를 보냄

화장지 속 튜브: 학생들은 여러 색깔로 칠해진 튜브(화장지의 가장 안쪽에 있는 종이 원형튜브)를 사용해서 색깔별로 신호를 보냄

스티로폼 컵: 학생들이 스티로폼 컵을 놓는 위치에 따라 다른 신호를 보냄

색인카드: 학생들은 색인카드에 그들이 원하는 내용을 써서 교사에게 보여줌

교과서: 학생들이 교과서를 수직으로 세워서 신호를 보낸다.

800명을 조용하게 했다!

텍사스주 샌안토니오에 있는 수잔 갈린도 교사는 그 교사가 사용하고 있는 '다섯 단계'에 얽힌 이야기를 우리에게 해주었다. 갈린도 교사는 리버시티 크리스찬 학교에서 열리는 성인식 행사에 있었다. 그 행사에는 텍사스주의 남쪽에 위치한 10개 지역에서 온 학생들로 정신적으로나 육체적으로 성장할 만큼 한 다루기가 쉽지 않은 600명이 넘는 학생들이었다. 점심시간이 되었고, 점심은 큰 천막이 쳐져 있는 곳에서 먹었다.

점심을 먹는 도중 몇몇 지역회원들에게 상장수여식이 진행되었다. 행사 도중 갈린도 교사는 시끄럽고 흥청거리는 학생들을 조용히 시키기 위해서 애쓰고 있었다. 하지만 군중은 조용히 할 기미를 보이지 않았고, 갈린도 교사는 식사를 하고 있는 거의 200명 가까이 되는 교사들에게 큰 소리로 이렇게 말했다. "이 학생들을 어떻게 조용히 시키고 주목시킬 수 있을까요?"

교사들 사이에서 이구동성으로 대답하기를, "다섯 단계(Give me five)를 말하세요."

그래서 갈린도 교사는 조용히 '다섯 단계'라고 말하고 손을 들었다. 800명이 되는 모든 사람들이 즉시 조용해졌다. 그 장면에 지역 사회 회원들은 많은 감동을 받았다.

교장선생님이 전체 교실에 1분에 두세 번이 아니라, 하루에 두세 번 정도 안내 방송만 하더라도 주의가 산만해지고 심란해질 것이다. 이렇게 교장선생님이 하루 동안 안내 방송을 많이 해서 수업을 방해한다는 불평을 하기 전에, 수업시간에 학생들이 그들의 학습활동에 집중하고 있는 데 교사가 학생들을 몇 번이나 방해하는지를 생각해 봐야 할 것이다.

손으로 하는 신호

손가락 숫자에 대한 신호를 미리 정해 놓고 학생들은 교사에게 손가락 숫자로 신호를 보낸다. 학생들이 신호를 보내는 손가락 수는 교사가 미리 정해서 학생들에게 알려준 것이다.

손가락 신호 차트를 만들어 교실에 게시해 놓고, 학생들이 기억할 수 있도록 가르친다.

- 학생들이 질문이 있을 때, 검지를 펴서 신호를 보낸다.
- 학생들이 자리를 뜨고 싶을 때, 손가락 두 개로 신호를 보낸다.
- 학생들이 교사의 도움이 필요하면, 손가락 세 개로 신호를 보낸다.
- 학생들이 화장실을 가고 싶으면, 손가락 두 개를 겹쳐서 신호를 보낸다.

이것은 여러 상황에서 손으로 보내는 신호이다.

교사가 학생들이 보내는 신호를 보면 고개를 끄덕이거나 젓는 신호 또는 손으로 보내는 제스처로 학생들의 신호에 조용히 답을 한다.

무엇보다 중요한 것은 학급 전체가 방해받지 않는다는 것이다

화장지 속 튜브

 화장지를 다 사용하고 난 다음 화장지의 가장 안쪽에 있는 종이 튜브를 사용해서, 튜브 한쪽은 빨강색 종이로 다른 한쪽은 녹색 종이로 붙인다. 그리고 녹색이 있는 쪽을 위로 향하게 학생들의 책상 위에 세워 놓는다.

학생이 교사의 도움이 필요해서 교사를 부를 때 튜브 방향을 바꿔서 빨강색 쪽이 위로 향하게 돌려 놓고 학생은 계속 학습활동을 한다. 교사가 학생이 있는 곳으로 오면 튜브를 녹색이 위쪽으로 오게 다시 돌려 놓는다.

학생들이 조용해졌다

로즈매리 선생님께*, 지난번 심포지엄에서 선생님을 다시 뵐 수 있어서 너무 반가웠습니다. 선생님께서 주신 창조적이고 실용적인 아이디어는 우리 수업에 많은 도움이 될 것입니다. 제 남편은 벌써 5학년과 6학년 수업에 손가락으로 표시하는 신호를 사용하고 있습니다. 손가락 신호를 사용하고 나서부터 믿을 수 없을 정도로 학생들이 아주 조용해졌다고 합니다. 선생님께 다시 한 번 감사의 말씀을 드립니다.

데비 프레이저 교사
(캐나다 몬타리오 킨번)

* 역주: 로즈매리 왕은 해리 왕의 부인으로 이 책의 공동 저자이며 왕 부부는 미국, 캐나다는 물론 여러 나라에서 많은 특강 초청을 받는다

스티로폼 컵

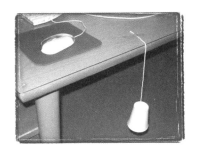

스티로폼 컵의 밑부분에 테이프를 이용해서 짧은 실에 연결한다(스티로폼 컵은 소리가 나지 않는다). 컵에 연결된 실의 다른 쪽에 테이프를 붙여서 학생들의 책상 가장자리에 붙여 놓고, 컵이 책상에 매달려 있도록 한다.

학생이 교사의 도움이 필요해서 교사를 부를 때 컵을 책상위에 올려 놓고 하던 일을 계속한다.

색인카드

색인카드를 접어 테이프로 붙여서 세 면으로 된 피라미드 모양을 만든다. 한 면에는 '도와주세요'라고 쓰고, 또 한 면에는 '계속 학습활동을 하세요'라고 쓴다. 세 번째 면은 아무것도 쓰지 않고, 그 면을 학생 쪽으로 향하게 한다.

학생이 교사의 도움이 필요해서 교사를 부를 때 '도와주세요'라고 쓰인 부분이 앞쪽을 향하도록 색인카드를 놓는다. 그러면 학생은 '계속 학습활동을 하세요'라고 쓰인 것을 보고 선생님이 그 학생에게 올 때까지 계속 학습활동을 한다.

교과서

특히 고등학교 교사는 이 방법을 좋아할 것이다. 학생이 교사의 도움이 필요해서 교사를 부르고자 할 때 교과서를 세로로 세워 놓고 계속 학습활동을 한다.

학생들의 학습을 위한 강의 절차

교실의 구조를 조직화하는 학습진행 과정과 같이 학생들의 학습에 영향을 주는 강의절차가 있다. 다음은 기본적인 강의절차에 대한 것이다.

1. 그룹으로 학습활동을 어떻게 하나?(264쪽 참조) 2. 강의 메모를 어떻게 하나?(364쪽 참조)

3. 교과서는 어떻게 읽나?(365쪽 참조) 4. 숙제는 어떻게 하나?(367쪽 참조)

5. 매일 배운 부분을 어떻게 요약하나?(276쪽 참조)

이 절차는 모든 과목과 어떤 내용의 강의에도 다 적용될 수 있다. 학습진행 과정이 교실을 구조화하는 것처럼 강의절차는 기본적으로 정보와 학습을 습득하는 것이다.

강의절차가 효력이 없을 때

학생들이 계속 소란을 피우면서 친구들과 말을 하고 있을 때 어떻게 할 것인가? 수업 중에 학생이 불쑥 말하는 경우에는 어떻게 할 것인가? 또 다른 경우에는 어떻게 할 것인가? 다음은 강의절차에 대해서 가장 많이 알고 싶어 하는 네 가지 예이다.

1. **학생들이 절차를 지키지 않을 경우** 교사가 가장 고민하면서 하는 말은, "나는 학생들에게 말하고, 또 말하지만 학생들은 절차를 지키지 않는다"이다. 학생들에게 절차에 대해서 말만 하면 학생들은 그 절차를 잘 따르지 않는다. 학생들에게 절차를 익히게 하려면 리허설을 반복해야 한다(224~226쪽 참조).

2. **학생들이 절차를 잊을 경우** 학생들은 절차를 잊고 수업시간에 불쑥 말을 하는 경우가 있다. 이는 학생들이 그 절차를 제대로 기억하지 못하는 것이다. 학생들은 절차에 대해서 알고는 있지만 지키는 것을 잠시 잊은 것이다. 이럴 경우에는 리허설을 다시 할 필요가 없고, 더쉽고 빨리 해결할 수 있는 방법이 있다. 학생들에게 다음과 같이 말한다.

"여러분, 이런 상황에 어떤 절차가 있었지요?"

교사는 다음과 같은 말이 자동적으로 나올 때까지 여러 번(수천 번) 연습한다.

"여러분, 이런 상황에 어떤 절차가 있었지요?"

그리고 "여러분, 이런 상황에 어떤 절차가 있었지요?" 하고 반복해서 연습한다. 이 말을 연습할 때 차분하고 단호하게 하며, 웃지 않도록 주의한다.

그 다음에도 수업하는 동안에 학생들이 강의절차를 어긴다거나, 강의와는 전혀 상관없는 말을 또 불쑥 한다거나 할 때 화를 내거나 스트레스를 받지 않는 표정으로 그리고 단호하면서도 환한 미소를 보이며 이렇게 말한다.

"여러분, 이런 상황에 어떤 절차가 있었지요?"

학생들에게 하는 말과 보디랭귀지는 학생들의 의사와 대립하는 것이 아니다. 이것은 단순한 질문이다. 학생이 절차를 이행하면 학생에게 미소를 보내고 수업을 계속해나간다.

3. 새로 전학 온 학생이 수업시간에 있을 경우(231쪽 참조).

4. 모든 절차가 잘 지켜지지 않을 경우 교사가 학생들에게 절차에 대해서 잘 알려줬는데도 불구하고 학생들이 그 절차를 잘 따르지 않을 경우에는 그 절차를 규칙으로 바꿀 수 있다. 절차와 규칙의 차이점을 이해하도록 한다(217쪽 참조). 절차를 규칙으로 바꿀 경우에 학생들이 규칙을 지키거나 어겨서 초래하는 결과에 대해서 학생들에게 말하도록 한다.

모든 결정은 교사가 한다. 이 상황에서는 교사가 규칙을 강요하고 학생들은 교사의 결정에 순응하는 것이 필요하다. 규칙을 정해서 시행하는 것보다 절차를 시도하고 그에 대한 책임의식을 학생들에 심어주는 것이 쉽기 때문에 절차를 규칙으로 바꾸기 전에 한 번 더 생각해보고 결정하도록 한다.

위험한 상황에 있는 학생에게 도움주기

위험한 상황에 있는 학생들은 도움을 받을 수 있어야 한다. 위험에 처한 학생들이란 말 그대로 교사가 원하는 결과보다 훨씬 더 긍정적인 기대를 많이 가져야 하는 아이들이다. 학생들에게 위험한 상황이라는 의미

GoBe

집에서의 절차

레나 루시오 리는 두 아이들이 옷을 이곳저곳 바닥에 집어던지고 치우지 않아서 많이 힘들어 했다. EffectiveTeaching.com 사이트 Going Beyond 폴더의 19장에 Lena Nuccio-Lee가 이 문제를 어떻게 해결했는지 볼 수 있다.

는 학생들의 총명성, 성별, 인종, 국적, 사회경제적인 배경과는 무관하다. 학생들이 학교에서 위험하다는 것은 학교생활에 실패하여 퇴학 또는 자퇴할 수 있는 학생을 의미한다.

학생들이 학교생활에 실패하는 이유는 학습활동을 하지 않아서 낮은 성적을 받기 때문이다. 학습을 할 수 있는 잠재력이 있는 대부분의 학생들이 학교생활에 실패하는 이유는 4부에서 언급한 바와 같이 학습절차를 제대로 배우지 않았기 때문이다. 다음은 학습 잠재력이 있는 학생들이 학교생활에 성공할 수 있도록 할 수 있는 테크닉이다.

- 강의 메모를 하는 방법(364쪽 참조)
- 책을 읽는 방법(364쪽 참조)
- 숙제하는 방법(367쪽 참조)
- 그룹으로 학습활동을 하는 방법(262쪽 참조)
- 과제를 이해하는 방법(287쪽 참조)
- 시험공부를 하는 방법(303쪽 참조)
- 수업시간에 학생들로부터 기대하는 다른 것들
  (학습 태도에 대한 내용보다는 학생들이 하는 학습활동에 대한 내용)

> 다음은 학습 잠재력이 있는 학생을 돕는 가장 좋은 방법이다.
> 학생들은 체계적인 수업구조가 필요하다.

수업관리가 잘된 교실에서는 학생들이 학습활동을 어떻게 하는지에 대해서 배운다. 학생들은 학습활동을 하는 체계적인 구조에 대해서 배운다. 체계적이지 않은 수업(즉 조직적으로 되어 있지 않고 무질서한 수업)에 위험 상황에 있는 학생들이 있을 때 그 학생들의 단점도 학습 운영에 반영해야 한다.

- 효과적인 수업은 체계적이다(Structure).
- 학습진행 과정(Procedures) + 일상적인 습관(Routines)은 수업을 체계적으로 만든다.
- 유능한 교사는 학습진행 과정과 일상적인 습관을 통해 수업을 관리하고 학생들을 가르친다.

학습진행 과정이 있다는 것은 수업이 체계적이라는 것을 의미한다. 위험한 상황에 놓인 학생들은 문제가 있거나 체계적이지 않은 가정에서 성장한 경우가 많다. 유능한 교사는 학생들에게 체계적인 교육을 시켜서 학생들이 그 체계에 익숙해지고 그 체계에 의존해서 교육을 받도록 한다.

학습진행 과정을 가지면 학생들의 마음도 든든해지고, 학생들은 그 과정에 의지하게 된다. 학습진행 과정은 시간을 많이 들여 복잡하게 만들 필요는 없지만 일관성 있는 규칙은 있어야 한다. 학습진행 과정은 초등학생들이 어디에 줄을 서야 하고, 중고등 학생들이 위험한 상황에

GoBe

소중한 교사

가르치는 것은 쉽지 않다. 학생들의 인생에 큰 밑거름이 되는 가르침은 어려운 일이다. EffectiveTeaching.com 사이트 Going Beyond 폴더의 19장에 교사의 가치와 중요성에 대해서 언급하고 있다.

학생들과 같이 리허설 할 수 있는 학습진행 과정

- 교실에 들어가기
- 교사의 말에 귀기울이기와 질문에 답하기
- 책상을 가지런하게 정리하기
- 이해했는지 안 했는지 알려주기
- 친구와 협력해서 학습활동하기
- 메모장 관리하기
- 하루일과 또는 수업일정 알기
- 각 과제에 대한 설명 찾기
- 문제지 교환하기
- 다른 친구들을 방해하지 않고 학습자료 받기
- 다른 교실로 가기
- 작문에 제목 또는 소제목 등과 같은 항목 달기
- 질문하기
- 소방훈련에 대처하기
- 기상악화 경보에 대처하기
- 지각했을 때
- 연필 또는 종이가 필요할 때
- 교사의 도움이 필요하거나 말하고 싶을 때
- 학교 전체에 전달하는 방송이 나올 때
- 교사가 교실에 없을 때

- 학습활동 즉시하기
- 수업시간에 하는 토론에 참여하기
- 학습자료 확인하기
- 교사에 주목하기
- 그룹멤버 바꾸기
- 교무실 가기
- 프로그램 보고서 관리하기
- 문제지 전달하기
- 학습활동으로 돌아가기
- 운동장에서 가지고 노는 기구 나누어주기
- 도서관 또는 컴퓨터실 가기
- 휴식시간이 끝나고 학습으로 돌아가기
- 수업시간에 복도 걷기
- 지진에 대처하기
- '고맙습니다'라고 말하기
- 수업이 끝나고 해산하기
- 결석했을 때
- 다른 학생들보다 학습을 일찍 끝냈을 때
- 방문자가 수업시간에 들어와 있을 때
- 아플 때

처했을 때 신속하게 어디로 가야 하는지에 대한 간단한 내용도 포함할 수 있다. 아이러니한 것은 교사가 쉴 수 있는 휴게실이 있는 반면, 학생들이 쉴 수 있을 만한 안전한 안식처는 없다는 것이다.

학생들에게 적용할 학습진행 과정이 준비돼서 활용하면 학생들은 책임의식을 갖게 된다. 학생들에게 책임의식을 갖게 하고, 위험한 상황에 있는 학생들을 돕는 방법은 학생들이 책임의식을 느끼게 할 수 있는 학습진행 과정(procedures)과 일상적인 습관(routines)을 갖는 것이다. 학습진행 과정(procedures)과 일상적인 습관(routines)을 학기 초에 미리 만들어 놓으면 나머지 1년을 쉽게 보낼 수 있고, 수업시간에 가르치는 내용에 전념할 수 있다. 성공을 이루는 수업을 만드는 것은 학습진행 과정이라는 것을 명심하도록 한다.

> **처음에 시간을 조금 낭비하는 것처럼 보이지만**
> **사실 그 이후에는 시간을 많이 얻는 것이다.**
> — 림 샤이 틴

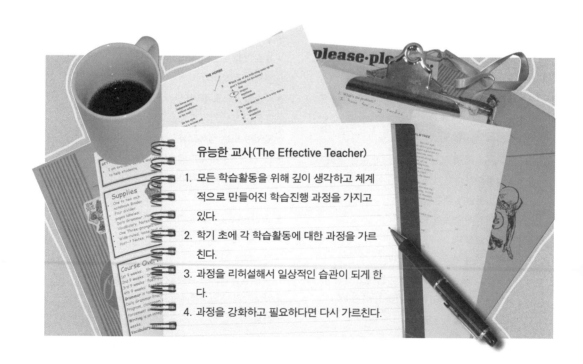

유능한 교사(The Effective Teacher)

1. 모든 학습활동을 위해 깊이 생각하고 체계적으로 만들어진 학습진행 과정을 가지고 있다.
2. 학기 초에 각 학습활동에 대한 과정을 가르친다.
3. 과정을 리허설해서 일상적인 습관이 되게 한다.
4. 과정을 강화하고 필요하다면 다시 가르친다.

학습진행 과정을 활용한 학습기회 향상 방법

수업관리가 잘된 교실에서 학생들의 학습성취가 향상된다.

> **"** 교사가 학생들의 인생을 예견하고 그 길로 인도할 때 큰 힘이 생긴다. **"**
> — 하워드 스티븐슨

체계적이고 예측가능 한 수업과정

> 유능한 교사가 가르치는 교실에서는 수업진행 과정이 보이지 않는다.
> 그 수업을 관찰하는 사람도 그 수업진행 과정을 볼 수 없다.
> 하지만 그 교실에는 보이지는 않지만 분명히 수업진행 과정이 존재한다.
> 그렇기 때문에 유능한 교사의 수업은 원활하게 진행된다.

　우리는 깔끔한 방을 들어갈 때 방바닥을 거의 신경을 안 쓴다. 하지만 바닥이 지저분하다고 생각해보자. 이런 경우에는 당연히 주위를 살피게 된다. 이것은 마치 수업관리와도 같다. 수업관리가 잘된 교실의 교사는 눈에 띄지는 않지만 수업진행 과정을 잘 운영하고 있다. 수업은 원활하게 진행되며, 학생들의 학습도 훌륭하게 이루어진다. 유능한 교사는 학기가 시작하고 첫주 동안 학생들의 학습을 위하여 교실을 조직적이고 체계적으로 구성하는 데 시간을 할애한다.

　학기가 시작된 첫날 또는 첫주에 확립해야 할 가장 중요한 요소는 일관성(Consistency) 이다. 일관성은 수업을 조직화하고 학습과정을 예상가능하게 만드는 것을 의미한다. 이러한 일관성 있는 교실에서 교사는 학생들에게 예상치 못한 학습활동이나 수업진행 과정 등을 시키지 않는다. 교사와 학생들은 수업이 어떻게 구성되어 있고, 어떻게 이루어지는지 이미 알고 있다. 학생들은 해야 할 일과 수업진행 과정도 알고 있다.

예를 들어 학생들은 다음과 같은 진행과정을 이행한다.

- 교사에게 집중하기(232쪽 참조)
- 도움 요청하기(237쪽 참조)
- 학교버스 또는 차에 타기(277쪽 참조)
- 교실에 들어와서 수업 전 과제 시작하기(165쪽 참조)
- 복도에서 걷기(269쪽 참조)

수업을 들을 때 학생들은 다음과 같은 수업진행 과정을 이행한다.

- 수업시작 전 아침과제(270쪽 참조)
- 그룹 학습활동(262쪽 참조)
- 학습자료 분배(264쪽 참조)
- 강의 메모(364쪽 참조)
- 시험공부(303쪽 참조)

위에 언급한 진행과정을 이행하면 교사는 언성을 높이거나 학생들에게 무엇을 지시할 필요도 없다. 학생들은 자신이 할 일을 알고 있으며, 수업관리가 잘된 교실에서 학습을 할 수 있다.

더 많은 수업진행 과정

4부에서 더 많은 수업진행 과정에 대해서 언급하고 있다.

- 수업 필기하기(364쪽 참조)
- 교과서 읽기(365쪽 참조)
- 과제하기(367쪽 참조)

인정받는 장소

학교는 아이들에게 신성한 곳이다.
아이들은 교사가 고함지르는 것을 듣기 위해서 학교에 오는 것은 아니다.
아이들은 학교에 소속감을 느껴야 한다.
학생들은 인정받고 싶어 하고, 배우고 싶어 한다.

수업진행 과정은 지속적인 변화를 가져온다

교실에서 해야 할 일을 아는 학생들은 좋은 결과를 만들고, 그 결과는 학업성취를 가져온다. 학생들이 책임의식과 소유의식을 가지고 학습활동을 하면 학업에서 높은 성취를 이룰 수 있다. 그 결과 태도 불량이나 학습에 문제가 있는 학생 수가 줄어들고, 학습하는 시간이 늘어난다. 수업진행 과정을 확립하면 학생들의 지속적인 태도변화가 자연스럽게 이루어진다. 그러나 태도만을 교정하려고 하면 일시적인 태도변화만 이루어진다.

이와 비슷한 예로, 유능한 교사는 수업진행 과정(procedure)과 일과(routine)를 확립하여 교실관리를 훌륭하게 이끈다. 유능하지 못한 교사는 학생들을 위협하고 벌을 세우며 수업시간에 훈육(discipline)을 한다. 아침에 학생들이 일과(routine)가 없는 교실은 학기가 시작되고 첫날부터 마지막 날까지 재난의 연속일 것이다.

19장에서 다음 사항을 포함한 수업관리에 대해서 언급했다.

- 수업 해산하기
- 학급 조용히 시키기
- 교사에게 도움 요청하기
- 문제가 발생한 학생 도와주기

이 장에서는 다음과 같은 수업진행 과정에 대해서 언급할 것이다.

- 수업시작하기
- 시험지 전달
- 수업 전환
- 필기구 준비

또한 이 장에서 다음과 같은 수업진행 과정에 대해서도 언급할 것이다.

- 그룹 나누기
- 그룹 학습활동 구성하기

수업진행 과정을 가르치는 데 다음과 같은 단계가 있다는 것을 기억하도록 한다. 설명, 리허설, 강화. 이 세 단계에 대한 테크닉이 필요하다면 19장을 참조하라.

> **수업진행 과정을 가르치는 단계**
> 설명   리허설   강화

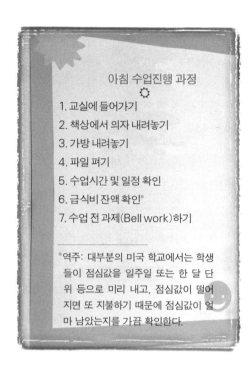

교사는 학습 분위기를 원활하게 하는 많은 수업진행 과정을 개발해야 한다. 많은 수업진행 과정 방법을 적당하게 사용하면 할수록 교사는 학생들이 학습할 수 있는 시간을 최대한 활용할 수 있다.

수업 혹은 하루의 시작을 위한 효율적인 수업진행 과정

유능한 교사는 그날의 수업진행 과정을 교실에 게시하거나 학생들이 아침에 도착할 때 나누어준다. 이 수업진행 과정은 일관되게 사용해서, 학생들의 일과(routine)가 되게끔 한다.

여기서는 하루를 시작하는 수업진행 과정의 예를 소개한다. 이 예는 한 교사의 방식이므로 다른 교사들에게는 적합하지 않을 수도 있다. 하지만 유능한 교사들은 다른 교사의 좋은 예를 보고 그들이 가르치는 학년의 수준과 과목에 맞게 보완해서 사용하기 때문에 이러한 예들은 많은 도움이 된다. 수업의 시작은 준비를 꼼꼼히 하는 것이다.

- 목수가 일을 시작하기 전 모든 연장을 다 갖추고 있는지 먼저 확인한다.
- 의사가 수술을 하기 전 모든 의료기구를 준비해 놓는다.
- 요리사가 손님으로부터 메뉴 주문을 받기 전 음식에 들어갈 모든 재료와 조리 용구를 준비해 놓는다.

시험지 전달

학생들이 가로와 세로로 줄을 나란히 맞추어 앉으면 옆으로 시험지를 전달할 수 있다. 옆으로 시험지를 전달하는 것이 앞뒤로 전달하는 것보다 훨씬 더 효과적이다.

> 학생들이 시험지를 앞뒤로 전달하게 하지 말고 옆으로 전달하게 한다.

왜 그렇게 하는 것이 좋을까? 다음은 시험지 및 페이퍼를 앞뒤로 전달할 때 발생하는 문제점이다.

1. 시험지를 앞뒤로 전달할 경우에 교실 앞에 있는 교사는 각 학생들의 뒤에서 어떤 일이 일어나는지 볼 수가 없다.
2. 뒤에서 앞으로 전달할 때, 뒤에 있는 학생이 앞에 있는 학생에게 시험지 전달을 위해서 등을 두드리고, 찌르고, 밀고 또는 때리는 경우가 있다. 어떤 학생들은 앞에 앉아 있는 학생 얼굴 앞에 시험지를 대고 흔드는 경우도 있다. 학생들이 어떤 방법으로 전달하든 앞에 있는 학생은 기분이 나빠지고, 경우에 따라서 전달하는 과정에 말을 할 때도 있고, 수업시간에 소란을 일으키기 쉽다.
3. 전달하는 과정에서 어떤 경우에는 시험지를 바닥에 떨어뜨릴 때도 있다. 많은 학생들이 시험

학생들의 일과(routine)은 효과적인 교실의
모습을 보여준다.

지를 이런 방법으로 전달하게 되면 바닥에 더 많이 떨어뜨릴 것이고 귀중한 학습시간이 줄어들게 된다.

4. 앞뒤로 앉은 학생의 수가 옆으로 앉은 학생의 수보다 더 많기 때문에 앞뒤로 앉은 학생들이 시험지를 전달하는 과정에서 바닥에 떨어뜨리는 등 원활하게 이루어지지 않는다.

5. 그러므로 시험지를 앞뒤로 전달할 때 시간이 더 오래 걸리고 학생들은 동요하기 쉽다.

시험지를 옆으로 전달할 때 몇 가지 장점이 있다는 것을 언급했다. 다음은 시험지 전달 절차이다.

1단계 시험지를 전달할 때, 맨 가장자리에 앉아 있는 학생부터 시작해서 옆에 앉아 있는 학생의 책상에 올려놓게 한다.

2단계 옆에 앉아 있는 학생은 본인 시험지를 빼 놓고 나머지 시험지를 옆에 앉아 있는 학생의 책상에 올려 놓는다. 시험지를 전달할 때 학생들이 손에서 손으로 전달하지 않도록 한다. 손에서 손으로 종이를 전달하는 과정에서 종이가 휘날리거나 접히는 소리 등을 피하기 위함이다.

3단계 학생들이 책상에서 책상으로 시험지를 전달할 때 교사는 학생들이 잘하고 있는지 살펴보고, 필요하다면 절차를 수정해주도록 한다. 학생들이 올바르게 이행하면 칭찬한다.

4단계 교사는 교실 앞에 서 있다가 학생들이 옆으로 시험지를 전달할 때 옆쪽으로 이동하면서 학생들이 시험지를 잘 전달하고 있는지를 살펴본다. 이 방법은 학생들이 시험지를 앞뒤로 전달할 때 교사가 각 학생의 뒤를 볼 수 없는 방법과는 다르게, 학생들이 옆으로 전달하는 모든 과정을 볼 수 있다.

5단계 문제풀이가 모두 끝나고 시험지를 걷을 때는 교사가 직접 걷거나 또는 학생 한 명에게 모든 시험지를 걷도록 한다. 만약 학생들이 의자가 아닌 책상에 앉아 있을 경우에는 아래와 같이 한다.

- 각 학생에게 시험지를 책상 한쪽에 놓도록 한다(책상의 어느 쪽인지 학생들에게 알려준다).
- 한 명 또는 몇 명의 학생들을 지정해서 시험지를 걷게 하거나 또는 교사가 직접 걷는다.

학생들에게 시험지를 교사의 책상 위에 두라고 하는 것은 좋은 방법이 아니다. 이러한 방법은 모든 학생들이 움직이는 것이기 때문에 교실 안이 너무 산만해진다. 학생들이 시험을 다 보고 나서도 시험지를 앞으로 가지고 나와서 제출하기 직전까지 가지고 있기 때문에 그 사이 답을 고칠 수 있다. 어떠한 절차로 시험지를 걷든 처음에 시험지를 걷는 리허설을 한다.

수업 전환(Transition) 절차

학생들은 온종일 학교에서 '전환'을 하면서 수업을 듣는다. 이것은 교사도 막을 수 없는 학생들의 일과이다. 학생들의 시간과 일정은 의무적인 것이다. 학생들은 한 학습활동에서 다른 학습활동으로, 한 수업에서 다른 수업으로, 한 교사에서 다른 교사로 전환한다. 학생들이 학교에 있는 동안 휴식시간, 점심시간, 모임, 동아리 시간 그리고 다른 활동들을 한다. 전환은 책을 읽다가 연습문제를 풀기 위한 전환, 비디오를 보다가 토론하기로 전환, 작문에서 구술로 전환, 청소하다 수업 해산 준비하기로의 전환 등을 모두 포함한다.

교사는 수업에서 학생들의 학습활동에 대한 전환을 필요로 한다. 학생들이 매일 학교에 와서 7시간 내내 한 의자에 앉아 있는 것만큼 지루한 것은 없을 것이다. 어떤 전환을 하든 절차를 적용하여 소란을 피우지 않고 원활하게 전환을 해야 할 것이다. 유능한 교사는 전환을 빠르고 효과적으로 하는 절차를 가지고 있다.

교사가 학생들에게 갑자기 무엇인가를 시키면 학생들은 제대로 이행하지 못한다. 학생들이 전환을 쉽게 하기 위해서 교사는 학생들에게 그 전환에 대해서 미리 준비를 시켜야 한다. 학생들에게 이렇게 말하는 것이 가장 좋은 방법이다. "자 여러분, 2분 후에 ~를 하도록 하세요."

몇몇 학생들은 다음과 같은 세 가지를 동시에 해야 하기 때문에 전환에 대한 절차를 따르기 어렵다.

1. 하던 일을 멈춘다.   2. 다음 일을 준비한다.   3. 새 학습활동에 집중한다.

> 전환이 원활하게 일어나도록 하는 것의 핵심은 간단명료한 설명이다.
> 짧고 간단한 말로, 쉽게 전환할 수 있도록 설명한다.

1단계 하던 일 멈추기. 학생들에게 현재 하고 있는 학습활동이 곧 끝날 것이라는 것을 알리고 마무리할 시간을 준다. "2분 후에 선생님이 '여러분, 다른 학습활동으로 바꾸도록 하세요'라고 말할 거예요."

2단계 다음 학습활동 준비하기. "선생님이 '여러분, 다른 학습활동으로 바꾸도록 하세요'라고 말하면 여러분은 하던 학습활동을 멈추고 한쪽으로 치우도록 하세요."

3단계 새 학습활동에 집중하기. "그런 다음 역사책을 꺼내서 222쪽의 3번 문제를 풀도록 하세요." 이렇게 학생들에게 말을 한 다음 페이지 번호와 문제 번호를 칠판에 항상 써놓도록 한다. 여기서 교사가 염두에 두어야 할 점은 학생들이 어려서 겨우 1단계와 2단계를 하고 있는데 교사가 3단계를 하라고 하는 경우가 있다는 것이다.

전환(Transition)이 시작되면 학생들에게 말을 하지 않도록 한다. 학생들에게 말을 하면 학생들의 정신을 다른 데로 쏠리게 하여 학습활동을 바꾸는 데 지장이 생긴다. 학생들에게 전환에 대한 일정한 지침을 준다고 해도, 그 지침을 그대로 따라 하기는 간단하거나 쉬운 것이 아니다.

학생들이 전환하는 것을 잘 지켜보고, 만약 한 학생이 올바르게 하지 않으면 미소를 보이며 손으로 신호를 보내거나 또는 칠판에 써놓은 지침을 가리킨다. 그러면 그 학생은 학습활동의 전환을 이해할 것이다.

해리 왕

모든 청중들은 정시에 돌아온다

해리 왕의 특강을 들어본 적이 있다면 특강을 듣기 위해서 온 수백, 수천 명의 청중을 보았을 것이다. 그의 특강에서는 모든 사람들이 중간에 쉬는 시간을 마치고 정시에 돌아온다. 해리 왕은 특강중에 "여러분, 쉬는 시간입니다. 조금 쉬었다 하겠습니다"라고 하지 않는다. 그렇게 말하면 사람들은 쉬는 시간을 길게 갖고, 천천히 걸어 다닌다. 몇몇 사람은 통로에 서서 다음 강의가 있다는 말을 들을 때까지 다른 사람들과 계속 대화를 나눈다.

해리 왕은 "20분간 쉬도록 하겠습니다"와 같이 쉬는 시간에 대한 말을 하지 않는다. 사람들은 쉬는 시간에 시간을 재지 않고, 다른 사람들이 휴식을 마치고 강의 장소로 들어오는 것을 보고 조금씩 들어온다.

해리 왕은 "여러분, 휴식시간에 갖는 진행절차가 있습니다"라고 말을 한다. 청중들이 '절차 (procedure)'라는 말을 들으면 싱긋이 웃으며 그 절차에 대해서 이해한다.

"여러분, 내가 절차에 대해서 설명할 때까지 자리에서 일어나지 마세요. 10:55분에 여러분 자리로 다시 돌아와서 앉아 있어야 합니다. 그 시간까지 걸어다니거나 서 있는 사람이 있으면 안 됩니다. 여러분 자리에 10:55 분에 앉아 있도록 하세요. 그리고 내가 손을 들면 조용히 해주시고 그리고 나면 나는 1분 안에 학습 자료를 나누어주고 그것을 1분 안에 다시 돌려받는 방법에 대해서 이야기하겠습니다."

그리고 나서 해리 왕은 청중들에게 이렇게 물어본다.

"여러분 중에 절차에 대해서 이해가 가지 않는 사람이 있으면 손들어보세요."

한 사람도 손을 들지 않는다. 해리 왕은 무엇을 하는 것일까? 그는 모든 유능한 교사가 사용하고 있는 아주 평범한 절차를 사용하고 있다. 그는 청중들이 절차를 이해하는지를 확인하고 있는 것이다.

20분 후 또는 10:55분에 해리 왕은 연단에 서서 수천 명의 청중에게 미소를 지으며 손을 들면 청중은 5초 이내로 조용히 한다. 교사회의, 교회의 주일 학교 또는 동아리 회의 등에서 이 방법을 사용하면 이러한 전환(transition) 테크닉의 효력을 알 수 있을 것이다.

필기구가 없을 때 해결하는 절차

학생들이 연필을 가지고 오지 않았거나 부러뜨렸을 때, 책임의식이 부족하다고 잔소리를 하지 않도록 한다. 수업시간에 학습을 위한 중요한 시간을 낭비하지 않아야 한다.

필기구 때문에 신경 쓸 필요가 없다. 학생들에게 연필을 주면 된다.

연필을 연필통에 넣어서 필요한 학생들이 언제 든지 사용할 수 있도록 한다.

옆에 있는 두 개의 연필통을 보도록 한다. 하나는 '새 연필'이라고 쓰여 있으며, 이 연필통에는 잘 깎여 진 연필이 들어 있다. 또 다른 연필통에는 '사용한 연 필'이라고 쓰여 있다.

이 두 개의 연필통을 교실 입구에 두도록 한다. 학 생들이 교실에 들어오면서 새로 잘 깎여진 연필을 골라서 수업시간에 또는 그날 하루 동안 사용하도 록 한다. 수업이 끝났을 때나 또는 학교가 다 끝났을

때 학생들은 그들이 사용한 연필을 '사용한 연필' 통에 넣고 교실을 나가도록 한다. 학생 한 명을 지정해서 학생들이 사용한 연필을 깎게 하고 그 다음날 사용할 수 있도록 준비해둔다.

이렇게 한다면 연필로 인해서 학생들이 다음과 같이 투덜대거나 핑계를 대는 일은 없을

전환의 노래

로빈 발락 교사는 오하이오주에서 유아원 특수교육을 가르치고 있다. 발락 교사반 학생들은 전환절차 를 노래로 한다. 그 학생들은 다음과 같은 노래를 한다.

1. 아침의 노래(good-morning song)
2. 간식의 노래(snack-song)
3. 청소의 노래(clean-up song)
4. 굿바이 노래(good-bye song)

로빈 발락 교사

발락 교사반 학생들은 노래를 하며 전환절차에 참가하는 것을 매우 좋아한다.

것이다. "선생님, 저 연필을 가지고 오지 않아서 오늘 아무것도 할 수 없어요."

이것은 연필 문제를 해결할 수 있는 한 가지 방법이다. 하루 중 마지막 절차로 몇몇 초등학교 교사들은 학생들이 집으로 가기 전에 잘 깎여진 연필을 사물함에 넣고 가도록 한다. 그러면 학생들이 그 다음날 학교에 도착하자마자 그 잘 깎여진 연필을 사용해서 학습활동을 할 수 있다.

비상사태(Code Red)

비상훈련은 학생들이 익혀야 할 절차 중 가장 중요한 것이다. 이것은 토네이도, 허리케인, 천둥, 번개 또는 지진과 같은 비상시에 시행하는 절차이다. 또는 학교에 불법침입자가 나타났을 때나 폭력사태가 발생했을 때 시행하는 절차이다.

District Emergency

Code A
- Evacuation or prepare for evacuation
- Transportation plan implemented
- Reunification plan implemented
- "Boogie Buckets" – if available
- Teachers must have class roll in pos...
- All students need to be accounted f...

텍사스 고등학교 교실에 붙어 있는 게시판

어떤 학교에서는 '비상사태'에 대한 안내문을 학교 스피커를 통해서 알려주고, 교사들이 비상사태에 대한 정보를 다시 자세히 알려주기도 한다.

학생과 부모가 당황하지 않도록 하기 위해서 리허설하기 전에 비상훈련에 대한 서신을 학생들의 집으로 보낸다. 그리고 학생들에게는 이렇게 말한다.

"여러분에게 나쁜 일이 일어나지 않기를 바랍니다. 이것은 여러분을 안전하게 보호하기 위한 것입니다."

"몸을 낮게 하고 주위에 있는 물건으로 몸을 보호하세요."

이는 재해를 피하고 자신을 보호하라는 신호이다. 또한 이러한 행동은 총기 사건이 있는 지역에 있을 경우에 추천하는 자세로써 법으로도 정해져 있다.*

지진 발생률이 높은 캘리포니아주에서 학생들은 교사가 "책상 밑으로 들어가 몸을 보호할 것(duck and cover)!"이라고 외치면 2초 이내에 책상 밑으로 들어가는 훈련을 한다.

캐나다 서스캐처원에서 가르치는 로리 제이 교사는 문 옆에 있는 기둥에 학생들의 명단을 붙여 놓는다. 제이 교사는 소방훈련을 하거나 긴급하게 피신을 해야 할 상황에서 학생들의 명단을 가지고 나올 수 있도록 준비해 놓고 있는 것이다.

항상 준비를 한다. 비상사태는 경고없이 갑자기 오는 것이다. 교사와 학생들이 비상사태를 위해서 준비를 잘하면 할수록 위험한 순간을 더 무사히 넘길 수 있다.

---

*역주: 학교를 비롯한 공공장소에서 총기 사건이 일어나고 있는 미국에서 이 훈련은 매우 중요하게 다루고 있다.

개념은 간단하다. 학생들이 연필이 없으면 다른 연필을 준비해두었다가 사용하도록 하면 된다. 교사 자신과 학생들이 목표를 성취할 수 있도록 교사가 절차를 디자인하면 된다.

수업시간에 학생들이 연필 끝이 부러져서 뾰족하게 깎아야 할 경우에도 같은 절차를 적용하면 된다. 각 학생들이 연필을 깎는 대신에 '새 연필' 통에 있는 새 연필을 사용하게 하면 된다. 그리고 학생들이 사용하던 연필은 '사용한 연필' 통에 넣게 한다. 이 절차는 모든 학생들에게 적용되는 것이 아니라 연필 끝이 부러져서 바꿔야 할 학생들에게만 적용된다.

그룹 학습활동을 위한 절차

발달심리학자인 장 피아제는 어린이는 직접 체험하고, 그들이 체험한 내용에 대해서 생각하도록 하면 가장 잘 배울 수 있다고 주장했다. 직접 경험하고 사고하는 학습방법은 학생들을 학습에 몰두시킬 수 있는 가장 좋은 방법 중 하나이다.

국가평가보고서(The National Assessment Report)에 실린 14,000명의 8학년(중 2학년) 학생들의 수학과 과학 시험 데이터를 분석한 교육시험서비스(Educational Testing Service)에서 다음과 같은 결론을 얻었다.

직접 경험할 수 있는(Hands-on) 학습활동을 실시한 교사로부터 배운 학생들이 그렇지 않은 학생들보다 수학성적은 70퍼센트 정도 높았고, 과학 성적은 40퍼센트 가량 높았다.[1]

자신과 경쟁하라

학생들에게 전달하는 메시지는 다음과 같다.
1. 이 세상에서 경쟁해야 할 오직 한 사람은 여러분 자신입니다.
2. 가능한 한 최고가 되기 위해서 매일 노력하세요.
3. 인생의 사명은 다른 사람을 앞지르는 것이 아니고 자신을 앞지르는 것입니다.
4. 자신과 경쟁하면서 이 교실에 있는 친구들과 상호 협력하고 존중하며 학습활동을 하도록 하세요.
5. 그룹으로 학습을 할 때 자신뿐만 아니라 같은 그룹에 있는 친구들까지 모두 이해할 수 있도록 하세요.

학생들을 그룹 학습활동에 많이 참여시키면 학생들의 장래를 성공적으로 이끄는 데 중요한 능력인 리더십, 집단의사결정, 갈등관리 등도 함께 배울 수 있다.

학생들이 협동적 학습활동을 잘하면 할수록 더 많은 것을 배울 수 있다. 그룹 학습활동은 조직적으로 구성된 상황에서 일어난다. 그룹 학습활동은 명백한 절차에 따라 진행되기 때문에, 학생들은 학습활동을 하는 동안 자신의 의사를 명백하게 밝히고, 자신의 생각을 다른 학생들과 대조하기도 하며, 해결방법을 공유하고, 리더십과 팀워크 능력을 연마한다. 다른 사람을 배려할 줄 알고 전념해서 일을 하는 학생으로 구성된 그룹은 개인적으로 학습활동을 하는 학생보다 학습목표를 더 빨리 이룰 수 있다.

그룹을 나누는 방법

학급 전체 학생을 그룹으로 어떻게 나누는가가 중요한 것이 아니고 얼마나 신속하고 원활하게 그룹으로 나누는가가 중요하다.

유능한 교사는 아무 문제없이 학생들을 그룹으로 나눌 수 있다. 교사가 학생들에게 그룹으로 나누라는 말을 하면 학생들은 신속하고 쉽게 그룹으로 나눈다. 하지만 몇몇 교사들은 학생들을 그룹으로 나누는 데 어려워한다. 교사가 그룹으로 나누라는 말을 학생들에게 하면 학생들은 투덜대고 불평하며, 때로는 다른 친구들과 같이 학습하는 것을 거절한다. 왜 그럴까?

효과적으로 그룹을 나누는 것은 다음 두 가지 요소에 달려 있다.

1. 학급 분위기
2. 명확한 설명

학급 분위기

아주 간단하게 말해서, 학생들이 수업 또는 교사를 좋아하지 않거나 또는 학생들이 성공적으로 학습을 잘하지 못하면 그룹으

> **GoBe**
>
> **학생들에게 어떻게 동기부여를 할 것인가?**
>
> 조직적으로 구성되지 않은 수업은 학습과정을 원활하게 하지 못한다. 학생들에게 동기부여를 하는 방법에 대해서 EffectiveTeaching.com 사이트 Going Beyond 폴더 Chapter 20에서 설명하고 있다.

로 나누는 것은 쉽지가 않다. 학급의 전체 학생을 그룹으로 나누기 전에 그룹으로 학습하는 것을 성공적으로 이끌기 위한 전제 조건이 충족되어야 한다.

아래 열거한 요소가 학생들이 협력하는 학습활동에 영향을 줄 수 있다. 학생들이 협력해서 학습하지 않으면 유능하지 못한 교사는 무엇을 해야 할지 모르며, 이 위기를 빨리 해결하기 위한 방법을 모색한다. 하지만 교육에서 빨리 해결하고 고칠 수 있는 것은 없다. 다음의 학습 '성공 요소'에서 보는 바와 같이 교사는 수업의 성공에 대한 책임을 지고 있다. 유능한 교사는 이러한 사실을 잘 알고 있다.

성공의 요소

아래 괄호 안에 있는 번호는 이 책의 장을 가리키며 더 많은 정보를 각 장에서 찾아 볼 수 있다.

(6) 긍정적인 기대 갖기	(7) 학기 첫날 학습활동 사용하기
(8) 성공을 위한 옷차림	(9) 부모 포함하기
(10) 5가지 적당한 언어 사용하기	(11) 효과적인 수업관리 전략 이행하기
(12) 긍정적인 학습분위기로 수업준비하기	(13) 적당하게 교사 소개하기
(14) 자리 배치와 배정하기	(15) 과제물 게시하고 시작하기
(16) 신속하게 출석 확인하기	(18) 수업계획을 가르치는 데 시간 투자하기
(19) 수업진행 과정과 일과 리허설하기	(21) 수업목적 공유하기
(22) 목적 있는 시험 보기	(23) 학생들이 성적을 관리할 수 있도록 설명하기

명확한 설명

학생들을 신속하게 그룹으로 나누기 위해서는 그룹으로 나누어 학습활동을 하는 이유를 교사가 학생들에게 명확하게 설명해야 한다.

"자 여러분, 네 그룹으로 나누세요." 이와 같은 예는 그룹으로 나누는 올바른 방법이 아니다. 이와 같이 막연한 설명은 다음과 같은 학생들의 불평을 불러일으킬 수 있다.

아니, 내가 앤드류와 같이 학습한다고? 내가 할 수 있을까?

샤롯떼와 같이 학습을 해야만 하나?

그룹학습을 얼마나 해야 하나?

학급에 영구적인 그룹은 없기 때문에 학생들에게 그룹으로 나눌 것을 강요할 필요는 없다. 학생들에게 다음과 같이 간단하게 말하도록 한다.

그룹 멤버 수 여러분, 우리가 수업시간에 그룹으로 나누어서 학습을 하는 경우가 자주 있을 것입니다. 그룹으로 나눌 때마다 그룹이 해야 할 학습이 있고, 한 그룹에 몇 명이 배정되는지를 결정할 것이며, 각 그룹 멤버는 그룹 학습활동에 적극적으로 참여해야 합니다. 어떤 그룹 학습활동은 2명, 또 어떤 경우에는 4명, 8명 등 필요에 따라서 인원이 정해질 것입니다. 그러므로 한 그룹에 필요한 인원만큼 그룹 멤버가 배정이 될 것입니다.

그들은 6명의 학생 이름만 알고 있었다

다음은 나(해리 왕)와 아내(로즈매리 왕)가 한 대학에서 교생 실습을 하고 있는 예비교사에게 특강을 하고 난 다음 받은 편지의 일부분이다.

교생 실습생 중 한 명이 귀하의 아이디어 중 하나를 시험하기 위해서 그 실습생반에서 시도했습니다. 그 실습생은 그녀의 9학년 학생들에게 비어 있는 자리배치 차트를 나누어주며 학생들에게 그 차트에 반 학생들의 모든 이름을 써놓으라고 했습니다. 80퍼센트 정도의 학생들이 반 학생들의 이름 철자 3분의 2 정도를 알고 있었습니다.*

많은 학생들이 학급 친구들의 이름(first name)만을 알고 있었고, 35명의 전체 학급 학생 중에서 자기 주위에 앉아 있는 6명에서 8명 정도 친구들의 이름 철자를 모두 쓸 수 있는 학생도 몇 명밖에 되지 않았다.

그 편지는 5월 20일에 쓰인 것이므로, 그 교생 실습생들은 9개월 동안 실습을 한 이후였다. 교실에는 두 명의 교사가 있었다. 한 명은 그 반을 담당하는 교사였고, 또 하나는 교생 실습생이었다. 학년말이 될 때까지 학급 친구들의 이름을 정확하게 모르는 학생들이 많았다.

이러한 상황이 있다는 것은 학생들의 학습태도가 불량하다는 것을 의미한다. 학생들은 그룹으로 같이 학습하는 것을 거절하고 그룹 학습활동에 참가하는 것을 꺼린다. 학생들이 그룹 학습활동을 거절한다는 것은 그 반 교사의 책임이 크다.

* 역주: 미국은 한국과는 다르게 상당히 많은 성(last name)이 있고, 그 철자 또한 특이한 것이 많이 있어서 정확한 철자를 모르는 경우가 많이 있다

그룹 학습활동 시간 그룹으로 나누어질 때마다 그룹 학습활동 시간이 정해질 것입니다. 어떤 그룹 학습활동은 2분 또는 2일, 2주 등 그룹 학습활동에 따라서 시간이 정해질 것입니다. 그룹 학습활동이 끝나면 그룹은 해체될 것입니다.

어린 학생들이 그룹 학습활동을 잘할 수 있도록 가르치는 것은 하루아침에 가능한 것이 아니다. 그룹 학습활동을 위한 절차를 학생들에게 가르치려면 시간과 인내가 필요하고 그리고 일상적인 습관이 될 때까지 끊임없이 강화(reinforcement)를 해야 한다. 직접 가르치기보다는 '스스로 판단하고 결정'하는 기회를 주는 것이 신세대 학생들에게 적합한 교육방식이 되었다. 이를 효과적으로 진행하기 위해서는 그룹활동을 할 수 있는 기회를 많이 주는 것이 필요하다.

학생들은 본질적으로 함께 학습하고, 놀고, 활동하는 것을 좋아한다. 그러므로 학생들이 그룹으로 학습활동을 하지 않으려고 하는 문제는 학생들의 참여 또는 협력정신이 부족해서가 아니다. 이러한 문제는 교사의 부적절한 지도 때문에 발생한다. 직접 말로하든 아니면 글로 써서 전달하든 학생들이 무엇을 끝내야 하고, 어떤 결과를 얻어야 하는지를 직접 지시하지 않으면, 학생들은 그들 자신의 방식으로 학습을 할 것이다. 교사는 그룹 학습활동이 시작되기 전 그 학습을 구성하고, 학생들이 모든 활동을 최대한으로 이해할 수 있도록 글로 작성한다.

> 학생들이 그룹 학습활동을 위해서 얼마나 원활하게 그룹으로 활동하는가는
> 교사가 그룹 과제에 대한 구조와 책임을 얼마나 명확하게 설명하는가에 달려 있다.

그룹 학습활동을 구성하는 방법

기업은 같이 일할 사람을 찾기 위해서 신입사원을 채용하고 이들을 교육시키는 데 수백만 달러를 투자한다. 마찬가지로 유능한 교사는 그룹학습을 위해서 학생들을 가르치고 연습하는 데 많은 시간을 투자한다.

> **❝** 사람들이 공동 목표를 달성하기 위해서 같이 일을 하면 개인적으로 일을 할 때보다 더 많은 성취를 할 수 있다는 것은 사회심리학의 정설이다. **❞**
>
> — 로버트 슬라빈

그룹 구성

1. 그룹의 이름을 만든다.
2. 그룹 멤버수를 명확히 한다.
3. 그룹 활동의 목적, 자료, 단계를 언급한다.
4. 절차를 가르친다.
5. 그룹 학습활동을 위한 개인의 책임과 의무를 강조한다.
6. 학생들이 그룹으로 얼마나 성공적으로 같이 학습활동을 했는가를 결정하는 데 사용할 수 있는 평가방법을 가르친다.

---

1. **그룹의 이름을 만든다** 학습을 같이 한다는 것은 후원그룹 개념에서 그 완벽한 예를 볼 수 있다. 살빼기, 알코올 중독 해방, 두려움 극복, 자식 양육 능력 등을 위한 지원그룹이 있다. 한부모가정(single parents), 노인, 학대 받는 아이들과 아내, 참전용사 등을 위한 후원그룹도 있다. 네트워크 그룹, 창업하는 그룹 그리고 회사 최고경영책임자(CEO)그룹들도 그들의 사업을 발전시키기 위해서 서로 지지하고 후원한다.

여러분의 그룹을 후원그룹이라 부르고,
그 후원그룹의 멤버를 후원자라고 부르는 것도 고려해볼 만하다.

후원그룹은 욕구와 목표가 비슷한 사람들로 구성되며, 그 멤버들은 서로 돌봐주고, 서로 문제 해결을 도와주며, 성공을 이루기 위해서 같이 일한다. 수업시간에 학생들로 구성된 후원그룹도 같은 이유로 구성될 수 있다.

2. **그룹 멤버수를 명확히 한다** 그룹의 크기는 활동을 완성하기 위하여 얼마나 많은 일을 하여야 하는가에 따라 결정되는 요소이다. 예를 들자면 네 명으로 구성된 그룹에서, 첫 번째

그룹 학습활동을 위한 자료는 각 그룹에게
신속하게 나누어줄 수 있도록 바구니에 미리
담아 놓는다.

학생은 자료를 모으고, 모든 그룹 학습활동이 끝나면 그 자료들을 다시 제자리로 갖다 놓는 임무를 맡는다. 두 번째 학생은 그룹 학습활동 단계를 잘 지키고 있는지 지켜보는 임무를 맡는다. 세 번째 학생은 그룹 학습활동이 진행되는 과정을 관찰하고, 데이터를 기록하며, 활동에 대한 메모를 하는 임무를 맡는다. 네 번째 학생은 그룹 활동 보고서를 쓰는 임무를 맡는다.

3. 그룹 활동의 목적, 자료, 단계를 언급한다 학생들에게 조직적으로 잘 구성된 그룹 학습활동을 할당해줌으로써 그들이 그룹 학습활동에서 무엇을 해야 하고, 어떻게 해야 하는지를 명확하게 알 수 있도록 한다. 학생들이 그룹 학습활동을 어떻게 하는지에 대한 예는 266쪽을 보도록 한다.

4. 절차를 가르친다 다음은 교사가 학생들에게 일러둘 수 있는 네 가지 절차이다.

- 학생들은 그들이 맡은 임무와 그룹 학습활동의 결과에 책임을 진다(직업 세계에서도 사람들은 개인적인 임무와 다른 사람들과 같이 일하고 얻은 결과에 책임을 진다).

GoBe

자료 분배

학생 한 명이 자료를 나누어주고, 그룹 학습활동이 끝나면 수거해서 제 자리로 돌려놓도록 한다. EffectiveTeaching.com 사이트 Going Beyond 폴더 Chapter 20을 보면 어떻게 하는지에 대한 내용을 볼 수 있다.

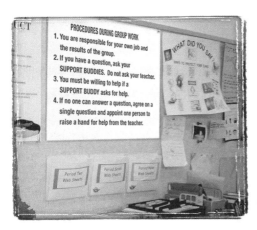

그룹 절차를 교실에 게시해 놓는다.

- 질문이 있으면 후원해주는 다른 그룹 멤버들에게 물어보도록 한다. 교사에게 물어보지 않는 다(직업 세계에서도 사람들이 도움이 필요할 때 손을 들지 않는다. 그들 스스로 문제를 해결하고 결과를 얻어야 하기 때문에 답을 스스로 찾고, 다른 그룹 멤버들에게 물어보며, 연구하고 인터넷 검색을 하기도 한다).
- 그룹에서 다른 멤버가 도움을 요청하면 도와주도록 한다(직업 세계에서도 서로 협력하는 팀워 크 기술을 발휘해야 한다).
- 그룹에서 어느 누구도 문제에 대한 답을 찾을 수 없으면 학생들은 그 문제를 해결할 수 없다 는 것에 동의를 얻은 다음, 그 그룹에서 학생 한 명이 손을 들어 교사의 도움을 청한다(직업 세 계에서도 협의해서 동의를 얻어내는 것이 성공의 열쇠이다).

5. 그룹 학습활동을 위한 개인의 책임과 의무를 강조한다 그룹 학습활동의 목적, 과제 그리고 절차를 정한 다음 교사는 각 그룹의 상담자 역할을 한다. 각 그룹은 교사로부터 받은 문제 를 해결하도록 한다. 후원그룹은 상호 협력해서 보고서를 작성하고 팀 단위로 발표를 한다. 학생들은 그룹학습의 질(quality)과 결과에 대한 책임을 지도록 한다. 각 그룹은 그룹 전체 성적을 받으며, 그 성적은 가 그룹 멤버의 성적이기도 하다. 그러므로 그룹에서 다른 멤버들 이 하는 임무도 내 임무 못지않게 중요하고, 모든 멤버들의 임무가 동등하게 성공적으로 이 루어져야만 한다.

그룹 학습활동의 예

여러분은 네 명으로 구성된 후원그룹을 정해서 학습활동을 할 것입니다. 각 후원그룹의 멤버들은 선생님이 정해줄 것입니다. 여러분이 그룹으로 학습활동을 하는 이유는 여러분이 그룹 멤버들과 새로운 아이디어에 대해서 토론하면 그 아이디어를 더 잘 이해할 수 있기 때문이지요.

때로는 여러분이 친구들과 같이 학습활동을 하고, 그렇지 않을 때도 있을 것입니다. 여러분이 그룹에서 누구와 같이 학습활동을 하는지 여러분의 임무는 그룹 멤버들이 서로 이해할 수 있도록 돕고 학습활동을 완성하는 것입니다. 그렇기 때문에 여러분을 후원자(support buddies)라고 부르는 것입니다.

선생님이 여러분의 임무에 대해서 설명을 할 것입니다. 누가 어떤 임무를 맡는지에 대해서는 선생님이 여러분 각자에게 줄 수도 있고 여러분이 선택할 수도 있습니다.

여러분은 그룹 멤버들과 학습활동을 같이 해야 하며 여러분이 해야 할 과제에 대해서 서로 토론을 해야 할 것입니다. 그래서 그룹의 각 멤버는 그 그룹이 무엇을 해야 하고, 왜 해야 하는지를 명확하게 이해를 할 것입니다. 여러분의 그룹이 학습활동을 마치고 학급 전체에 발표를 할 때는 선생님이 여러분의 그룹 멤버 중에서 한 명을 부를 것입니다. 그러면 그 학생은 그룹 학습활동의 결과에 대해서 설명을 해야 합니다. 선생님이 누구에게 발표를 시킬지 모르기 때문에 여러분 모두가 그룹 학습에 대해서 알고 있어야 합니다. 여러분의 그룹이 잘하면, 여러분 개인도 잘하는 것입니다.

프로펠러는 어떻게 작동하는가?

배경

어떤 비행기나 헬리콥터는 프로펠러가 있어서 날 수 있다. 프로펠러 날개의 모양이나 각도를 바꿈으로써 다른 결과를 얻는다.

문제

몇 가지 방법으로 프로펠러의 날개를 디자인할 수 있을까?
각 디자인은 어떻게 작동되는가?
각 디자인에 대해서는 어떻게 평가하는가?

후원그룹의 임무

장비 책임자: 업무에 필요한 모든 장비를 구해서 지정된 시간에 필요한 장소에 공급한다.
간사: 그룹이 모든 활동을 각 단계에 맞춰서 잘하는지를 감독한다.
기록자: 그룹을 관찰하고, 회의록을 작성하며, 데이터를 기록한다. 기록자는 후원그룹이 활동에 대한 결과를 기록하기에 적절한 양식이 있는지를 확인한다.
보고자: 그룹 활동 보고서를 꾸민다..

재료

메모지, 가위, 클립

활동 단계

1. 가로로 줄이 쳐진 메모지에서 2인치를 줄을 따라 오린다.
2. 그림 1에서와 같이 오려진 종이를 접는다.
3. 그림 2에서와 같이 종이를 잡는다.
4. 헬리콥터의 다른 모양을 만들어 본다.
5. 관찰하고 각 결과를 기록한다.

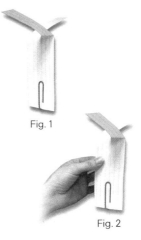

Fig. 1

Fig. 2

후원그룹 절차

배정된 그룹으로 신속하고 조용히 이동한다.
그룹 멤버와 같이 있는다.
배정된 임무를 수행한다.
서로 돕는다.
위에 언급한 활동단계를 따른다.

후원그룹의 임무

1. 간사는 모든 그룹 멤버가 그룹 프로젝트를 시작하기 전에 활동사항을 읽고 협의를 했는지를 확인한다.
2. 장비 책임자는 필요한 재료가 모두 준비되었는지를 확인한다.
3. 기록자는 기록할 용지가 준비가 되었는지를 확인한다. 관찰 결과값을 기록할 표나 차트를 만드는 동안 약간의 시간이 걸릴 수도 있다. 기록할 용지가 준비되기 전까지는 실험을 시작하지 않는다.
4. 회의 진행자가 토의사항에 따라서 회의를 진행하는 것처럼, 간사는 그룹 구성원에게 활동단계에 따라서 활동을 진행하도록 한다.
5. 후원그룹의 멤버는 활동단계와 후원그룹 절차를 따르며 상호 협력하고 존중하며 서로 도와야 한다.
6. 후원그룹은 기록자가 활동 결과를 기록하는 것을 도와야 한다.
7. 기록자는 그룹 기록을 하고, 후원그룹의 모든 멤버는 다음과 같은 활동을 설명할 수 있도록 한다.
   그룹 활동의 목적
   단계 그리고 결과

모든 멤버가 활동의 목적과 결과를 설명할 수 있을 때 그룹 보고서에 그들의 이름과 함께 서명하도록 한다.

감사합니다.

> 학습은
> 개인적인 활동이지만 혼자 하는 것이 아니다.
> 후원하는 학습자의 공동체 내에서 학습이 이루어지면 더 큰 효과를 본다.

6. 학생들이 그룹에서 얼마나 성공적으로 같이 학습활동을 했는가를 결정하는 데 사용할 수 있는 평가방법을 가르친다 학생들에게 그룹 절차를 쓰도록 한다. 267쪽 그룹·절차 목록의 활동을 보도록 한다. 각 절차가 끝난 다음 학생들에게 후원그룹이 그 절차를 잘 따라했는지를 세 가지 방법, 즉 '대부분의 시간(most of the time)', '종종(sometimes)' 또는 '전혀 그렇지 않다(not at all)'로 언급하도록 한다.

각 절차에 대해서 후원그룹 멤버들이 그룹으로 하는 기술이 얼마나 향상되었는지에 대해서 토론하도록 한다. '대부분의 시간'으로 표시한 절차에 대해서 토론해야만 한다. 학생들은 그 절차를 검토하고 왜 그룹멤버들이 그 절차를 대부분의 시간에 따라 했는지를 이해하면, 낮게 등급이 매겨진 절차를 개선하여 일을 성공적으로 할 수 있는 방법을 찾을 수 있다.

> 학생들이 학습을 같이 하면 할수록 그리고 학생들이 학습활동을 하는 데
> 책임감을 가지면 가질수록 더 많은 학습을 할 수 있다.

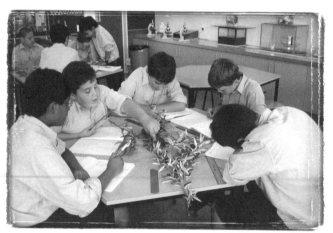

학습활동을 같이 하는 것이 더 많은 학습 효과가 있다.

장소에 대한 계획

사라 욘달

캘리포니아주의 사라 욘달 교사는 교사가 되고 첫날 수업을 위하여 명확하고 일관되는 수업관리 계획 바인더를 준비했다. 그 바인더를 만드는 데 시간이 몇 개월 걸렸지만 교사로서 첫발을 내딛는 데 매우 성공적인 결과를 가져왔다.

사라 욘달 교사의 계획에는 새 학년이 시작하기 전에 학생들에게 보내는 서신도 포함되어 있었다. 그 서신은 사라 교사의 소개와 학습활동을 통한 학생들에 대한 기대에 대해서 언급하고 있었다. 또한 학생들에게 처음으로 내주는 숙제도 포함되어 있었다.

사라 교사는 다음과 같은 학기 첫날을 계획하고 있었다.

교실문에서 각 학생들을 맞이하기
- 이미 배정이 된 학생들의 자리를 알려준다(알파벳 순서).
- 학생들에게 수업시작 전 칠판에 쓰어 있는 과제를 읽고 지시대로 따라 하라고 말한다.

교사 자신을 학생들에게 소개하고 수업진행 과정 가르치기
- 수업규칙, 결과, 보상에 대해서 가르친다.
- 수업에 대한 기대를 설명한다.

수업에서 두 가지 문제점은 이동하는 것과 소란을 피우는 것이다. 사라 교사는 학기가 시작하는 첫날 이 문제를 해결했다. 사라 교사는 학생들이 아침에 교실에 들어오기, 휴식시간을 마치고 교실에 들어오기, 교실을 나갈 때 줄 세우기, 점심시간 준비하기, 복도에서 걷기 그리고 하루 일과를 마치고 집에 가기 위해서 해

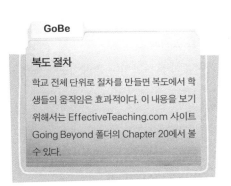

GoBe

복도 절차

학교 전체 단위로 절차를 만들면 복도에서 학생들의 움직임은 효과적이다. 이 내용을 보기 위해서는 EffectiveTeaching.com 사이트 Going Beyond 폴더의 Chapter 20에서 볼 수 있다.

산 준비하기 등을 가르치기 위한 계획을 세웠다. 그런 다음 그녀는 이 모든 절차를 성공적으로 수행하기 위해서 아이들에게 가르치고 리허설을 했다.

많은 경험을 쌓은 사라교사는 "나의 수업관리 계획은 『좋은 교사 되기』 책에서 얻은 수업 진행 과정에 바탕을 둔 것이다. 학교가 시작하고 첫날부터 수업진행 과정을 사용했고, 학생들에게 그 과정을 가르친 결과 내 수업을 매우 효과적으로 진행할 수 있었다"라고 말했다.

몇 학년 또는 어떤 과목을 공립 또는 사립학교에서 가르치든 또는 차터스쿨*에서 가르치든, 전통적인 학기제가 있는 학교이든 아니면 1년 내내 수업이 있는 학교든 또는 학교가 도시에 있든 시골에 있든지 사라 윤달 교사처럼 가르치면 어떤 교사도 다 성공할 수 있을 것이다. 모든 유능한 교사는 수업관리를 잘하고, 학습시간을 최대한으로 늘리는 수업진행 과정을 사용한다.

사라의 수업진행 과정 견본

사라 교사는 학기가 시작되고 첫날과 첫주에 학생들에게 수업진행 과정(procedure)과 일상적인 습관(routine)을 가르칠 준비가 되어 있다. 교사가 수업을 계획하는 데 필요한 아이디어를 사라 교사의 목록에서 빌려 보도록 하자.

교실에 들어오기

학생들은 조용히 교실에 들어와서 자기 물건을 신속하게 정리하고 '수업 전 과제(bellwork)'를 하도록 한다.

수업 전 과제

매일 아침 칠판이나 슬라이드에 '수업 전 과제'가 있다. 학생들은 교실에 들어와서 그 과제를 하도록 한다.

---

*역주: 차터스쿨은 대안학교의 성격을 가진 미국의 교육시스템으로 유치원부터 고3 과정까지 있으며, 일반 학교보다 학생들의 성적향상에 치중한다.

학급을 조용히 시키기

교사가 손을 들면 학급 전체는 조용히 한다.

출석 확인

학생 한 명에게 '출석 확인 방법'에 대한 절차를 가르친다. 결석한 학생의 책상에 '결석' 폴더를 올려 놓고, 그 폴더를 보면 누가 결석했는지 금방 알 수 있도록 한다.

학급 좌우명

매일 아침 학급은 좌우명을 말하고, 이 좌우명은 교실 앞쪽 벽에 게시해 놓는다. 모든 학생들이 일어서서 좌우명을 같이 읽고 하루를 시작한다.

> ### 한 고등학교 교사의 경험
>
> 나는 일일교사가 우리반 수업(세계사와 체육시간)을 하루 동안 가르칠 수 있도록 준비를 해놓았고, 수업계획서를 성적기록부 안에 놓아두었습니다. 불행히도 일일교사는 다른 교실에 들어갔었고, 첫 수업 10분을 남겨 놓고 우리반 수업으로 왔습니다. 그 일일교사는 학생들이 스스로 학습을 하고 있었고, 그들의 과제를 하고 있는 것을 보았습니다. 학생들은 다른 수업을 들은 후에 우리반 교실문을 열었을 때, 그때도 교사가 없는 것을 보고 제 책상에 있는 출석부를 사용해서 출석을 확인하고, 성적기록부에 있는 수업계획서를 찾았으며, 그날의 수업과정을 진행했습니다.
>
> 내가 결근한 그날 수업시간 조정이 있었습니다. 일일교사는 일정이 바뀐 것을 모르고 있었습니다. 수업이 없는 시간에 일일교사는 볼일을 보러 잠시 학교를 떠났고 일정대로 5교시 수업에 맞춰서 돌아올 계획이었습니다.
>
> 불행히도 일일교사가 나가 있던 시간에 5교시가 일찍 시작되었습니다. 다음날 내가 학교에 왔을 때 난 다음과 같은 말을 들었습니다. "선생님께서 어제 학교에 안 오셨을 때 월(Wall) 일일교사가 출석을 확인했고, 우리는 미용체조를 했습니다. 그리고 나서 우리는 밖으로 나갔으며, 비가 오기 시작했을 때 다시 들어와서 체육관에서 우리가 하던 게임을 하며 놀았습니다."
>
> 학생들의 이러한 활동들은 계획된 것이 아니었습니다. 하지만 우리 반에서 매일 시행하고 있던 절차에 따라서 우리반 학생들의 학습활동이 이루어졌으며, 학생들은 어느 활동도 놓치지 않았다. 절차와 학생들의 일상적인 습관이 행해지고 있었습니다.
>
> 밥 윌
(캘리포니아주 수잔빌)

자습과제물 수거*

책상 배치에 따라서 학습활동을 하도록 한다. 책상이 옆으로 줄을 나란히 하고 있으면 학생들은 옆으로 문제지를 전달하는 것을 받아서 자습과제를 한다. 테이블에서 자습과제를 한 다음 끝낸 문제지는 테이블 한가운데 놓는다. 문제지를 걷는 학생은 교실을 돌아다니며 테이블에 놓여 있는 문제지를 걷어서 교실 앞에 있는 바구니에 넣는다.

과제물 제출

교실 앞에 두 개의 바구니가 놓여 있다. 하나는 '학급학습(class work)'이라고 쓰여 있고,

---

*역주: 학생이 교실의 자기 자리에서 하는 학습이나 과제

또 하나는 '숙제(homework)'이라고 쓰여 있다. 아이들은 그들의 과제를 올바른 바구니에 넣는다.

부모로부터 온 메모

부모가 보낸 메모는 '부모로부터 온 메모' 바구니에 넣는다.

화장실 가기

각 학생은 교사로부터 일일기록부에 기록되지 않고 한 달에 네 번 수업시간에 화장실을 갈 수 있다. 학생들은 일일기록부를 사용하고, 수업시간에 화장실을 갈 때마다 교사의 서명을 받는다. 화장실에 갈 때는 한 번에 학생 한 명만 갈 수 있다. 학생들은 점심시간이나 휴식시간에 화장실에 갈 수 있다.

식당에 가기

학생들은 교실문 밖에서 두 줄로 선다. 한쪽은 집에서 점심을 가져온 학생들이 줄을 서고, 다른 한쪽은 학교 식당 음식을 먹을 학생들이 줄을 선다. 학교 식당에서 점심을 사먹을 학생들은 알파벳 순서로 줄을 선다. 점심식사 후 학생들은 식당바닥에 교실번호가 적혀 있는 곳에 모여서 이동한다.

교사가 교실에 없을 때도 학생들은 수업이 어떻게 진행되는지 안다.

식당

학생들은 수업규칙뿐만 아니라 식당에서의 절차도 따른다. 학생들은 점심 식사를 마친 뒤 자기들이 앉아 있던 주변을 깨끗하게 한다. 학생들은 "부탁합니다(Please)"와 "감사합니다" 등과 같은 말을 사용하며 가장 좋은 태도를 보여준다.

학습그룹에서 학습활동

학생들은 교사가 정해준 그룹에 항상 배치된다. 그들에게 후원그룹에 대한 절차를 상기시켜준다.

1. 학생들이 하는 학습활동에 책임을 진다.
2. 질문 사항이 있으면 '그룹 멤버(support buddy)'에게 도움을 청한다.
3. 다른 그룹 멤버가 도움을 요청하면 도와준다.
4. 그룹 전체에서 모르는 것이 있고, 그룹 멤버가 모두 동의를 하면 교사에게 도움을 요청한다.

관찰자 선택하기

수업시간에 아이스크림 막대기와 같은 둥그런 모양의 막대기 밑부분에 학급 학생들의 이름을 써서 통에 넣어 놓고, 필요할 때마다 교사가 뽑아서 뽑힌 학생들에게 임무를 맡긴다.

작품 걸어 놓기

학생들은 그들의 작품을 교실 앞에 빨래줄과 같이 설치된 곳에 걸어 놓는다. 학생들의 작품 중에서 풀이나 페인트 등을 이용하는 경우에는 이러한 작품을 말리기 위해서 이 빨랫줄을 이용한다. 학교가 끝나고 집으로 가기 전에 학생들은 줄에 걸어 놓아서 마른 작품을 '학급 학습' 바구니에 넣는다.

소란 줄이기

교통신호와 같은 신호를 사용해서 학생들에게 수업시간에 소리를 낼 수 있는 단계를 상기시켜준다. 크게 세 개의 신호등 모양을 그려서 오린 다음 그 신호등을 교실 앞에 걸어 놓고 각 신호등에 화살표를 끼울 수 있도록 고리를 만든다. 각 신호등에 녹색, 노랑, 빨강색의 동그라미 모양으로 종이를 오려서 각 세 개의 신호등에 붙인다. 빨강색 신호등에 조용히, 노란색 신호등에는 속삭임, 녹색 신호등에는 자유롭게 말하기라는 글을 새겨서 고리에 걸어 놓는다. 수업시간에 클래식 음악을 틀어 놓고 학생들의 목소리를 음악소리보다 낮게 유지하도록 한다.

부모에게 메모 보내기

부모에게 보내는 메모는 학교가 끝날 시간에 학생들이 가져갈 수 있도록 각 학생들의 사물함에 넣어 놓는다. 이 메모는 사물함 관리 학생이 맡아서 각 학생들의 사물함에 넣는다. 학생들은 집으로 가져간 메모를 저녁에 부모에게 보여준다.

학생이 결석했을 경우

학생이 결석하면 노란 스티커가 붙어 있는 결석폴더를 그 결석한 학생의 책상에 올려놓도

Red 조용히

Yellow 속삭임

Green 자유롭게

크리스틴 다다노 교사의 독서시간에
사용하는 교통신호 테크닉

록 한다. 하루 동안 수업하면서 학급 학생들에게 전달하는 모든 문제지, 부모에게 보내는 메모 또는 정보를 그 폴더 안에 넣어놓도록 한다. 결석한 학생이 다음날 학교에 오면 전날 하지 못한 노란 스티커가 붙은 폴더 안에 있는 모든 학습활동을 완성하도록 한다. 결석해서 하지 못한 모든 학습활동 자료는 부모가 학교에 와서 집으로 가져갈 수 있도록 오후 3시에 교무실 앞쪽에 있는 선반에 놓는다.

그룹 바꾸기·수업 이동

그룹 학습활동 장소, 수업 또는 다른 학습활동이 끝나기 5분 전에 교사는 "여러분, 5분 남았어요"라고 학생들에게 말한다. 학생들의 하던 일이 끝나고 바꿀 시간이 되면 아래와 같은 여러 가지 방법이 있다.

1. 음악을 틀어 놓는다.　　2. 손가락으로 소리를 내거나 손뼉을 친다.　　3. 벨을 울린다.

학생들은 이렇게 다른 신호가 무엇을 의미하는지를 알고 신속하고 조용하게 다음 학습 활동으로 바꾼다.

교사가 교실에 없을 때

교사가 교실을 비웠을 때 학생들은 하고 있는 학습활동을 그대로 유지한다. 학생들이 학습을 계속하고 있으면서 수업규칙과 절차에 따르도록 한다. 필요에 따라서 보조교사 또는 옆 교실 교사의 도움을 받도록 한다.

하루를 마감하는 메시지

하루를 마감한 다음 학생들이 교실을 떠나기 전에 학급 전체가 하루 종일 배우고 겪은 일을 요약한 짧은 하루 마감 메시지를 읽도록 한다. 학생 한 명을 지명해서 메시지를 먼저 읽게 시킨 다음, 나머지 학생들이 지명된 학생이 읽는 것을 따라 하도록 한다. 교사가 하루 마감 메시지를 준비해서 복사한 다음 각 학생들에게 나누어주고, 학생들은 그 메시지를 집에 가지고 가서 부모에게 전달하도록 한다. 이렇게 하는 것은 교사가 부모에게 학생들이 학교에서 무엇을 하는지를 알리고, 학교에서 있는 행사, 중요한 정보 그리고 학생들이 학교에서 어떻게 지내는지를 알릴 수 있는 좋은 방법이다.*

"친구야 고맙다"라고 말하기

학교에서 항상 '고맙다'라는 말을 다른 친구들에게 할 수 있도록 학생들에게 가르친다. 그리고 친구들에게 은어나 속어 대신 공손한 말을 하도록 평소에 가르친다.

수업 후 해산

수업은 끝나는 종이 울릴 때가 아닌 교사가 수업을 마쳤을 때 끝이 나는 것이다. 학생들이 개인적으로 또는 그룹으로 학습활동을 다 끝내고 난 다음 교사가 모든 수업이 끝났다는 말을 했을 때 학생들은 해산할 수 있다.

교통

학생들은 수업이 모두 끝나고 차를 탈 때 학교 규칙과 절차를 지키도록 한다. 학교버스 또는 부모들이 몰고 온 차에 타거나 또는 아침 등교 길에 학교버스 또는 부모들의 차에서 내릴 때 복도에서의 절차를 지키도록 한다. 학생들은 버스나 차에서 항상 앉아 있고, 버스 또는 차 안의 모든 내용물을 손상하지 않도록 한다. 안전벨트를 항상 착용한다. 차 안에서는 항상 조용한 목소리로 얘기를 한다. 차 또는 버스 안에서 먹는 것은 운전자가 허용하지 않으면 금지되어 있다.**

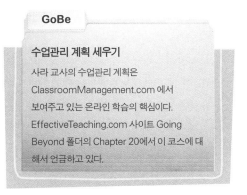

GoBe

수업관리 계획 세우기

사라 교사의 수업관리 계획은 ClassroomManagement.com 에서 보여주고 있는 온라인 학습의 핵심이다. EffectiveTeaching.com 사이트 Going Beyond 폴더의 Chapter 20에서 이 코스에 대해서 언급하고 있다.

---

* 역주: 한국의 초등학교에서는 대부분 알림장을 기록하도록 하는데, 이것을 활용하는 것도 좋은 방법이다.

**역주: 미국학교는 노란색깔의 학교버스를 타고 또는 학부모의 차를 타고 등하교하는 학생들이 대부분이다. 한국 학교는 이러한 학생들의 등하교와는 좀 다르므로 한국 학생들에게는 대중교통을 이용해서 등하교할 때 지켜야 할 절차 및 예의 등을 가르치도록 한다.

교사의 성공은 수업관리를 얼마만큼 잘하는가에 달려 있다. 사라 욘달 교사는 성공적이고 유능한 교사의 본보기이다.

수업은 저절로 진행된다

교사가 한 번 수업구조를 조직화하고 학생들에게 책임감을 심어주면 그 학급은 학교에서 가장 성공적이고 알찬 교실이 될 것이며, 학생들도 이러한 수업을 좋아해서 도전적이고 매혹적인 학습활동을 할 것이다. 교사가 설령 내일 학교에 오지 못할지라도 학급은 책임의식 속에서 저절로 진행될 것이다.

저는 제 태도를 관리합니다

저는 교사로서 비참한 처음 1년을 보냈습니다. 저는 학생들을 통제할 수 없었고, 그 결과 학교에서 다시 오지 말라는 연락도 받았습니다. 학교에서 쫓겨나게 된 것이지요.

그런 다음 한 대안학교에서 교사를 하게 되었습니다. 그해 여름 저는 『좋은 교사 되기』 책을 구했고, 수업계획을 세우기 시작했습니다. 그런 다음 저는 학기가 시작한 첫날 수업계획을 시행하기 시작했습니다.

그 계획들은 제 방식과 맞지 않아서 처음에는 좀 이상하다는 생각이 들었습니다. 하지만 학급 학생들은 제 수업계획에 반응이 좋았으며 그래서 저는 그 수업계획을 계속 해 나갔습니다. 학생들이 제 수업계획을 잘 따라 했고, 그래서 저는 수업계획을 더 확고하게 만들었습니다. 그 결과 저는 그 학교의 교사 중에서 가장 높은 평가를 받게 되었습니다.

저희 반 학생들은 일반 학교를 떠나 제가 가르치고 있는 대안학교 학급에 와야만 했습니다. 그 중 한 학생은 현재 교도소에 있습니다. 하지만 그 학생들은 제 수업을 아주 좋아합니다. 그 학생들은 깜짝 놀랄 만큼 학업이 성장했고 제 수업을 무척 좋아합니다. 그 중 몇 명은 일반 학교로 되돌아갔고 그 돌아간 학교에서도 아주 뛰어나게 잘하고 있습니다.

제가 느낀 것은 교사로서 제가 수업을 관리할 뿐만 아니라 나 자신의 강의와 가르치는 태도를 관리하고 있다는 것이었습니다.

마저리 T. 교사

> 유능하지 못한 교사는 학기 초부터(해당 과목을) 가르치고,
> 올바른 지침도 없이 학생들에게 학습을 강요하는 데 시간을 보낸다.
> 유능한 교사는 학기가 시작되고 첫주 동안은(수업진행 과정을) 따르는 방법을
> 학생들에게 가르치는 데 대부분의 시간을 보낸다.

학생들은 수업진행이 어떻게 되는지를 알게 되면 그들은 교사가 지시하고 원하는 대로 교사의 지침에 따른다. 그렇게 되면 수업진행 과정과 학생들의 일상적인 습관이 수업을 관리하기 때문에 교사는 학생들이 학습을 최대한으로 많이 하는 매혹적이고 도전적인 수업을 만들 수 있다.

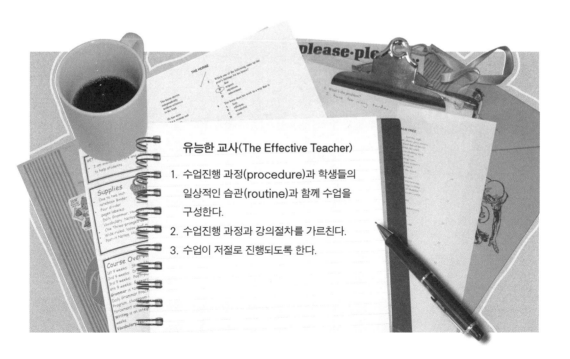

유능한 교사(The Effective Teacher)

1. 수업진행 과정(procedure)과 학생들의 일상적인 습관(routine)과 함께 수업을 구성한다.
2. 수업진행 과정과 강의절차를 가르친다.
3. 수업이 저절로 진행되도록 한다.

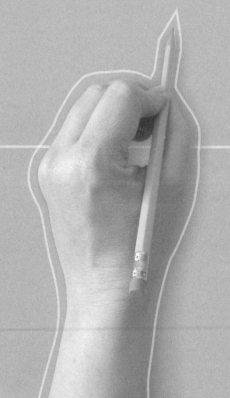

세 번째 요소

—완전학습

효과적으로 과제를 부여하는 방법

THE KEY IDEA

수업이 체계적일수록, 수업방향이 구체적일수록 학생들의 학업성취는 높아진다.

어린이는 배우기위해 등교한다.

학습의 기본

학습은 교사가 무엇을 다루는지와는 관련이 적다.
학습은 학생들이 무엇을 성취했는가와 관계 있다.

교사는 학생들에게 그들이 모르는 것을 잘 가르쳐야 할 빛을 지고 있는 존재이다. 정치인·언론인·부모, 그리고 심지어 학생들조차 매력적인 교육과정을 끊임없이 요구하고 있다. 인류의 미래는 학습(Learning)에 달려 있다 해도 과언이 아닐 것이다. 학생들이 학교에 오는 이유 또한 오직 하나, 배우기 위해서다.

19장과 20장에서 다룬 수업진행 과정(procedures)과 학생들의 일상적인 습관(routines)은

이 책에서 가장 중요한 부분들이다. 교사는 반드시 교실을 학습을 위한 교실로 탈바꿈 시켜야 한다. 4부는 교사가 학생들을 어떻게 학습시키고 성취시킬 것인가에 대해 언급하고 있으며, 이 책에서 가장 중요한 부분 중 하나가 될 것이다.

만약 교사가 이미 학생을 향한 긍정적 기대와 효과적인 수업 장악 능력 노하우를 알고 있다면, 이제 학생들이 학교에서 배워야 할 바로 그 지식(knowledge)과 기술(skill)들을 가르쳐 줄 준비가 되어 있는 것이다. 하지만, 만약 교사가 학생들과 그저 원만한 관계유지나 안전하고 잘 정돈된 교실을 만드는 노하우 정도를 알고 있다면, 그저 지식과 기술만을 가르쳐 주는 교사이다. 유능한 교사는 다음 사항을 수행하는 방법을 알고 있다.

- 학습을 위한 티칭(21장 참조)　　강의(Instruction): 교사가 학습을 위해 가르치는 일련의 모든 것
- 학습을 위한 평가(22장 참조)
- 학습을 위한 진단(23장 참조)　　학습진단(Assessment)
　　　　　　　　　　　　　　　　: 교사가 학생들의 학습을 진단하기 위해 행하는 모든 것
- 학업성취력 향상(24장 참조)

유능한 교사는 학습자에게 모든 포커스를 맞춘다. 학생은 학습자이고 학습자는 배워야 한다. 그러기 위해서, 교사는 유능한 교수자(instructor)가 되어야 한다. 좋은 교수법은 학생들의 가정환경, 가족수입, 인종, 성, 그리고 다른 외적 모든 변인보다 15~20배 이상 더 강한 영향력이 있다.[1]

학교의 모든 결정은 학생들의 학습을 위해 이루어져야 한다

아래의 연구들은 학생들의 학습에 관한 분명한 연구결과들을 보여준다.

- 마이크 슈모커에 따르면, 일련의 올바른 기준들을 설정하고 이 기준들을 학생들에게 가르치면, 그 즉시 성취수준에 있어 비약적 발전이 있을 것이다.[2]
- 무엇이 학생들의 학업성취에 가장 영향을 주는가에 대한 로버트 마르자노의 연구결과는 분

명히 말한다. "그것은 교사가 무엇을 가르쳤는지에 달려 있다." [3)]

- 펜실베니아 대학의 앤드류 포터 교수는 말한다. "교사가 무엇을 가르쳤는지가 학생들 학업성취를 예측할 수 있는 가장 강력한 기준이 된다." [4)]

학교가 존재하고 교사가 필요한 오직 한 가지 이유는 학생들이 배우고 성취하도록 돕기 위해서이다. 교사는 학생들이 자신이 가르치는 내용을 이해하고, 이를 바탕으로 무엇인가를 성취하도록 도와야 한다. 그렇게 하는 방법으로 한 가지만 있는 것은 물론 아니다. 수업관리와 같이 교사가 자신이 생각하는 대로 학생들을 이끌 수 있는 적절한 절차도 한 가지만 있는 것은 아니다.

여러 방법들이 있겠지만 그것들은 모두 한 가지 핵심원칙에 기초한다. 이것이 바로 4부의 목적이다. 여기에서 교사라면 반드시 알아야 할 완전습득 학습(Mastery learning)에 관한 몇 가지 기본적인 것들을 제시할 것이다.

본 장에서는 학생들이 학습하고, 이해하고, 성취한 것을 잘 보여줄 수 있도록 교사가 과제를 어떻게 설정할 것인가에 대해 설명한다.

무엇이 비효과적인 과제인가?

> 교육에 있어 가장 기초는 학생들의 학습이다.
> 만약 학생들이 그들의 과제를 하지 않는다면 어떤 학습도 일어나지 않을 것이다.

어느 교사나 학생들에게 과제를 제시하고 그들이 그 과제를 완성하기를 기대한다. 하지만, 모든 학생들이 그러지는 않는다. 학생들 중 일부는 그 과제를 이해조차 못할 것이고 혹은 왜 해야 하는지 이유조차 모를지도 모른다. 만약 그렇다면 교사가 제시하는 과제에 문제가 있을 확률이 높다.

예를 들어보자. "과제는 7장입니다. 7장에 대한 시험을 금요일에 보겠습니다."

7장이라니? 학생들은 이 같은 막연한 과제에 무엇을 어떻게 해야 할지 모른다. 학부모 또한 마찬가지로 모른다.

비효과적인 과제는 교사가 수업에서 무엇을 다룰 것인가를 제시할 때 나타난다.

7장은 비효과적인 과제일 뿐 아니라, 사실 결코 과제가 될 수도 없다. 그것은 단지 7장에 대한 소개일 뿐이다. 비효과적인 과제의 예로는 다음과 같은 것들도 있다.

책을 143쪽까지 보시오.	자릿수가 긴 나눗셈
404~413쪽	이 연습문제들을 풀도록 하세요.
문제 9~19	이 비디오를 보시오.
모비딕(백경)	몇 개의 그룹으로 나누어 앉으시오.
비잔틴 시대에 대한 리포트를 쓰시오.	

학생들이 배워야 할 것을 제대로 설명해주지 않는 과제를 학생들이 잘 수행한다는 것은 불가능한 일은 아니지만 굉장히 어렵다. 과제의 목적, 기준 그리고 활동들이 특별한 이유를 갖지 못한다면, 그것은 마치 눈을 감은 채 존재하지도 않는 목표물을 향해 활을 쏘는 것과 같다.

학생이 무엇을 배울지 모르고, 교사가 무엇을 가르쳐야 할지 모를 때, 어떠한 학습도 발생할 수 없다. 이것은 학생들이 매일같이 수업에 들어와 교사에게 다음과 같이 물어보는 이유이다. "오늘은 무엇을 배우나요?" 혹은 그들은 정말로 궁금한 표정을 한 채 이렇게 물어보기도 한다. "오늘 배우는 것이 중요한가요?" 과제를 못해 왔다고 학생들을 비난만 해서는 안 된다. 그들은 진정 그 과제를 이해하지 못했을지 모른다. 이것은 그들에게 미스터리 학습(mystery learning)일 뿐이다.

유능하지 못한 교사는 다음에는 무엇을 할지 매일매일 고민하며 허우적거린다. 그런 교사의 학생들은 교사에게 질문한다. "왜 이걸 해야 하나요?" 혹은 그들은 분명하게 말하기도 한다. "정말 재미없어요." 이런 질문이 생기는 수업에는 어떤 학습도 일어나지 않고 곧 문제가 되는 행동들만이 뒤따를 것이다.

상식적으로 생각해보자. 교사가 가르치지 않는다면, 학생은 그것을 배우지 못한다. 판매원이 상품을 홍보하지 못한다면, 고객은 그 상품을 사지 않을 것이다. 투수가 공을 던지지 않는다면, 타자는 공을 치지 않을 것이다. 그리고 결혼식 초대장을 돌리지 않는다면, 누구도 결혼식에 오지 않을 것이다.

이런 질문은 이제 그만! "무슨 영상물을 보여주는 게 좋을까요? 어떤 활동을 해야 할까요? 어떤 자료들을 제가 준비해야 할까요?"

그 대답은 교사 본인이 갖고 있다. 이런 교사들은 자신의 학생들이 성적이 좋지 않게 나오면(당연한 거겠지만) 오히려 화를 내며 학생들을 비난한다. "시험 범위를 다 가르쳐줬건만!! 가르쳐줘도 배우지 않은 너희들 탓이야."

이제 이렇게 자문하자!

- 나는 학생들이 무엇을 배우길 원하는가?
- 나는 학생들이 무엇을 성취하길 원하는가?

교사는 학생들이 무엇을 배우기를 원하는지, 혹은 무엇을 성취해주기를 원하는지를 분명히 전하도록 한다. 그러면 교사는 자신의 학습을 스스로 통제할 수 있다. 학생들 스스로가 무엇을 배워야 할지를 알고 있을 때, 비로소 미스테리 학습(mystery learning)이 아닌 완전습득 학습(mastery learning)이 된다.

수업의 진도보다는 학생의 성취

이런 질문은 이제 그만: 내일은 또 뭘 다뤄야 하지?

이렇게 자문하자: 나의 학생들이 내일은 무엇을 배워 무엇을 성취하게 할 것인가?

교사에게 가장 빈번하면서도 가장 쓸모 없는 질문 중 하나가 '내가 다뤄줘야 할 것이 너무 많다. 이걸 내가 학기말까지 어떻게 다 끝내지?' 주목할 것은 이 질문 속에 '내가'라는 단어는 두 번 들어갔지만 '학생'이란 단어는 한 번도 사용되지 않았다는 점이다.

학생을 배우게 하는 것은 교사의 최우선 과제이다. 가르친다는 것은 교사가 수업 진도를 나간다는 의미가 아니다. 왜냐하면 그것은 학생들의 학습과는 관계가 없기 때문이다. 왜? 학생들은 교사가 그들이 무엇을 성취하기를 원하는지 모르기 때문이다. 심지어 교사 스스로가 학생들이 무엇을 알아야 하는지를 모를지도 모른다.

학습은 교사가 무엇을 가르치는가가 아닌, 학생들이 무엇을 성취하는가에 달려 있다. 학생들이 학업성취를 보여줄 때만이 학습이 이루어진다.

학습은 교사가 무엇을 다루는지가 아닌 학생이 무엇을 성취(accomplish)하는가에 달려 있다. 따라서 교사의 역할은 무언가를 다뤄야(cover)하는 것이 아닌, 베일을 벗겨주는 (uncover) 존재여야 한다. 유능한 교사는 학생들에게 무엇을 성취할 것인가를 미리 말해줌으로써 수업의 베일을 벗겨주는 교사이다.

효과적인 과제 만들기 4단계

'과제(assignment)'라는 단어를 보자. 이 단어는 누군가가 일을 할당 받고, 그 일의 말미에는 결과가 나타나야 한다는 의미이다.

효과적인 과제 만들기 4단계

1. 교사는 학생들이 무엇을 성취하기를 원하는지를 결정한다(287쪽 참조).
2. 각각의 학업성취 목표를 한 문장으로 작성한다(294쪽 참조).
3. 학생들에게 그 학업성취 목표를 나눠주도록 한다(302쪽 참조).
4. 이 학업성취 목표를 학생들의 부모와 공유한다(304쪽 참조).

예를 들어보자. 결혼을 앞두고 빵집에 가서 웨딩케이크를 주문하려 한다. 빵집 주인은 손님에게 다양한 웨딩케이크 사진들을 보여준다. 손님은 하나를 선택한 후 "7월 18일 토요일까지 이 케이크를 ○○ 결혼식장으로 배달해주세요"라고 말한다. 그러면 그 빵집주인은 분명한 과제를 부여받게 되는 것이다. 특정 결과물이 특정 시간 특정 장소에 배달되게 된다. 마찬가지로, 좋은 학습 과제는 학생이 무엇을 해야 할지 무엇을 배워야 할지에 대해 구체적으로 제시해주는 과제이다. 그 최종 결과물은 그 과제를 완성했다는 증거로서 교사가 원했던 그 결과가 되어야 한다.

1단계 교사는 학생들이 무엇을 성취하기를 원하는지 결정한다

이 단계에서 반복되어야 할 질문은 '나는 무엇을 가르쳐야 하는 거지?'가 아닌 '학생들이 무엇을 배우기를 원하고 있는가?'이다.

이 질문에 대한 대답은 교육과정에 있다. 교육과정은 학생이 무엇을 배워야 하는지에 대한 기준들을 제시해준다. 이 기준들은 학생이 무엇을 성취해야 하는지에 대한 분명한 성취기준이 된다. 대부분의 주(states)들은 각자의 성취기준을 가지고 있다. 예를 들어 버지니아주에서는 그것을 Standards of Learning(SOL), 애리조나주는 Arizona's Instrument to Measure Standards(AIMS)라고 부른다.

성취기준은 교육과정의 핵심이다. 이 성취기준으로 학교는 교육과정에 대한 가이드를 제작하고, 이 가이드는 교사들에게 학생들이 무엇을 성취해야 하는지를 또 어떤 방법이 해당 학습에 적합한지를 권장해준다. 교사는 임용된 후 학생들의 과제를 위해 이 교육과정 안내서를 학교에서 찾아보아야 한다.

GoBe

교과서가 아닌, 교사가 학생들을 가르친다.

가르친다는 것은 교과서를 다루는 것이 아니다. 교과서는 교육과정이 될 수 없다. 이에 대한 내용은 EffectiveTeaching.com 사이트 Going Beyond 폴더의 Chapter 21에서 볼 수 있다.

학업 성취기준(standards)이란?

'standard'라는 어휘는 프랑스어 'etandard'에서 유래되었다. 원래는 군인들이 집결할 때나 진군할 때 사용하는 깃발을 의미했다. 이 깃발은 군인들이 하나의 목적이나 사명감을 갖고 있다는 것을 보여주는 상징물이 된다.

이후 'standard'란 용어는 많은 분야에서 품질을 측정하는 기준이 되었다. 자동차를 살 때, 우리는 그 자동차의 다양한 성능 기준(standard)을 살펴본다. 우리는 높은 수준의 기준(standard)을 지향하는 회사의 상품이나 서비스를 구매한다. 우리는 식품이나 제약산업이 최고 수준의 기준을 갖추기를 기대한다.

우리가 일하는 건물이나 우리가 운전하는 도로들이 엄격한 안전기준(standard)에 의해 건설되기를 또한 기대한다. 교사로서 우리는 학생들이 뛰어난 수준의 학업 성취기준(standard)들을 달성하기 원한다.

> 학업 성취기준(standards)이란 학습의 기초이고 창의력의 기초이다.
> 학업 성취기준이란 어떻게 가르칠 것에 대한 것이 아닌 무엇을 가르쳐야 할 것인가에 대한 기준이다.

하자가 있는 상품을 반품해야 하는 것보다 불쾌한 일이 또 있을까. 많은 회사들이 자랑스럽게 말하곤 한다. "우리는 ISO 9000 기준(standard)을 충족시켰습니다."

세계적 수준의 기업들은 바로 이 ISO기준을 충족하기 위해 분투한다. ISO(International Organization for Standardization)란 좋은 품질의 상품을 생산하고 결점을 최소화하기 위해 모든 제조과정을 감독하는 일련의 기준을 말한다. 우리는 우리의 삶의 질을 보호하면서 동시에 향상시키기 위해 기업들로부터 높은 수준의 기준(standard)들을 기대하고 요구한다. 대부분의 회사들처럼 교육도 이런 기준들을 갖고 있는 이유가 여기에 있다.

다음은 전형적인 과목별 학업 성취기준에 대한 예이다.

> **미네소타주 초등학교 지리** - 특성별로 단순한 모형들을 분류하고, 복잡한 모형 속에서 단순한 모형을 이해시켜 준다.
>
> **미네소타주 초등학교 기하학** - 특성별로 기본 도형을 분류하고, 복잡한 도형 속에서 단순한 도형을 구분한다.
>
> **캘리포니아주 중학교 1학년 체육** - 영양소의 영향을 설명하고, 체중 조절과 신체활동과 관련된 체육활동에 참여시킨다.
>
> **뉴저지주 고등학교 문학** - 자신의 생각을 표현하기 위한 다양한 전략(예를 들면, 원인·결과, 문제제시·해결, 가설·결과 등)을 활용하여 각각에 맞는 다양한 문단을 작성한다.

학업 성취기준(standards)은 교사의 창의성을 반감시키지 않는다. 오히려 교사가 수업을 설계하기 위한 기본적인 출발점을 제시해준다. 건축가들은 시의 건축기준을 위반하지만 않는다면 수많은 방법으로 건물을 지을 수 있다. 시는 그 건축 초안의 배관설비나·전기·지붕 등 다양한 건축 요소가 시의 기준을 충족하였는지를 정밀히 조사한다. 집을 구매하려면, 그 집이 이런 시의 엄격한 기준을 통과한 집인지를 확인하고 싶지 않겠는가.

모든 건축물은 기준을 가지고 있다.

TABLE 4 - FLOOR AREA STANDARDS	
Size of Lot (Net Site Area)	Allowable Floor Area
Less than 5,000 sq. ft.	To be determined by Planning Commission
5001 - 10,000 sq. ft.	2,400 sq. ft. plus 160 sq. ft. for each 1,000 sq. ft. of net site area over 5,000 sq. ft.*
10,001 - 15,000 sq. ft.	3,200 sq. ft. plus 170 sq. ft. for each 1,000 sq. ft. of net site area over 10,000 sq. ft.*
15,001 - 40,000 sq. ft.	4,050 sq. ft. plus 78 sq. ft. for each 1,000 sq. ft. of net site area over 15,000 sq. ft.*
Greater than 40,000 sq. ft.	6,000 sq. ft. plus 30 sq. ft. for each 1,000 sq. ft. of net site area over 40,000 sq. ft.*

(* Where division of the net site area by 1,000 results in a fractional number, the product shall be rounded up to the next whole number)

TABLE 5 - SLOPE ADJUSTMENT	
Average Slope	Percentage of Net Site Area to be Deducted in Calculating Allowable Floor Area
10.01 - 20%	10% plus 3% for each percent of slope over 10%*

교육과정이란 무엇인가?

교육과정이란 학생이 무엇을 배워야 하는지를 설명한 학업과 활동의 과정이다. 교사는 무엇을 가르쳐야 하는지, 학생은 무엇을 배워야 하는지 알려주는 안내서이다.

교육과정은 배워야 할 내용과 사용되어야 할 학습법들을 설명한 학교문서이다. 그것은 마치 여러 종류의 맛있는 음식과 어떤 재료로 그 음식이 만들어졌는지를 보여주는 식당의 메뉴와도 같다. 이제 그 음식들을 고객이 즐길 수 있게 하기 위해 요리를 해야 하는 것은 요리사의 몫이다.

교육과정은 교사와 교육관리자 그리고 교육과정전문가들에 의해 만들어진다. 이들은 각 주의 학업 성취기준을 토대로 최적의 교육과정과 교수법을 설계한다. 이를 토대로 교육과정 안내서가 나오게 된다. 이 안내서의 목적은 교사들에게 지침을 주는 것이다. 이 지침을 바탕으로 학생들이 해당 내용에 대해 높은 수준의 성취를 달성하도록 한다. 안내서의 내용은 다음과 같아야 한다.

1. 학습 내용을 분명히 제시한다. (사실·개념·주제·소재·방법들)
2. 최적의 교수법을 제시해준다. (토론·사례연구·역할놀이·예행연습·협력학습·실험 등)
3. 내용을 지도하기 위한 활동이나 방법들을 제시해준다.

그러므로 교사가 아직 이 교육과정 안내서를 받지 못했다면, 당장 찾아봐야 할 것이다. 여행할 때 반드시 지도가 있어야 하듯이, 수업할 때 반드시 이 안내서가 있어야 한다. 수업을 위해 교육과정을 개발하는 것은 교사의 일이 아니다. 교사가 할 일은 그것을 학생들에게 전달하는 것이다.

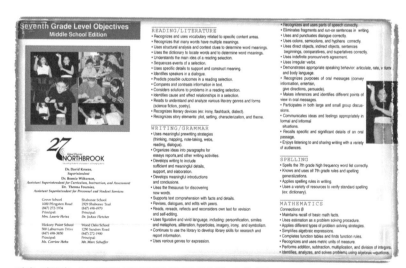

일리노이주의 노스브룩교육구청의 웹사이트에 실려 있는 교육과정

신임교사가 학생들에게 무엇을 가르쳐야 하는가를 정확하게 보여주는 이런 정보는 쉽게 접할 수 없다. 교육과정과 교육자료에 대한 정보도 제대로 얻지 않고, 또 종종 학생들이 다음 학년으로 올라가기 전 무엇을 배우기를 원하는가에 대해서도 알지 못한 채 교단에 서는 교사들이 많다. 하버드대학에서 시행한 연구 '신임교사들에 대한 연구(The Project on the Next Generation of Teachers)'에 따르면, 소수의 교사들만이 명료하고, 실용성 있는 교육과정을 준비하고 수업을 시작한다. 극소수의 교사들만이 국가수준의 교육과정과 일치하는 해당 지역 혹은 학교의 교육과정을 접할 수 있다.[5]

GoBe

준비가 안 된 교사

크리스티나 애스키스교사는 한 도시의 학교에서 교육과정과 교과서가 없이 1년 동안 가르쳤다. 이 교사에 대한 경험담은 EffectiveTeaching. com 사이트 Going Beyond 폴더의 Chapter 21에서 볼 수 있다.

교육과정 실행 계획

많은 교육청이 정리가 잘 된 교육과정 안내서를 갖고 있다. 루이지애나주 라푸쉬 지역의 공립학교들은 지역의 교육과정을 갖고 있다. 이 지역 교육과정은 주의 교육과정과 일치하면서 그 지역 학생들에게 적합한 학업성취목표들을 제시한다. 각각의 목표에는 이를 달성하기에 적합한 여러 가지 활동을 같이 제시한다. 이 지역 교육과정은 진정으로 실행가능한 교육과정이다.

지역 교육과정은 지도 가능한 목표, 다양한 자료, ICT 활용 방법, 교수전략, 개선활동, 성취활동, 과제 샘플 등 다양한 것들을 제시해준다.

물론 교사는 반드시 이 지역 교육과정을 사용해야만 하는 것은 아니다. 이것은 단순히 안내서일 뿐이다. 하지만 교사에게 이런 세부적인 지역 교육과정을 제시해주는 지역의 교사들이 얼마나 성공적인 교사가 될지 생각해보라. 이것은 미스터리학습(mystery learning)이 아닌, 완전습득 학습(mastery learning)을 위한 지름길이다.

> **당신은 학생들의 학업성취를 위해 가르치고 있는가 아니면,
> 학생들에게 무엇을 하라고 지시만 하는가?**

유능하지 못한 교사는 학습을 위해 가르치는 것이 아니고, 그저 학생들에게 무엇을 하라고 지시한다.

 불행하게도, 교사 안내서 책자를 휙휙 넘기면서 다음과 같이 속삭이는 교사들이 많은 것이 사실이다.

무엇을 해야 학생들이 바빠지지?	무엇을 하며 시간을 때우지?
재미있는 활동이 뭐가 있을까?	애들을 조용히 시킬 만한 활동이 없을까?
어떤 자료를 주지?	어떻게 하면 학생들이 나처럼 되게 할 수 있을까?

 결과적으로, 유능하지 못한 교사는 학생들에게 무엇을 하라고만 지시한다. 예를 들면,

24쪽 읽으세요.	이 빈 칸들을 채우세요.
34쪽에 있는 문제들을 풀도록 하세요.	멕시코에 대한 글을 쓰도록 하세요.
이 활동을 하세요.	조용히 앉아서 23~30쪽까지 읽으세요.
단원 맨 마지막에 있는 질문들에 답하세요.	1쪽에 있는 도입부분을 읽도록 하세요.

 이러한 예들은 학생들의 학업성취에 도움을 주지 못한다. 그것은 그저 과제(job)일 뿐이다. 이런 교사들은 학생들에게 무엇을 하라고 지시한다. 학생들이 무엇을 이해하고, 학습하며, 학업성취를 할 수 있을지에 대한 언급을 하지 않는다. 그러면 학생들은 그들이 학습하고 있는 것에서 성취감이나 책임감은 느낄 수 없다. 따라서 위에 제시했던 그런 과제를 해야 하는 학생들은 다음과 같이 질문하게 된다.

오늘 저희는 무엇을 하나요?	오늘 숙제는 뭐예요?
오늘 비디오 보여주시나요? 왜 이걸 해야 하죠?	오늘 하는 게 중요한 건가요?
다했어요! 다 한 사람은 이제 뭘 하나요?	

 학생들이 이 과제를 다 했다. 그럼 그들은 뭔가를 배운 걸까? 이런 교실에서, 학생들은 교사가 다음에 무엇을 하라고 말할 때까지 그저 앉아 있을 뿐이다. 유능한 교사는 학생들의 성취와 책임감을 위해 가르친다. 주어진 과제를 통해 학생들 스스로가 무엇이 성취될지에 대해 이해할 때 책임감도 가르칠 수 있다. 이때 학생들은 다음과 같이 질문한다.

내가 지금 어떻게 하고 있는 거지?	제가 잘하고 있는 건가요?	이 정도면 A를 맞을 수 있나요?

 이와 같은 질문은 학생이 끊임없이 스스로 더 낳은 결과를 위해 노력하고 있다는 것을 말해준다.

 이것에 대해 어떻게 생각하니?

> **교사는 체계적이고 목적이 분명한 과제를 통하여 학생들의 학업성취를 위해 가르쳐야 한다.
> 그러면 학생들은 보다 우수해질 것이고, 교사 또한 유능한 교사로 인정받을 것이다.**

과제는 24장이다

왜 아무도 나에게 학생들에게 과제를 어떻게 내는 것인지를 알려주지 않았을까? 나는 학생들에게 과제를 낸다는 것은 학생들이 어떤 단원을 읽어야 할지를 말하는 것인 줄 알았었다. "여러분, 이번 주 숙제는 24장을 읽어보는 것입니다. 이번 주 금요일에 24장에 대한 시험을 보겠습니다."

시험을 본 후 나는 그 결과에 처참해지곤 했었다. 나는 이 처참한 결과에 대해 학생들을 비난하기 시작했다.

- 학생들은 전혀 '열심히' 공부하지 않았어.
- 학생들은 과제를 하는 데 '충분한 시간'을 할애하지 않았어.
- 학생들은 책을 '자세히' 읽지 않았어.
- 학생들은 '집중'하지 않았어.

나는 그 장의 내용을 충분히 설명해줬고, 토론을 이끌기도 했으며, 그 단원을 공부할 충분한 시간도 주었다. 심지어 나는 과제를 위한 보충자료까지 학생들에게 나누어주었다. 그럼에도 결과가 이런 건 공부하지 않은 학생들 잘못이다.

나는 학생들이 과제를 들고 집에 갔을 때 그들 부모가 "오늘 과제가 뭐니?"라고 물어볼 때 학생들이 "24장이에요"라고 말할 수밖에 없다는 사실을 생각지 못했다. 학부모와 학생은 그 과제에 대해 당황하였을 것이다. "24장?" 학생들은 뭘 배워야 하는 거지? 부모는 무엇을 도와줘야 하는 거지?

나는 문제가 나에게 있다는 것을 전혀 깨닫지 못하고 있었던 것이다. 결국 나는 어떻게 과제를 내야 하는지를 모르고 있었던 것이다. 나는 이제야 학생들의 학업성취를 도와줄 수 있는 과제를 낼 줄 알게 되었다. 몇 년이 지난 후에야 나는 이것을 알게 되었다.

어느 고등학교 교사로부터

수업이 체계적이고 무엇이 성취되어야 할 것인지가 구체적일수록,
학생들의 학업성취는 커진다.

따라서 해당 지역 혹은 학교가 해당 과목 및 수준별 교육과정을 갖고 있다면 그래서 신임교사에게 그 교육과정을 활용할 수 있는 방법을 보여줄 수 있다면, 이런 일부 신임교사와 학생간 발생하는 비효율적인 학습을 개선할 수 있다.

따라서 해당 지역 혹은 학교가 해당 과목 및 학년별 교육과정 안내서를 갖고 있으면서 신임교사에게 그 교육과정을 활용할 수 있는 방법을 보여줄 수 있다면, 일부 신임교사와 그들의 학생들이 겪는 좌절과 실패는 완화될 수 있을 것이다.

2단계 한 문장으로 각각의 학업성취 목표를 표현하라

학생들이 학업을 성취하도록 가르치기 위해, 교사는 명료하고 정확하게 무엇이 성취될지 한 문장으로 표현할 수 있어야 한다. 이를 학습목표(Objectives) 혹은 학습기준(Learning Criteria)이라 부른다.

> **학습목표란**
> 교사가 지도한 것을 학생들이 학습하거나, 이해하거나, 혹은 완전히 습득하여
> 성취수준에 이르기 위해 반드시 달성해야 하는 것을 말한다.

수업의 목표는 목적이 있는 학습이다

> 학습목표는 학생들로 하여금 수업의 목적을 예상하고, 집중하고, 이해하게 도와준다.

학습목표를 강조하면 학습에 거대한 변화를 일으킬 수 있다. 케빈 와이즈와 제임스 오케이의 연구에 따르면, 효과적인 수업이란 학생들이 학습목표를 인식하고, 이 목표를 향한 그들의 학습과정에 지속적인 피드백을 제공해줄 수 있는 수업을 말한다.[6] 즉, 학생들 자신이 무엇을 배우는지를 알게 되면, 그들의 학습의지는 높아질 것이다.

학습목표는 교실 수업이 가고자 하는 목적지이다. 학생들이 그들의 목적지를 안다면, 그들은 무엇을 해야 할지를 알게 된다.

학생과 교사가 함께 같은 방향, 같은 목표, 혹은 같은 목적으로 나아가고자 할 때, 비로소 학습이 발생한다. 학생들은 교사로부터 과제를 받을 때, 그 과제의 성취를 위해 그들이 무엇을 해야 할지를 말해줄 수 있는 과제의 목적을 함께 받아야 한다.

학습목표는 수업의 목적을 제시해준다. 학생들은 자신들이 어디로 가고 있고 무엇을 하고 있는지 알고 있을 때 더 많은 것들을 성취해낸다. 또한 학습목표는 교사가 무엇을 가르쳐야 하는지를 분명히 명시하기에 교사에게도 또한 중요하다. 효과적인 과제는 교사가 그 결과를 마음속에 의식하면서 지도할 때 생겨날 수 있다.

이러한 학습목표는 두 가지 목적을 갖고 있다.

1. 학습목표는 학생에게 무엇을 성취할 것인가를 알려준다.
2. 학습목표는 교사에게 무엇을 지도하여야 하는가를 알려준다.

> **❝** 결과를 생각하며 시작한다는 것은 목적지를 알고 시작한다는 의미이다. **❞**
> −스테판 코비

> 진정한 학습을 위해 교사는 학습이 이루어졌는지를 입증할 수 있는 동사 위주의 단어를 사용한다.

학생과 교사가 같은 목표를 향해서 같은 방향으로 나아갈 때, 학습이 발생할 기회는 더 많아진다. 각각의 학습목표는 무엇을 해야 할지를 분명히 명시해주는 동사로 끝나는 명령어가 되어야 한다. 왜냐하면 동사로 끝나는 명령어는 성취가 이루어졌는지 유무를 분명히 판단할 수 있게 도와주기 때문이다.

동사는 동작단어(Action Words)이자 사고단어(Thinking Words)이다. 이어지는 페이지에서는 사용될 수 있는 몇 가지 동사 목록에 대해 이야기할 것이다. 이 동사들은 건물의 층처럼 단계별로 조직되어 있다. 이 목록은 시카고대학교의 벤자민 블룸 교수의 분류학(Bloom's Taxonomy)[7]이라는 연구결과를 토대로 하였다. 그의 분류는 동사를 6가지 그룹으로 나누었다.

1. 지식(Knowledge)

4. 분석(Analysis)

2. 이해(Comprehension)

5. 통합(Synthesis)

3. 적용(Application)

6. 평가(Evaluation)

학습목표는 무엇을 성취하는가?

학습목표는 두 가지를 성취하기 위해 작성된다. 즉, 과제제시와 과제평가를 위해 작성된다(23장 참조).

1. 과제제시: 학습목표는 학생들에게 과제의 방향, 즉 과제를 통해 무엇을 학습할 것인지를 알려준다.

블룸 교수는 유용한 동사를 6가지 그룹으로 분류하였다. 각 그룹에 있는 동사들은 과제를 완성하기 위해 필요한 특별한 사고기술을 자극하는 단어들이다.

과제에서 사용될 수 있는 사고단어

6. 평가
살펴보라, 선택하라, 비교하라, 결론지어라, 결정하라, 옹호하라, 평가하라, 의견을 제시하라, 판단하라, 타당함을 증명하라, 우선순위를 매겨라, 순위를 매겨라, 평가하라, 골라라, 지지하라, 가치를 따져라

5. 통합
바꿔라, 결합하라, 구성하라, 생각해내라, 만들어라, 설계하라, 다른 방법을 생각하라, 고안하라, 생각해내라, 창안하라, 창작하라, 계획하라, 예상하라, 모방하라, 결실을 맺어라, 다시 배열하라, 다시 생각해내라, 재정비하라, 수정하라, 제안하라, 가정하라, 시각화하라, 글로 작성하라

4. 분석
분석하라, 분류하라, 등급을 매겨라, 비교하라, 대조하라, 논쟁하라, 추론하라, 원인을 찾아라, 진단하라, 도표로 나타내라, 차별화하라, 분석하라, 구별지어라, 조사하라, 구체화하라

3. 적용
적용하라, 계산하라, 결론지어라, 구성하라, 증명하라, 결정하라, 그려라, 찾아내라, 예를 들어라, 설명하라, 만들어라, 가동시켜라, 보여주라, 해결하라, 규칙을 설명하라, 사용하라

2. 이해
전환시켜라, 묘사하라, 설명하라, 해석하라, 부연설명하라, 순서대로 배열하라, 바꾸어 말하라, 너의 방식으로 바꿔 표현하라, 다시 써라, 요약하라, 밝혀내라, 전환하라

1. 지식
정의하라, 빈 칸을 채워라, 확인하라, 분류하라, 일람표를 만들어라, 찾아내라, 연결하라, 기억하라, 이름을 제시하라, 상기하라, 철자를 말하라, 진술하라, 말하라, 강조하라

학생들이 과제를 하는 사고의 수준은 교사가 사용하는 동사의 수준에 달려 있다. 수준별로 요구되는 사고유형(the type of thinking)은 교사가 사용하는 동사 수준에 따라 복잡성 정도가 달라진다.

과제에서 의도하는 학생 사고 6단계

6. 평가 — 이 단계의 동사들을 사용하여 학생들에게 일정한 기준에 근거해 판단하도록 요구한다. (이 단계의 사고기술을 가진 학생은 일정한 기준에 근거해 스스로 탐색, 평가 또는 비판할 수 있다.)

5. 통합 — 이 단계의 동사들을 사용하여 학생들에게 일정부분의 정보를 활용하여 새로운 것을 완성하도록 요구한다. (이 단계의 사고기술을 가진 학생은 사전지식을 활용하고, 조합하고, 통합하여 새로운 결과를 만들 수 있다.)

4. 분석 — 이 단계의 동사들을 사용하여 학생들에게 사물을 분해하고 그들 간의 관계를 볼 수 있는지를 보여주도록 요구한다. (이 단계의 사고기술을 가진 학생들은 조사하고, 분해하고, 분류하고, 예측하여, 결론을 도출할 수 있다.)

3. 적용 — 이 단계의 동사들을 사용하여 학생들에게 새로운 상황에 적용하도록 요구한다. (이 단계의 사고기술을 가진 학생은 주어진 정보를 일상 문제 혹은 새로운 과제에 다른 사람의 지시를 받지 않고 자기 스스로 적용할 수 있다.)

2. 이해 — 이 단계의 동사들을 사용하여 학생들에게 그들이 이해했는지를 보여주도록 요구한다. (이 단계의 사고기술을 가진 학생은 이전학습의 내용을 파악하며 이해하고 있다.)

1. 지식 — 이 단계의 동사들을 사용하여 학생들에게 정보를 기억해 낼 수 있도록 요구한다. (이 단계의 사고기술을 가진 학생은 자신이 배운 정보나 개념 등을 기억해내거나 인지할 수 있다.)

2. **과제평가:** 학습목표는 교사가 학습목표를 성취하기 위해 추가적으로 어떤 학습을 하여야 하는지를 알려준다.

각각의 학습목표는 한 문장으로 표현되어야 한다. 예를 들면 다음과 같다.

- 소화 시스템의 각 기관을 순서대로 나열하라.
- 주말 파티를 계획하라.
- 이야기의 새로운 결말을 창작하라.
- 학급에서 토론한 내용을 요약하라.
- 상자 안의 내용물을 분류하라.
- 지구 온난화의 영향을 평가하라.

학습목표는 언제, 어떻게 작성해야 하는가?

학생이 성취해야 하는 것을 교사가 학습목표로 설정한다. 학생은 수업, 과제, 혹은 학습활동 등을 시작하기 전에 그들이 본 학습에서 앞으로 무엇을 해야 할지를 알고 있어야 한다. 그렇기 때문에 학습목표는 수업이 시작되기 전에 작성되어야 한다. 왜냐하면, 학습목표는 교사에게 무엇을 가르쳐야 할지를 그리고 무엇을 평가하여야 할지를 말해주기 때문이다.

또한 학습목표는 수업이 시작될 때 학생들에게 제시되어야 한다. 왜냐하면 학습목표를 보고 학생들이 수업에서 무엇을 해야 할지 그리고 어떻게 평가받게 될 것인지를 알게 되기 때문이다.

학습목표 작성은 쉽다. 다음의 두 가지만 하면 된다.

1. **적절한 동사를 골라라(297쪽 참조)** 오직 교사만이 어떤 동사를 사용할지를 정확히 알고 있다. 왜냐하면 당신만이 무엇을 가르치고 싶은지 혹은 무엇을 가르칠 필요가 있는지를 정확히 알기 때문이다. 오직 교사만이 학생들의 실력과 준비 상태를 잘 알고 있다. 오직 교사만이 다음 단계를 위해 학생들에게 무엇을 준비시켜야 할지를 알고 있다.

> 왜 학생들은 낮은 성적을 받게 되는가?
> 만약 학생들이 무엇을 해야 할지를(수업진행과정), 그리고 무엇을 배워야 할지(학습목표) 안다면, 그들은 더 높은 성취를 이룰 것이다.

> **학습목표는 동사로 표현하라**
>
> 동사는 다음의 두 가지를 충족시켜 주는 동작동사다.
> 1. 동사는 학생에게 무엇을 성취해야 하는지를 말해준다.
> 2. 동사는 교사에게 학생이 학습목표를 성취했는지를 확인하기 위해
> 무엇을 평가해야 할지를 알려준다.

2. 문장으로 표현하라 동사는 학생에게 무엇을 해야 할지를 알려주고, 나머지는 학생에게 무엇이 성취되어야 하는지를 알려준다. 학습목표 문장이 구체적인지 그리고 교사, 학생, 부모에게도 쉽게 이해될 수 있게 표현되었는지 다시 한 번 확인하도록 한다.

다음과 같은 단어들은 좋은 동작동사가 아니다. 왜냐하면, 이런 동사를 보고 학생들이 무엇을 해야 할지를 결정하기가 비록 불가능한 것은 아니지만 매우 어렵기 때문이다. 이 단어들은 또한 블룸의 목록에도 없다. 교사가 학습목표를 작성할 때 이 단어들을 사용하지 않도록 한다.

감상하라, 즐겨라, 미화하라, 사랑하라, 행복해하라, 좋아하라, 축하하라, 이해하라

> **남극을 공부하기 위한 '블룸의 분류 단계'**
>
> 1. 지식: 남극에 처음으로 간 사람의 이름은?
> 2. 이해: 남극과 북극의 차이를 설명하라.
> 3. 적용: 남극 탐험을 성공으로 이끌도록 도와주는 첨단장비 중 한 가지 예를 설명하라.
> 4. 분석: 같은 해 7월 1일의 남극 날씨와 12월1일의 남극 날씨를 비교하라.
> 5. 통합: 남극 탐험가라고 가정하고 남극점에 도착한 날의 감정을 표현하는 탐험일지를 작성해보라.
> 6. 평가: 남극은 개발 금지 지역으로 남아 있어야 하는가? 여러분의 생각을 말하라.

학습목표는 제3자가 봐도 쉽게 읽히고 이해될 수 있는 것이 중요하다. 문장이 이해되기 쉬울수록, 학생이 의도된 학습을 할 가능성은 더 높아진다. 또한 그 목표는 명료하고, 구체적이고, 학생 친화적인 언어로 표현되어야 하며, 평가와도 일치되어야 한다. 실례로 초등학교 과학학습목표를 다음과 같이 복잡하게 작성하지 않아야 한다.

동일한 접시 위에 두 종류의 곰팡이를 배양해보라.
학생들은 곰팡이들이 상호간 억제반응을 한다는 것을 서술할 것이다.

교사는 학생들이 성취하기를 원하는 것을 정확하게 표현하는 학습목표를 작성해야 한다. 위의 학습목표는 더 많은 사람들이 이해하기 쉽도록 단순하고 구체적인 방법으로 표현될 수 있을 것이다.

두 곰팡이를 함께 배양할 때 어떤 일이 발생하는지를 설명하시오.

학습목표를 문서로 작성해야 하는 것은 아니다. 말로 전달해도 된다. 이것은 특히 초등학생이나 특수교육 상황에 매우 유용한 접근법이다.

교사는 또한 한 번에 모든 학습목표를 제시할 필요는 없다. 특히 초등학생들에게는 한 번에 한두 가지의 학습목표를 제시해주는 것이 훨씬 더 유익할 수 있다. 가장 중요한 것은, 계속적으로 목표를 주시하며 수업이 제대로 진행되는지를 확인해야 한다는 것이다.

예를 들어, 당신이 운전 중이라면 반복적으로 지도를 살펴볼 것이다. 당신이 집을 건축하는 중이라면, 자주 설계도를 살펴볼 것이다. 그리고 당신이 회의에 참여 중이라면, 다음 토픽이 무엇인지 그리고 다음 회의가 어디서 열리는지를 확인하기 위해 프로그램 안

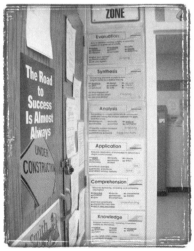

동사의 목록을 교실에 게시해두면 교사와 학생들은 사용된 동사들을 충분히 이해할 수 있게 된다.

내서를 참조할 것이다.

학교는 보통 학기 시작 약 한 달 후 학부모 초청행사를 한다. 그 자리에서 부모들로부터 많은 질문을 받게 된다. 만약 학부모가 아이들의 과제에 대해 물어보면, 어떻게 과제를 부여할 것인지를 학부모에게 설명해주어야 한다.

교사가 학부모에게 학습목표를 보여줄 때, 지도나 설계도, 쇼핑리스트 같은 비유를 사용해 쉽게 설명할 수 있도록 한다. 이 방식을 사용하면 교사가 무엇을 가르칠 것인가를 학부모가 쉽게 이해할 수 있다. 학부모들이 교사가 가르치고자 하는 것을 잘 이해하면 할수록, 학부모들은 아이들의 학습을 더 잘 도와줄 수 있다.

교사의 학습목표가 교육과정의 성취기준과 연결될 때 그것을 일치(alignment)라고 한다. 학생들이 무엇을 배울지, 교사가 어떻게 그것을 가르칠지가 자연스럽게 연결되는 것이다.

3단계 학생들에게 학습목표를 나눠줘라

지난 몇 년 동안 교육 현장에서 성공적으로 사용된 다음에 소개되는 생물 과제를 참고해 보자(여기서는 과제에 대한 학습목표가 '학습지침서'의 역할을 하고 있다). 이를 참고해서 어느 교사든 그들의 과목에 적용할 수 있다.

> 학생들은 그들이 학습에서 무엇을 해야 할지를 알 때 스스로 통제할 수 있다.

학생들의 성취를 돕기 위한 학습지침서 사용법

1. 학생들에게 과제를 제시할 때, 그들에게 '학습지침서'의 개념에 대해 설명하라. 학습지침서는 교사가 학생들이 과제를 완성하도록 돕기 위해 고안한 안내서이다. 교사는 학생들의 가이드가 되어서 그들의 성공에 힘이 되길 원한다.

2. 학습지침서의 사용법을 설명하기 위해 지도, 안내서, 쇼핑목록 같은 비유를 사용하라. 예를 들어, 여행 가는 목적지를 찾기 위해 지도를 사용하는 것처럼, 지침서의 문장은 학생들이 해당 단원의 학습에 있어서 그들을 안내할 지도로서 역할을 한다. 이 지침서는 고압적이 아닌 학생 친화적으로 표현되어야 한다.

3. 학생들이 학습지침서를 사용할 수 있는 최고의 방법은 그들이 학습하고 있는 학습자료(교과서, 참고서, 보조자료 등) 바로 옆에 두는 것이라는 사실을 학생들에게 알려줘라. 학생들은 학습지침서를 그들의 부모가 운전시 지도를 옆에 두고 운전하는 것처럼 사용해야 한다.

4. 수업의 중요개념은 첫 두세 문장 사이에 있다는 사실을 학생들에게 알려줘라. 학생들의 과제를 ('24장', '십진법', '중동아시아' 같은 의미 없는 과제가 아닌) 위해서도 이 개념에 집중해야 한다.

5. 학습지침서상에서 번호가 매겨진 문장을 주목시켜라. 이 문장들은 학생들이 정확히 무엇을 해야 할지를 그리고 그들이 핵심개념을 이해하기 위해서는 어떤 세부적인 것들을 성취해야 하는지를 설명해준다는 사실을 학생들에게 설명해줘라.

6. 학습지침서상에서 각각의 문장은 시험의 대상이 될 수 있다는 사실을 학생에게 말하라. 학생들은 학습지침서상의 문장 혹은 학습목표의 이해여부를 평가받게 될 것이다(23장 참조).

소화시스템 학습지침서

소화시스템은 우리 몸의 세포가 이용 가능한 형태로 음식물을 분해시켜준다.

목적지로 이동하기 위해 지도를 사용하는 것처럼, 교사의 학습을 위해 다음의 문장(학습목표)들을 사용하라.

1. 모든 어휘의 뜻을 정의하라.
2. 소화시스템의 기능을 진술하라.
3. 여러 종류의 영양소 예를 들어라.
4. 영양가 있는 음식과 영양가 없는 음식을 구별하고 예를 제시하라.
5. 역학적 소화와 화학적 소화를 비교하라.
6. 소화시스템을 그림으로 그리고, 각 기관의 기능을 설명하라.
7. 어떻게 영양소가 혈액 속으로 가게 되는지 설명하라.
8. 일주일 동안의 산행을 위한 식단을 구성하라.
9. 다양한 다이어트 프로그램에 대해 평가하라.

학습지침서는 학생과 학부모가 학습내용에 숙달하도록 공부하기 위하여 무엇을 해야 할지를 분명하게 이해할 수 있도록 도와준다.

4단계 학습목표를 자주 노출하라

학습목표는 수업의 목표이다.

- 칠판에 학습목표를 적어 놓아라. 학생들은 그들의 학습이유를 이해할 때 더 적극적으로 학습 활동에 참여한다.
- 수업을 학습목표에 대한 설명으로 시작하라. 그러면 학생들은 그들이 무엇을 배워야 하는지를 알게 된다.
- 수업 중에도 학습목표를 자주 언급하라. 그러면 학생들은 자신의 현재 학습 정도를 스스로 파악할 수 있게 된다. 이것은 자신이 현재 무엇을 이해하지 못하는지를 깨닫게 해주기도 한다.
- 학습목표와 연관된 수업은 학생들의 집중도를 높여준다.

추가적인 지도가 필요한 학생은 어떻게 해야 할까?

학습목표는 책임의식이 있는, 즉 '공을 갖고 공과 함께 달릴 수 있는' 평균 혹은 평균 이상의 학생들에게 효과적이다. 이런 학생들은 교사나, 상인, 혹은 전문 경영인이 되어 계획이나 프로젝트를 구체적인 결과로 만들어 낼 수 있을 것이다. 그들은 어떻게 문제를 해결할지를 그리고 어떻게 성취할지를 스스로 아는 사람들이다. 따라서 이들은 무엇을 하라고 지시 받을 필요가 없다.

하지만, 수업에는 자신이 무엇을 해야 할지 모르는 학생들 또한 많다. 그렇다고 이 학생들이 평균 이하는 아니다. 이들은 교사의 과목에 있어서 아무런 배경 지식이 없는 학생일 수도, 혹은 언어적 문화적으로 어려움에 직면한 학생일 수도 있다. 이런 학생들을 위해서, 각각의 학습목표에 대해 구체적인 질문 혹은 수업진행 과정을 작성하라. 다음은 이를 위한 예시이다.

성취력 향상

수업시작 전에 학생들에게 무엇을 배울 것이라고 알려준다.
그것만으로 교사는 학생들의 성취를 27% 정도 향상시킬 수 있게 된다.[8]

학습안내서는 학생들에게 학업성취를 위해서 무엇을 알아야
하는지를 미리 알려준다.

예(이 예시는 304쪽 소화시스템의 학습목표 3번을 기초로 한 것이다.)

학습목표: 여러 종류의 영양소를 예로 들어라.

추가적인 질문

1. 여러 종류의 영양소 이름을 말하라.

2. 단백질의 정의와 예를 제시하라.

3. 탄수화물의 정의와 예를 제시하라.

4. 지방의 정의와 예를 제시하라.

5. 왜 단백질이 우리 몸에 중요한지에 대한 이유를 설명하라.

6. 왜 지방이 우리 몸에 중요한지에 대한 이유를 설명하라.

추가적인 과제

많은 추가적인 지도를 필요로 하는 학생들을 위해, 각각의 질문들 옆에 그 해당되는 답이 있는 페이지나 관련정보를 제시해준다.

학생들에게 과제를 하도록 만들기

학습목표를 작성할 때 세 가지 중요한 사실

1. 구조: 일관된 형식을 취한다.

2. 정확성(명확성): 간결하고 명료하게 표현한다.

3. 성취: 무엇이 성취될 것인지 알려준다.

학생의 숙제 빈도수를 높이고, 교사의 성취도를 높이기 위해 다음과 같이 과제를 제시한다.

1. 내용이 아닌 학습목표를 토대로 학습목표 성취를 위한 과제를 제시한다.

2. 학부모 같은 외부인조차 과제를 쉽게 이해할 수 있도록 학습목표를 간결하고 명료하게 표현한다.

3. 학습목표를 학생들에게 미리 알려줌으로써 그들 스스로 학습을 할 때 무엇을 해야 할지를 알게 해준다.

자력(Magnetism)에 대한 학습지침서

자석의 특성

본 단원은 다음과 같은 4개의 학습목표를 갖고 있습니다.

1. 어떻게 자석이 전하(electric charges)가 있는 물체와 유사한 특성을 지니는지 설명하라.
2. 자극(magnetic poles)을 설명하기 위한 자석(magnets) 반응의 예를 제시하라.
3. 자기장(magnetic field)을 어떻게 찾을 수 있는지 설명하라.
4. 두 자석의 서로에 대한 자극(magnetic poles)효과를 설명하기 위해 자석 두 개를 사용하라.

여러분이 학습목표를 달성하는 것을 돕기 위해 이 학습지침서를 작성했습니다. 이 지침서는 위의 학습목표들에 대한 여러분의 학습을 돕기 위해 더 작은 질문이나 과제들로 나누었습니다. 이 질문이나 과제를 공부할 때 다음의 지시사항을 따라주기 바랍니다.

여러분이 해당 질문에 대한 정답을 찾은 곳의 책 쪽수를 질문 왼쪽에 적어주십시오. 이것은 나중에 복습할때 도움이 될 것입니다.

질문·과제 앞에 괄호 안에 있는 숫자를 주목해주십시오. 이 숫자는 해당 질문·과제가 어떤 학습목표와 관련 있는지를 여러분에게 알려줍니다.

(2) 자극은 무엇인가?

(1) 자력(magnetic force)과 전력(electrical forces)의 유사점 세 가지는 무엇인가?

(4) 자석의 미는 힘(rapelling)과 끄는 힘(attracting)에 대해 설명하라.

     N극과 N극 _____

     S극과 N극 _____

     S극과 S극 _____

(2) 일시자석(temporary magnet)은 무엇인가?

(2) 영구자석(permanent magnet)은 무엇인가?

(2) 왜 자석으로 바늘의 끝을 문지르면 바늘이 자기를 띠게 되는가?

(3) 자기장(magnetic field)은 무엇인가?

(2) 자석에 붙는 물건 5개를 말하라.

(2) 자석에 붙지 않는 물건 5개를 말하라.

(4) 어떻게 자석이 두 개의 자극(magnet poles)을 갖는지를 증명할 수 있는가?

나는 여러분에게 이 수업이 흥미로운 시간이 되기를 바랍니다.

책의 쪽수를 알려주기보다는, 학생들로 하여금 그들이 그 질문·과제를 해결했을 때 질문 옆에 그 쪽수를 적게 한다. 그러면 그들은 추후 재학습 시 쉽게 해당 내용에 접근할 수 있게 된다.

> **❝** 교육은 학습자를 통제 아래 놓는 것이 아니고,
> 학습자 스스로가 그들의 학습을 통제해 나가도록 만드는 과정이다. **❞**
> ― 앨리슨 프리스(캐나다 빅토리아 대학)

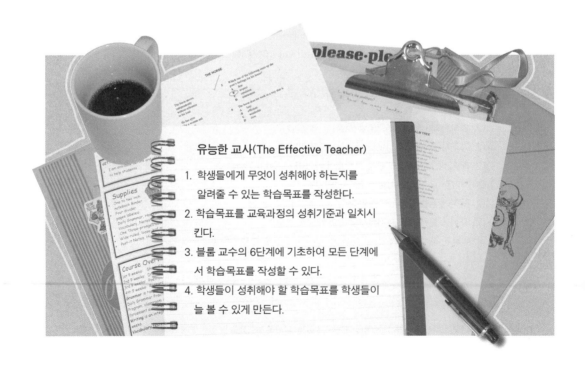

유능한 교사(The Effective Teacher)

1. 학생들에게 무엇이 성취해야 하는지를 알려줄 수 있는 학습목표를 작성한다.
2. 학습목표를 교육과정의 성취기준과 일치시킨다.
3. 블룸 교수의 6단계에 기초하여 모든 단계에서 학습목표를 작성할 수 있다.
4. 학생들이 성취해야 할 학습목표를 학생들이 늘 볼 수 있게 만든다.

22장

학생들의 학습결과를 테스트하는 방법

THE KEY IDEA

시험의 목적은 학생들의 학습목표 달성 유무를 파악하기 위한 것이다.

> ❝ 평가가 이루어질 때 성과도 이루어진다.
> 평가가 없으면 그냥 지나치게 된다. ❞
>
> — 피터 드러커

시험의 목적

시험의 목적은 학생들의 학습목표 성취여부를 판단하기 위한 것이다.

학습목표는 수업시작 전에 작성되어야 한다. 왜냐하면 학습목표는 학생들에게 그들이 무엇을 배워야 할지를 그리고 교사에게 그들이 무엇을 가르쳐야 할지를 말해주기 때문이다.

시험은 학생의 학습 평가를 보기위해 사용되기 때문에 시험지는 수업시작 전에 미리 작성되어야 한다.

수업시작과 함께 학생들에게 학습목표를 나누어줘라. 그러면 학생들은 본 학습에서 그들이 무엇을 해야 할지를 알게 될 것이다. 이런 학습목표는 학생들이 무엇을 배우게 될지를 알게 해주기 때문에 학생들은 대개 이런 학습목표를 갖게 되는 것을 좋아한다. 그리고 학습목표는 평가와 밀접한 관련이 있기 때문에 학생들에게 그들이 무엇을 평가 받게 될 것인지 또한 알려줄 수 있다.

평가가 학습목표를 결정하지 않는다. 학습목표가 평가를 결정한다. 학생들은 한 번에 해당 학습의 목적을 확인할 수 있는 학습목표를 좋아한다. 만약 시험이 학생학습을 평가하기 위한 역할을 하지 못했다면, 그 학습목표는 잘못된 것이다. 본 단원은 시험의 구성에 대해 논하고 어떻게 시험이 학습목표의 성취를 평가할 수 있는 도구로 사용될 수 있는지에 대해 다룰 것이다.

언제 시험문제를 만들어야 하는가?

> 과제와 시험문제는 2개의 자전거 바퀴처럼 수업의 시작과 함께 만들어야 한다.

과제와 시험문제는 서로 관련이 깊기 때문에 반드시 함께 만들어져야 하고 서로 연관성이 있어야 한다. 시험은 학습을 점검하고 평가하기 위해 사용된다. 시험은 단순히 교사가 가르쳐준 내용만을 다뤄서는 안 된다. 시험은 학생이 해당 학습의 학습목표를 성취했는지 그리고 이해했는지 유무를 결정하기 위해 사용되어야 한다.

다음은 시험을 보는 타당한 이유가 아니다.

- 시험기간(시간의 경과)
- 시험범위(수업 진도)
- 상대평가
- 시험시간

시간의 경과 학습은 시험기간, 즉 '2주가 지났으니 이제 시험 볼 때다' 같은 시간 간격과 아무런 관련이 없다. 만약 때가 되어 성적이 필요하다면, 시험이 아닌 과제를 제시해줘야 한다.

수업진도 시험은 '진도가 다 나가서' 보는 것이 아니다. 진도가 아닌, 교사의 기준으로 언제 학생들을 평가할지를 결정해야 한다.

상대평가 '나는 각 평가의 점수 평균이 50점이 되게 하고 점수 분포를 넓게 하여 정규분포를 보이도록 하려고 한다.' 이것은 큰 착각이다. 시험의 목적은 학생들을 서로 비교하기 위한 것이 아니다. 시험은 교사가 해당 학생이 무엇이 부족하고 무엇을 더 보충해줘야 할지를 판단하는 데 도움이 되도록 활용해야 한다.

시험시간 시험문제의 수는 수업의 기간이 아닌 필요한 문제에 따라 결정되어야 한다. 개별 학생이 무엇을 알고 있고, 무엇을 할 수 있는지를 평가하기 위해 필요한 문제, 다시 말해 개별 학생이 해당 수업의 학습목표를 성취했는지 여부를 확인할 수 있는 문제에 따라 시험문제의 수와 시험시간이 결정되어야 한다.

언제 시험을 내야 하는가?

교사는 학생들에게 시험을 내야 할 필요가 있다고 생각될 때 수업내용, 교과서 해당 단원 및 단위, 그리고 주제에 대해서 시험을 낼 수 있다. 교사는 각 학습과제에 대해서 학생들이 학업성취를 할 수 있도록 시험을 준비해야 한다.

- 각각의 수업은 학생들이 학업성취를 증명해 보여야 하는 구체적인 학습목표를 가져야 한다.
- 각각의 수업은 해당 학습목표를 위한 구체적인 질문들을 가져야 한다.

- 시험은 수업의 시작과 함께, 즉 학습목표와 함께 만들어야 한다.
- 시험은 학생이 해당 수업을 마친 후 실시되어야 한다.

어떻게 시험문제를 만들 것인가

모든 시험문제는 학습목표와 관련되어야 한다. 이 학습목표는 교사에게 시험문제 출제하기를 매우 쉽게 해준다. 교사가 해야 할 것은 학습목표에 대한 일련의 질문을 작성하는 것뿐이다.

학습목표에 따라서 무엇을 물어볼 것인지 그리고 몇 개의 문제를 낼 것인지를 결정한다.

성적에 관해 우리가 알고 있는 것[1]

여러 연구의 결과는 성적에 대해 다음과 같이 말한다.

- 학생들의 성적을 측정하고, 그 성적을 공표하는 것이 수업의 필수사항은 아니다. 성적은 교습이나 학습과 관련되어 있지 않다. 수업의 핵심은 교사가 어떻게 학생들의 학습 진행상황을 계속적으로 관리하고 평가하는가에 있다. 이는 23장의 주제가 될 것이다.
- 성적은 보상으로서의 가치는 있어도 처벌로서의 가치는 없다. 교사는 절대로 성적을 처벌을 위한 무기로 사용해서는 안 된다. 왜냐하면, 성적은 어떤 교육적 가치를 지니고 있지 않고, 오히려 교사와 학생 간의 관계에 악영향을 준다.
- 성적은 학습목표에 대한 참고자료일 뿐이지 상대평가를 위한 도구가 되어서는 안 된다. 등수를 매긴 성적은 학생들을 서로 경쟁하게 만들어 학습을 승자와 패자로 갈라 놓는다.

성적은 단지 학생들을 평가하는 자료로 쓰여야 한다. 준비가 잘된 학업 성취기준과 학습목표를 사용하면 학생들의 성적은 아주 값진 것이다. 어떠한 비평도 이 사실을 바꾸지 못한다.

그랜드 위긴스
『Toward Better Report Cards』(1994년 10월)
Educational Leadership, 29쪽
ASCD, 버지니아주 알렉산드리아

첫 수업의 과제와 시험문제의 예를 보여준다

학생들에게 가장 두려운 시간 중 하나는 첫 번째 과제 혹은 첫 번째 시험일 것이다. 이런 현상은 교사가 이상적인 과제 혹은 전형적인 시험이 어떤 것인지를 알려주지 않기 때문에 발생한다. 학생들이 두려워하는 것은 교사가 과제나 시험에 대한 모델이나 예시를 제시해주지 않기 때문이다. 이를 확인하고 나서야 그들은 무엇을 해야 하는 것인지 혹은 무엇을 학습해야 하는 것인지를 알게 된다. 결과적으로, 많은 학생들이 그들이 포기한 첫 번째 과제 혹은 시험을 후회하고 실망하게 된다.

다음은 비효과적인 과제의 예이다.
연습문제를 풀어라.
단원 마지막에 있는 모든 문제를 풀어라.
맥베스에 대한 영상을 봐라.
57쪽의 모든 문제를 풀어라.
본 단원에 대해 요약하라.

다음은 비효과적인 시험의 예이다.
이번 시험은 저번 시험 이후 모든 내용을 다룰 것이다.
이번 시험은 우리가 이번 주 배운 모든 내용을 다룰 것이다.
이번 시험은 사지선다형 문제, 빈 칸 채우기, 틀린 것 찾기 등과 같은 유형의 문제들이 있을 것이다.
시험은 50점 만점이다.

유능한 교사는 시험의 예시를 보여주고 왜 이것들이 시험에 나왔는지를 설명해준다. 그러면, 학생들은 그들이 무엇을 공부해야 할지, 그리고 시험이 어떻게 나올지를 알 수 있게 된다.

유능한 교사는 다음과 같은 방법으로 과제와 시험에 대해 설명한다.

- 지난 시험 혹은 과제에 대해 가능한 많은 예시나 모델을 보여줘서 학생들로 하여금 그들이 무엇을 해야 할지, 그리고 시험은 어떻게 나올 것인지 스스로 알 수 있게 해준다.
- 완성된 과제가 어떻게 되어야 하는지, 그리고 시험문제는 어떻게 학습목표와 연관되는지 설명해준다.

훌륭한 예시들을 학생들에게 보여줄 뿐만 아니라, 교사의 격려로 학생들이 자신감을 갖고 그들도 성공할 수 있을 것이라고 깨닫게 해준다.

시험의 목적은 개별 학생이 해당 학습의 학습목표를 어느 정도 성취했는지를 확인하기 위한 것이다. 그래서 시험은 반드시 종이시험일 필요가 없다. 시험은 학생들의 발표회, 질문에 대한 답변 또는 프로젝트를 통해서 평가될 수도 있다. 이럴 때도 물론 시험은 해당 학습의 학습목표와 일치해야 한다.

1단계 모든 시험의 시작은 그 수업의 학습목표에 있다. 교사가 시험문제를 낼 때 기억해야 할 부분이다.

2단계 첫 학습목표를 주시하라. 그리고 그 학습목표를 위한 시험문제를 작성하라. 한 개의 질문은 부족하다. 그것으로는 학생들이 해당 학습목표를 성취했는지 여부를 판단할 수 없기 때문이다.

〔예시 1〕	〔예시 2〕
학습목표 과학적 방법의 단계를 나열한다.	학습목표 'y'로 끝나는 단어를 복수로 바꾼다.
시험 다음 중 어떤 것이 과학적 방법인가?	시험 pony, battery, key, party, decoy, sky, play
a. 관찰, 실험, 가설	
b. 실험, 학습, 결론	
c. 가설, 사고, 관찰	
d. 자료수집, 원리, 결론도출	

3단계 다양한 형태의 질문을 사용하라. 시험을 꼭 시험지를 통해 볼 필요는 없다. 구두나 행동을 통해 교사는 학생들의 학습상황을 파악할 수 있다.

4단계 나머지 학습목표에 대해서 1~3단계를 반복한다. 교사가 모든 학습목표에 대한 시험문제를 완료했을 때, 시험작성을 완료한 것이다.

다음은 '관찰'에 대한 수업에서 실시하는 시험의 예시이다. 이 수업에 4가지 주요 단계가 있다.

1. 개념: 수업의 핵심
2. 학습목표: 학생이 성취해야 할 목표
3. 질문: 질문은 학습목표와 관련 있다. 각 질문의 왼쪽에 있는 ( )를 주목하라. 첫 숫자는 해당 질문이 어떤 학습목표와 관련 있는지를 말해준다.
4. 해답: ( )를 다시 한 번 주목하라. 두 번째 숫자는 해당 질문에 대한 해답이 어디에 있는지를 말해준다(다음에 이어질 '교정 도구로서의 시험' 단원에서 이 정보를 학생들의 학습을 도와주기 위해 어떻게 사용할지에 대해 설명할 것이다).

> 이것은 그저 예시일 뿐이다.
> 어떻게 학습목표와 시험이 연관되어 있는지를 보고
> 교사의 과목에 적용해야 한다.

앞의 1~4단계를 통해 작성된 평가를 절대평가(criterion-referenced test)라 부른다. 대부분의 교사들이 의식하지 못한 채 흔히 만드는 시험을 상대평가(norm-referenced test)라 부른다. 이 두 형태의 시험에는 큰 차이가 존재한다.

절대평가는 시험문제가 학업 성취기준 혹은 학습목표를 지향하도록 되어 있다. 학생들은 어떤 학업 성취기준을 달성해야 하는지 알고 있기 때문에, 학생 학업성취 정도를 평가하기 위해 % 시스템이 사용된다. 따라서 본 평가에서 학생들이 경쟁해야 하는 유일한 대상은 본인 자신이다. 예를 들어, 학생들은 A를 받기 위한 기준이 93% 이상이 되어야 함을 알고 있다.

상대평가는 일직선상에서 학생들의 순위를 평가하기 위해 사용된다. 본 평가 후 학생들은

Assignment: **Observation**

Lesson Concept:

Observing, or paying attention, is an important step in the scientific method.

Lesson Objectives:

1. Define all the vocabulary words.

2. Explain the importance in your life of studying biology.

3. List the steps of the scientific method.

4. State when and in what order the steps of the scientific method are applied.

5. Explain why the scientific method is useful in daily life.

6. Give reasons why paying attention is important in life.

Lesson Test:

1. Biology is the study of
   (1-1A)
   a. wild animals.
   b. live plants.
   c. living things.
   d. human beings.

2. Science is
   (1-1B)
   a. the study of biology.
   b. a method of thinking.
   c. making observations.
   d. paying attention.

3. Studying biology may be important to you because
   (2-1B)
   a. you may become a doctor.
   b. you will learn about plants.
   c. you will find out about animals
   d. you will find out about your body.

4. Biology is important to you because
   (2-1A)
   a. you can learn about chemistry.
   b. you can explain birth defects.
   c. plants and animals are important to study.
   d. life is the most precious resource on earth.

5. The first step in the scientific method is to
   (3-1B)
   a. state the problem.
   b. collect data.
   c. conduct the experiment.
   d. make observations.

6. The following are some steps of the scientific method:
   (3-1B)
   a. observe, experiment, hypothesize
   b. experiment, conclude, study
   c. hypothesize, think, observe
   d. collect data, state principles, draw conclusions

7. The steps of the scientific method can be
   (4-1A)
   a. used only with a scientific problem.
   b. used at any time and in any order.
   c. used only in the proper order.
   d. used after much data has been recorded.

8. The scientific method can be used
   (4-1B)
   a. to make observations.
   b. to experiment and collect data.
   c. to state a conclusion.
   d. to accomplish all of the above.

9. The scientific method is used in daily life to
   (5-1B)
   a. solve problems.
   b. make observations.
   c. make discoveries.
   d. do all of the above.

10. Observations can be used in daily life to
    (5-IC)
    a. define science.
    b. help you stay alive.
    c. explain the word biology.
    d. list the rules of the scientific method.

11. In the business world, your boss will want you to
    (6-IC)
    a. conduct experiments.
    b. talk about science.
    c. write about science.
    d. pay attention.

12. When you don't feel well, your body is telling you
    (6-IC)
    a. to see a doctor.
    b. to work harder.
    c. to pay attention.
    d. to be careful.

13. Paying attention is a valuable life skill. It can help you
    (1-Key Idea)
    a. solve problems and make decisions.
    b. memorize the scientific method.
    c. appreciate life.
    d. find a job.

14. Paying attention is an important step in
    (1-Key Idea)
    a. the scientific method.
    b. the study of biology.
    c. the study of science.
    d. causing problems.

일직선상에서 순위가 결정된다. 상대평가는 집단에서의 지위, 입학시험, 혹은 조직 내의 지위 같은 서열화를 위해 사용된다.

상대평가는 교사가 학급의 순위를 매기기 위해 혹은 어느 학생이 학습에서 가장 뛰어난지를 결정하려 할 때처럼 등수를 정하기 위해 사용된다. 하지만 교사가 수업할 때는 학생들의 순위를 매기기 위해 가르치는 것이 아니다. 교사는 학생들의 학업성취를 위해 가르치고 또 모든 학생들이 성공하기를 원한다.

교사의 주요 역할은 학생들에게 성적을 주기 위한 것이 아니다.
교사의 주요 역할은 모든 학생들이 가장 높은 학업성취의 수준에 이르도록 도와주는 것이다.
이런 학업성취를 위한 수업을 위해서 학습목표와 이에 따른 절대평가를 사용하라.

학생 성적기록을 위한 팁

1. 학급일지에 학생들을 가나다순으로 나열한 후 1부터 시작하는 번호를 학생에게 부여한다.
2. 새로 전학온 학생이 있다면, 그 학생을 목록의 맨 마지막에 놓고 이어지는 번호를 부여해준다.
3. 학기 동안 학생들이 교사에게 제출해야 할 모든 자료들(시험, 프로젝트, 보고서 등)에는 학생들에게 그들이 부여받은 번호를 적도록 한다.
4. 일관성을 위해, 고정된 특정위치(예를 들어, 우측상단)를 정해줘서 학생들이 그들의 번호를 넣도록 한다.
5. 시험지에 학생들이 답을 같은 위치에 적도록 공간을 지정해준다.
6. 학생들로부터 받은 모든 자료들을 학생들이 기입한 그들의 번호순대로 나열한다.
7. 텔레비전을 보거나 스낵을 먹는 등 다른 일을 하면서 시험지를 채점하지 않는다.
   큰 책상위에 시험지 10개 정도를 펼쳐 놓고 세 개에서 다섯 개 정도의 문제를 돌아가면서 채점한다.
8. 채점 후, 다시 시험지를 순서대로 놓고 교사의 학습일지에 순서대로 기입한다.

교사는 시험 전 대부분의 학생들이 성적 곡선상에서 어디쯤에 위치할지 이미 알고 있다.

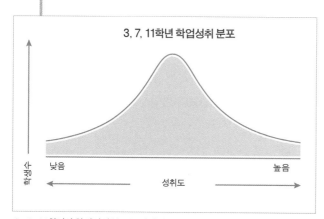

3, 7, 11학년 학업성취 분포

낮음   높음

성취도

학생수

3, 7, 11학년의 학업성취 분포는 상당히 일치한다. 그래프의 음영부분은 3, 7, 11 세 학년 모두 유사하다.

벤자민 블룸은 수천 명의 초등학교 3학년 학생들의 성적을 수년에 걸쳐 연구했다. 블룸의 연구에 의하면 3학년 학생들의 성적은 그들의 11학년 성적을 예측하는 데 사용될 수 있고 이는 80% 이상의 정확성이 있다. 따라서 3학년 때 높은 학업성취를 이룬 학생은 11학년에서도 대개 학업성취가 높다.

학업성취수준은 또한 상당히 주관이라서 상대평가의 미묘한 차이에 따라 결과가 달라지기도 한다. 이는 특정 평가규칙 아래 행해지는 피겨스케이팅과 같다. 이 평가기준에 잘 적응하는 스케이팅 선수는 경쟁에서 이기기 쉽다. 마찬가지로, 3학년 때 이런 상대평가에 잘 적응한 학생은 9학년 때도 이 상대평가에서 높은 학업성취를 이룰 가능성이 많다. 반대로, 상대평가에서 간신히 평균이상을 유지한 3학년 학생은 11학년 때까지 비슷한 수준의 학업성취를 할 가능성이 많다. 따라서 상대평가는 학생들의 능력, 즉 학생들이 할 수 있는 것을 측정하지 않는다. 상대평가 시험은 점수를 그저 보여준다는 점에서 농구장에 있는 점수판과 유사하다.

교사가 "학생들의 성적을 평가하기 위해 나는 시험이 필요하다"라고 말할 때, 이것이 시험을 보는 타당한 이유가 될 수 없다. 블룸에 따르면, 교사는 이미 학생들 대부분이 학업성취곡선상에서 어디쯤에 올지를 예측할 수 있어야 한다. 이는 이런 상대평가가 필요 없음을 의미한다.

학생들이 학교에 오면, 대부분은 이미 누가 국어에서 1등일지, 누가 수학을 잘하고 못하는지, 누가 승자고 누가 패자일지를 가정한다고 한다. 이것은 교육이 아니다. 이제는 우리 교사와 학생들이 시험과 성적에 대한 선입견을 바꿔야 할 때이다.

시험은 두 가지 목적으로 사용되어야 한다.

1. 교사는 시험 결과를 학생들의 학습을 평가하기 위해 사용하고, 필요하다면 학생들의 학습을 개선할 수 있도록 도와줘야 한다.
2. 학생들은 서열이 아닌 절대평가를 통한 %로 평가되어야 한다. 학생들은 자신과의 경쟁을 통해 학업을 성취하도록 해야 한다.

만약 학생들이 해당 학습목표를 성취했다면, 그 학생들에게 더 이상 과제를 부여하지 않는다. 그 학생들에게 스스로 학습하기 위해 충분한 자료를 제시해주거나 혹은 다른 학생들을 도와주도록 장려하도록 한다. 만약 학생들이 학습목표를 성취하지 못했다면, 그 학생들에게 잘못된 점을 고칠 수 있는 도움을 준다.

교정도구로서의 시험

당신이 의사와의 면담 후 돌아왔다고 가정해보자. 당신의 친구나 배우자는 "병원에서 뭐 했어?"라고 물을 것이다. 그러면 당신은 "의사가 검진(Test)했어"라고 말할 것이다. 이것은 의사가 다른 환자와의 비교를 통해 당신을 평가한다는 의미가 아니다. 그것은 의사가 검진 결과를 기다리고 있다는 것을 말한다. 즉, 결과가 나오면 의사는 당신의 병을 고치기 위해 무슨 조치가 필요할지를 결정한다.

같은 방식으로 교사도 진단도구로 절대평가(criterion-referenced test)를 사용해야 한다. 이 평가는 학생에게 도움이 필요한지 유무를 교사에게 알려준다. 만약 교사가 학생의 문제를 수정·개선해주지 않는다면, 학생들의 학습은 해가 갈수록 악화될 것이다. 이것은 삶과도 다르지 않다. 만약 당신이 감기 같은 병을 치료하지 않는다면, 담배 피우는 것과 같은 습관을 버리지 못한다면, 당신의 몸과 삶은 점점 악화될 것이다.

10장 이상 혹은 단원을 공부하고 나면, 대부분의 학생들은 그들이 학습한 것의 10~20% 정도만 기억한다. 학생들의 낮은 학업성취는 그저 진도를 나가고 성적처리를 위한 시험을 시행하는 유능하지 못한 교사에 원인이 있다. 시험 후, 교사는 잔인하게도 뒤쳐진 학생들에 대한 배려 없이 다음 단원으로 진도를 나간다.

그럼 유능한 교사는 어떻게 하는가?

> **GoBe**
>
> **아직도 잘 모르겠어요!**
>
> 브래드 보크만교사의 학생들은 매일매일 치러지는 쪽지시험의 시험지 밑부분에 다음과 같이 표시한다. "아직도 잘 모르겠어요." 그러면 브래드 교사는 이 학생을 도와준다. EffectiveTeaching.com 사이트 Going Beyond 폴더의 Chapter 22에서 브래드 교사가 학생들을 어떻게 도와주는지를 볼 수 있다.

뒤쳐진 학생들은 그들만을 위한 적절한 보충교육이 필요하다.

학생이 질문에 대답을 못하면?

학생이 질문에 대답을 못하면, 그 학생이 올바른 행동을 할 수 있도록 도와준다. 학생이 316쪽에 있는 6번 문제에 부정확한 대답을 했다고 가정해보자.

6. 아래 중 어떤 것이 과학적 방법인가?

   a. 관찰, 실험, 가설

(3-1 B)　　b. 실험, 학습, 결론

   c. 가설, 사고, 관찰

   d. 자료 수집, 원리, 결론 도출

3-1B

3 = 학습목표　　　　　　　　1B = 보충학습

첫 번째 숫자 3은 해당 질문이 어떤 학습목표와 관련 있는지를 말해준다. 이것은 해당 학생이 학습목표 3번을 아직 이해하지 못한다는 뜻이다.

두 번째 숫자 1B는 해당 정답이 1장의 B섹션에 있다는 것을 말해준다. 학생에게 해당 정답당 섹션을 다시 한 번 공부하게 하고 같은 정보를 다른 형식으로 전해준다(학습은 때론 다른 방식에서 더 효과적일 수 있다).

시험은 교사를 위해서가 아니고 학생들을 위해 치러져야 한다. 시험의 목적은 학생들의 성적을 산출하기 위한 것이 아니다. 시험의 목적은 학생들이 무엇을 배워야 할지를 교사가 평가하는 데 도움을 주는 것이다.

모든 시험에 성적을 매길 것인가?

상대평가와 절대평가에는 형성평가(Formative Tests)와 총괄평가(Summative Tests)라는 두 가지 유형이 있다.

- 형성평가는 반복 연습학습이다. 이 평가는 학기중에 시행되고 교사는 이 평가를 통해 성적을 누적하지 않을 수도 있다. 이 평가는 그저 교사가 학생들에게 얼마나 잘 가르치고 있는지 혹은 얼마나 학습목표를 잘 달성하고 있는지를 알려줄 뿐이다. 즉, 형성평가는 학습 중에 있는 학생들에게 보

일상 속에서의 형성평가 그리고 총괄평가	
형성평가	총괄평가
야구시즌 대비 봄 훈련	야구시즌 개막
의상 리허설	패션쇼
자전거 바퀴 점검	자전거 타기
스키교육	스키대회
운전 교육	운전면허취득
수능모의고사	수능
교생 실습	현직 교사

충학습이 필요한지 여부를 결정하기 위해 사용된다.

- 총괄평가는 학기말에 시행되고 교사가 그동안 학생들이 배운 것을 평가해서 성적을 부여하려 할 때 사용되는 평가이다.

교사는 학생들에게 연습용 시험문제와 정식 시험문제의 유형이 어떤 것인지를 미리 말한다.

총괄평가가 치러지고 학생이 특정 학습목표를 성취하지 못했다고 판단되면, 반드시 필요하다고 판단되는 보충학습이 부여되어야 한다. 보충학습은 전과 다른 형태로 혹은 다른 설명방식으로 제시되어야 그 학생은 해당 내용을 전보다 더 잘 이해하고 학습할 수 있을 것이다.

보충학습이 끝난 후, 그 학생에게 다른 형성평가 혹은 총괄평가를 시행한다. 물론 이 평가는 그전의 평가와 같은 유형의 평가여야 하지만 질문 유형은 다른 방식으로 제시되어야 한다. 블룸 같은 일부 학자들은 학생이 해당 학습목표를 성취할 때까지 시험에 시험을 반복해야 한다고 믿는다. 반면 다른 학자들은 학습 내용은 전체 학습과정 중에 반복되기 때문에 학생은 결국 다시 해당 내용을 접하게 될 것이다. 따라서 시험은 두 번이면 충분하다고 믿는다.[2]

올바른 활동사항을 위한 형성평가의 목적은 교육에만 국한되는 것은 아니다.

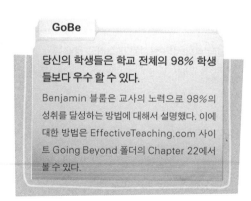

GoBe

당신의 학생들은 학교 전체의 98% 학생들보다 우수 할 수 있다.

Benjamin 블룸은 교사의 노력으로 98%의 성취를 달성하는 방법에 대해서 설명했다. 이에 대한 방법은 EffectiveTeaching.com 사이트 Going Beyond 폴더의 Chapter 22에서 볼 수 있다.

- 의사는 실험을 하고, 처방을 하는 과정을 환자가 완전히 회복될 때까지 반복한다.
- 야구 선수는 자신의 자세를 영상을 통해 확인하고, 수정하고, 개선될 때까지 이 과정을 반복한다.
- 요리사는 음식을 할 때 맛이 완벽할 때까지 재료를 변화시키는 과정을 반복한다.

유능한 교사는 모든 학생들의 학업성취를 위해 시험을 치른 후 보충해주고, 이를 반복해주는 사람이다. 유능하지 못한 교사는 평가 후 학생을 일직선상에 세운 후 소수 일부 학생에게만 A등급을 부여했다는 사실에 기뻐한다. 또한 학급의 반 이상의 학생을 '평균 이하' 혹은 '실패'로 분류했다는 사실에 만족해하기도 한다.

> 가르치는 목적은 학생을 실패로 분류하는 것이 아니라
> 모든 학생들을 성공하도록 돕는 것에 있다.

평가와 보충을 통해, 유능한 교사는 모든 학습목표의 80~90%를 성취하도록 한다. 학습목표의 성취가 80~90%에 이르렀다는 것은, 대부분의 학생들이 학습목표의 80~90%를 성취했다는 의미이다.

학생들은 학업성취를 이루어 행복하고, 교사는 대부분의 시간을 학생들이 더 잘하도록 격려한다.

목표 달성을 위한 수업

유능하지 못한 교사	유능한 교사
진도에 맞추어 가르친다	성취기준에 맞추어 가르친다.
학생들을 바쁘게 할 만한 일을 찾는다.	학생들이 학업 성취기준을 달성하도록 돕는다.

유능한 교사의 교실에서는 모든 학생들이 교사와 동일한 학습목표를 향해 나아간다. 모든 수업자료·읽기과제·보충자료·멀티미디어·수업강의, 그리고 모든 다양한 활동들이 한 가지 이유를 위해 준비한다. 그것은 바로 학습목표의 달성이다.

줄리 존슨 교사

시험 좀 보게 해주세요

줄리 존슨은 미네소타에서 교직생활을 하고 있는 교사이다. 그녀는 자신의 수업방법을 모든 학년에 적용하고 있다. 그녀의 수업준비 단계는 아래와 같다.

1. 그녀는 학생들에게 무엇을 배우게 할 것인지를 먼저 결정한다.
2. 그녀는 학생들이 배우게 될 것을 학생들에게 보여준다.
3. 학생들은 그들이 학습하게 될 내용을 함께 연습해보고(지도학습), 그 후 개별적으로 연습한다(독립학습).
4. 학생들은 그들이 학습하면서 연습했던 동일한 내용에 대해 평가를 받는다.

줄리 교사의 수업방법은 성공적이었다. 학생들은 무엇을 배우게 될지를 알고 있으며 그들이 이해했다는 것을 교사에게 어떻게 보여줄지도 알고 있기 때문이다. "내겐 어떤 비밀도 없다. 난 그저 그대로 했고 학생들 모두 성공적으로 잘 했다"라고 줄리 교사는 말한다.

줄리 교사는 시험은 나쁜 단어가 아니라고 말한다. 그녀의 학생들은 시험을 고대하고 있다. 시험은 학생들이 학습한 것을 보여줄 수 있는 기회이다. 모든 학습이 끝난 후, 학생들은 시험보기를 갈망한다. "왜냐하면 시험이 가장 쉬운 과정이기 때문이죠"라고 학생들이 말한다.

줄리 교사의 학생들은 시험을 보게 해달라고 조른다고 한다. 그 학생들은 심지어 학습한 것을 보여주려고 긴 줄을 서서 기다리기도 한다.

줄리 교사는 미네소타주의 수학교과 중 하나인 기하학(Geometry)부분을 어떻게 가르쳤을까?

줄리 교사는 각 단어카드에 무엇이 쓰여 있는지와 어떤 모양인지를 먼저 가르친다. 그런 다음 그 단어들과 연상되는 모형을 들면 학생들은 그 모형과 일치하는 단어카드를 들어 올린다.

기하학 수학 교과 기준

간단한 도형을 특정 속성에 따라 분류해주고 복잡한 도형 속에서 그 간단한 도형을 찾아낸다. 줄리 교사는 이 교과기준을 두 가지 더 단순한 학습목표로 나누었다.

1. 2차원 모형(two-dimensional shapes)들을 찾고, 묘사하고, 분류해본다.
2. 보다 복잡한 모형 속에서 그 모형을 찾아낸다.

각 과정 동안, 줄리 교사는 학생들을 유심히 관찰했다. 그녀는 학생들이 어떻게 하고 있는지를 그리고 그들이 각 단계의 학습목표를 충족하고 있는지를 학습 진행 과정 동안 가르치고 연습시키면서 수시로 확인했다.

줄리 교사는 무엇을 가르치고 있는지를 알고 있고, 학생들은 그들이 무엇을 배우고 있는지를 알고 있다.

줄리 교사는 실물을 들어 올리고, 학생들은 모형과 실물을 연결시킨다. 그리고 나서 줄리 교사는 학생들에게 그들이 가지고 있는 단어카드와 동일한 실물을 교실에서 찾도록 한다.

끝을 염두에 두고 시작하라

당신은 지금까지 결혼·파티·방학·여행 같은 많은 이벤트들을 계획하며 살아왔을 것이다. 당신은 가장 먼저 최종 이벤트날을 정할 것이고, 그리고 나서 그날까지 해야 할 일의 목록을 작성할 것이다.

좋은 수업계획도 이와 같다. 학생들을 위한 최종결과는 학습목표의 성취이다. 그 성취에 도달하기 위해 교사는 2가지 계획을 만들어야 한다.

1. 학습목표의 성취를 위한 평가방법
2. 학습목표를 지도하기 위해 사용하는 수업전략

이 계획들이 너무 상식적인 것 같지만, 많은 교사들이 그저 학습 대상(예: 날씨)을 확인한 후 학습 대상과 관련된 재미있는 활동들(예: 목화로 구름 만들기)을 구상하려 한다. 그리고 일

고등학교 수업

나는 새로운 단원을 가르칠 때마다, 칠판에 그 단원에 대한 나의 전체 수업계획을 게시한다. 그리고 그것을 그 단원을 가르치는 동안 항상 그곳에 걸어 둔다. 이 수업계획에는 그 단원에 대한 학습목표가 적혀져 있다. 따라서 나의 학생들은 항상 그들이 학습할 내용의 학습목표를 보게 된다.

나는 나의 수업계획대로 가르친다. 학생들은 그곳에 적힌 학습목표 대로 학습하게 되고, 나는 그 학습목표를 가르친다. 내가 나의 수업계획대로 모든 걸 끝냈을 때, 나는 학생들에게 시험을 낸다. 내가 낸 모든 시험문제는 이미 나의 수업계획상의 학습목표에 언급된 문제들일 뿐이다.

여러분이 보시다시피, 만약 학생들이 무엇을 성취하기를 원하는가를 알지 못한다면, 어떻게 그들이 학습목표를 성취했는지를 확인하기 위한 시험을 볼 수 있겠는가? 내 학생들의 학업성취는 아주 뛰어나다. 여러분의 학생들은 어떠한가? 나와 학생들 모두 무엇을 학습하게 될지를 알고 있다. 모든 시험문제는 이미 알려진 학습목표와 밀접하게 관련되어 있다. 이것이 학생들이 나의 수업방법을 '효과적인 수업'이라고 불러주는 이유이다.

어느 고등학교 교사로부터

수업의 목적은 모든 학생들이 학업을
성취할 수 있도록 돕는 것이다.

주일 후, 시험을 본다. 교사는 지난 모든 활동들을 회상하며 이에 기초해 시험을 만든다. 이 단편적인 접근방법은 학생들에겐 그들이 무엇을 배워야 할지를, 그리고 교사에겐 무엇을 가르쳐야 할지에 대해 분명한 방향을 제공하지 못한다. 여기서 학업성취는 교사와 학생들에게 있어 집중해야 할 대상이 되지 못한다.

그랜드 위긴스와 제이 타이[3]는 후향적 수업설계(Backward Design)라 불리는 수업설계 모델을 만들었다. 이 모델은 활동을 중심으로 수업을 설계하는 것보다 교사가 성취시키길 원하는 결과에서부터 시작하여 계획하는 수업이 더 효과적이라고 말한다. 자! 그럼, 교사가 무엇을 성취시키길 원하는지부터 거꾸로 계획해보도록 하자.

이 후향적 수업설계(Backward Design) 모델은 다음의 과정들을 포함한다.

1단계 원하는 학업성취 결과를 먼저 정한다. 교사는 수업을 통해서 학생들이 무엇을 배우고, 무엇을 할 수 있기를 원하는가? 이것이 바로 수업의 학습목표.

2단계 합리적인 평가방법을 정한다. 구두 평가·관찰·대화·쪽지시험이나 시험 같은 전통적인 평가방법 등을 적절하게 사용하여 학습목표에 대한 학생들의 성취를 평가한다.

3단계 수업활동이나 지도내용을 계획한다. 학생들이 배우고 학업성취 결과에 도달할 수 있도록 하기 위해서 그에 맞는 학습활동과 자료를 사용하여 학생들에게 도움을 줄 수 있도록 한다.

수업계획(Lesson Plan)하는 방법

교사는 어떻게 과제와 시험을 효과적으로 만들지를 알고 있다. 이젠 이 노하우를 수업계획에 반영할 때이다.

> 수업계획(Lesson Plan)은 학습계획(Learning Plan)이다.
> 비록 전통적인 접근법은 아니지만,
> 교사는 그의 수업계획을 학습계획으로 부르기를 원할 수 있다.
> 왜냐하면 교사는 학생들의 학습을 위해 수업을 설계했기 때문이다.

미식축구 코치는 게임 계획을 갖고 있다. 경영자는 운영 계획을 갖고 있다. 비행사는 비행 계획을 갖고 있다. 마찬가지로, 유능한 교사는 수업 혹은 학습 계획을 갖고 있다. 이 계획은 다이어트, 여행 그리고 개인 재무의 계획과 유사하다. 이것은 계속적으로 수정되고 개선된다. 따라서 학습계획은 좀처럼 정돈되지 못하고 결코 완벽할 수도 없다. 학습계획은 계속 진행되는 과정이다. 이 계획을 눈에 잘 보이는 책상 위에 항상 두도록 한다. 이것은 비밀이 되어서는 안 된다. 이것은 교사의 모든 학생들을 성공으로 이끌기 위한 설계도이다.

많은 학교들이 이런 학습계획을 제공하지 않는다. 학교는 학생들이 무엇을 성취해야 하는지를 교사에게 알려주는 교육과정안내서(curriculum guide)만을 제공해준다. 학생들을 최상의 성취로 이끌기 위한 학습계획을 작성하는 것은 결국 교사의 몫이다.

만약 지금 당신이 어디로 가고 있는지를 알지 못한다면, 어떻게 당신은 언제 그곳에 도착할지 혹은 도착했는지를 알 수 있겠는가?

다음는 학습계획을 시작하기 위한 단계적인 과정을 보여준다.

1. 아래와 같이 A4 용지를 가로로 넓은 형태로 놓는다.

2. 왼쪽에 학생들이 무엇을 배우고 수행할 것인가를 적는다. 이것은 이 수업의 학습목표가 된다.

3. 시험에서 다룰 문제들을 학습목표와 연관하여 작성하라. 학습목표와 시험문제는 수업시작 전에 준비되어야 한다.

4. 오른쪽에 교사가 수업 중 사용할 모든 학습 자료들(예: 강의자료, 활동, 질문, 영상, 보충자료 등)을 적는다. 단, 학습목표와 관련 있는 자료만을 나열한다.

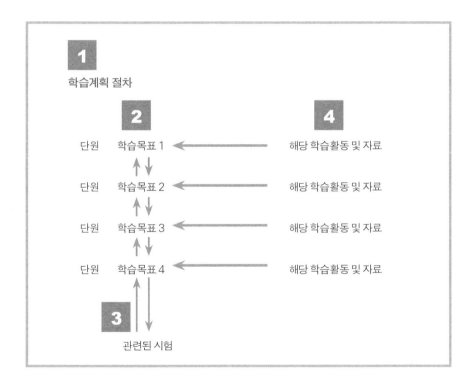

앞에서 언급한 학습계획은 수업계획을 위한 후향적 수업설계 전략과 세 가지 공통점이 있다.

1. **학습목표** 학습목표는 수업의 목적을 말한다. 따라서 유능한 교사는 수업시작 전에 심지어 학생들이 무엇을 배울 것인지 물어보기 전에 각 수업의 학습목표를 말해준다. 모든 수업은 각 교육과정으로부터 제시된 학습목표를 충족시켜야 한다.

2. **평가** 어떤 유형의 시험을 제시하더라도, 학생들은 그들이 해당 학습목표를 성취했다는 증거를 교사에게 보여줄 수 있어야 한다.

3. **활동** 이것은 학습계획의 핵심이다. 교사가 잘 지도할수록, 학생들은 학습목표를 더 잘 성취할 수 있다. 교사의 지도(instruction)는 교사가 자료들을 얼마나 잘 효과적으로 활용하는지에 달려 있다.

교사가 영상이나 보충자료, 그리고 다양한 활동들을 갖고 있다는 건 좋은 일이다. 사실 교사는 이러한 자료들을 준비하고 있어야만 한다. 하지만 교사가 먼저 해야 할 질문은 "학생들이 무엇을 배우기를 원하고 있는가?"이다. 그 다음 교사는 그 목적을 향해 도움이 되는 관련 영상이나 보충자료 및 다양한 활동들을 찾아야 한다.

인터넷은 교사가 이런 다양한 학습 자료들을 찾는 것을 도와줄 수 있는 좋은 도구가 될 수 있다. 인터넷에서 '교사를 위한 수업계획'를 검색해보면 수많은 자료들이 나온다. 더 나아가 다양한 학회나 워크숍 등에 참여하는 것도 좋은 방법이다. 관련 저널들도 읽어볼 수 있다. 하지만 가장 중요한 것은 정기적으로 동료교사와 만나 서로의 경험, 생각 등을 공유하는 것이다. 이것이 24장의 주제이기도 하다. 함께 일하면 다양한 전략들을 만들 수 있고 교사의 창의성을 자극할 수도 있다.

교사는 학습계획이나 수업계획 등 어떤 형태이든 계획 없이는 학생들과 함께 하는 시간을 극대화할 수 없게 된다. 가르친다는 것은 매우 정교한 기술이다. 학습계획은교사에게 가르치는 기술을 연마할 수 있는 기회를 줌으로써 학생들에게도 보다 많은 성취할 수 있는 기회를 제공해준다.

시험은 모두가 학습과정에 머무르고 있다는 것을 확인해주는 긍정적인 방법이다.

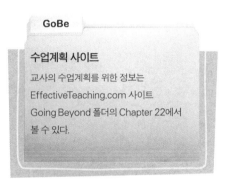

GoBe

수업계획 사이트

교사의 수업계획를 위한 정보는
EffectiveTeaching.com 사이트
Going Beyond 폴더의 Chapter 22에서
볼 수 있다.

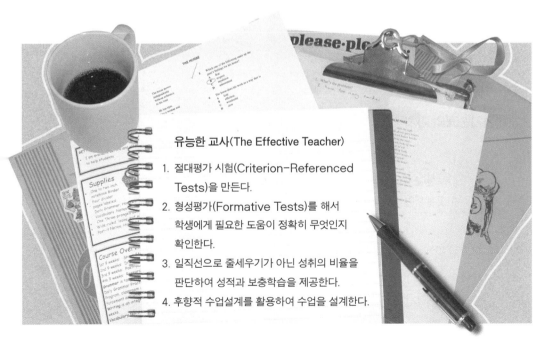

유능한 교사(The Effective Teacher)

1. 절대평가 시험(Criterion-Referenced Tests)을 만든다.
2. 형성평가(Formative Tests)를 해서 학생에게 필요한 도움이 정확히 무엇인지 확인한다.
3. 일직선으로 줄세우기가 아닌 성취의 비율을 판단하여 성적과 보충학습을 제공한다.
4. 후향적 수업설계를 활용하여 수업을 설계한다.

23장

학생들의 학습결과를 평가하는 방법

THE KEY IDEA

채점기준표의 목적은 학생들의 학습을 평가하는 것이다.

맛있는 햄버거를 만들기 위해서
해리 왕과 아내 로즈매리는
햄버거에 들어가는 고기, 빵 등 각종 재료들이 포함된
햄버거 메뉴를 살펴보고 있다.

채점기준표의 가치

유능한 교사는 학생들에게 채점기준표를 제시함으로써
어떻게 해야 학업성취를 보여줄 수 있는 성적을 받을 수 있는지를 알려준다.

학생일 때 당신은 선생님에게 다음과 같이 물어본 적 있는가?

"선생님은 어떻게 저희를 평가하실 거죠?"

모든 학생들은 자신이 어떻게 점수를 받고, 판단되며, 평가되는지 미리 알기를 원한다. 당신은 선생님으로부터 사전에 아무런 설명도 없이 감점된 시험지를 돌려받은 경험이 있는가? 만약 있었다면, 당신은 속으로 이렇게 투정했을지도 모른다. "정말 억울해. 저 선생님은 우리에게 시험 전에 어떻게 점수를 매길 건지에 대해 아무런 설명도 없었잖아."

교사의 임무는 학생들에게 성공을 만들어주는 것이다. 채점기준표는 그 성공으로 가는 지도이다. 학생들은 그들이 어떻게 평가되는지를 미리 알아야 한다. 또한 교사도 학생들을 어떻게 평가할지를 미리 정해 두어야 한다. 이런 채점기준하에서, 학생들은 자신의 성적을 정확히 평가할 수 있게 된다.

채점기준표는 교사가 학부모 혹은 다른 관련자들과의 상담에도 도움을 준다. 만약 부모, 가정교사 및 다양한 사람들이 채점기준을 교사와 함께 공유한다면, 그들 또한 이 채점기준표를 사용하여 학생의 학습 성공을 도와줄 것이다.

학생들은 그들이 무엇을 해야 하는지, 어떻게 학습이 진행되는지, 그리고 어떻게 그들이 평가될지를 알 수 있는 교실에서 학습하기를 원한다.

- 이곳은 수업진행 과정이 공유되고, 이에 대한 책임을 지는 학생들로 이루어진 교실이다.
- 이곳은 채점기준이 공유되고, 자신의 학습에 책임을 지는 학생들로 이루어진 교실이다.

학생들은 교실에서 성공을 함께 공유하는 교사를 사랑한다.

채점기준표는 학생들의 학습을 향상시킨다

교사는 학습목표를 세워서 수업을 진행해야 한다(21장 참조). 학습목표는 학생들이 집중할 수 있고, 무엇을 알아야 하는지를 도와주며, 학습을 스스로 점검할 수 있게 해준다. 결과적으로, 그들은 학습에 보다 쉽게 집중하고 참여하게 된다. 따라서 학습목표는 교실에서 항상 학생들이 볼 수 있도록 해야 한다.

교사는 이제 학습목표를 근거로 한 시험을 미리 준비해야 한다(22장 참조). 학생들은 이 시험이 해당 학습의 학습목표와 밀접한 관련이 있음을 알아야 한다. 따라서 운전면허시험을 위해 어떻게 준비해야 하는지를 잘 알고 있었던 것처럼, 학생들 또한 시험을 위해 어떻게 준비해야 하는지를 잘 알고 있어야 한다. 시험에 어떤 속임수나 교묘한 함정이 있어서는 안 된다.

이제 학생에게 채점기준표를 제공해준다(23장 참조). 이것은 학기 초 혹은 수업시작 단계에 학습목표와 함께 학생들에게 제공되어야 한다.

학생에게 어떻게 학습이 평가되는지를 분명히 알려줄 수 있는 채점기준표를 제시해준다.

채점기준표의 구성

채점기준표는 세 부분으로 구성된다.

- **평가항목**: 평가될 항목
- **점수**: 단순하게 0~4점수대가 적절하다.
- **모범 답안**: 각 점수대별 모범 답안의 기준을 정의해주고 예시를 제시해준다. 이것은 학생들이 과제를 제출하기 전 그들 자신의 학습을 스스로 진단하고 수정하도록 도와준다.

평가항목   점수   모범답안

실습일지 – 성적표   이름: _____

평가항목	0점	1점	2점	받은점수 (0,1,2)
제목과 소제목	제목이 없거나 부적절한 제목 사용	부분적으로 사용하거나 올바르지 않음	정확한 제목 사용과 이름, 학교, 수업교시, 날짜 명시	
문제 제시	문제 제시가 없거나 부적절하게 사용	부분적으로 사용하거나 올바르지 않음	의문형과 테스트형 문장구사	
배경정보	배경정보가 없거나 부적절하게 사용	부분적으로 사용하거나 올바르지 않음	관련논문 및 연구를 포함한 3문장 이상으로 이루어진 단락	
가정	가정이 없거나 부적절하게 사용	부분적으로 사용하거나 올바르지 않음	'그렇다면'으로 시작하는 테스트형 문장구사	

일반적으로 채점기준표는 왼쪽 표와 같이 열과 줄로 작성되고 각 열은 해당 학습의 평가 항목들을 나타낸다.

- 평가항목은 학습목표와 관련 있다.
- 학습목표는 다양한 평가항목으로 나누어질 수 있다.

각 줄은 '0, 1, 2, 3, 4'점 형식으로 학생이 받게 될 점수로 나뉘어져 있다. 따라서 각 칸은 평가항목과 점수가 교차한다. 각 칸에는 각 점수별로 평가항목에 대한 모범 답안이 기술되어 있다.

학습은 모든 학생들이 경험하게 되는 과정이다. 교사의 책임은 이 학습과정을 학생들에게 매우 구체적인 용어로 안내하는 것이다.

학생들의 학업성취 향상 돕기

채점기준표는 학생들의 학업성취를 이끌기 위한 성취 도구이다.

의사가 환자를 진료할 때, 그 목적은 평가하기 위함이 아니다. 의사는 진료 결과를 토대로 환자의 건강을 개선하기 위한 적절한 처방을 내린다. 의사의 진료 목적은 환자를 더 건강하게 하는 것이다. 마찬가지로, 유능한 교사는 이전의 평가 결과들을 토대로 학생들의 학업 진척도를 정확히 가늠한 후, 학습목표의 성취를 향해 나아가게 도와준다. 이런 성취가 만들어지기 위해서는 학습을 위한 일관된 평가가 있어야 한다.

채점기준표는 체조나 피겨스케이팅 같은 정교한 스포츠에도 사용된다. 심사위원들은 선수들을 주관적으로 평가하지 않는다. 오히려 그들은 선수의 경연이 끝나면 특정 동작이나 기술 등에 미리 정해진 채점기준 대로 점수를 부여한다.

선수와 코치는 채점기준을 이미 알고 있다. 따라서 그들은 더 높은 점수를 받기 위해 특정 동작이나 기술을 집중적으로 연마하게 된다.

단순하게!!

채점기준표(scoring guides)는 종종 rubrics(채점규정)이라고 불려진다. 하지만 학생들에게 그것을 rubrics라 말해서는 안 된다. 군이 어려운 표현을 써가며 학생들을 당황케 하지 말도록 한다. 학기 초 혹은 수업시작 전에 학생들에게 채점기준표를 나눠 주며 그것을 채점기준표라 부른다.

이 표는 최대한 쉽고 단순하게 표현해야 학생들이 무엇을 해야 할지 그리고 어떻게 해야 높은 점수를 받을 수 있는지를 스스로 알게 된다. 학생들은 채점기준표의 개념을 이해하고 있다. 그들이 하는 게임에서 점수를 획득하고 그 획득된 점수가 그들이 그 게임을 이겼는지 졌는지를 결정해준다는 사실을 알고 있다.

위 사진은 그림 채점기준표의 예이다. 이것은 캘리포니아의 초등학교 교사인 캐서린 몬로 교사가 만든 것이다. 캐서린 교사는 자신이 가지고 있는 4장의 그림들을 학생들에게 보여주면서 어떤 그림을 가장 잘 그렸냐고 물어본다. 학생들이 한 해 동안 가장 많이 "Perfect!"라고 한 그림에 4점을 준다. 그리고 두 번째로 잘한 그림을 물어봐서 학생들이 "Good"이라고 한 그림에 3점을 주고, 그렇게 같은 방식으로 각 그림에 점수를 부여해준다.

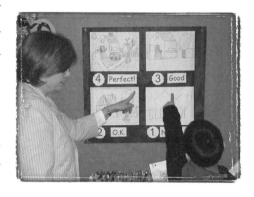

이 4장의 그림은 교실게시판에 점수와 그림에 대한 네 가지 표현으로 전시되고 이 그림들은 매년 학생들에 의해 재평가 된다.

학생들이 그림을 그릴 때 그들은 교실게시판에 걸린 그림 채점기준표를 보면서 자신의 그림과 비교하게 된다. 그리고 자신의 그림은 몇 점 정도일 것인가를 스스로 평가하게 된다. 그림 엉터리 그림을 내는 학생이 없을까? 물론 있다! 채점기준표는 학생들이 주어진 과제를 해결하기 위하여 무엇을 해야 될지를 결정하는 데 도움을 준다.

> 유능한 교사는 학생들에게 과제를 성취하기 위해선 어떻게 해야
> 좋은 점수를 받게 되는지를 알려주는 채점기준표를 미리 학생들에게 준다.

위 사진에서 보는 바와 같이 코치는 안전끈을 잡아당기거나 놓아주면서 피겨스케이트 선수의 동작을 컨트롤하며, 선수를 평가하고 가르친다. 코치는 선수의 기량향상과 더 나아가 선수의 성취를 위해 특정 동작과 기술을 반복적으로 연습시킨다.

마찬가지로, 학생들이 채점기준표를 미리 알게 될 때, 그들은 어떻게 자신들이 평가받을 지를 알게 되고 더 나아가 어떻게 해야 더 높은 점수를 받게 될지를 스스로 알 게 된다. 동시에 교사는 학생들의 학업 향상을 위한 평가에 참여하게 됨으로 개별 학생들의 부족한 부분을 향상시키 기 위한 도움을 줄 수 있게 된다.

학생들의 성취를 극대화하기 위해 유 능한 교사는 학생들의 학습을 꾸준히 평가한다. 이것은 학생들로 하여금 그들

아이들은 모두 공평하게 존중받아야 할 자격이 있다.

> ### 공정한 피드백
>
> 교육적 피드백의 목적은 학생들을 등급 또는 순위화하고, 굴욕감을 주거나 분류하기 위한 것이 아니다. 피드백의 목적은 학생들의 학습을 향상시키기 위함이다. 만약 교사가 학생들에게 "너 왜 성적이 이러니"라고 물으면 불변의 답변은 "저도 모르겠는데요"이다. 하지만 교사가 채점기준표를 사용하게 되면, 학생들은 가장 낮은 수준에서부터 성공적인 학업성취 수준에 이르기까지 그들의 학업을 향상시키기 위해 이 채점기준표를 사용하게 된다.
>
> 교사가 평가를 위해 채점기준표를 사용할 때, 모든 학생들이 공정하고 일관된 평가를 받을 수 있는 도적적이고 윤리적인 원칙을 갖고 있어야 한다. 가령, 아이들이 게임을 하고 있다면, 그 게임의 규칙은 일관적이어야 하고, 게임을 하는 장소의 모든 조건도 같아야 하며, 공을 사용한다면 공의 모양까지도 일관되어야 한다. 만약 우리가 이런 일관성을 잃게 된다면, 학부모, 교사, 학생들은 이렇게 외칠 것이다. "불공평합니다!"
>
> 따라서 학생평가의 도구로서 채점기준표를 사용하기 위해 교사인 우리가 가져야 할 것은 운동장에서 그러한 것처럼 교실에서도 공정함과 일관성에 있어 동일한 원칙을 적용해야 하는 것이다.[2]
>
> 더글라스 리베스

이 가야 할 곳으로 가도록 도와주고 그곳으로 가기 위한 최선의 방법을 스스로 찾도록 도와준다.

누구나 사용할 수 있는 채점기준표

채점기준표는 모든 학년에 그리고 모든 과목에 적용된다. 수업은 학생들이 해당 내용을 학습하기 위해 설계된다. 채점기준표는 학생들이 그 내용을 학습했는지를 확인하기 위해 사용된다.

고등학교 과학 수업을 위한 채점기준표

카렌 로저스는 캔사스주 고등학교 과학교사이다. 그 교사의 채점기준표는 전혀 정교하지도 복잡하지도 않다. 정보가 짧고 단순하여 이해하기 쉽고 따라 하기 쉬울 때 학생들의 반

웅이 좋다고 그 교사는 말한다.

그녀는 다음과 같은 몇 가지 채점기준표를 갖고 있다.

- 실험보고서 채점기준표
- 도표그리기 채점기준표
- 그룹토론 채점기준표
- 발표하기 채점기준표
- 발표듣기 채점기준표

카렌 로저스

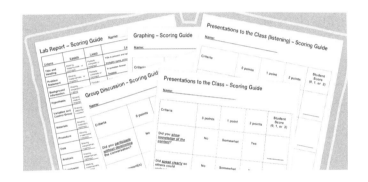

카렌 교사는 "과학 수업 중 나는 학생들의 실험보고서 작성을 돕기 위해 채점기준표를 사용한다. 실험보고서를 작성하는 것은 학생들에게 매우 부담되는 작업 중 하나이다. 그래

말하는 강아지

두 소녀가 미용실에서 우연히 만났다. 캐롤은 친구에게 "나는 내 강아지에게 말하는 것을 가르쳤다"고 말했다. 그러자 그 친구는 캐롤에게 보여달라고 말했고 캐롤은 밖에 묶여 있는 그녀의 강아지에게 다가가 말했다. "말해봐(speak)." 그러자 강아지는 그저 꼬리를 흔들며 반갑다는 듯이 그녀 주위를 빙글빙글 돌기만 했다.

캐롤이 다시 "말해봐"라고 말했지만 그 강아지는 다시 그녀 주변을 돌기만 했다. 캐롤의 친구는 "말하는 강아지가 아니구나"라고 그녀를 비웃으며 말했다.

그러자 캐롤이 말했다. "내가 강아지에게 말하는 것을 가르쳤다고 말했지, 언제 강아지가 그것을 배웠다고 말했니!"

서 나는 실험보고서 채점기준표에 평가항목들(가설, 자료, 분석, 등)을 나열해 놓았다. 그러면 학생들은 이 평가항목대로 그들의 실험과 보고서를 단순하고 단계적으로 진행해 나갈 수 있게 된다"라고 말한다.

카렌 로저스 교사가 사용하는 이런 유형의 채점기준표는 학생들이 보고서를 작성하고, 자료를 수집하며, 그룹토론에 참여하여 발표를 해야 하거나 혹은 발표를 들어야 하는 모든 수업에 적용될 수 있다. 그녀의 학생들은 이 채점기준표의 가치에 대해 다음과 같이 말한다.

브라이언 셰퍼드: 나는 채점기준표를 좋아한다. 왜냐하면 그것은 내가 학습과제를 할 때 무엇을 알아야 하는지를 알려주기 때문이다. 나는 선생

GoBe

카렌 로저스교사의 채점기준표

카렌 로저스 교사의 다섯가지 채점기준표는 EffectiveTeaching.com 사이트 Going Beyond 폴더의 Chapter 23에서 다운 받을 수 있다.

미국 교사의 최고 자격증(NBCT)

일부 사람만이 자신의 이름 뒤에 박사 호칭(Ph.D. 또는 M.D.)을 붙일 수 있는 것처럼, 2007년 3,200,000명의 교사 중 오직 55,000명의 교사만이 자신의 이름 뒤에 NBCT(National Board Certified Teacher: 미국에서 교사가 성취할 수 있는 가장 높은 수준의 교사자격증)라는 호칭을 붙인다. 이것은 전체 교사의 2%에 불과한 수치이다.

이 자격증을 얻기 위해 교사는 엄격한 장시간의 수행과 현장 평가를 받아야 한다. 이 과정에 있는 많은 교사들은 200~800시간 동안 수업설계, 학생 과제물 평가 그리고 자신의 지도 전략 등에 대한 엄격한 분석을 받게 된다. 이후 그들은 최소 6시간의 필수 시험을 치러야 하고, 최종적으로 그동안의 과정에 대해 문서화된 평가를 받게 된다. 이 과정은 최소 $2,500(약 2,800,000원) 자비를 요구한다.

알래스카주를 제외한 미국의 모든 주는 현재 NBCT 자격을 획득한 교사들에게 상당한 수준의 보상을 부여하고 있지만, NBCT를 획득한 대부분의 교사는 말한다. "NBCT를 받게 된 동기는 보상을 받기 위함이 아니라 자아성취 혹은 자기계발을 위한 것이다."

NBCT를 획득한 교사들의 탁월한 전문성과 교실현장에서의 헌신 등은 이 자격의 가치를 그동안 잘 증명해 보여준다. 이에 대한 보다 많은 정보는 아래의 웹사이트에서 볼 수 있다.

www.nbpts.org.

님이 말한 모든 것을 기억할 필요는 없다. 나는 어떻게 해야 100점을 맞을 수 있는지를 이 채점기준표를 통해 알 수 있다.

닉 제이너: 나도 브라이언 말에 동의한다. 채점기준표로 나는 나의 성적을 통제할 수 있게 되고 어떤 성적을 받게 될지도 미리 알 수 있게 된다.

마이크 밀러: 채점기준표는 일정한 평가기준을 제시해줌으로써 내가 무엇을 해야 할지에 대한 기본적인 개념을 잡게 도와준다.

주 성취기준을 위한 채점기준표

뉴저지주는 독해, 말하기, 쓰기에 대한 그 주만의 성취기준을 갖고 있다. 다음은 그 성취기준의 한 가지이다.

모든 학생은 독립적이고 유창한 수준의 독서를 위해 영어의 음성, 글자, 단어에 대한 지식을 이해하고 적용할 수 있어야 하며, 이해를 바탕으로 다양한 분야의 서적을 읽을 수 있어야 한다.

주(State) 성취기준을 위한 채점기준표

11학년 영어 단원: 위대한 개츠비 교사: Mr. Dannen

학생:

범주	4	3	2	1	0	합계
내용지식 3.1 독해	학생은 작가 피츠제럴드의 'The American Dream'에 대한 생각을 주인공 개츠비의 행동과 쉽게 연관시킬 수 있고, 세 가지의 구체적인 예시를 구두로 혹은 글로 표현할 수 있다.	학생은 작가 피츠제럴드의 'The American Dream'에 대한 생각을 주인공 개츠비의 행동과 연관시킬 수 있고, 두 가지의 구체적인 예시를 구두로 혹은 글로 표현할 수 있다.	학생은 작가 피츠제럴드의 'The American Dream'에 대한 생각을 주인공 개츠비의 행동과 연관시킬 수 있지만, 그 예시를 찾는 데 어려움이 있다.	학생은 작가 피츠제럴드의 'The American Dream'에 대한 생각을 주인공 개츠비의 행동과 연관시키는 데 어려움을 느끼고, 그 예시를 찾을 수 없다.	학생은 작가 피츠제럴드의 'The American Dream'에 대한 생각을 주인공 개츠비의 행동과 연관시킬 수도, 그 예시를 찾을 수도 없다.	
비교 & 대조	학생은 소설 『위대한 개츠비』와 작가 피츠제럴드의 다른 소설과의 비슷한 점과 다른 점을 쉽게 찾을 수 있고, 3개의 구체적	학생은 소설 『위대한 개츠비』와 작가 피츠제럴드의 다른 소설과의 비슷한 점과 다른 점을 찾을 수 있고, 2개의 구체적인 예시	학생은 소설 『위대한 개츠비』와 작가 피츠제럴드의 다른 소설과의 비슷한 점과 다른 점을 쉽게 찾을 수 있지만, 예시를 찾는 데	학생은 소설 『위대한 개츠비』와 작가 피츠제럴드의 다른 소설과의 비슷한 점과 다른 점을 그리고 그 예시를 찾는 데 어려	학생은 소설 『위대한 개츠비』와 작가 피츠제럴드의 다른 소설과의 비슷한 점과 다른 점을 그리고 그 예시를 찾을 수 없다.	

학생은 누구나 복잡하지 않은 방식으로 공부하고 싶어 한다. 노엄 대넌 교사의 학생 중 한 명인 콜렛트 코마처는 이렇게 말한다.

"나는 노엄 선생님의 채점기준표를 좋아해요. 왜냐하면 이것은 정확히 주어진 과제가 있어 제가 해야 할 일이나 작문 작성 등을 어떻게 하는지 알게 해주니까요. 그리고 이것은 매우 공정하고 이해하기 쉽게 구성돼 있어요. 채점기준표는 제 작문의 뼈대를 제공해줍니다."

콜렛트 코마처와 노엄 대넌 교사

위대한 개츠비

『위대한 개츠비』는 1925년에 출간되었고 미국 문학에 있어 가장 위대한 작품 중 하나로 평가 받고 있다. 이 책은 스콧 피츠제럴드가 썼다. 그는 미국 국가(The Star-Spangled Banner)를 작곡한 프란시스 스콧 키의 후손이다.

이 책의 배경은 미국경제 호황기인 20세기를 배경으로 한다. 이 시대의 아이콘은 다음과 같다.

재즈시대	루이 암스트롱	알 졸슨
찰스턴댄스	찰리 채플린	보드빌(소극장 쇼)
루돌프 발렌티노	금주법	갱스터
알 카포네	아메리칸 드림	물질만능주의

이 소설의 주인공은 제이 개츠비, 나래이터 친구, 제이의 여자친구인 데이지 부처넌이다.

노엄 교사는 뉴저지주의 성취기준을 토대로 몇 가지 학습목표를 만들었다. 그 중 하나는 학생들 자신의 삶과 재즈 시대(혹은 잃어버린 세대라고도 알려진), 그리고 경제 대공황의 시대를 살아온 작가 스콧 피츠제럴드의 삶과의 유사점을 찾도록 하는 것이다.

마찬가지로, 노엄 교사는 학생들에게 그들 부모의 현재 삶과 소설 속 제이 개츠비와 1920년대를 이 성취기준을 가르치기 위해, 뉴저지의 노엄 대년 교사는 『위대한 개츠비(The Great Gatsby)』 소설을 활용한 수업을 고안했다.

토론을 위한 채점기준표

텍사스주 한 초등학교의 다이애너 그린하우스 교사는 「야구열기(Baseball Fever)」소설수업을 위해 채점기준표를 사용한다. 이 책은 체스 선수가 되기를 원하는 아버지와 야구 선수가 되고 싶은 아들에 관한 책이다. 이 갈등이 이 수업의 토론 주제이다.

GoBe

노엄 대년 교사의 채점기준표
노엄 대년 교사의 학습목표와 주 성취기준을 포함한 채점기준표는 EffectiveTeaching.com 사이트 Going Beyond 폴더의 Chapter 23에서 볼 수 있다.

살았던 사람들의 삶을 비교해보도록 한다.

성취기준과 학습목표만을 따르는 교사들은 자칫 학생들의 창의성, 문제 해결력, 깊이 있는 학습의 기회를 제공해주지 못함으로써 학생 스스로 자신의 학습에 있어 창의력을 발휘하지 못하게 할 위험이 있다. 하지만 학생들로 하여금 자신의 삶과 소설 속 주인공 개츠비의 삶을 비교하게 한 노엄 교사의 방식은 학생들의 창의력을 자극시킨다. 학생들은 자신의 이해를 증명해 보이기 위해 음악회를 열 수도, 에세이를 쓸 수도, 포트폴리오를 만들 수도, 심지어 전시회를 기획할 수도 있다. 이 경우 학생들은 1920년대 재즈 음악을 현재의 대중가요, 힙합과 비교 대조할 수도 있다. 또 금주령과 갱스터 랩을 연결하여 뭔가를 만들어내는 학생도 있지 않겠는가?

학습목표와 함께 노엄 교사는 학생들에게 채점기준표를 나누어준다. 그는 이 채점기준표를 학생들이 얼마나 잘 배우고 있는지를 그리고 자신이 얼마나 잘 학습목표를 가르치고 있는지를 가늠하기 위한 형성평가 도구로 사용한다.

만약 학생이 1점 혹은 0점을 받았다고 해서 이것이 그 학생은 똑똑하지 않다거나 게으르다고 말할 수 없다. 이것은 15살의 어린 학생으로서 자신의 삶을 90년 전 과거의 삶과 연결시켜 이해하는 것이 어렵다는 것을 의미할 뿐이다.

이것은 교사의 도움이 필요하다는 의미이기도 하다. 학생과 함께 앉아 1920년대 미국인이 어떤 삶을 살았는지를 책이나 컴퓨터를 통해 스스로 발견할 수 있도록 도와준다. 교사는 낮은 점수를 받은 학생—채점기준표상에서—을 도와서 그가 더 높은 점수를 받기 위하고 궁극적으로 학습목표를 성취하기 위해 무엇을 해야 할지를 알게 도와줄 수 있다.

문학 채점표 – 듣고 공유하기: 야구 열기

교사: Mrs. Greenhouse

학생: _____

범주	4	3	2	1
참여도	학생은 자발적으로 질문에 답을 하고, 적극적으로 물어보는 질문에 대답한다.	학생은 한두 번정도 자발적으로 질문에 답을 하고 적극적으로 물어보는 질문에 대답한다.	학생은 자발적으로 질문에 답을 하지 않지만, 적극적으로 물어보는 질문에는 대답한다.	학생은 적극적으로 참여하지 않는다.
이해도	학생은 전체의 내용을 이해하고, 내용과 관련된 3개의 질문에 구체적으로 답을 한다.	학생은 전체의 내용을 이해하고, 내용과 관련된 2개의 질문에 구체적으로 답을 한다.	학생은 일부 내용을 이해하고, 내용과 관련된 1개의 질문에 구체적으로 답을 한다.	학생은 내용을 이해하고 기억하는 데 어려움이 있다.
인물에 대한 생각	학생은 이야기 속 특정 장면에서 주인공이 어떤 감정일지를 설명하고, 그 이유를 물어보지 않아도 몇 가지 사진이나 단어로 자신의 해석을 뒷받침한다.	학생은 이야기 속 특정 장면에서 주인공이 어떤 감정일지를 설명하고, 그 이유를 물어봤을 때 몇 가지 사진이나 단어로 자신의 해석을 뒷받침한다.	학생은 이야기 속 특정 장면에서 주인공이 어떤 감정일지를 설명하지만, 그 이유를 물어봤을 때 설명할 수 없다.	학생은 이야기 속 특정 장면에서 주인공이 어떤 감정일지를 설명할 수 없다.
상대방 의견 경청	학생은 조용히 듣고, 방해하지 않고….	학생은 조용히 듣고, 방해하지 않고….	학생은 한두 번 방해하지만….	학생은 종종 소란을 피우는 등 방해하려 하고….

GoBe

야구열기(Baseball Fever) 채점기준표
야구열기 채점기준표는
EffectiveTeaching.com 사이트
Going Beyond 폴더의 Chapter 23에서
볼 수 있다.

다이애너 교사는 이 소설을 주제로 학생들을 '내부-외부 토론(Inner-Outer Discussion)'에 참여시킨다.

모든 학생들이 소설을 읽게 한 후, 그 교사는 학생들에게 토론을 위한 5가지 질문을 작성하도록 시킨다. 그리고 토론을 위해 그녀는 의자로 두 개의 원을 만든다. 하나는 학생들이 서로 마주볼 수 있게 한 내부 원(Inner Circle)이고, 다른 원은 이 내부 원을 따라 밖을 향해 만든 외부 원(Outer Circle)이다. 이것은 고등학생인 다이애너 교사의 딸이 고등학교에서 자신이 겪은 이 방식을 알려줘서 그 교사가 자신의 5학년 수업에 적용한 것이다.

내부 원에 앉아 있는 학생들이 첫 번째 토론자가 된다. 외부 원에 앉아 있는 학생들은 그들이 준비한 토론질문을 내부 원에 있는 학생들에게 질문하고, 그들의 토론 내용을 적는다. 그리고 학생들은 이 토론내용과 질문을 다이애너 교사에게 제출한다.

학생들은 토론하기 전에 토론을 위한 채점기준표를 받게 된다. 이 채점기준표를 통해 학생들은 그들이 토론 전 무엇을 준비해야 하는지를 알게 된다.

다이애너 교사는 다음과 같이 설명한다.

내부 원 토론학생들이 토론을 하는 동안, 외부 원 학생들은 그저 그 토론 내용을 듣는다. 토론에 참여하지 않고 능동적 청취자가 되는 것이 이들의 역할이다. 내부 원에서 선정된 토론 사회자에 의해 외부 원 질문자들은 그들이 준비한 토론질문을 내부 원 토론자들에게 질문하고 토론 내용을 자신의 공책에 적는다. 이것은 이들의 청취력을 개발시켜주는 데 도움이 된다.

외부 원에 있는 학생들은 내부 원에 있는 학생들이 토론하는 것을 들으며 많은 내용을 정리하고 메모를 했으므로 내부 원으로 옮겨서 토론에 참여하기를 갈망한다. 외부 원에 있는 대부분의 학생들은 토론을 들으면서 중요한 요점들을 적거나 정리하느라 바쁘다.

모든 학생들은 소설책·질문이 담긴 공책·채점기준표를 갖고 있다. 그리고 다이애너 교사

멀티미디어 프로젝트 채점표: 킬리만자로 여행

학생: _____

범주	4	3	2	1	점수
내용	내용을 깊이 있게 구체적인 예시와 함께 다룬다. 내용지식이 아주 훌륭함.	주제에 대한 중요한 지식을 갖고 있다. 내용지식이 우수한 편임.	주제에 대한 중요한 정보를 갖고 있지만 1~2가지 정도의 오류가 있다.	내용이 빈약하고 여러 오류가 있다.	
구성	글씨체, 색상, 그래픽 등을 사용하여 발표자료를 훌륭하게 구성함.	글씨체, 색상, 그래픽 등을 사용하여 발표자료를 우수하게 구성함.	글씨체, 색상, 그래픽 등을 사용하였지만, 종종 주제에서 벗어난 내용들이 포함됨.	글씨체, 색상, 그래픽 등을 사용하였지만, 주제에서 벗어난 내용들이 많이 포함됨.	
독창성	결과물이 독창적이고 많은 창의적인 생각들을 포함함.	결과물이 어느 정도 독창적이면서 창의적임.	결과물이 대부분 다른사람의 생각을 사용하여 (인용을 밝힘) 독창성이 떨어짐.	결과물이 대부분 다른사람의 생각을 사용하여 (인용을 밝히지 않음) 독창성이 없음.	
발표	재미있고 유창하게 청중의 관심을 유도.	비교적 재미있고, 어느 정도 유창하게 청중의 관심을 유도.	유창하진 못하지만, 어느 정도 청중의 관심을 유도.	유창하지 못하고 청중의 관심을 유도하지 못함.	

GoBe

멀티미디어 채점기준표

멀티미디어 채점기준표는 EffectiveTeaching.com 사이트 Going Beyond 폴더의 Chapter 23에서 볼 수 있다.

가 내부 원에서 임의적으로 토론 사회자를 선정한 후 토론과 학습은 시작된다. 20여 분 후, 내부 원과 외부 원은 그 역할을 바꾸게 되며 새로운 토론이 시작된다.

다이애너 교사는 다음과 같이 말한다.

"나는 학생들이 책임감을 갖고 능동적으로 수업에 참여하는 것을 지켜볼 수 있는 '내부·외부토론'을 좋아합니다. 학생들은 쓰기·듣기·말하기 능력을 향상시킬 수 있습니다. 제 학생들은 이 토론을 즐기고 제가 제공해준 채점기준표에 대해 고맙게 생각하고 있습니다. 왜냐하면 그들은 채점기준표를 통해 정확히 제가 무엇을 기대하는지를 알게 되고 자연스레 자신의 성적을 통제할 수 있게 되기 때문이죠."

"이것은 완전한 참여학습입니다"라고 그 교사는 말한다. "학생들은 그들이 모종의 자신감을 느끼는 것 같다고 저에게 말하며, 이 말은 저를 설레게 합니다. 학습의 자유와 권한을 학생에게 주어 성취에 이르게 하는 것은 교사로서 저의 목표 중 하나이기 때문입니다."

"이러한 내부·외부토론 활동은 학생들을 관찰하는 데 아주 좋은 학습활동입니다. 제 학생들은 매일매일 저를 놀라게 하죠!"

멀티미디어 채점기준표

카렌 로저스의 채점기준표(339쪽 참조)가 모든 수업에 적용 가능한 것처럼, 왼쪽 표는 교사가 가르치고 있는 학습목표에 맞게 적용 가능한 노엄 대넌 교사의 채점기준표이다. 학생들이 발표하는 것을 채점하고자 한다면, 교사는 GoBe 폴더에서 이 채점기준표를 다운 받아서 활용할 수 있을 것이다. 또한 이 채점기준표를 상황에 맞게 변형하여 활용할 수 있다.

미리 작성된 채점기준표

교사가 자신의 채점기준표를 만드는 것도 한 방법이지만 많은 교사들은 기존의 채점기준표를 사용하거나 변형하는 것이 훨씬 수월하다고 말한다. 지금까지 몇 가지 채점기준표를 소개하였다. 인터넷에는 교사들끼리 서로 채점기준표를 공유할 수 있는 블로그에서부터 상업적 목적으로 회사에서 제작된 채점기준표까지 다양한 샘플들이 존재한다. 교사는 학습목적과 수업에 맞게 채점기준표를 변형하여 사용하는 것도 좋은 방법이다.

채점기준표를 통한 학생의 학업성취 향상 평가

> 교사가 스스로 어디를 향하고 있는지 알지 못한다면,
> 학생들도 스스로가 어디로 가고 있는지를 알지 못할 것이다.

교사의 주요역할은 학생들의 학업이 지속적으로 향상되도록 도와주는 것이다. 학생들은 수업의 목표를 알기 원한다. 학생들과 교사가 같은 학습목표로 향할 때, 학습이 일어날 수 있다. 유능한 교사는 학생들을 학습으로 이끌기 위해 다음과 같은 것을 한다.

1. 수업을 주 단위의 성취목표와 일치시킨다.
2. 수업목표에 맞춘 학습목표로 수업을 진행한다.
3. 학습목표를 도와줄 적절한 활동을 실시한다.
4. 학습목표와 연계된 채점기준표를 활용해 학생들의 학습 진척을 평가한다.
5. 학습목표와 연계된 시험을 통해 학생들의 학습을 평가한다.

교사가 수업목표를 계획할 때, 항상 스스로에게 무엇(what), 그리고 왜(why)라고 물어본다. 하지만 여기서 멈추지 말고 교사가 생각한 무엇(what)과 왜(why)를 학생들과 함께 공유하도록 한다. 교육은 학생들을 쩔쩔매게 하기 위한 과정이 아니다. 교사의 목적은 세상의 경이로움을 학생들에게 열어주고 학생들이 그 즐거움을 발견하고 학습과 연계해 성취할 수 있도록 도와주는 것이다.

교사가 준비한 수업을 돌아보고 스스로에게 아래의 세 가지 질문을 해보라.

1. 학생들은 교사의 수업을 통해 무엇을 배우게 될지를 알고 있는가?
2. 학습목표를 학생들이 성취하도록 하기 위해 교사가 어떻게 도와줄지를 알고 있는가?
3. 학생들은 교사가 어떻게 자신들의 학습을 평가할지 알고 있는가?

만약 교사가 분명하게 이 질문들에 답할 수 없다면, 그 교사는 아직 가르칠 준비가 되지

않았다. 이러한 교사는 무엇이 잘못되고 있는지도 모른 채 학생과 스스로를 좌절시키게 될 것이다.

수업을 설계하는 목적은 단순히 학생들을 가르치는 것이 아닌, 학생들이 배우게 하는 것에 있다. 채점기준표를 통해 교사와 학생들은 학습을 평가할 수 있는 좋은 도구를 갖게 된다.

가르칠 준비가 되어 있는 교사

학생의 입장에서 '선생님은 수업을 가르칠 준비가 되신 것 같다'라고 느끼는 것은 학습에 있어 매우 중요한 감정요소이다. 학생들은 그런 교사의 수업을 들을 때 안락함·의지·신뢰를 갖게 된다. 수업 전에 제작된 학습목표·시험·채점기준표를 바탕으로 한 교사의 모든 역량은 수업 중 학습내용을 전달하여 모든 학생들이 수업의 목표를 달성할 수 있도록 돕는 데 집중된다.

생각해보자

한 번 생각해보자.
만약 학생들이 수업이 시작되기 전에 자신들이 무엇을 배우게 될지, 어떻게 평가받게 될지, 그리고 어떻게 채점될지를 알게 된다면 학생들의 학습에 어떤 변화가 일어날 것인지를.

한 번 생각해보자.
학생들이 학업성취를 하는데 실패하지 않는다는 것을 알게 된다면, 얼마나 능동적인 학습자가 될 것인지를.

한 번 생각해보자.
만약 교사가 이런 것들을 알고 있다면, 학생들의 학습에 어떤 변화가 일어날 것인지를!!

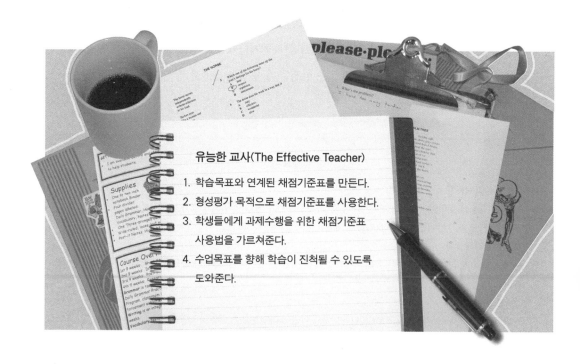

유능한 교사(The Effective Teacher)

1. 학습목표와 연계된 채점기준표를 만든다.

2. 형성평가 목적으로 채점기준표를 사용한다.

3. 학생들에게 과제수행을 위한 채점기준표
   사용법을 가르쳐준다.

4. 수업목표를 향해 학습이 진척될 수 있도록
   도와준다.

24장

학생들의 학습을 촉진시키는 방법

THE KEY IDEA

교사가 팀을 이루어 서로 협력하면 더 효과적으로 가르칠 수 있다.

효과적인 학습환경

특정 목적을 성취하기 위해 서로 협력하는 교사들은
학생들의 학습을 향상시킬 가능성이 높다.

지속적으로 개선이 이루어지는 학교에는 교사들이 다음과 같은 세 가지 특성을 가지고 있다. 이 세 가지 특성은 학교가 성과를 도출하는 데 커다란 도움이 된다.[1]

1. 팀으로 함께 협력하며 가르침
2. 명료하고 측정가능한 목표를 지향
3. 지속적으로 자료를 수집하고 분석함

시카고 학교연구 컨소시엄(The Consortium on Chicago School Research)의 연구에서는 교사가 팀을 이루어 협력하여 가르친 수학 수업에서 학생들은 자신들의 수준보다 높은 수준으로 배웠다고 한다. 반면에 교사가 혼자서 가르친 수학 수업에서는 학생들이 평균 수준 이하로 배웠다고 한다. 이런 학교에서는 8학년 교사가 5학년 수준의 수학을 가르친 경우도 있었다.[2]

많은 학교들이 중대한 사실을 깨닫고 있다. 교사들이 측정 가능한 학업성취 목표에 다다르기 위해 규칙적으로 협력한다면 학생들의 학업성취라는 마술 같은 일이 일어난다는 것을. 어떻게 이런 결과가 발생할 수 있을까? 그것은 공통의 문화 속에서 팀으로 협력하며 일하는 교사들이 있기 때문이다.[3]

— 마이크 슈모커

효과적인 학교는 교사학습팀을 운영한다

대부분 성공적인 회사들은 직원들을 팀으로 일하게 한다. 식당을 생각해보라. 손님은 종업원팀으로부터 종합적인 서비스를 받는다. 상가에서 고객은 출입할 수 없는 닫힌 문에 '팀 구성원 전용'이라고 쓰여 있다. 또 광고회사는 '우리 디자인팀은 고객께서 원하는 디자인을 시작부터 끝까지 만족할 수 있도록 만들어 드리겠습니다'라고 광고한다. 뛰어난 운동선수는 우승의 영광을 자신의 팀원들에게 돌린다.

마찬가지로, 학생들의 학습을 위하여 효과적으로 가르치는 학교는 교사학습팀을 갖추고 있다. 이 팀은 기본적으로 학년별 혹은 과목별로 구성된다.

> 교사학습팀의 핵심 역할은 학생들의 학습 향상을 위해
> 학생들의 학업 수행과정을 꾸준히 분석하는 것이다.

학생들도 학습팀을 구성하여 같이 학습한다.

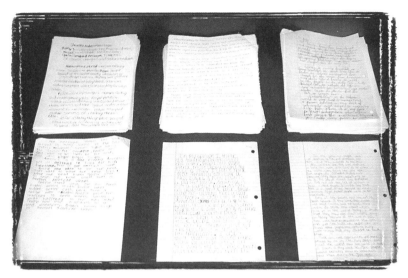

학생들의 과제물은 학생들을 돕고 교사의 수업을 개선하기 위해서 분석된다.

교사학습팀은 학업성취 목표를 향한 학생들의 학습 진척상황을 분석하기 위해 모인다. 학생들의 학업수행을 분석하는 한 방법은 교사학습팀이 학생들의 학업 수행 자료를 세 가지 유형(우수, 평균, 미달)으로 분류하고, 각 유형에서 임의적으로 하나의 샘플을 선택한다.

교사학습팀은 이 샘플에 대해서 다음과 같은 단순한 질문을 하면서 평가한다. '미달 수준인 이 학생을 최소한 평균 수준으로 만들기 위해 어떤 교수전략을 선택해야 할까?', '이 학생이 한 단계 더 높은 성취를 하도록 자극하기 위해 어떤 학습도구가 좋은가?'

학생들이 배우는 학교는 절대 포기하지 않는다

학교는 학생들의 학습을 위한 곳이다. 애리조나주(Arizona: 멕시코와 인접해 있는 주)는 인구의 25%가 라틴계(Latino)이다. 많은 학교들이 낮은 학업성취수준과 낮은 졸업률을 보인다. 하지만 그 중에는 전국 수준의 성취 수준에 도달한 우수한 학교들도 있다.

애리조나의 미래를 위한 기구(The Center for the Future of Arizona)는 한 연구결과를 발표했다. 「왜 라틴계 학생들이 많은 어떤 학교는 성공하고, 다른 학교들은 실패하는가(*Beat the Odds: Why some schools with Latino children Beat the Odds…and Others Don't*)」[4] 이 논문이

모든 것을 말해준다.

이 연구에서는 여러 학교를 조사했다. 조사 대상에는 멕시코와 애리조나 국경 지역에 있지만 뛰어난 학업성취를 보여주는 학교들도 포함되어 있다. 연구에 따르면, 우수한 학업성취를 계속적으로 보여주는 학교들 그리고 낮은 학업성취를 보여주었지만 새롭게 성공적으로 변한 학교들은 재정, 학급 수, 학습 프로그램, 학부모 참여도 혹은 보충학습 등이 학생들의 학업성취와는 관련이 없다고 말한다.

이 학교들은 다음과 같은 특징을 갖고 있다.

1. 교사는 학생의 학업 수행을 평가(assess)하고 또 평가(reassess)한다.
2. 교사는 가르치고(teach) 또 가르치기(reteach) 위해서 학습결과를 사용한다.
3. 교사는 모든 학생이 해당 수업을 이해하기 위한 방법을 찾을 때까지 멈추지 않는다.

이렇게 우수한 학교 중의 하나가 피닉스 지역에 있는 L. C. 케네디 스쿨이다. 1학년 교사학습팀 멤버 패트리샤 힉스, 카렌 슈니, 줄리 쿠니타다, 제니 로페즈 교사는 자신들을 '참호전문가(experts in the trenches)'라 부른다. 그 교사들은 부모나 교장이 아닌 학생의 성공을 방해하는 요소들을 전부 제거하려는 굳은 결의를 가지고 있다.

L. C. 케네디 스쿨의 1학년 교사학습팀, 왼쪽부터 패트리샤 힉스, 카렌 슈니, 줄리 쿠니타다, 제니 로페즈 교사

영어를 가르치고 있는 이 교사학습팀은 그들의 성공 원인에 대해 다음과 같이 말했다.

우리의 성공은 규칙적으로 시험성적을 분석하고, 각 학생들이 필요로하는 부분에 맞추어 수업 전략을 적용하며, 학생이 이해할 때까지 포기하지 않는 것에서 기인한다.

매주 만나서 우리는 문제를 함께 분석하고 전략을 수립하면서 교사들끼리의 학습 커뮤니티를 형성할 수 있었다. 우리 모임은 유연하고 순응적이면서도 완고하고 지속적이다. 우리는 모든 아이들이 배울 수 있다고 믿는다.

우리의 목표는 다음과 같다.

- 안전한 교실 환경을 만드는 것
- 학생들에게 의미 있는 것을 제공해주는 것
- 학습을 세부적인 단계로 나누어 학생들이 성공에 대한 느낌을 빨리 느끼게 해주는 것
- 학생들이 기대목표에 이를 수 있도록 선행 단계를 구축해주는 것
- 연습하고, 연습하고, 또 연습하는 것
- 열린 생각으로 학생들과 대화하는 것

가장 중요한 것은 절대 포기하지 않는 것이다.

줄리 쿠니타다 교사는 첫 부임학교가 L. C. 케네디 스쿨이었다. 현재 교사학습팀의 나머지 멤버들은 그 교사가 빨리 적응하도록 돕기 위해 그들의 올해 목표와 어떻게 그 목표에 도달할 것인지를 그녀와 함께 토론하였다. 학교는 그녀에게 따로 멘토교사를 지정해주지는 않았다. 하지만 교사학습팀의 모든 교사가 그녀의 멘토 이상의 역할을 해주었다. 그들은 줄리 교사의 동료이자 멘토였다.

줄리 교사는 "나는 학교에 배정된 것이 아니라 사랑스러운 가족이 생겼다"라고 말한다. 학교의 모든 교사학습팀은 매주 모임을 가졌다. 그 팀의 멤버들은 학생들의 학습에 초점을 맞춘 학년별 교사팀을 형성하고 학생들에게 일관된 학습환경을 만들어주도록 노력했다.

이 학년별 교사학습팀은 학년별로 독립적으로 활동하지 않고 다른 학년별 교사팀과도 함께 토론했다. 결국, L. C. 케네디 스쿨의 학생들은 독립된 섬 같은 교실 속에서 그리고 그 교실 속 한 명의 교사에 의해서가 아닌 학교 전체로 구성된 교사학습팀들에 의해서 지도받게 된다. 이것이 학생의 학업성취를 도와주기 위한 팀 접근방식이다.

교사학습팀의 구조

퍼시픽 초등학교의 교사학습팀 모임은 여러 학년의 교사들을 수용할 수 있는 큰 교실에서 이루어진다.

캘리포니아주에 있는 퍼시픽 초등학교는 2003년에 80여 명의 흐몽(Hmong) 학생이 입학하였다(흐몽은 라틴계로 1960년대 미국이 베트남전쟁을 위해 채용한 라오스 용병의 자손들이다. 전쟁 후 그들은 미국으로 망명하였고, 현재 미네소타와 캘리포니아에 가장 많이 거주하고 있다).

현재 퍼시픽 초등학교의 40%가 흐몽 학생들이고, 교사와 직원들은 높은 흐몽 학생들의 입학률에 잘 대처하고 있다. 이 학교는 학생들의 학업성취에 중점을 두는 문화를 갖고 있다.

퍼시픽 초등학교에는 학년별로 교사학습팀이 구성되어 있다. 교사학습팀의 교사들은 일주일에 한 번씩 회의실에서 만나 학년별뿐만 아니라 다른 학년별 교사학습팀과도 만남을 즐긴다. 이 학교 교사학습팀들은 모임을 가질 때 일정한 절차·구조를 따른다. 모임의 반은 슈모커 모델[5]을 따르며, 그 절차는 다음과 같다.

1. Focus(3~5분)

- 수업성공 유무를 판단할 구체적인 학습목표와 평가방법을 선정한다.
- 수업의 목표를 분명하게 보여주는 학습목표 하나를 선정한다.
- 모든 팀 멤버들이 볼 수 있도록 그 학습목표를 공개한다.

▪ 모든 팀 멤버들이 그 학습목표의 평가에 관해서 이해를 같이 하도록 한다.

2. 평가
▪ 선정된 학습목표와 연계된 평가도구를 개발한다.

3. 개별적으로 생각하기(1분)
▪ 효과적인 수업(평가에서 최대한 많은 학생들이 성공할 수 있는 수업)을 위한 수업 요소·단계·전략 등을 개별적으로 생각한다.

4. 브레인스토밍(4~7분)
▪ 12~14개 정도의 좋은 아이디어를 선정하기 위해 팀에서 각자의 생각들을 공유한다(서로의 생각에 대한 어떤 부정적인 반응을 보이기보다는 모든 아이디어가 수용되는 분위기가 되어야 한다).

5. 선택(3~6분)
▪ 가장 효과적으로 학생들의 학업성취를 이끌 수 있는 수업 전략·단계·요소를 팀에서 선정한다.

6. 수업설계(4~10분)
▪ 선정된 아이디어를 바탕으로 팀에서 수업설계를 시작한다.
▪ 관련 아이디어를 수집하고 배열하며, 필요에 따라서 아이디어를 추가하고 재배열한다.
▪ 모두가 설계된 수업을 볼 수 있게 한다.

7. 실행(교실로 돌아가서)
▪ 교실에서 수업을 한다.
▪ 결과를 평가한다.

8. 다음 모임
▪ 수업과 평가에 있어 장단점을 토대로 학습결과(얼마나 많은 학생들이 평가에 있어 성공했는지)

를 토론한다.

- 각각의 장단점을 바탕으로 수업을 수정한다.

모임에서 공유된 모든 정보는 '교사모임일지(Team Learning Log)'에 기록된다. 모임의 나머지 반은 학생들의 학업과제(student work)를 토론하는 데 사용된다. 교사들은 그동안 학생들이 수행한 시험·프로젝트·보고서 등을 테이블 위에 나열해 놓고 개별학생들의 성취도를 분석한다. 그리고 교사들은 그들이 무엇을 가르쳤는지 그리고 어떻게 그것을 가르쳤는지를 공유하고, 각 학생들이 더 높은 학업성취를 할 수 있도록 하기 위해 그들이 어떻게 지도방법을 개선해야 하는지를 서로 조언해준다.

> 교사학습팀의 교사는 학생들의 학습 향상을 위하여 서로 협력할 수 있는 능력과 자질이 있다.

퍼시픽 초등학교는 소수인종 학생의 분포가 높지만 매우 성공적인 학교이다. 이 학교는 2006~2007년 동안 오직 2명의 교사만 채용했다. 이것은 매우 성공적인 수치이다. 왜냐하면 인근의 다른 학교는 교사 이직률이 높기 때문에 매년 많은 교사를 새로 채용하고 있다.

새로 임용된 키우 우엔 교사는 "나 혼자라는 느낌이 들지 않고 다른교사와 협력해서 가르치기 때문에 이 학교에서 교사로서 일하는 것이 자랑스럽다. 나는 기존 선생님으로부터 너무나 많은 것들을 배우고 있다. 교사로서 우리는 함께 서로 협력할 때 보다 더 유능해진다"라고 말한다.

키우 우엔 교사

GoBe

같은 지역구 교사들의 협력 모임

아이슬립지역의 공립학교에 부임하는 신임교사들은 교사학습팀 모임을 갖는다. 그 지역 학생들의 고등학교 졸업률은 98.3퍼센트이다. 아이슬립지역 학교의 학사진행 과정에 대한 내용은 EffectiveTeaching.com 사이트 Going Beyond 폴더의 Chapter 24에서 볼 수 있다.

혼다 시스템

혼다는 오하이오주 매리스빌에 공장을 두고 있다. 이 회사는 차 제조공장에서 일하는 직원 외에 13,000명 이상의 관리 보조자(associate)를 채용했다. 이들은 그룹에서 일하면서 직원들의 불평이나 제안을 고위 관리자에게 전해주는 역할을 한다. 왜냐하면 미국에서는 대체적으로 관리자들이 노동자들의 문제를 들으려 하지 않고, 노동자들 또한 문제에 얽히고 싶어 하지 않기 때문이다.

혼다의 이 시스템은 다음과 같은 세 가지 질문에 답을 줄 수 있다.

1. 문제가 무엇인가?

2. 문제에 대해 당신은 어떤 어려움을 겪었는가?

3. 문제에 대한 당신의 장기적인 해결책은 무엇인가?

혼다는 이렇게 그룹 내 직원들에게 문제 해결에 대한 권한을 부여함으로써 그룹 전체의 능률을 높였고, 이것은 곧바로 자동차의 품질 향상에 도움이 되었다.

교사학습팀 평가

교사나 학생들이 아닌 교수법(instruction)에 대한 분석 및 평가를 한다.

성공적인 학교의 교장이나 교사들은 문제를 발견하고, 즉시 그 문제를 해결하기 위한 하나의 방법으로 정규적인 평가를 시행한다. 그들은 문제가 발생할 때 문제의 근본적인 원인을 정확히 찾기 위해 거꾸로 그동안의 평가 자료들을 검토한다. 그리고 즉시 교사의 교수법에서의 문제를 수정하기 위한 작업에 돌입한다.

실습하는 신임 의사들의 관찰

1993년, 메인주와 뉴햄프셔주의 23명의 의사 그룹은 서로 자신의 수술 장면을 공유하고 의견을 교류하기로 했다. 2년 후, 그들은 정말 놀랍게도 자신의 환자사망률을 25%까지 줄이게 되었다.

전통적으로 지식 전문가로서 독립적으로 일하는 데 익숙한 교사들에게, 위 예시는 아주 강력한 메시지를 제공해줄 수 있다. 교사의 목표가 학생들의 학업 실패율을 낮추는 것이라면, 교사는 서로 협력함으로써 큰 성공을 할 수 있다. 유능한 교사팀은 매일 개별학생들의 작문숙제·수학 문제·과학 프로젝트·미술 작품·학생들이 수행한 어떤 과제든 가져와 서로 논의한다.

그 교사들은 자신의 지도안(Lesson Plan) 또한 가지고 와서 공유하고 동료들 앞에서 시연해 보이기도 한다. 이것은 분명 부담이 가는 일이긴 하지만, 모든 것이 수용되는 분위기 속에서 학생들의 학습 향상이 그 모임의 목적이 되는 경우에는 자연스럽게 이루어질 수 있다.

유능한 교사팀 모임의 목적은 테이블 위에 있는 학생들의 학습과제에 있는 것이지, 특정 학생이나 교사에 대한 평가에 맞춰져서는 안 된다.

문제의 원인은 항상 입력(예: 교육과정, 교수법, 학습목표에 소용된 시간 등)의 문제이지 결과(예: 학생)의 문제가 아니다. 교사는 자신의 교수법을 분석할 만큼 충분한 전문성을 지녀야 할 뿐 아니라 다른 교사들이 자신의 교수법을 분석할 수 있도록 해야 한다. 교사는 이를 통해 자신의 교수법에 변화를 줄 만큼 개방적이어야 한다. 교사의 문제가 아니라 그 교사의 교수법이 문제임을 인식해야 한다.

교육과정 지도(Curriculum Maps)

성공적인 학교에서의 수업은 교육과정 지도(Curriculum Maps)를 사용한다. 교육과정 지도는 학생들이 배워야 할 내용의 리스트를 넓은 종이 위에 배치해둔 것을 말한다. 교육과정 지도는 학생들의 학습 향상을 위하여 무엇이 필요한지를 계속적으로 반영하여 수정한다.

가령, 공항의 관제탑에서는 그 지역 하늘을 날고 있는 모든 비행기의 항로를 모니터로 확인할 수 있다. 기차시간표는 모든 기차의 도착과 출발 시간을 알려준다. 여행 중에 모든 사람은 여행 일정표 혹은 스케줄을 받게 된다.

마찬가지로, 효과적인 학교는 지도, 스케줄 혹은 일정표와 유사한 무언가를 갖고 있으면
서 무엇을 학생들에게 가르치고 있는지 혹은 누가 그것을 가르치고 있는지를 계속적으로
주시하면서 어떤 학생도 학습 열차를 놓치지 않게 노력한다.

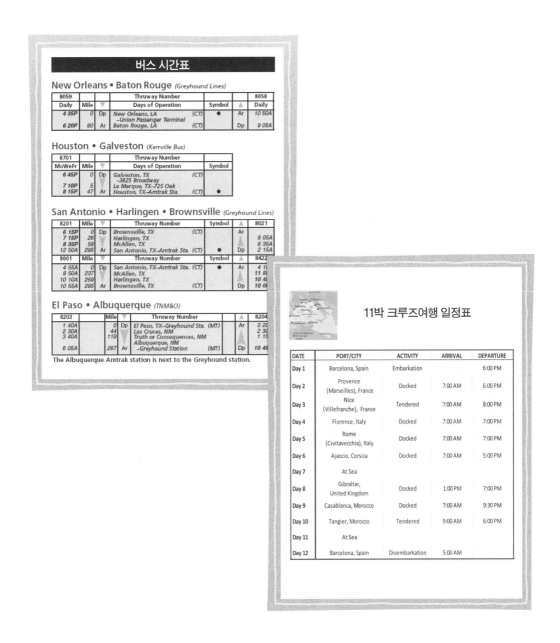

교육과정 지도 작성기(Curriculum Mapper)

제임스 웨스트릭 교사는 케냐에서 평화봉사단(Peace Corps) 단원으로 작은 고등학교에서 과학교사로 봉사했다. 그 학교는 그의 과학 수업을 위한 어떤 실험실도, 교과서도, 교육과정도 갖고 있지 않았다. 그가 가장 넘치게 갖고 있는 것은 시간이었다.

제임스 교사는 우선 그의 학생들이 배우게 되기를 원하는 과학 지식과 기술을 결정하는 과정부터 시작했다. 이를 바탕으로, 어떤 구체적인 내용과 활동이 그들의 학습에 적합할지를 고민했고 이것은 그의 개인적인 교육과정 지도(Curriculum Maps)의 작은 경험이 되었다.

이후 미국으로 돌아오고 나서, 제임스 교사는 시카고의 대형 고등학교에서 7명의 과학교사 중 한 명으로 근무하게 되었다. 그는 그곳에서 그가 필요한 모든 자료나 교과서를 사용할 수 있었고, 개인 과학 실험실도 갖게 되었다. 하지만 그는 그의 학생들이 무엇을 알고 있는지 혹은 다른 과학 수업에서 무엇을 배우고 있는지에 대해서는 아무것도 알 수 없었다. 그는 단순히 다른 교사의 자료나 실험을 따라가는 방식은 오히려 자신이 다른 과학교사들을 방해하고 있다는 것을 알게 되었고, 이것은 결과적으로 다른 과학교사와의 수많은 연계 수업의 기회를 놓치게 만들었다. 이 큰 학교에 다른 교사들도 있고 수업 자료들이 주위에 많이 있었지만, 제임스 교사는 오히려 케냐에 있을 때보다 더 고립되어 있는 느낌을 받았다.

1999년 초, 그는 하이디 헤이즈 제이콥스에 의해 주관된 교육과정 지도 작성(Curriculum Mapping) 워크숍에 참여하게 되었다. 교실에서 실제 일어나는 일들을 다른 교사들과 공유하기 위해 지도처럼 만든다는 이 워크숍의 생각은 그에게 딱 들어맞았다. 왜냐하면 그는 케냐에서 비록 자신이 유일한 교사였지만 그의 학생들이 무엇을 배울지를 마치 지도처럼 계획한 유사한 경험을 갖고 있었기 때문이다.

결국 교육과정 지도 작성기(Curriculum Mapper)의 개념은 동굴 속에서 혼자 가르치는 것과 같은 그의 좌절 속에서 태어났다. 그는 같은 내용을 다시 가르치지 않기 위해 그의 학생들이 이미 배운 것이 무엇인지를 확인했다. 그는 다른 과학교사와 협력하여 그의 학생들이 보다 더 의미 있는 수업을 받게 하기 위해 다른 교사들이 실제 학교에서 무엇을 하는지를 알고 싶었다. 결국 제임스 교사는 교육과정 지도 작성기를 디자인하기 시작했다. 이후 많은 학교들이 이 모델을 사용함으로써 제임스 교사는 대부분의 학교들도 비슷한 문제를 겪고 있고 동굴 속에서 혼자 가르치는 교사를 밖으로 나오게 하는 것이 상호 연계된 교육과정(interconnected curriculum)을 만드는 첫 번째 일이라는 것을 알게 되었다.

　제임스 교사의 모델에 대한 수요가 증가할수록, 그는 케냐에서 학생들의 학습을 돕기 위한 개인적 필요에 의해 시작했던 그의 경험을 생각하며 이 모델을 발전시켜 나갔다. 현재 교육과정 지도 작성기(Curriculum Mapper)는 미국 48개 주와 캐나다의 학교에서 사용되고 있다.

　제임스 교사의 Curriculum Mapper®는 이 사이트에서 확인할 수 있다.

www.clihome.com/com

학습향상에 도움이 되는 몇 가지 테크닉

　교사학습팀 모임에서, 교사가 학생들의 학습 성공을 위해, 더 나아가 그들 삶의 성공을 위해 도움이 되는 기본적인 테크닉들을 서로 공유하는 것은 매우 중요하다. 이런 테크닉에는 성실한 노트 필기, 이해가 될 때까지 교과서 읽기, 체계적인 숙제 관리, 매일 복습 등이 있다. 이런 방법들이 새로운 것이 아닌 상식적인 수준으로 들릴 수도 있겠지만 '상식적 수준에서 문제가 있다는 것은 그 문제가 이미 상식적인 수준의 문제가 아니라는 것'을 의미할 수도 있다.

　아래 언급한 이 방법들은 학생들의 성공을 도울 것이다. 이 방법들을 가르쳐주고 학기 내내 학생들과 함께 공유해보도록 한다.

1. 필기하는 방법
2. 교과서 독서하는 방법
3. 수업의 연장으로서 과제하기

　교사는 너무 많은 수업을 해서는 안 된다. 하지만 교사에게 수업이 많고 적은 것이 문제가 되는 것은 아니다. 유능한 사람들을 잘 살펴보면 그들은 항상 필기(Note-Taking)하는 습관이 있다. 이것이 그들이 유능한 이유이기도 하다. 필기는 단지 교실에서만 하는 것이 아니다. TV볼 때, 전화통화할 때, 학회에서 발표자의 발표를 들을 때 그리고 어떤 정보를 잊지 않으려고 할 때 등등 많은 상황에서 필기를 한다.

필기는 아주 개인적인 것이다. 개인적 참고를 위해 사람들은 그것을 한다. 학생들에게 필기 절차를 그리고 이 필기습관이 삶에서 얼마나 유용한지를 가르쳐주도록 한다. 특히 그들이 필기한 아이디어가 언젠가 위대한 발명 혹은 작품이 될 수도 있음을 알려주도록 한다.

필기는 삶의 가장 중요한 능력 중 하나인 '경청' 능력의 구현이다

필기하는 방법

가장 널리 쓰이는 필기방법은 코넬대학교의 월터 포욱에 의해 고안된 코넬 필기방법(Cornell Note-Taking Method)이다. 필기는 절대 복잡해서는 안 된다. 사진에서 보이는 것처럼 이 방법은 아주 심플한 형태로 세 가지 섹션(기록·요약·검토)으로 나누어 사용한다. 교사는 인터넷에서도 이 필기방법을 쉽게 다운받아 학생들을 위해 사용할 수 있다.

이 코넬 필기방법의 가장 큰 장점은 필기를 다시 할 필요가 없다는 것이다. 이 방법에 따르면 필기하면서 즉시 그 내용을 정리할 수 있다. 따라서 수업의 세부 사항을 충분히 반영해 시험이나 토론 전 유용하게 사용할 수 있다.

코넬 필기방법

1. **기록** 학생들에게 줄임말을 사용하여 구절(Phrase)로 노트 필기를 하도록 지도한다. 나중을 위해 항목별로 적당한 빈 공간을 남겨둔다. 깔끔한 것(Neatness)이 중요한 것이 아니고 구성(Organization)이 중요하다.
2. **요약** 왼쪽 칸에 기록된 내용을 토대로 중요구절, 핵심단어, 중심 생각 등을 짧은 단순한 형태로 적도록 한다. 간결함과 단순함이 중요함을 알려준다.
3. **검토** 아래 쪽 검토란에 필기한 내용들을 한 문장 혹은 한 구절 정도로 정리하도록 한다. 질문이나 아이디어를 추가해도 좋다.

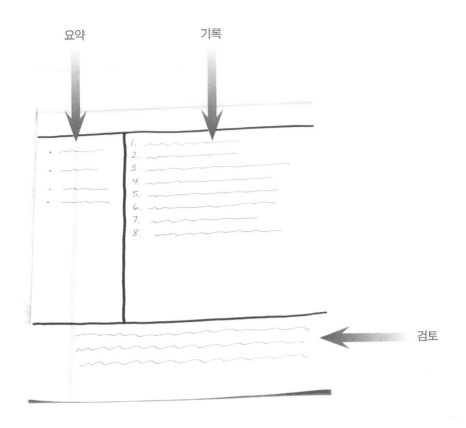

요약   기록

검토

교과서 독서 방법

책을 잘 읽는 사람은 책이나 잡지 혹은 신문 등을 반드시 처음부터 읽지 않는다. 잡지나 신문 출판업자들은 이 사실을 잘 알고 있기 때문에 독자의 관심을 끌기 위해 중요 목차의 일부를 표지에 보여주는 것이다.

출판업자들은 유능한 독자는 한 번 훑어보고, 관심 가는 부분을 살펴보고, 넘어간다(skim, scan, skip)는 사실을 알고 있다. 교과서를 읽는 방법에는 'SQ 3R: 훑어보기(Survey), 질문하기(Question), 자세히 읽기(Read), 되새기기(Recite), 다시 보기(Review)'가 있다. 다음과 같은 방법으로 학생들에게 교과서 읽기를 가르친다.

훑어보기(Survey)

- 단원의 요약 내용을 먼저 읽고 주인공들이 행복하게 살았는지 알아보자.
- 작가가 표현한 중요개념이나 생각을 읽어보자.
- 굵은 글씨나 이탤릭체, 혹은 박스 안에 들어간 문장들을 읽어보자.
- 사진이나 그림을 보자.
- 제목·소제목들을 보고 전체적인 내용을 이해해보자.

질문하기(Question)

- 각 단원이 무엇에 관한 것인지 질문해보자.
- 각 단원의 세부 항목들이 무엇에 관한 것인지 질문해보자.

각 단원에 있어서 무슨 질문을 할지 잘 아는 학생일수록 그 단원의 내용을 잘 이해한다.

자세히 읽기(Read)

- 질문을 생각하면서 각 단원을 자세히 읽어보자.

되새기기(Recite)

- 읽고 난 후 각 질문에 구두로 대답해보자.

다시 보기(Review)

- 보다 깊은 이해를 위해 질문이나 핵심 생각 등을 깊이 있게 고민해보자.

무슨 음식이 있는지도 모른 채 뷔페에서 줄을 서 본 적 있는가? 앞에 있는 사람에게 물어보라. 그들 또한 아무것도 모른다면? 그저 주는 대로 당신의 접시를 채우기 위해 계속 기다릴 것인가? 줄 밖으로 나와 어떤 음식이 있는지 알기 위해 'SQ 3R'할 수 있는지 직원에게 물어보라. 직원은 친절히 당신을 안내할 것이다.

훑어보기(Suvey) 음식들을 훑어보라. 얼마나 많은 음식이 있는가? 따뜻한 음식도 있는가? 어디에 디저트 섹션이 있는가?

질문하기(Question) 저 뚜껑으로 덮여 있는 냄비에는 무슨 음식이 있는가? 크림 소스는 어디에 있지? 저지방 음식도 있는가?

자세히 보기(Read) 각 음식별로 앞에 놓인 설명을 자세히 읽어보자.

되새기기(Recite) 각 음식들에 대한 고민 끝에 무엇을 고를지 스스로 되새겨보라.

다시 보기(Review) 다시는 먹지 않겠다는 예전의 다짐을 생각해보라. 이제 줄로 들어가 당신이 고른 음식을 즐길 준비를 하자.

수업의 연장으로서 숙제하기

숙제는 반드시 학습목표 그리고 평가와 직접 관련이 있어야 한다. 만약 그렇지 않다면 그 숙제는 어떤 가치도 갖지 못한다. 숙제는 학습목표의 일부분이어야 하고 시험볼 때 도움을 줄 수 있어야 한다. 그렇지 못하다면 그 과제는 좋은 과제가 아니다. 이런 개념을 이해한 플로리다주 마이애미의 엘모 산체스 교사는 자신의 과제를 '집에서 학습(home learning)'이라 부른다. 엘모 교사는 수업에서 학생들이 배운 개념을 강조하고 복습을 시키기 위해서만 숙제를 내준다.

숙제는 절대 새로운 학습이 되어서는 안 된다. 이것은 학생뿐 아니라 학교에서 배우지 않은 내용을 가르쳐줘야 하는 부모를 당황시킬 수 있다. 유능한 교사는 수업에서 학습된 것을 강조하기 위한 추가적인 연습으로 숙제를 내준다. 만약 어떤 학생이 스케이팅 혹은 음악 수업을 들었다고 가정해보면, 그 교사는 전혀 새로운 것이 아닌 오늘 배운 것들을 집에서 연습시키도록 할 것이다. 여기서 핵심단어는 '연습'이다. 이런 질문을 해보도록 하자.

- 학생들은 수업에서 무엇을 배웠는가?
- 학생들은 이 새로운 지식을 연습하기 위해 무엇을 해야 하는가?

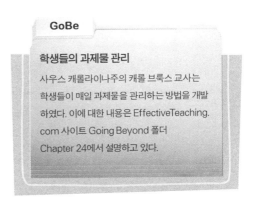

GoBe

학생들의 과제물 관리

사우스 캐롤라이나주의 캐롤 브룩스 교사는 학생들이 매일 과제물을 관리하는 방법을 개발하였다. 이에 대한 내용은 EffectiveTeaching.com 사이트 Going Beyond 폴더 Chapter 24에서 설명하고 있다.

이것이 그날의 숙제가 되어야 한다.

수업시간에 숙제하는 것을 연습하도록 한다. 학기가 시작되고 첫 1~2주 동안은 숙제를 내주고 학생을 집으로 보내기 전에 숙제하는 방법을 가르쳐주는 데 시간을 할애한다. 학생들이 수업시간에 숙제를 시작해서 집에서 끝내게 하는 것이다.

교사학습팀은 공유된 비전을 갖고 있다

성공적인 여행은 목적지를 분명하게 설정함으로써 시작된다. 만약 당신이 지금 어디로 가고 있는지를 알지 못한다면, 그곳에 도착했는지를 어떻게 알겠는가?

학생의 학업성취를 위한 여행도 이와 다르지 않다. 학생과 관련된 모든 사람(교육관리자·교사·학생·부모)이 학생의 학습 향상에 초점을 맞춰야 한다. 이들을 함께 그곳으로 인도해줄 지도와 목표가 필요하다. 이것이 바로 공유된 비전이다.

공유된 비전이 있으면 리더십도 교사들 사이에서 공유된다. 왜냐하면 학생들의 학습에 모든 초점이 맞춰져야 하기 때문이다. 그리고 학습목표를 향한 모든 결정 과정에서 협력이 일어난다. 이 공유된 비전을 실행하기 위해서 모든 교사학습팀이 계속적으로 다음과 같은 질문을 해야 한다.

- 학생들은 무엇을 배울 것인가?(21장 참조)
- 우리가 학생들이 배워야 할 내용을 어떻게 가르칠 것인가?(21장 참조)
- 학습을 위해 학생들은 무슨 준비가 필요한가?(22장 참조)
- 우리는 학생들의 학습을 위해서 무엇을 평가하고 무엇을 적용할 것인가?(23장 참조)

> 공유된 비전이 있는 학교에서 리더는 모든 사람들이 함께 일하도록 돕는다.
> 사람들은 서로 떨어져 있기보다는 연결되어 있다.

교사학습팀은 아래의 질문에 답하기 위해 정규적으로 만나야 한다.

1. 우리는 학업 성취기준에 따라서 가르치고 있는가?
2. 학생들의 성취 목표를 향해 개선되고 있는가?

성공적이지 못한 학교는 어떤 교사학습팀도 공유된 비전을 갖고 있지 않다. 교육과정은 복잡해서 같은 학교의 같은 학년에서조차 개별 교사가 광범위하고 다양한 주제를 개별적으로 가르치게 만든다. 어느 누구도 무엇이 가르쳐지고 있는지를 알지 못하고 관심도 없다. 평가는 학습을 위한 것이 아닌 성적을 위한 것이다.

반면, 성공적인 학교에서는 교육과정이 학생들의 학습을 위해 구성되어 있다. 교사학습팀은 학생들의 학습을 위해서 공유된 비전을 유지하고 발전시키기 위해 꾸준히 자신들을 돌아본다.

▪ 교사학습팀 멤버들은 서로 자신의 교수법을 토론하고 평가하기 위한 설계도(map)를 만들고 사용한다.
▪ 교사학습팀 멤버들은 학생들에게 특정 내용이나 필요한 과정을 다시 가르칠 필요가 있는지 여부를 스스로에게 끊임없이 물어본다.

많은 연구에 의하면 교사가 학급 문제 혹은 행정 업무에 소비하는 시간이 적어질수록 수업에 더 많은 시간을 할애할 수 있게 되고, 이것은 학생의 학습 향상에 커다란 영향을 줄 수 있다고 말한다.

학습진행 과정(procedures)과 학생들의 일상적인 습관(routines)을 만들어서 학생들을 효과적으로 가르치는 것이야말로 교사에게 가장 중요한 것이다.

성공적인 학교의 특징

성공적인 학교, 유능한 교사, 높은 학업성취율에는 다음과 같은 특징이 있다.

- 교사 혼자 하는 수업은 이제 끝났다. 성공적인 수업은 학습 향상을 위해 교사와 학교가 함께 협력하는 학습환경 속에서 만들어진다.
- 교사는 자신이 동료 교사들 그리고 학교와 연결되어 있다고(connected)느낄 때 유능해진다.
- 교사는 교사학습팀에 소속될 필요가 있고 또 소속되기를 원한다. 만약 교사가 긍정적인 방식의 교사 학습팀에 소속되지 못한다면, 부정적인 방식을 따르게 될 것이다.

비전 있는 학교

학생의 성공 핵심은 공유된 비전을 갖고 있는 교사학습팀을 갖는 것에서 시작된다. 비전은 노력의 방향을 알려주는 별과 같다. 비전은 같은 목표를 갖는 모든 사람을 묶어준다. 비전은 수업의 목표, 믿음, 우선순위에 대한 기초를 만들어준다. 이런 비전이 없다면, 교사는 수업에 있어 어떤 목표도 갖지 않게 된다.

놀라지 않는 사람도 있겠지만 지금까지의 많은 교육 관련 결정들은 학생들을 위한 것이라기보다는 정책 입안자들이나 그들의 이념을 위해 만들어졌다.

교육에 있어 한 가지 분명한 비전은 학생들의 학습 향상이다. 절대 이 사실을 잊으면 안 된다. 여행가는 여행을 할 때 지도나 GPS(global positioning system)를 사용해 자신이 어디로 향하고 있는지 잊지 않으려 노력한다. 우리가 고려하는 모든 결정은 학생들의 학습을 위한 방향으로 이루어져야 한다.

때때로 우리는 학교를 교사나 학생들을 위한 독립적인 공간 정도로 생각한다. 하지만 학생들의 학습이 계속적으로 발생하기 위해 각각의 교실들은 복도와 문을 통해 서로 연결되어야 한다. 교실이 서로 연결될 때, 모든 교사들과 학생들은 공유된 비전을 따라 나아갈 수 있다. 교사 모임 때마다 나침반, 지도, GPS를 들고 계속적으로 물어보자.

우리의 비전은 무엇인가?

우리는 우리의 별을 제대로 따라가고 있는가?

- 성공적인 학교의 트레이드마크(trademark)는 공동체·지속성·일관성이다.
- 성공적인 학교는 학생들 사이에서 학습에 대한 높은 성취도가 조성되어 있다.

이런 특징을 지닌 학교가 학업성취가 뛰어난 학생들을 배출할 수 있다. 이것은 오로지 학생들의 학업성취를 향상시키려는 하나의 목표를 달성하기 위해 교사들이 함께 일하고, 함께 평가하고, 함께 배우는 학교에서만 일어날 수 있다.

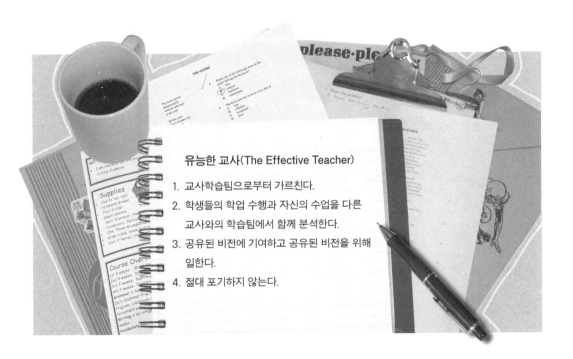

유능한 교사(The Effective Teacher)

1. 교사학습팀으로부터 가르친다.
2. 학생들의 학업 수행과 자신의 수업을 다른 교사와의 학습팀에서 함께 분석한다.
3. 공유된 비전에 기여하고 공유된 비전을 위해 일한다.
4. 절대 포기하지 않는다.

5부

끊임없이 배우고 성장하는 교사만이 전문적인 교육자가 될 수 있다.

미래 교육

—전문성

25장

리더 교사가 되는 방법

교사가 많이 배울수록 학생들도 많이 배운다.

리더 교사가 되는 방법

THE KEY IDEA

교사가 많이 배울수록 학생들도 많이 배운다.

가르침(teaching)은 교사가 사랑할 가장 힘든 대상이다

캘리포니아 헤이워드, 하이디 앨빈 교사

교육전문가는 리더 교사(Teacher-Leader)이다

교육의 변화를 창조하는 교사는
본인 자신과 교사라는 직업에 대한 자부심과 명예를 갖는다.

이제 이 책의 마지막 단원에 와 있다. 1부에서 4부까지 학생들의 학업성취에 초점을 맞췄다면 5부는 교사의 학습성취에 초점을 두고 있다. 여기에서는 교사가 많이 배울수록 학생도 많이 배우게 된다는 것을 알게 될 것이다. 다시 말해, 교사가 가르치는 분야에서 더 많은 지식을 갖게 될수록 학생들의 학습에 대한 성공 기회도 더 많아진다.

> 교사가 수업계획 방법을 잘 배우면 그 지식을 활용하여 훌륭한 수업을 계획할 수 있다.

성공적인 가르침(teaching)의 비밀

　교육자로 성공해서 행복하기를 원하고 다른 사람의 삶에 변화를 만들어주는 사람으로 기억되기를 원한다면, 본인 자신부터 영향력 있는 교사로 성장해야 한다. 교사 자신의 삶부터 변화를 만들어야 한다. 다음은 성공적인 가르침을 위한 가장 큰 비밀이다.

　부탁하고(Beg), 빌리고(Borrow), 훔쳐라(Steal)!

　이 내용은 이 책의 앞 부분에서 이미 언급한 바 있다(28쪽 참조).

　북부 캘리포니아의 크리스 햄버슨 교사는 최근에 자신의 과제에 변화가 생겼다. 그는 긍정적인 태도로 그 변화를 받아들였다. "나는 새로운 변화에 서 있는 것을 사랑한다."

　뉴욕의 교육자 수지 드라젠이 말한다. "나의 교육대학원 교수님은 우리가 절충하는 교사가 되어야 한다고 말씀하신다. 모든 것을 지켜보고 최고의 것만 훔쳐라."

　이 책의 저자 중 한 명인 로즈매리 왕은 어떤 교육 모임에 가든, 또 그 모임에서 다루는 교육 자료들이 얼마나 지루한지와 상관없이, 그녀는 모임과 그 자료에서 잠재적인 교육 가능성을 살펴보기 시작한다. '발표자가 자신의 자료를 설명하는 것을 끝마치기도 전에, 난 이미 그것을 어떻게 다루고 더 효과적으로 나의 교실에서 사용할지를 판단한다.'

　인간의 마음은 거대한 컴퓨터와 같다. 사실, 마음이 컴퓨터의 기원이기도 하다. 유능한 교사는 항상 생각하고, 꿈꾸고 그리고 계획한다. 미래 교사의

최초의 IBM 컴퓨터

행복과 성공은 교사가 어떻게 현재의 능력을 새로운 아이디어와 함께 발전시키는지에 달려 있다.

만약 교사가 성장하지 않는다면, 학생들에게 어떤 것도 주지 못할 것이다. 왜냐하면 교사는 아무것도 가진 것이 없기 때문이다. 만약 교사가 스스로에 대한 책임감을 갖지 못한다면, 다른 어느 누구도 그것을 대신하지 못할 것이다. 간단하다! 교사가 변화를 만드는 사람이라는 것을 깨달을 때만이 교사로서의 존엄성이 고취될 것이다.

> **❝** 돌무더기를 볼 때 위대한 성당의 이미지를 품고 바라본다면,
> 그 순간 그 돌무더기는 더 이상 돌무더기가 아니다. **❞**
> — 생텍쥐페리

여전히 허덕이는 교사들

교사의 전문성은 인격, 문화 그리고 이념의 복합체이다. 하지만 이것은 두 가지 유형으로 분류될 수 있다.

- 돈을 벌기 위해 일하는 교사. 이런 유형의 교사는 하루하루 살기 위해, 그리고 생존하기 위해 일한다.
- 변화를 만들기 위해 일하는 교사. 이들은 그들이 하는 일이 자신들에게, 그리고 그들의 학생들에게 학업성취를 가져오기 때문에 일한다.

하지만 불행하게도, 이런 말을 하는 교사들이 있다. "난 고등학교에서 가르치기 때문에 그 교수법을 사용할 수 없다", "내 학생들은 그 정도 수준이 아니다", "모든 버스가 정확히 도착하지 않듯이 나 또한 정시에 수업을 시작할 수 없다", "당신은 우리 반 애들을 몰라서 하는 소리다".

이런 교사들은 변명을 만들면서 생존해 나간다. 도태되는 가장 빠른 길은 아무것도 하지

않거나 아니면 그럭저럭 살아나가는 것이다.

대부분의 교사들이 배우려는 노력을 하지 않는 그런 학교라면, 분명한 것은 학생들 또한 배우려 하지 않는다는 사실이다. 반면에, 가르치는 데 경지에 이른 교사들도 있다. 우리는 이들을 교육전문가 혹은 리더 교사(teacher-leader)라 부른다.

완전학습에 도달

우리는 배관공·치과의사·변호사들을 자신의 분야를 잘 아는 사람이라 생각한다. 그래서 우리는 그들을 전문가라 부른다. 같은 의미로, 우리는 유능한 교사를 교육 전문가라 부른다. 전문성은 그 사람이 어떤 일을 하느냐가 아닌, 그 일을 하는 방식에 의해 결정된다.

교육 전문가는 보상·감독·규제가 없이도 학생의 학업을 성취시키고 계속적으로 그들의 수준을 향상시킬 수 있는 지속적인 계획을 갖고 있는 사람이다. 유능한 교사는 생각하고, 반영하고, 실행한다. 유능한 교사는 학생들의 모델이다. 학생들은 유능한 교사를 보면서 자신들도 스스로 생각하고 문제를 해결할 수 있는 능력을 지니길 원한다. 유능한 교사는 자신의 축적된 지식을 사용해 문제를 해결해 나간다. 지식이 축적된다는 것은 끊임없이 학습한다는 의미이기도 하다.

교육 전문가는 항상 학습하고 성장한다. 교육전문가는 새롭고 더 나은 생각·정보·노하우 등을 추구함으로써 학생들과 함께 성공으로 향하는 끊임없는 여행을 즐긴다.

리더 교사

유능한 교사는 리더 교사가 되고자 하는 목표와 함께 자신의 인생을 위한 계획 또한 갖고 있다. 이러한 교사는 눈에 띄기 마련이다. 왜냐하면 리더 교사들은 모두 낙천주의자들이기 때문이다. 이들은 매일매일 삶의 성취를 즐기고 그들을 기다리는 밝은 미래를 바라본다.

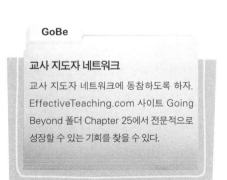

GoBe

교사 지도자 네트워크

교사 지도자 네트워크에 동참하도록 하자. EffectiveTeaching.com 사이트 Going Beyond 폴더 Chapter 25에서 전문적으로 성장할 수 있는 기회를 찾을 수 있다.

> 중요한 것은 당신이 소비한 시간의 양이 아니라 당신이 그 시간을 어떻게 보냈는가에 있다.
> 어떤 사람은 그들의 삶에 나이를 더해가며 살지만, 다른 사람은 그들의 나이에 삶을 더해가며 살아간다.

리더 교사라는 단어는 상대적으로 새로운 개념이다. 수십 년 동안 많은 교육자들은 자신을 단지 '직업을 위한 교사(Just Teachers)' 정도로 생각해왔다. 이들은 독단적으로 일해왔고 더 많은 돈과 명예를 원할 때는 그것을 얻기 위해 교원 단체를 지지했다.

교사들이 점점 더 유능해지고, 학생들의 학업성취 향상에 커다란 영향을 주는 존재가 됨으로써, 많은 교사들이 자신을 돌아보기 시작했다. 그리고 그들은 '직업을 위한 교사'가 되기를 거부하고 리더가 되기를 선택했다. 그들은 리더란 그저 규칙이나 절차들을 통제하는 보스(Boss)가 아니란 사실을 잘 알고 있다. 리더는 단순히 다른 사람에게 무엇을 하라고 지시하는 권위를 갖고 있는 사람이 아니다. 진정한 리더는 자신의 그룹을 성공으로 이끌 수 있는 능력을 갖고 있는 사람이다.

리더를 간단히 정의한다면 동기를 부여하고, 중재하고, 멘토가 되어 주는 사람이다.

유능한 리더 교사의 10가지 자질

1. 리더는 성취에 대한 비전을 갖고 있다.
2. 리더는 좋은 예들을 보여준다.
3. 리더는 팀 동료들을 이끌기 위한 대인관계 능력을 갖고 있다.
4. 리더는 목표에 대한 동기와 영감을 부여해준다.
5. 리더는 목표에 초점을 둔다.
6. 리더는 목표 기한을 정하고 그 기한까지 목표한 바를 성취해낸다.
7. 리더는 개인 사이의 그리고 그룹 사이의 갈등을 중재한다.
8. 리더는 적절한 지식과 기술의 중요성을 잘 알고 있고 이를 위한 훈련을 강조한다.
9. 리더는 정보를 공유하고 젊은 초보자들의 멘토가 되어준다.
10. 리더는 준비되어 있고, 열정적이며, 인내심이 강한 사람이다.

> ### 리더 교사
>
> 리더 교사는 그들이 선구자란 사실을 잘 알고 있다. 그래서 그들은 그들의 교실을 넘어서 다양한 연구를 하고, 발표하고, 신임교사들을 지도하고 그리고 학교운영자들과 함께 모든 것을 공유한다. 그들은 독립의 벽을 허물고 모든 교사들을 소통시킨다.
>
> 간단히 말해서, 리더 교사는 교육의 긍정적 변화를 이끌기 위한 책임을 지고 행동하는 사람이다.
>
> 윌리엄 페리터
> (교사 지도자 네트워크, 노스캐롤라이나 6학년 교사)

광범위한 의미에서, 리더십은 향상(Improvement)을 만들어낸다. 교육과 관련지을 때, 교사 능력 향상(teacher improvement)은 학생 학업 향상(student improvement)을 이끌어낸다. 리더 교사가 없다면 학생 학업 향상도 있을 수 없다. 따라서, 궁극적으로 학생 학업 향상은 리더 교사로부터 온다.

다음의 두 문장을 생각해보도록 하자.

▪ 유능하지 못한 교사들은 다 똑같다.
▪ 유능한 교사들은 모두 다 특별하다.

만약 당신이 위 두 문장을 보고 '아하!'라고 했다면, 당신은 지금 리더 교사가 되는 길 위에 서 있게 된 것이다. 아마 그 길 위를 이미 걸어가고 있을 수도 있다.

만약 당신이 머리를 긁적거렸다면, 당신은 아직 성장하고 배우는 중이다. 스스로에게 더 배울 수 있도록, 그래서 리더 교사의 자질을 깨달을 수 있도록 시간을 갖도록 한다.

모든 성공적인 교사는 직장인이 아닌 리더이다

다음의 특징을 통해 5년, 10년, 20년, 혹은 30년 후의 교사로서 당신의 삶을 내다볼 수 있다. 많은 교사들이 자신들의 직업은 돈을 벌기 위한 직업으로 생각한다. 그들의 수업은 종소리와 함께 멈추고, 자신의 성장과 학습에 있어 어떤 의지도 시간도 투자하려 하지 않는다.

직장인으로서의 교사는	리더로서의 교사는
위기가 있어야 일을 한다.	리더십을 발휘하며 일을 한다.
수많은 핑계를 갖고 있다.	수많은 계획·목표·비전을 갖고 있다.
노동자처럼 옷을 입는다.	성공을 위해 옷을 입는다.
모임 시 가장 뒤쪽에 앉는다.	모임 시 가장 잘 배울 수 있는 곳에 앉는다.
자기계발을 함에 있어 불평이 많다.	모임의 일부가 되는 것을 즐긴다.
다른 사람, 장소, 여러 가지에 대해 불평이 많다.	다른 사람, 장소, 여러 가지에 대해 칭찬한다.
다른 사람, 장소, 여러 가지를 비난한다.	다른 사람과 협력하고 여러 가지 것들을 개선시켜 나간다.
빈번이 지각한다.	일찍 나와서 준비한다.
자주 하품한다.	집중한다.
항상 물어본다. "내가 무엇을 하면 되죠?"	스스로 결정할 수 있고 다른 사람의 문제를 도와줄 수 있다.
전문 잡지 등을 구독해보지 않는다.	전문 잡지 등을 구독해본다.
전문기관에 소속하지 않으려 한다.	전문기관에 소속하려 한다.
교육모임 등에 좀처럼 참여하지 않고, 오히려 지역에서 주최된 이런 모임들에 대해 불평한다.	교육 모임 등에 참여할 뿐 아니라 많은 기여를 한다.
자신의 일에 대해 부정적으로 말한다. "내가 그 일을 해야 한다고요?", "그냥 해야 하니까 하지요."	열정적으로 말한다. "저는 이 학습 팀에 참여하게 되어서 너무 좋습니다", "저는 우리지역 교육과정 위원회를 위해 일하는 것을 좋아합니다".
다른 사람들로부터 인정받고 있지 못한 것에 대해 말한다.	다른 사람들로부터 인정받을 수 있도록 성취를 한다.
다른 사람이 하는 것을 한다.	자신이 가장 잘 알고 있는 것을 한다.
자신의 일에 대해, 근무조건 등에 대해 걱정이 많다.	직업을 갖고 있고 선택할 다른 옵션들 또한 갖고 있다.
희생자다.	권위를 갖고 있고 통제할 수 있다.
잘 배우려 하지 않고 도우려 하지도 않는다.	아는 것이 많고 도움을 줄 수 있다.
'아, 또 하루의 시작이구나', '월급날이 가까워온다'라는 관점으로 삶을 바라본다. 살아남기 위해 일한다.	'사람은 적극적으로 행동해야 하고 삶과 사랑, 행복을 추구해야 한다'고 믿는다.

여타 노동자들처럼, 리더들도 직업을 갖고 월급을 받는다. 하지만 리더들은 자신에게, 동료들에게 그리고 직장에 기꺼이 그들의 시간과 돈을 투자한다. 결과적으로, 리더들은 더 많은 월급을 받게 된다. 그들이 더 많은 월급을 받는 이유는 더 많이 일해서가 아니라 더 많은 시간을 자기계발과 자신의 삶에 투자했기 때문이다. 삶은 시계만 쳐다보는 게으른 노동자가 아닌 자신의 능력을 개발하는 리더에게 보상을 해준다.

> 직업은 돈을 벌기 위해 하는 것이지만, 경력은 평생의 가치로 추구하는 것이다.

리더 교사는 전문가이다. 그들은 시간과 돈에 구애받지 않고 자신의 성장과 다른 사람들과의 협력에 모든 것을 쏟아 붓는다.

66 길이 이끄는 데로 가지 말고, 길이 없는 곳으로 가서 흔적을 남겨라. **99**
— 로버트 프로스트

보직은 중요한 것이 아니다

한 교사가 다음과 같이 언급했다.

"신임교사만이 연수프로그램으로 혜택을 보는 것이 아닙니다. 교육관리자를 포함한 교육자 협회에 가입하면 학생들뿐만 아니라 동료교사, 교육관리자에게 긍정적인 영향을 줍니다. 우리는 상호적으로 학습목표를 이루기 위해서 다른 교사들과 팀웍을 이루고 있습니다."

매리 에커
(교육위원, 미시간주 포트 휴론 교육협회)

한 상임 교육위원은 다음과 같이 말했다.

"한 교사는 5분 넘게 수업을 진행했습니다. 그만큼의 은혜를 입고 있는 것입니다."

위원장
(뉴저지주 지역 교육위원회)

리더 교사는 선구적 역할을 한다

지금까지 이 책에서 유능한 교사의 자질에 대해 언급해 왔다. 우리는 또한 인터넷에 (teachers.net) 다양한 교사들의 실제 성공사례를 공유하고 있다. 이 모든 공유를 통해 유능한 교사에게는 다음과 같은 두 가지 특징이 있다는 것을 알 수 있다.

1. 유능한 교사는 실행(Implement)한다 유능한 교사는 학년, 과목, 분야에 상관없이 다른 누군가의 성공사례를 자신의 것으로 사용할 수 있는 능력이 있는 교사이다. 이들은 자신의 환경에, 그리고 자신의 교실 상황에 맞게, 그것들을 수정하고 사용할 수 있는 능력이 있는 교사이다. 즉, 이들은 관찰하고, 반영하고, 새로운 것을 고안하고, 적용하는 교사이다.

2. 유능한 교사는 선구적 역할을 한다(Proactive) 유능한 교사는 문제에 대처하기보다는 문제를 예방한다. 즉, 이들은 반사적(reflective)이지 않고 예방적(proactive)이다.

유능하지 못한 교사는 반사적(Reflective)이다. 반사적인 교사는 상황에 맞게 자신의 수업을 계획할 줄 모르고 자신의 실패를 학교나 외부 상황을 비판하면서 반응해 나간다. 반사적인 교사들은 자신의 수업에 있어 어떤 자율적인 통제력도 발휘하지 못한다. 이들은 대부분 미리 정해진 규정에만 엄격한 사람들로, 학생들에 대한 처벌 혹은 그 결과만을 신경 쓴다.

하지만 아주 가끔 이런 반사적인 교사들의 학생들 중엔 아주 뛰어난 학생들이 포함될 수도 있고, 이들은 이런 교사의 수업에 쉽게 실증을 느끼게 된다. 자신이 이런 반사적인 교사의 수업을 받고 있다는 사실을 깨닫게 되면, 이들은 곧 이 교사를 다루는 법을 깨닫게 되고, 결국 수업의 통제자는 교사가 아닌 학생이 되게 된다. 교사는 그저 규정에 어긋난 학생들에게 벌을 주는 존재가 되어 버린다.

쉽게 말해, 반사적인 교사들은 리더가 아닌

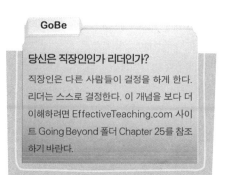

GoBe

당신은 직장인인가 리더인가?
직장인은 다른 사람들이 결정을 하게 한다. 리더는 스스로 결정한다. 이 개념을 보다 더 이해하려면 EffectiveTeaching.com 사이트 Going Beyond 폴더 Chapter 25를 참조하기 바란다.

그저 직장인으로서 교사일 뿐이다. 그리고 중요한 것은 그 학생들 또한 그들을 그렇게 인식하고 있다는 것이다.

선구적인 교사(Proactive teachers)는 문제를 미리 예방할 수 있는 계획을 갖고 있다. 그들은 학업 성취기준이나 학습목표에 따른 수업을 하고 학생들의 학습에 대한 높은 기대를 갖고 있다.

유능한 교사는 모든 상황에 대처할 수 있는 능력을 가지고 있다

가르친다는 것은 예술과 같다. 그것은 헌신과 열정을 필요로 하고, 다른 교사와의 협력을 요구하며, 계속된 자기계발을 필요로 한다. 비록 일부 사람들은 이런 교사 자질을 자연스럽게 갖게 되기도 하지만, 어느 누구도 리더 교사로서의 전문성과 지식을 갖고 태어나지는 않는다.

우선, 교사는 학급이 관리되어야 한다는 사실부터 이해해야 한다. 성공적인 매장을 운영하기 위해 훌륭한 경영 능력이 요구되는 것처럼, 학급을 성공적으로 지도하기 위해선 철저한 준비가 필요하다. 학생들의 학습 성공을 위한 여정에는 어떤 우연한 마술도 있을 수 없다. 교사는 이 사실에서부터 시작해야 한다. 학생들이 배우기를 기대한다면 교사 또한 항상 배울 자세가 되어 있어야 한다.

> 가장 유능한 교사가 교육 전문가가 된다. 교육 전문가는 리더 교사가 된다.

가장 취약한 교사

직장에서 가장 취약한 사람은 자신을 위한 스스로의 결정을 못하는 생존자들이다. 학교에서 가장 취약한 교사 또한 자신과 학생의 삶을 위해 노력해야 함을 잘 알아야 한다. 또한 학생을 돕기 위해 다른 교사와 협력해야 한다는 사실도 잘 알아야 한다.

하지만 교사들의 모임에서 어떤 교사들은 교육 여건·월급·시설·학부모·관리자·학생 자

가장 좋아하는 상점을 생각해보라.
왜 그 가게는 성공적인가?
세 가지 요소를 갖고 있기 때문이다.

1. 가게를 잘 관리한다.
그곳은 잘 정돈되어 있어 아늑하며, 쇼핑은 늘 즐겁다.

2. 물건들은 품질이 좋다.
높은 품질의 좋은 물건들이 많아 선택의 기회가 많다.

3. 고객관리를 잘한다.
직원들은 고객에게 매우 공손하다. 고객은 이곳에서 존경받는 사람이 된다. 판매직원은 고객을 존중하고, 고객과의 관계를 매우 중요시한다.

당신도 이런 특징을 갖고 있는 몇 군데의 매장들을 기억할 것이다. 그곳은 파는 물건도, 크기도, 장소도 서로 다를 것이다. 하지만, 공통점은 위 세 가지 특징을 모두 갖고 있다는 사실이다. 이 상점들은 그들의 성공을 위해 모든 것을 갖추고 있다.

가장 성공적인 교실을 생각해보라.
왜 그 교실은 성공적인가?
세 가지 요소를 갖고 있기 때문이다.

1. 교실은 잘 관리되어 있다.
학생들은 교실이 잘 정돈되어 있고, 안전하고, 즐겁다고 느낀다. 이것은 3부에서 자세히 다루었다.

2. 수업은 학생들에게 잘 전달된다.
학생들은 배우고, 유익한 경험을 갖게 되고, 수업의 참여를 즐기게 된다. 이것은 3부에서 자세히 다루었다.

3. 학생들을 존중한다.
학생들은 도움이 필요하면 언제나 도움을 받을 수 있다. 그들은 사랑과 존중을 느낀다. 이것은 2부에서 자세히 다루었다.

당신은 이런 교실을 봤을 수도 있고 혹은 상상해볼 수 있다. 크기도, 학생 구성도, 장소도 다르지만 공통점은 위 세 가지 특징을 모두 갖고 있다는 사실이다. 교사는 학생들의 학습 성공을 위해 모든 것을 갖추고 있어야 한다.

질에 대한 불평불만을 쏟아 놓는다. 이들은 심지어 다른 사람들이 말하거나 믿는 것 또한 좋아하지 않는다. 이런 사람들은 자신을 보호하기 위해 남을 비난한다는 사실을 기억하도록 하자.

만약 교사가 교육관리자·학부모·학생들에 대한 비난의 소리를 계속 듣는다면, 그 교사도 교육관리자·학부모·학생들이 잘못되었고, 교사 또한 그들의 희생자라 믿게 될 것이다. 주어진 상황에서 다른 모든 사람들이 보는 것만 보게 되면, 당신 또한 그 상황의 일부가 되고, 그 상황의 희생자가 된다.

성공적인 교사는 듣고, 배우고 그리고 앞장선다. 올바르게 선택하는 것을 배워라!

성공으로 가는 가장 확실한 길

리더 교사는 '향상 행위(enhancement behaviors)'를 연습한다. 유능한 교사는 자신과 자신이 지도하는 학생들의 삶을 향상시키기 위해 참여하고, 배우고, 성장하는 데 그들 시간의 대부분을 사용한다. 성공으로 가는 가장 확실한 길은 향상과 협력의 자세에 있다.

리더 교사는 배우고 참여하는 것을 즐기기 때문에 다양한 학회나 모임에 적극적으로 간다. 그들은 학교에서 교사 모임을 주도하고 그 속에서 멤버들과 교류하고 공유하며 그들의 이야기를 듣는다.

'향상 행위'를 사용하는 교사는 '우리(we)'라는 단어를 사용한다. 리더 교사들이 우리(we)라는 단어를 사용하는 것을 쉽게 찾아 볼 수 있다. 이들은 "학생들의 자퇴율을 줄이고 해결책을 찾기 위해 교사들 간에 서로 협력해야 합니다. 우리는 할 수 있습니다. 학생들의 학습을 얼마나 향상시킬 수 있는지 학생 성적을 분석해보도록 합시다"라고 말한다.

❝ 기회가 노크하지 않으면 문을 만들라. ❞

— 밀턴 버얼

학회 참석은 교육전문가로서 성장하고 배우는 최선의 방법 중 하나이다.

식당에서 당신은 메뉴를 보면서 음식을 선택하는가, 아니면 기다리는가? 일반 직원은 다른 사람들이 음식 메뉴를 결정할 때까지 기다린다. 하지만 리더는 다른 사람의 메뉴를 선택한다.

리더 교사에게 학생들의 학업에 대한 성공은 늘 최우선 과제이다. 그래서 그들은 자기계발을 위해 꾸준히 노력하고, 자신이 향상되고 있다는 사실에 흥분하곤 한다. 그들의 이런 태도와 능력은 가장 큰 장점이다. 리더 교사는 사람·장소·환경 등을 탓하면서 문제에 머물러 있지 않는다. 왜냐하면 그들은 과거를 한탄하기보다 미래를 쫓아갈 때 삶이 더 윤택해질 수 있다는 사실을 잘 알고 있기 때문이다.

전문가가 되기 위해선 노력과 열정이 필요하다. 학회에 참여하고, 저널을 읽고, 교육 모임에서 봉사하고, 관련자들과 교류하기 위해선 열정이 필요하다. 교사학습팀에 참여하고, 도움이 필요한 학생에게 도움을 주고, 자기계발을 위해 다양한 수업을 듣기 위한 노력이 필요하다. 하지만 다른 이의 발전을 위해 자신에게 기꺼이 투자하는 이런 전문가들에게는 보상과 만족감이 뒤따라오기 마련이다. 이것들은 자신의 삶을 향상시키기 위한 그들의 자율적인 선택이다.

❝ 성공하려고 하는 사람은 기회를 보고, 기회를 찾지 못하면 그 기회를 만든다. ❞
― 조지 버나드 쇼

성공적인 사람은 선택한다

당신은 이제 리더 교사와 직장인 교사의 차이점을 알게 되었다. 당신은 어느 쪽인가? 다른사람들의 결정(Decide)에 의해서 수동적으로 따르는 직장인이 될 것인가, 아니면 다른사람들을 위해서 선택(Choose)하는 리더가 될 것인가?

결정(Decide)

'Decide'이라는 단어를 분석해보자. 접두사 'de-'는 defeat(물리치다), destroy(파괴하다), denigrate(폄하하다) 단어에서처럼 'off'나 'away' 같은 부정적인 접두사이다. 어근, cide-는 suicide(자살), pesticide(살충제), herbicide(제초제) 같은 단어에서처럼 'cut'나 'kill'같이 부정적인 의미를 갖고 있다. 따라서 decide 단어는 'cut away(~잘라내다)'나 'kill off(~살생하다)'와 같이 행복한 단어는 아니다.

당신은 메뉴판을 보면서 음식을 주문하지 못하는 사람과 함께 식당에 같이 가 본 적 있는가? 다른 모든 사람들이 그 사람이 주문을 할 때까지 기다리는 동안, 누군가가 참다못해 이렇게 소리친다. "결정하는 데 얼마나 더 있어야 합니까? 당신은 언제 결정합니까? 결정 못하나요?" 이 사람은 결국 결정했는가? 아니다. 대신 다른 사람에게 무엇을 시켰는지 물어보고 똑같은 걸로 결정을 한다.

"칠면조 샌드위치를 주문하셨나요? 저도 같은 걸로 할게요. 마요네즈는 안 넣었나요? 오! 그럼 저도 안 넣을 게요."

식단은 복제된다. 이런 식으로 결정하는 사람은 어떻게 되는가? 자신을 위한 선택을 다른 사람이 했기에 그들은 결정의 희생자일 뿐이다.

보상을 받는 사람은 결정과 선택의 차이점을 안다.

선택(Choose)

리더는 결정(decide)하지 않고 선택(choose)한다. 리더는 자신의 삶에 대한 통제력을 갖고 있다. 그들은 삶에서 유익한 것은 배움으로부터 온다는 사실을 잘 알고 있다. 그들은 스스로 행복해질 수 있고 이 행복의 대부분은 다른 사람과의 교류에서 온다. 리더는 문제·장애·도전을 즐긴다.

리더는 성취지향적이다. 이들은 자신의 일이나 직업을 넘어 더 먼 곳을 바라 볼 수 있는 비전을 갖고 있다. 이들은 선택(choose)이라는 단어의 의미를 잘 알고 있고, 어떻게 사용할지도 알고 있다.

- 선택은 내 선택에 대한 책임을 갖는다는 의미이다.
- 선택은 내가 하고 있는 일에 있어 스스로 통제할 수 있다는 의미이다.
- 선택은 내 선택의 결과를 받아들인다는 의미이다. 실패한다면 그 비난을 감수할 것이고, 성공한다면 그 보상을 받을 것이다.

결정자인 직장인 교사(worker-decider teacher)는 성공·행복·돈·존경을 추구하기 위해 고군분투하지 않는다. 그것이 그들이 하는 일에 있어서 어떤 보상도 받지 못하는 이유이다.

일반 직장인은 결정한다	리더는 선택한다
삶의 보상은 다른 사람으로부터 온다.	삶의 보상은 나로부터 온다.
다른 사람이 나에게 행복을 가져다주기를 원한다.	내 자신의 행복을 스스로 만들어 간다.
새로운 X를, 더 많은 Y를 갖게 될 때 내 삶은 더 유익해질 것이다.	다른 사람과 공유하고 다른 사람을 도와줄 때 내 삶은 더 유익해질 것이다.
다른 일들을 할 필요가 없을 때 내 삶은 더 쉬워질 것이다.	다른 일들을 원해서 선택할 때 내 삶은 더 좋아질 것이다.
내가 원하는 것은 조용한 평화이다.	나는 도전을 즐긴다. 도전은 내 삶의 활력소이다.
난 이거 할 수 없어. 지금 집에 가서 강아지 먹이를 줘야 해.	내가 할게. 일 마치고 집에 가서 가족과 함께 저녁을 먹으면 돼.
주말이 왜 이리 안 오는 거야!	다음 수학 학회가 빨리 왔으면 좋겠다.

전문 리더 교육자(leader-professional educator)는 그들이 추구하는 것에 있어 어떤 형태로든 보상을 받는다. 그것은 행복·성공·돈·성취·유명세·존경이 될 수도 있다. 리더는 결과를 위해 고군분투하고 그 결과를 성취로 이끌기 위한 열정을 갖고 있는 사람이다.

당신이 결정과 선택의 차이를 안다면, 이제 당신은 결정을 할 것인가, 아니면 선택을 할 것인가?

우리가 만든 선택이 우리의 미래를 만든다

1955년 12월 1일 42살의 흑인 여성 로사 팍스(Rosa Parks)가 선택을 했다. 그녀의 선택은 2857번 버스를 타는 것이다. 오늘날은 누구든지 이 버스를 미시간주의 헨리 포드 박물관(Henry Ford Museum)에서 탑승할 수 있고 로사 팍스가 앉았던 같은 자리에 앉아 역사를 회상할 수 있다. 그 당시 법에 따르면, 버스의 첫 10번째 줄까지는 백인들을 위한 자리였다. 이날 로사 팍스는 정확하게 11번째 줄 의자에 앉았다. 하지만, 그날 버스의 모든 좌석은 금방 채워졌다. 그리고 한 백인 남성이 버스에 탑승하자, 운전자는 백인 구역(10번째 줄) 뒤에 앉아 있는 4명의 흑인에게 백인 남성을 위해 그들의 자리를 양보하도록 요구했다. 그 중 로사 팍스는 조용하지만 단호히 거부했다.

곧 경찰이 왔고, 경찰은 그녀에게 계속 자리를 비키지 않으면 법에 따라 감옥에 넣겠다고

엄포했다. 그러자 그녀는 그렇게 하라고 대답했고, 그녀는 더 차분한 어조로 경찰에게 이렇게 말했다. "지난 42년 동안 내가 지낸 감옥과 비교할 때 당신이 말한 감옥은 내가 오늘 벗어난 감옥을 말하는 겁니까?"

이날 버스에서 그녀의 행동은 결국 그녀의 개인적인 선택이었다. 로사 팍스가 체포된 후, 이 지역 인권 운동가들은 몽고메리(Montgomery)의 모든 버스에 대한 탑승거부운동을 시작하였다. 이 운동의 주동자가 바로 마틴 루터 킹(Martin Luther King, Jr.) 목사였다.

몽고메리에서 버스이용고객의 75% 이상이 흑인이었기 때문에, 이 버스탑승 거부운동은 버스회사의 재정과 백인우대정책에 상당한 위협을 주었다. 이 운동은 결국 381일 동안 지속되었고 1956년 12월 마침내 미국 대법원은 모든 주의 인종차별법은 헌법에 위배되고, 모든 버스는 평등하게 사용되어야 한다고 결정하였다.

피부색, 종교, 출신 국가에 상관없이 모든 미국 시민들에게 선택한 자리에 앉을 수 있는 자유를, 선택한 곳에서 먹을 수 있는 자유를, 선택한 교회에서 예배드릴 수 있는 자유를, 선택한 학교에서 배울 수 있는 자유를 준 것은 로사 팍스의 체포에서 비롯되었다.

열정을 가져라. 마음의 소리를 들어라. 그리고 선택하라.

학습을 선택하라

교사는 학습할 자유를 갖고 있지만, 학습 모임에 참가하는 교사들이 어디에 앉는지에 대해서 생각해보도록 하자. 몇몇 교사는 학습 모임에 일찍 도착해서 마지막 줄 의자를 맡아놓거나 가장 멀리 떨어진 구석에 앉는다. 이것이 의미하는 것은, "나는 배우고 싶지도 않고, 다른 사람들과 협력하고 싶지도 않다." 이 교사들의 행동은 항상 불평해대는 학생의 모습과 같다.

만약 근무하고 있는 학교가 혹은 일부 교사들의 모습이 이러하다면, 어서 빨리 이런 부정적인 학교문화가 교사의 적이 되지 않도록 노력해야 한다. 만약 자녀가 있다면, 그들에게도 그렇게 하라고 알려줘야 한다.

당신은 가장 훌륭한 선생님 중 한 명이 될 수도, 가장 좋은 수업을 할 수도 있겠지만, 슬픈 현실은 당신이 부정적인 문화 속에서 일한다면 그 문화가 항상 승리한다는 사실이다. 교사로서 부정적인 문화의 일부가 된다면, 교사는 학생들을 패배자로 만드는 문화에 일조하게 되는 것이다. 약자층(minorities)의 사람들을 제약하면서 인종 차별을 하던 시대가 있었다. 이런 제약으로 소외계층 사람들은 어떤 것도 선택할 수 없었다. 반면 백인들은 직업·기회·학교 등 모든 것을 선택할 수 있었다.

하지만 로사 팍스의 버스사건 이후로 오늘날 개인을 합법적으로 차별할 수 있는 유일한 사람은 오직 자신뿐이다. 로사 팍스와 그녀의 동료들에게 감사의 마음을 전하고 싶다. 이제 우리는 자유로운 세상에서 동등한 기회를 가지고 있다. 로사 팍스는 이 시대 우리에게 고귀한 유산을 남겼으며, 학교와 배움을 선택할 수 있다는 것은 이 유산 중 하나이다.

전문 교육자는 항상 배우고 성장하기를 선택한다. 이들은 더 많은 학생들의 성공을 위해 늘 새롭고 더 나은 생각, 새로운 정보 그리고 개선된 노하우를 추구하는 끊임없는 여정 위에 있는 사람들이다.

유능한 교사가 되기를 선택하다

엘모 산체스 교사는 마이애미 데이드 지역의 공립학교에서 가르치고 있고,

이것은 그의 선택이었다. 그의 부모님 또한 쿠바에서 미국으로 이민 오는 것을 선택하였다.

다음의 엘모 산체스 교사의 편지 글이다.

저는 5학년 국어 선생으로 임용되었습니다. 8월 8일 월요일이 저의 첫 출근날이었습니다. 저는 그날 하루 종일 허둥거렸고 학생들은 수업 내내 떠들어 댔습니다. 저는 곧 수업의 방향을 잃어버렸습니다. 저는 그날 내내 소리 지르고 화낸 기억밖에 없습니다. 저는 화난 채 집에 왔고, 가족들은 그런 저를 걱정했습니다.

그해 학기말, 저는 교사로서의 성공과 실패를 되짚어보았습니다. 결국 저는 제 자신을 체계적인 수업을 하지 못하는 '유능하지 못한 교사'로 판단내렸습니다. 저는 제 자신에게 실망했고, 뭔가 변화가 필요함을 느꼈습니다.

마이애미 데이드 교육청은 매년 교원개발 세미나를 주최합니다. 6월 9일 금요일, 저는 마이애미 레익스 교육센터에 참석했고, 그날 저는 여러 가지 충격을 받았습니다. 왕박사님(이 책의 저자 Dr. 해리 왕)의 수업관리 전략·기술·설명들은 날 매료시켰습니다. 그리고 저는 문득 생각하였습니다. '만약 내가 이 전략들을 내 교실에서 사용한다면 어떻게 될까?'

세미나 중 저는 머릿속으로 내년 저의 교실에서 일어날 변화들을 상상해보았습니다. 세미나 말미에는 그 변화들이 이미 제 마음속에 그려졌습니다. 교실에서 저의 실패들을 성공으로 변화시킬 방법들을 그려 볼 수 있었습니다.

왕박사님 강연에 이어 첼론다 세로이어 선생님의 파워포인트 발표를 들은 후, 저는 제 자신의 파

워포인트 발표자료를 제작해보기로 결심했습니다. 그래서 저는 왕박사님의 『좋은 교사 되기(The First Days of School)』를 두 번이나 읽고 그것을 토대로 저의 교실 상황에 맞게 수업계획을 작성하였습니다.

저의 수업관리 파워포인트 발표자료를 만드는 데 약 한 달여의 시간이 걸렸습니다. 교사로서 저의 두 번째 해의 첫날인 8월 14일 월요일, 저는 8시 15분에 교실문을 열고 교실로 들어갔습니다. 두 팔을 활짝 벌린 채 학생들을 안아주었습니다. 그리고 학생들과 악수를 하면서 이렇게 말했습니다. "여러분, 우리반에 온 걸 환영합니다. 여러분이 여기 있어 나는 매우 기쁩니다." 학생들은 따뜻한 포옹으로 저를 반겨주었습니다.

저는 학생들에게 수업 진 과제를 파워포인트를 통해 보여줬고, 제가 교실에 들어왔을 때 학생들은 그 과제를 열심히 하고 있었습니다. 저는 믿을 수가 없었습니다. 학생들이 수업 전 과제를 마치고 난 뒤 저는 제가 만든 파워포인트에 반 학생들에 대한 내용뿐만 아니라, 수업진행 과정 등을 설명해주었습니다.

그날 학생들은 수업진행 과정을 잘 따라했고, 오후 3시에 학교의 끝을 알리는 종이 울려도 어느 학생도 먼저 일어나지 않았습니다. 그 학생들은 제가 수업을 끝내기를 기다리고 있었습니다. 저는 학기 첫날부터 수업을 통제하고 있었던 것입니다. 퇴근길에 제 마음은 평화로웠습니다.

행복한 마음으로 집에 돌아왔고, 교사로서 그동안 잃어버린 무언가를 찾은 느낌이었습니다. 가족들도 제게 일어난 변화를 느꼈고, '새롭고 행복한 저의 모습'을 좋아했습니다. 저는 그날 이후 교사라는 직업을 사랑하게 되었고, 저의 학생들은 제가 만들어가는 교실에서 안락함을 느끼기 시작했습니다.

작년에 저는 혼란한 교실에서 스트레스로 지친 교사였습니다.

지금 저는 교사로서 제 자신을 체계가 있는 수업을 하는 '유능한 교사'라고 생각합니다. 학부모들은 항상 제게 물어봅니다. "어떻게 제 아이가 선생님 수업에 그렇게 참여하고 싶게 만들지요?", "제 아이가 아플 때도 학교에 가고 싶어합니다."

저의 비밀은 절차에 따르는 체계적인 수업을 하는 것입니다. 그래서 저는 체계적인 수업을 하기로 한 저의 선택을 자랑스러워하고 있습니다.

저는 교사로서의 제 삶에 변화를 준 것은 6월 9일의 그 강연이라고 말하고 싶습니다.

유능한 교사가 되길 선택할 수 있도록 도와주신 것에 감사의 말씀을 드립니다.

삶은 자신이 선택할 때 시작된다

로라는 전형적인 생존형 직장인 교사였다. 그 교사는 가르치고, 숙제를 내주며, 시험을 내주고, 동영상을 보여주고, 보충자료를 만들어주며, 교직원 모임에 참석하고, 모임을 위해 가끔 쿠키를 준비하기도 하는 전형적인 직장인 교사였다. 가족이 있고 주말에는 교회에서 성가대로 활동했다.

로라 교사는 30년 동안의 교직생활 후 53세에 은퇴를 하였다. 교직에 있는 동안 그 교사는 한 번도 교육관련 저널을 읽지 않았고, 학회나 관련 모임에 참석하지도 않았다.

30년 동안 그 교사는 어떤 문제도 일으키지 않았고, 병가를 남용하지도 않았으며, 좀처럼 모임에서 의견을 표현하지도 않았다. 그 교사는 항상 교직원 모임에서 맨 뒷자리에 앉아 뜨개질을 하였다. 로라 교사는 어느 학생에게도 해를 끼치지 않았지만 어느 학생에게도 동기부여를 하지 않았다. 그 교사는 교사가 해야 할 일을 하였고, 대부분의 직장인들이 그러는 것처럼 이렇게 말하곤 하였다. "저는 제 일만 하면 되죠, 그렇죠?", "도대체 제가 뭘 더하기를 바라나요", "빨리 끝냈으면 좋겠습니다. 집에 가야 해요."

로라 교사가 은퇴하고 10년쯤 후, 나는 백화점에서 그녀를 우연히 보게 되었다. 난 조심스럽게 걸어가서 말을 걸었다. "실례지만, 혹시 로라 선생님 아니신가요? 절 기억하시나요? 예전에 같은 학교에서 근무했었는데...?", "아! 네"라고 그녀는 큰 변화없이 대답했다.

나는 로라 교사의 안부를 물었고 그녀는 힘없이 웅얼거리며 이렇게 말했다. "아, 그냥 그렇죠. 전 이곳에 자주 와요. 안전하잖아요. 여기서 손자들을 보면서 TV를 봅니다. 이게 제 삶입니다. 이곳에 걸어와서 손자들을 돌보며 TV를 봅니다."

그리고 그녀는 물었다. "당신은 어떻게 지내시나요?"

웃음을 지으며 난 말했다. "아, 전 선생이라는 일을 선택했던 걸 행복하게 생각하고 지냅니다. 저는 요즘 책도 쓰고, 여러 학회에서 발표도 하고, 학회를 통해 지금의 제 아름다운 아내를 만나기도 했고, 오늘은 아름다운 아내와 저녁을 즐기기 위해 이곳에 왔습니다. 삶은 제게 행복입니다."

우리는 쇼핑객들이 지나가고 아이들이 뛰어노는 근처 벤치에 앉았다. 그녀는 슬픈 눈으로 나를 쳐다보더니 눈물을 글썽거리며 물었다. "행복한 삶은 언제부터 시작인가요?"

난 이렇게 말하고 싶었지만 하지 않았다. "로라, 행복한 삶은 당신이 선택을 할 때 시작합니다."

해리 왕

GoBe

성공과 실패의 벽

성공과 실패의 벽은 얇으므로 실패에서 성공으로 가는 길은 간단하다. 성공을 위한 단계는 EffectiveTeaching.com 사이트 Going Beyond 폴더 Chapter 25에서 볼 수 있다.

신임교사가 알아야 할 기본

신임교사로서 가장 힘든 시간은 첫 3년이다. 통계자료에 따르면, 약 40%의 신임교사들이 첫 몇 년 안에 교사 '직업'을 그만둔다(미국의 경우). 감소율이라고 말하기도 하지만 엄연히 그만두는 비율이다. 신성한 교직을 그만두는 이유에 상관없이 분명한 것은 성공적인 교사들은 그만두지 않는다는 사실이다.

전문 교육자는 개별 학생의 성장에 책임을 통감하고 유능하고 성공적인 교사가 되기 위해 필요한 시간을 투자한다. 그만 투덜대라. 그만 비난하라. 대신, 이 말을 반복하라.

내가 해야 하는 일을 하기 위해 나는 무엇을 알아야 하는가?
내가 해야 하는 일을 하기 위해 나는 무엇을 알아야 하는가?

물론, 교사는 학생의 학습을 위해 수업관리를 하는 방법과 가르치고 평가하는 방법도 알 필요가 있다. 이것이 바로 이 책의 목적이다. 추가적인 정보는 아래 웹사이트에서 더 찾을 수 있다.

- Teachers.net
- education-world.com
- sitesforteachers.com
- k6educators.about.com

유능한 교사가 되는데 도움이 되는 지식에 대한 정보는 가까운 곳에 있다.

또한 잘못된 문화의 희생자가 되지 않기 위해 학교에서 무슨 일이 일어나는지 민감하게 주시할 필요가 있다. 아래 사이트는 교사로서의 여정을 성공으로 이끄는 데 도움이 되는 곳들이다.

- ednews.org
- tcrecord.org
- edweek.org
- NewTeacher.com
- gse.harvard.edu/~ngt/publiceducation.org/newsblast_current.asp

저자의 목적은 교사에게 학기 첫날을 시작하는 데 도움을 주고자 함에 있다. 동시에 교사의 삶에 있어서도 활력을 주고자 한다. 교사는 올바르게 시작해야 한다. 이 책의 부제목이기도 한 유능한 교사가 되도록 교사에 도움이 되는 강한 비전을 품도록 한다.

리더 교사가 되기 위해 모든 역량을 쏟는다. 학생들의 학업성취에 가장 큰 영향을 미칠 수 있는 것이 바로 리더 교사이다. 교육에 있어 일시적인 유행이나 혁신 등은 학생들의 학업성취를 위한 주요 요소가 아님을 여러 연구들이 꾸준히 보여준다. 학생들의 학업성취에 계속적인 영향을 줄 수 있는 유일한 요소는 바로 교사의 역량이다.

교사의 역량

교사는 학생들의 인생에서 아주 중요한 역할을 한다.

사회는 리더십 모델을 필요로 한다. 교사 집단에서 보다 나은 리더의 모델이 있는 곳은 어디인가?

교사는 기업 경영자들과 정확히 비교될 수 있다. 경영자들과 비슷하게 교사는 개발하고, 관리하고, 정기적으로 많은 사람들의 성과를 개별적으로 평가한다.

교사와 의사를 비교할 때, 교사는 의사보다 더 복잡하면서 덜 일상적인 결정을 하곤 한다. 그리고 교사는 그런 결정을 아주 많이 한다.

많은 교사들이 그들을 가르친 선생님의 영향으로 교직을 선택한다. 이것이 다른 전문직과 다른 것 중 하나다. 그만큼 교사는 영향력을 갖고 있다. 교사는 모든 다른 전문가를 가능하게 만들어주는 전문가이다. 우리는 미래 세대를 위해 더 나은 세상을 만드는 일에 헌신하는 유일한 전문가이다. 미래 세대는 우리의 유산이다.

몰입·헌신·노력이 사람을 리더로 만든다. 능력과 재능만으로는 충분하지 않다. 세상은 재능을 사랑하지만 자격에 대해서는 구체적인 이득을 제공한다. 자격은 재능이나 능력을 가진 사람이 끊임없는 연습과 수년에 걸친 훈련을 할 때 나타날 수 있는 결과물이다. 지금 이 순간에도 리더 교사는 아이들의 성취를 위해 자연스럽게 온 열정을 쏟아 붓는다.

만약 교사가 20년 이상 교직에 있었다면, 그 교사의 제자가 찾아왔을 때의 감동을 기억할 것이다. 이제 막 시작한 교사라면, 언젠가 같은 경험을 할 수 있기를 바란다.

유능한 교사는 모든 학생들이 성공할 수 있는 잠재력이 있다는 것을 안다.

" 나는 상당히 평범한 사람이다. 하지만 내가 하는 일에 모든 열정을 쏟아 붓는 다는 점에서 나는 비범하다. **"**
— 로즈매리 왕

교사 삶에 있어 최고의 날

교사에게 있어 최고의 날은 아마 졸업한 제자가 찾아 왔을 때가 아닐까 한다. 교사가 수업에 한참 지쳐 있을 때 교실문 밖에 낯선 얼굴이 나타난다. 바로 그 교사의 제자다. 하지만 교사는 그 제자를 잘 알아보지 못할 것이다. 20여 년의 시간이 지나면 아이들의 얼굴은 많이 변한다.

교사는 그 제자가 학부모라 생각할 것이다. 그래서 교사는 말은 건다. "무슨 일 있으신가요?" 그 제자가 대답한다. "라일리 선생님?"

학교가 아직 끝나지 않은 시간이고 약속도 돼 있지 않은 시간에 교실로 찾아온 사람에게 교사는 다소 퉁명스럽게 대답한다. "네, 제가 라일리 교사입니다."

"절 기억하시나요? 저 키스예요. 키스 말로. 저는 23년 전 선생님 반의 학생이었습니다. 저기 바로 저 의자에 앉아 있었습니다. 혹시 절 기억하시겠어요?"

교사는 기억을 못한다. 하지만 금세 이렇게 대답한다. "오, 그래 기억한다, 키스. 어떻게 지내니?"

"전 잘 지냅니다. 선생님은 어떠세요?"

"나도 잘 지낸다."

"전 더 이상 이 마을에 살고 있지 않습니다. 2천 마일 정도 떨어진 곳에 살고 있지요. 하지만 종종 부모님을 보기 위해 시간이 날 때마다 오고 있습니다. 공항으로 돌아가던 중 선생님 생각이 나서 잠시 뵙고 싶어서 왔습니다. 이곳에서 여전히 선생님을 뵐 수 있어 너무 행복합니다."

"이 말을 꼭 전해드리고 싶었습니다. 지금의 제가 될 수 있게, 지금의 제 일을 할 수 있게, 지금의 제가 있는 곳에 저를 있게 한 것은 23년 전 선생님께서 제게 보여준 것들 때문입니다."

주목할 것은 키스는 라일리 교사가 그를 가르친 것에 있어 어떤 과거 이야기도 하지 않았다. 그는 과거의 재미있었던 일화 또한 이야기하지 않았다.

키스는 라일리 교사를 그의 은인이라 말한다. 라일리 교사는 키스의 롤 모델이었다. 라일리 교사는 키스의 삶에 상당한 영향을 끼친 사람이다.

키스는 그의 손을 뻗어 악수를 청하면서 말한다. "전 오늘 이 말을 꼭 전하고 싶습니다. 감사합니다. 선생님."

키스가 웃으며 공손히 고개를 숙여 인사하고 막 떠나려 할 때 라일리 교사가 말한다. "키스야, 잠시만 기다려 줄래? 하고 싶은 이야기가 있구나."

그 순간 28명의 학생들이 일제히 라일리 교사를 쳐다보고 그 교사는 두 뺨에 눈물을 흘리면서 이렇게 말한다. "키스야, 우리 교사들은 하는 일에 대해서 좀처럼 어떤 인정을 잘 받지 못한단다. 하지만 오늘 네가 내게 보여준 것은 우리 모든 교사들이 늘 원하는 전부이다."

목메인 소리로 그 교사는 말한다. "고맙구나, 나에게 행복을 줘서."

키스가 대답한다. "감사합니다. 라일리 선생님. 선생님 또한 제게 행복을 주셨습니다."[1]

교사가 그 변화이다

교실에서의 성공 여부는 교사가 결정한다. 교사가 하는 행동보다 더 중요한 것은 학생들을 향한 교사의 긍정적인 태도, 그리고 학생들의 성공을 향한 교사의 확고한 신념이다. 학생들의 삶에 있어 변화를 만들 수 있는 것, 그리고 만들어야 하는 것은 바로 교사의 리더십 능력에 달려 있다.

교사가 믿기로 선택한 것이 결국 자신의 미래모습이 된다.

성공적인 교사들의 10가지 믿음

1. 교실에 들어오는 모든 학생들이 학습적으로 성장하고, 배우고, 성공하며 그럴 수 있는 능력을 갖길 원한다고 믿는다.

2. 자신이 학생들에게 다가갈 수 있고, 그들을 더 높은 곳으로 안내할 수 있는 능력을 갖고 있다고 스스로 믿는다.

3. 매일매일 새로 시작할 수 있는 새로운 하루라고 믿는다.

4. 자신이 소명에 헌신하고, 자신의 교직 전문성을 자랑스러워 하는 위대한 교육자 집단의 일원이라 믿는다.

5. 매일매일 학생들에게 보내는 환한 미소가 생각보다 더 그들의 마음을 따뜻하게 해준다고 믿는다.

6. 동료교사·교육관리자·학부모와의 협력이 학생들을 더 잘 지도할 수 있다고 믿는다.

7. 스스로를 교사이자 학습자로 바라보고, 매년 자신의 전문성 개발에 최선을 다해야 한다고 믿는다.

8. 성공을 위해 열심히 일해야 한다고 믿는다.

9. 교육을 인간의 기본 권리라고 믿는다.

10. 이 책의 저자가 교사와 학생들이 학습적인 성공을 성취할 수 있도록 돕기 위해 이 책을 쓰고 있다고 믿는다.

교사가 하는 일은 우리를 겸허하게 하고 고무시키는 경이로운 일이다.

교사는 창문이다. 아이들은 교사를 통해 세상을 본다.

교사는 안식처다. 아이들은 매일 그들의 진실한 마음을 갖고 교사에게 온다.

변화를 만드는 것은 한 사람으로도 가능하다. 그리고 그 사람에게 박수를 보낸다.

> **교사가 단순히 변화를 만드는 것은 아니다. 교사 자신이 변화의 핵심이다.**

❝ 지금으로부터 100년 후 이런 건 중요하지 않을 것이다.

내가 어떤 차를 몰고 다녔는지, 내가 어떤 집에서 살았는지,

내 은행계좌에 얼마나 많은 돈이 있었는지 그리고 내가 입고 있던 옷들이 어땠는지.

그렇지만 세상은 더 나아질 수 있겠지.

왜냐하면 내가 한 아이의 인생에 중요한 사람이었기 때문에. **❞**

−포레스트 E. 위터래프트

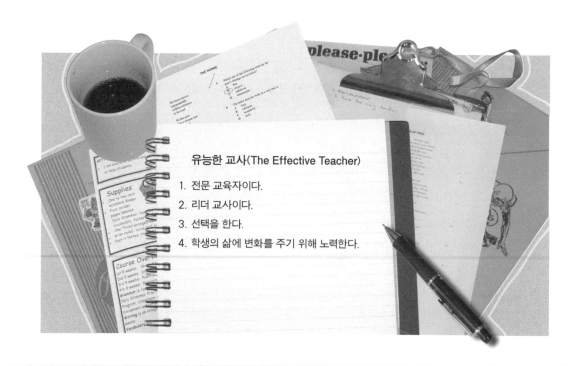

유능한 교사(The Effective Teacher)

1. 전문 교육자이다.
2. 리더 교사이다.
3. 선택을 한다.
4. 학생의 삶에 변화를 주기 위해 노력한다.

유능한 교사 문화를 만드는 방법

THE KEY IDEA

가장 성공적인 학교는 일관성이 있다.

The Future

에필로그라는 말은 인물들의 미래를 다룬다는 뜻이다. 이 책의 에필로그 또한 다르지 않다. 이 책의 에필로그는 교사의 미래를 그리고 교사를 따르고자 하는 다른 교사들을 위해 그 교사가 무엇을 할 수 있는지를 다룬다.

이 책 25장의 각 내용들은 직접적으로 교사에게 맞추어져 있다. 모든 정보는 리더 교사·코치·교사연수 개발자·멘토·교육관리자 그리고 가장 중요한 미래의 전문교육의 리더인 여러 독자들을 위한 것이다. 이 에필로그는 교사가 학교에서 어떻게 유능한 교사 문화를 만들 것인지를 설명할 것이다.

열쇠는 일관성에 있다

가장 성공적인 학교는 일관성의 문화를 갖고 있는 학교이다.

일관성은 기업의 상품을 사고 난 후, 개인 또는 회사로부터 서비스를 받을 때 고객이 그들로부터 원하는 것이다. 이러한 일관성은 고객이 특정 식당이나 미용실 혹은 특정 옷을 좋아하는 이유이기도 한다. 그리고 고객이 그 상품이나 서비스를 믿는다는 의미이기도 한다. 결국 일관성이 있다는 것은 고객의 기대를 충족시켜 줄 수 있고, 그 결과 또한 예측할 수 있다는 것을 의미한다. 그렇다고 일관성이 절대 변하지 않는 지금의 상황만을 의미하는 것은 아니다.

성공적인 학교는 일관적이다. 이 책의 14쪽에 언급한 '교실에서 일관성 개념'을 다시 한 번 읽어보기를 권한다. 이런 구절이 있다. "학생들은 교사가 일관성이 있으면서 무엇을 배울 것인가를 예상할 수 있고, 재능을 키워 갈 수 있는 수업환경을 원한다. 학생들은 철저하게 준비된 수업을 좋아한다. 왜냐하면 준비가 잘된 수업에서는 누구도 학생들에게 고함을 지르지 않고도 진정한 학습이 이루어지기 때문이다."

본 책은 교실에서의 일관성 개념에서 시작해 총 25단원에 걸쳐 어떻게 이 일관성을 만들어 갈지를 설명하고 있다. 모든 학생들이 안전하고, 잘 배려된, 그리고 필요한 것을 충족시켜 줄 수 있는 환경에서 학습하고 있음을 교사가 확인할 수 있을 때 그 교사의 교실은 일관성

학교 마지막 날

저는 지금 중학교에서 3년째 교장으로 있습니다. 예전 왕박사님의 강연을 들은 후, 저는 유능한 교사들과 성공적인 학교를 만들기 위한 고민을 시작했습니다.

비록 한 해가 끝나가는 시점이었지만, 저는 내년까지 기다리는 것이 현명한 결정일 것이라 생각하지 않았습니다. 시간은 중요했고 모든 교직원들을 이 고민에 참여시키는 것 또한 중요했습니다.

학생들이 다음 학년으로 올라가기 전 우리는 교사 워크숍을 가졌습니다. 저는 교사들에게 효과적인 교사(The Effective Teacher) 책의 DVD 3 '훈육과 수업진행 과정(Discipline and Procedures)'을 보여주었고 그것을 토대로 우리가 필요한 학교의 전반적인 수업진행 과정에 대해 토론하였습니다. 저의 접근방식은 간단하였습니다. 일정한 수업진행 과정을 만들고 학교 마지막 날 전까지 그것을 정립하자는 것이었습니다.

다음으로, 저는 교사들이 그룹을 만들어 그룹별로 우리가 접근해야 할 가장 중요한 6가지 수업진행 과정들을 만들도록 하였습니다. 마지막으로, 각 그룹별로 그들이 만든 수업진행을 위한 절차들을 발표하게 하고, 이후 모든 교사들에게 3개의 스티커를 나누어주고, 중요하다고 생각하는 절차에 붙이도록 했습니다.

1. 복도에서는 조용히 우측통행을 한다.
2. 교실에 조용히 들어와 자리에 재빨리 앉고, 가방을 책상 옆에 걸어 놓는다.
3. 수업 종료 종소리가 울렸을 때 교사보다 먼저 교실 밖을 나가서는 안 된다.
4. 손을 들면 조용히 하라는 신호이다.

을 갖는다고 할 수 있다.

안전: 학생들은 잘 관리되는 교실에서 학습하길 원한다(3부 참조).
배려: 교사는 학생 성공에 대한 긍정적 기대를 갖고 있다(2부 참조).
충족: 교사는 학생이 필요한 것을 가르쳐준다(4부 참조).

그리고 지금, 이 책은 학교에서의 일관성 개념으로 끝맺음을 하려 한다.

이 절차들에 대해 학부모들에게 통보하였고 학교 모든 곳에서 볼 수 있도록 이 절차들을 걸어 놓았습니다. 그리고 교사들은 며칠간 학생들이 이 절차들에 대해 익숙해지도록 연습시켰습니다. 그러자 점점 학생들은 이 절차들을 이해하고 좋아하기 시작했습니다. 자연스럽게 교사들은 스트레스를 덜 받게 되고, 수업에 집중할 수 있게 되었습니다.

이 이야기는 여기서 끝나지 않습니다. 그해 학기말, 교사들은 다시 워크숍에 모였고, 우리는 DVD 4 '수업진행 과정과 일상적인 습관(Procedures and Routines)'을 보았습니다. 그리고 교사들은 기존 네 가지 절차에 대해 토론하였고 기존 네 가지 절차에 세 가지 절차를 추가하기로 결정하였습니다.

5. 모든 학생들은 자신이 배정받은 자리에 앉아야 한다.
6. 학생들은 자신의 학습일지에 학습목표와 숙제를 기입한다.
7. 모든 수업은 종소리와 함께 바로 시작되어야 한다.

모든 학기가 끝났습니다. 많은 교사들이 작년과 비교했을 때 올해 학생들이 얼마나 훌륭했는지 이야기했습니다. 한 교사는 올해가 그의 교직생활 중 최고의 한 해였다고까지 했습니다. 학생들의 비행은 작년에 비해 현저히 낮아졌고, 교사들의 사기는 전반적으로 높아졌습니다.

왕박사님이 옳았습니다. 유능한 교사들과 성공적인 학교를 만들기 위한 비밀은 학교 전반적인 절차의 일관성에 있습니다.

토마스 해치 교장
(앤 체스너트 중학교, 노스캐롤라이나 페이예트빌)

능숙함(Proficient)과 유능함(Efficient)

이 책의 소제목은 '어떻게 유능한 교사가 될 것인가(How to Be an Effective Teacher)?'이다. 모든 사람이 유능한 교사가 될 수 있다는 것이 우리의 확고한 믿음이다. 수많은 연구들이 유능한 교사가 학생들의 학습을 향상시킨다는 것을 보여준다.

> 학생의 학습을 향상시키는 것은 법 제정이나, 학교 환경 개선, 교육과정 등에 있는 것이 아니라 교사와 교사의 수업에 달려 있다.

다음의 두 키워드를 살펴보자.

능숙함: 충분한 지식과 노련함을 갖고 있다.
유능함: 결과를 만들어내는 영향력을 갖고 있다.

능숙함과 유능함을 갖고 있는 교사들은 학생의 학습결과를 측정 가능한 정도로 만들어낼 수 있다. 프로그램은 학업성취를 만들지 않는다. 교사가 학생들의 학업성취를 만들어낸다.

> 프로그램이 아닌 교사가 학생들의 학업성취를 만들어낸다.

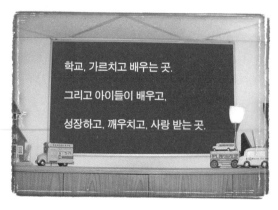

이 구호는 텍사스 지역 학교에서
아이들을 환영하기 위해 사용된다.

성공적인 학교와 그렇지 못한 학교의 차이는 쉽게 찾아낼 수 있다.

- 성공적이지 못한 학교는 프로그램을 강조하고, 환경 변화에 중점을 둔다. 이들은 좋은 결과를 빨리 그리고 쉽게 얻기 위해 프로그램에 많은 돈을 소비한다.
- 성공적인 학교는 교사를 강조한다. 교육관리자들은 자신의 인적 자산(Human capital)인 교사에게 모든 것을 투자한다. 이들은 프로그램을 강조하지 않고 기본적이고 전통적인 학업 내용의 중요성을 강조한다. 이들은 교사들의 수업개선을 위해 일한다. 왜냐하면 이들 학교 행정가들은 학생들의 학업성취 향상을 위해 가장 중요한 요소가 교사의 수업임을 잘 알기 때문이다.

성공적인 학교는 프로그램을 사고 도입하는 것보다 교사들을 교육하고 훈련시키는 데 더 많은 돈을 소비한다. 이런 학교의 교육지도자들은 도움이 필요한 학생에게 그들이 필요로 하는 것을 채워줄 수 있는 유능한 교사가 학교에서 가장 중요하다는 것을 잘 알고 있다.

유능하지 못한 교사는 학생들의 학업 성취에 아주 조금밖에 영향을 주지 못한다. 프로그램·신년 계획·학교 시설 개선·법률 등의 문제에 둘러싸여 있는 교사는 결코 학생들의 학습능력을 향상시키지 못한다.

유능한 교사는 설사 그들이 성공적이지 못한 학교에 있더라도 학생들의 학습과 학업성취를 향상시킬 수 있다(44쪽 참조).

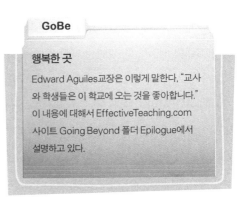

GoBe

행복한 곳

Edward Aguiles교장은 이렇게 말한다, "교사와 학생들은 이 학교에 오는 것을 좋아합니다." 이 내용에 대해서 EffectiveTeaching.com 사이트 Going Beyond 폴더 Epilogue에서 설명하고 있다.

학습을 위한 계획

학생들의 학습을 개선하기 위해 교사는 외부 환경(예: 교실 크기·학생 수·학교 시설 등)을 변화시킬 필요가 없다. 필요한 것은 교사들의 수업 자질에 달려 있다. 성공적인 학교는 어떤 수업이 좋은 수업인지에 대한 분명한 기준이 있고 이 기준에 맞게 외부환경을 설계해 나간다.[1]

이것이 바로 유능한 교육관리자가 교사를 채용하고, 그들을 능숙하고 유능한 교사로 훈련시키는 이유이다.

학교의 위대한 자산

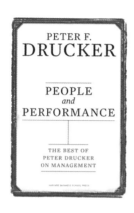

경영학의 대가 피터 드러커는 '인적 자산'이라는 단어를 처음 만들어냈고, 사람을 자산이라 인식했다. 산업혁명 시절에는 금·상품·건물·돈 같은 물리적 자산들이 부나 경제 성장의 자산으로 인식되었다.

디지털 시대인 오늘날에는 기업들이 자신들의 부와 경제 성장을 위해 투자하는 것은 인적 자산이다. 인적 자산은 사람이 능숙하게 알고 있는 것과 또 유능하게 할 수 있는 것을 의미한다. 인적 자산은 물리적인 자산으로 측정되지 않고, 지식·기술·태도 등으로 측정되는 자산이다. 물리적 자산을 대체한 인적 자산은 당시 너무나 참신한 아이디어로 각광을 받았고 이 단어의 가장 열렬한 추종자인 시카고대학(University of Chicago)의 경제학자 그레이 베커는 1992년 노벨상을 수상하기도 하였다.

오늘날 기업들은 그들의 생존을 위해 사람에 의존한다. 인적 자산은 회사의 부(wealth)이자 미래이다. 사람이 회사의 주요 자산인 것이다.

"사업가들에게 무엇이 가장 소중한 자산이냐 물으면, 그들은 그것은 사람이라고 대답할 것이다"라고 피터 드러커는 말한다. 자산이라 함은 더 큰 자산으로 만들기 위해 투자하는 것을 의미한다. 이것이 바로 경영자들이 직원들을 회사에 더 가치 있는 자산으로 만들기 위해 매년 셀 수 없는 돈을 그들의 교육에 투자하는 이유이다. 따라서 경영자들은 직원들을 그들의 인적 자산이라 생각하는 것이다. 직원들의 가치가 높아질수록 자산은 높아지고 회사는 더 성공하게 된다.

하지만 교육관리자나 관련 정책결정자들에게 그들의 가장 큰 자산이 무엇이냐 물어보면 그들은 종종 이렇게 대답한다.

"충분한 자금 혹은 효과적인 프로그램."

수많은 연구들이 끊임없이 주장함에도 불구하고 어느 누구도 교육의 가장 중요한 자산을 교사라고 말하지 않는다.

교사의 수업 질이 학생들의 학업성취를 개선하고, 성적 격차를 좁히는 가장 영향력 있는 요소이다. 가장 유능한 교육관리자·코치·교원연수 개발자·리더 교사들은 뛰어난 교수능력의 리더(Instructional leaders)들이다. 일곱 개의 도심지역을 연구한 결과에 따르면, 학생들의 학업 성취결과를 분명하게 만들어낸 유일한 정책은 다음과 같다.

- 질 높은 수업에 대한 노력
- 광범위한 교원개발의 노력
- 장기간의 노력[2]

야구 감독, 공장 관리자 혹은 로펌 사장들에게 만약 새 직원이 들어오면 그들에게 무엇을 하는지 물어보라. 이들은 "새 직원들은 도착 즉시 훈련에 들어가고 이 훈련은 그들이 그만 둘 때까지 이어질 것이다"라고 말할 것이다.

이제 학교 행정가들에게 그들은 신임교사가 오면 무엇을 하는지 물어보라. 사실 어떤 교육관리자는 아무것도 하지 않는다. 대부분은 신임교사들에게 멘토를 정해주지만 그 결과에는 관심 갖지는 않는다. 학생들의 학업성취 격차를 줄이는 유일한 방법은 교사들이 실시하는 수업의 격차를 줄이는 것이다. 교사를 잘 가르치면 그들은 학생을 잘 가르칠 것이다.

성공적인 학교는 교원자산(teacher capital)에 꾸준히 투자하는 문화를 갖고 있는 학교이다.

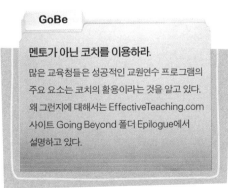

GoBe

멘토가 아닌 코치를 이용하라.

많은 교육청들은 성공적인 교원연수 프로그램의 주요 요소는 코치의 활용이라는 것을 알고 있다. 왜 그런지에 대해서는 EffectiveTeaching.com 사이트 Going Beyond 폴더 Epilogue에서 설명하고 있다.

성공적인 학교문화 만들기

성공적인 학교는 그들의 인적 자산에 기초한 문화를 갖고 있다. 그리고 그 문화는 믿음과 실행이라는 두 가지 특징을 갖고 있다.

1. 믿음: 비전·목표·조직의 믿음
2. 실행: 그 믿음을 성취하기 위해 행하는 것

> 성공적인 학교는 믿음에 대한 비전이 있고, 그 비전은 학생들의 학업성취이다.
> 성공적인 학교는 교사들의 실행에 의해서 믿음을 성취한다.

성공적이지 못한 학교는 문화를 갖고 있지 않다. 이들은 그들의 교사를 인적 자산으로 훈련시키지 않는다. 이들은 한 건물 안에 있지만 모든 것이 나누어져 있고, 각자 자신의 일을 한다. 유일한 공유는 주차장일 뿐이다.

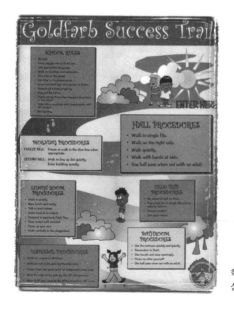

GoBe

대부분의 성공적인 학교

EffectiveTeaching.com 사이트 Going Beyond 폴더 Epilogue에서 꾸준한 학습 환경으로 이루어진 학교를 참조하도록 한다. 이 학교에서 사용하는 수업진행 과정을 볼 수 있다.

학교 단위의 꾸준한 수업진행 과정은
성공적인 학교문화를 만든다.

리 더들라스는 도심지역 학교의 교장이다. 그 학교의 학생 600명 중 대부분은 소외계층이고 저소득층 자녀들이다. 하지만 학생들의 성적은 매우 뛰어나다. 학생과 교사 모두 학교에 오는 것을 좋아하고, 어떤 교사도 이 학교를 떠나려하지 않는다. 리 더들라스가 이 학교에 성공적인 학습 문화를 만들었기 때문이다.

매일 아침 학교는 교사들의 드럼치는 소리로 시작된다. 학생들은 이 드럼 소리를 들으면, 정해진 곳에 줄을 선다. 학생들은 이 절차를 잘 알고 있고, 매일 '오늘의 줄' 상이 수여된다.

그리고 모든 교사가 일제히 하늘을 향해 손을 들어올린다. 일순간 운동장엔 어떤 소음도 들리지 않게 된다. 어떤 고함도 어떤 명령도 사용되지 않았다.

아침 의례가 시작된다. 물론 학생들에 의해서 매주 돌아가면서 한 개 학급이 아침 의례를 진행한다. 그 학급의 학생들 또한 모두 한 명씩 돌아가며 정해진 절차를 진행해 나간다.

- 국기에 대한 맹세
- 30초 묵념
- 교가(화요일과 금요일만)
- 교훈
- 학교 서약
- 학교 슬로건
(이 모든 것들은 학교의 문화와 비전을 날마다 견고히 하기 위함에 있다.)
- 교사: 이번 주의 생활 지침 낭독
- 리 더들라스: 짤막한 인사와 '오늘의 줄' 시상

수상한 학급은 나머지 줄 선두에 서서 학교 건물 안으로 들어간다. 모든 학급이 건물 내 복도에 들어 왔을 때에도 그곳엔 어떤 고함이나 소란스러움이 없다. 이것은 'zip & flip' 절차 때문이다. 입은 다물고(zipped) 팔은 가슴으로 접혀(flipped) 있다.

그들이 각자의 교실로 들어갔을 때, 바로 수업 전 과제(bellwork assignment)를 하면서 학교생활은 시작된다. 모든 학생은 안전하고, 배려 받고, 관심을 받는 환경에 있게 된다. 학생들은 그들의 학교를 사랑한다. 학부모들도 학교를 사랑한다. 그리고 교사들도 학교를 사랑한다.

어느 날 리 더들라스 교장은 학생들의 줄 뒤쪽에 몇몇의 학부모들이 모여 있는 것을 보았고 그 줄 맨 뒤에 3살 아이가 서 있는 것을 발견하였다. 그 아이는 그 줄의 의미를 알고 있었고, 학생들과 함께 과제를 암송하고 있었다. 그리고 그 교장이 그 아이에게 갔을 때 그 아이는 이렇게 말했다. "학교 갈 준비가 되었습니다."

매일 진행되는 아침 의례로, 이 학교는 매일 그들의 학교문화를 강화하고 있다. 리 더들라스 교장이 이 학교에 부임할 때 그녀의 중요한 인적 자산인 8~10명의 교사를 함께 데리고 왔고, 그 교사들은 학교에 긍정의 문화를 심는 데 큰 역할을 하였다.

1년 후 리 더들라스 교장은 지역 교육청으로부터 가장 낮은 학업성취를 보이는 학교 목

> ### 어떻게 그녀는 학교문화를 만들었을까?
>
> 이 학교의 문화는 갑자기 생긴 것이 아니다. 그것은 모든 교직원들과 함께 협력한 리 더들라스 교장의 리더십 덕분이었다.
>
> - 그녀는 모든 교사들을 그룹으로 나누어 그들에게 이 책『좋은 교사 되기』의 각 단원을 요약하도록 하였다.
> - 학기중 매 금요일마다, 교사 그룹은 자신들의 과제를 발표하였고, 각 수업시간에 실시하는 수업 전 과제, 복도에서 걷기, 학생 환영하기 등과 같은 학교 실정에 맞는 1~2가지 정도의 제안을 하였다.
> - 모든 절차는 민주적으로 진행되었다. 교육관리자로부터의 어떤 압력도 없었다.
> - 이 절차들이 곧 학교의 문화가 되었다.
>
> 학생들이 학교의 문화·절차에 익숙해질수록, 교사는 수업에 더 집중할 수 있게 된다.
> 시간이 지나면 학생들은 더 많이 학습하게 되고, 학교는 더 높은 성취를 이루게 된다.

록에 있는 7개 학교에 대한 자문을 의뢰 받았다. 그리고 1년 후 그 교장은 6개 학교를 변화시켰고, 이 학교들은 낮은 학업성취 학교 목록에서 제외되었다. 그럼 왜 나머지 한 학교는 제외되지 않은 것인가? 그 학교 교장은 "회의에서 적은 메모를 잃어버렸습니다"라고 말했다.

교사의 중요성

200편 이상의 연구들이 학생들의 학습에 가장 중요한 요소가 교사의 지식과 수업 기술이라 말한다.[3]

바로 교사이다!

우리는 수십 년 동안 이 사실을 알고 있었지만, 여전히 이것을 실행하려 하지 않는다.

> **GoBe**
>
> **학교가 바뀌었다.**
> 마이크 지 교장은 '학생들은 꿈에 그리던 최고의 점수를 받았다'라고 말한다.
> 이 학교가 학생들에게 어떻게 했는가에 대해서는 EffectiveTeaching.com 사이트 Going Beyond 폴더 Epilogue에서 볼 수 있다.

교사의 능력이 향상되었을 때, 즉 학교의 인적 자산이 성장했을 때, 제일 먼저 그 혜택을 받는 것은 낮은 학업성취를 보이는 학생들이다(유능한 교사의 중요성에 대한 효과는 40쪽 참조).

가난한 소수 인종의 학생들이 직면한 학업성취 격차는 그들의 빈곤이나 가족 상황에서 오는 것이 아니고, 교사의 질(teacher quality)의 차이로부터 온다. 교사의 질 차이가 오랜 기간 학생들의 학습 결과의 차이를 만들어낸다. 예를 들어, 2년 동안 유능하지 못한 교사로부터 배운 학생은 그 2년 동안 잃어버린 학습을 결코 회복할 수 없게 된다.

교사의 의미

UCLA의 존 굿레드 교수가 주도한 40년 교육통계자료 분석연구는 학생들의 학업성취를 증가시킬 수 있는 유일한 요소를 발견해냈다.

학생 성취를 증가시킬 수 있는 유일한 요소는 바로 교사이다.

추가적으로 하버드 대학에서 출간한 수많은 연구들 또한 이를 뒷받침한다. 학교의 다른 자산을 사용하는 것보다, 인적 자산 즉 교사 개발에 모든 외부 자금이 투입될 때 학생들의 학업성취가 가장 크게 일어난다.[4] 교사와 교사가 받은 훈련이 학생들의 학업성취를 만들어낼 수 있다.

교육관리자의 중요성

유능한 교육관리자는 프로그램·구조·유행·이념이 아닌, 교사가 어떻게 가르치는지, 또 학생이 어떻게 배우는지에 집중하는 문화를 창조하는 사람이다.

교육감 교육감의 리더십과 학생의 학업성취에는 직접적인 관계가 있다. 교육감이 그들 지역의 모든 역량을 수업의 질과 학습에 둔다면(프로그램이 아닌), 학생들의 학업성취는 향상한다.[5]

교장 30년 연구 자료를 분석한 연구에 따르면, 교장이 교수 리더(Instructional Leader)이고 올바른 수업 전략에(프로그램이 아닌) 집중을 두는 사람이라면, 학교의 성취는 10~19%까지 올라갈 수 있다.[6]

전문성 교육의 중요성

지역 교육 예산의 80% 이상이 교원 임금으로 소비된다. 하지만 많은 교육관리자나 정책 결정자들은 교사가 임용된 후에는 교사를 자산으로 바라보지 않는 경향이 있다. 교사들은 어떤 체계적이고 일관성 있는 교원 훈련도 없이, 교실로 투입된다. 그 후로 교사들은 스스로 생존해야 한다.

유능한 교사를 만드는 최고의 방법은 학기 시작 전 교사를 위한 종합 교원연수 프로그램을 실시하는 것이다. 훌륭한 교사 없이 훌륭한 학교를 만들 수 없다. 훌륭한 학교를 만드는 것은 교육관리자이다. 그리고 훌륭한 학급을 만드는 것은 교사이다.

종합 연수 프로그램은 다른 직업 분야에서는 필수적인 것으로 규정되어 있다. 야구 코치나, 공사장 관리자, 혹은 회사 매니저들에게 그들이 무엇을 하는지 물어보라. 성공적인 체인 업체인 맥도날드, 도미노 피자, 스타벅스의 관리자들에게 물어보라. 모든 직원은 훈련 받는다.

높은 학식의 신규 임용자들 또한 직업 훈련이 필요하다. 의사들은 의대를 졸업하고도 별도의 레지던트 과정을 거쳐야 한다. 사법 고시를 통과한 예비 법관들도 다년간의 사법 연수원 과정을 거쳐야 한다. 비행기 조종사들도 매번 비행 기종이 바뀔 때마다 혹은 직책이 바뀔 때마다 새롭게 훈련을 받아야 한다.

10,000m 상공에서 도움 요청

종합 오리엔테이션 교육을 하지 않는다는 것은 승객을 가득 실은 대형 비행기를 초보 조종사에게 운전하도록 시키는 것과 같다.

만약 문제가 발생하면, 그는 10,000m 아래에 있는 멘토를 불러야 한다.

종합 교원연수 프로그램

　버지니아주의 호프웰 시티에 있는 학교에서는, 모든 신임교사들에게 다음과 같은 사람들이 배정되어 도움을 준다.

　버디(Buddy) 교사: 신임교사가 즉각적인 조언을 요청하거나 궁금증을 허물없이 물어볼 수 있는 교사.

　코치(Coach) 교사: 수업관리나 수업지도에 있어 경험이 있는 전문가 교사. 이름이 말해주는 것처럼 이들의 역할은 신임교사의 수업관리나 수업지도 능력을 개발시켜주는 것이다.

　선임(Lead) 교사: 교과목에 있어 도움을 주는 교사. 각 학교에 다음 다섯 개 전공의 선임교사가 있다(영어, 수학, 과학, 사회, 기술).

　호프웰 시티의 카터 G. 우드슨 학교에서는 신임교사들에게 독특한 환영식을 해준다. 이 학교의 교사들은 신임교사가 도착하면 게시판에 사용되는 재료·포스트잇·크레용·책 그리고 기타 교실에서 필요한 물품들 등과 같은 교사 자신의 물품들을 내 놓고 신임교사가 자신의 교실을 위해 필요한 물건을 고르게 해준다. 그리고 모든 교직원이 신임교사가 교실을 꾸미는 것을 도와준다.

　호프웰 시의 학교는 대부분 저소득층의 자녀가 다니고 있으나 학생들의 학업성취는 뛰어

카터 G. 우드슨 학교의 신임교사는 많은 선물을 받는다.

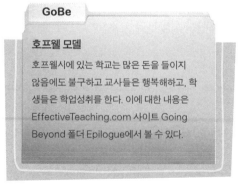

GoBe

호프웰 모델

호프웰시에 있는 학교는 많은 돈을 들이지 않음에도 불구하고 교사들은 행복해하고, 학생들은 학업성취를 한다. 이에 대한 내용은 EffectiveTeaching.com 사이트 Going Beyond 폴더 Epilogue에서 볼 수 있다.

나다. 또한 호프웰 시티에 있는 학교는 모두 인가를 받은 학교다.

팀 협력의 결과

회사 내 대부분의 직원들은 팀으로 일한다. 팀이 결과를 내기 때문이다. 개별적으로 일하는 사람은 결과를 내지 못한다. 하지만 대부분의 학교는 교직원들이 개별적으로 일하게 조직되어 있다. 협력은 사실 드문 경우이다. 더 불행한 것은 그래서 신임교사들이 다른 교사의 수업을 좀처럼 볼 수 없다는 것이다. 개별적으로 일하고 그래서 외부의 도움을 받을 수 없다는 것은 신임교사들의 문제를 더 악화시킨다. 교사의 협력이 더 질 높은 결과를 만든다는 사실은 수많은 연구를 통해 분명히 밝혀지고 있다.[7]

저소득 지역에서 높은 학업성취를 보이는 학교를 보면, 교사와 교장은 서로의 의견이나 문제를 함께 공유하고 강도 높게 협력할 수 있도록 정규시간 내에 별도의 시간을 만든다는 것을 알 수 있다. 356쪽에서 설명된 슈모커 모델이 학교가 교사 간 협력을 이끌어 내기 위해 사용하는 하나의 예가 된다.

노스캐롤라이나주에 있는 가스톤 카운티 지역 학교들은 교원 개발을 위한 별도의 건물을 갖고 있다. 20년 동안 이곳은 체계적이고, 지속적이고, 일관성 있는 프로그램을 통해 유능하고 능숙한 교사 개발을 위해 노력해 오고 있다.

이 전문교원개발센터(Professional Development Center)에는 우수한 발표 장비를 잘 갖춘 회의실, 시청각 교육실, 도서관 등이 있다. 1년 내내 다양한 교원 프로그램이 진행되고 학교별로 필요로 하는 공간 또한 제공해준다.

가스톤 카운티 지역은 1990년 이후로 많은 신임교사들을 위한 오리엔테이션 프로그램을 개발하고 있다. 또한 이 지역에서 낮은 학업성취를 보이는 학교들을 위한 수업 자문 기구와 전문 학습개발 팀 또한 운영하고 있다. 이 모든 것은 이 지역의 교사들로 이루어지고 운영되고 있다.

이 지역은 능숙하고 유능한 교사가 많기로 유명하다.

전문가는 혼자 일하지 않고 팀으로 일한다. 특정한 문제에 관심을 가진 교사가 모여 팀을 이룰 때, 도움이 필요한 학생들에게 중요한 일을 해줄 수 있게 된다. 개별 멘토보다는 교사 네트워크와 스터디 그룹에 지속적으로 참여할 때, 교사는 전문성 개발을 더 효과적으로 할 수 있고, 더 많은 것을 배울 수 있다.[8] 공동 연구를 하는 것이 교사가 배울 수 있는 가장 효과적인 방법이다.

협력이 교사에게 장기 근무를 유도한다

학생들의 학업성취를 교사 혼자 만드는 것은 거의 불가능하다. 이것은 이미 잘 알려진 사실이다.

수잔 무어 존슨이 진행하는 하버드 대학의 '차세대 교사 프로젝트(the Project on the Next Generation of Teachers)'에서 그녀는 "학교의 일대일 멘토링보다는 신임교사와 전문교사들이 자유롭게 생각과 의견을 나눌 수 있는 학교 전반적인 문화·구조를 개발하는 것이 훨씬 더 효과적이다"[9]라고 말했다.

> 학년별 교사 협력팀(Grade-level Teams)이 개발한 교육과정을 지도하는 것이
> 개별적으로 교사가 여러 가지 교육과정을 종합하여 가르칠 때보다 더 좋은 결과를 보인다.

오늘날 학교에 들어오는 신임교사들 대부분은 Y세대이다. Y세대는 동료간 협력 학습에 상당히 긍정적인 마인드를 갖고 있다. Y세대는 협력을 좋아하고, 환경에 빠르게 동화되고, 높은 열정을 가지고 있다. 이런 Y세대 교사들의 협력성과 창의성 그리고 열정을 뒷받침해준다면 학교는 향상된 학생들의 학업성취를 곧 보게 될 것이다.

신임교사들이 자연스럽게 기존 교사 협력학습팀에 참여한다면 교사와 학교가 얼마나 성공적일지 생각해보도록 하자.

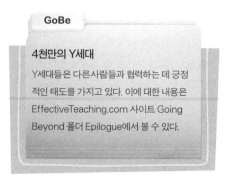

GoBe

4천만의 Y세대
Y세대들은 다른사람들과 협력하는 데 긍정적인 태도를 가지고 있다. 이에 대한 내용은 EffectiveTeaching.com 사이트 Going Beyond 폴더 Epilogue에서 볼 수 있다.

> **"** 교사는 학교에서 발생하는 문제에 대해 함께 고민할 수 있는 팀에 참여해야 한다. **"**
>
> —캐들린 풀턴 부장
> (21세기를 위한 개혁하는 학교)

이젠 책을 덮을 때이다

> 기업은 매년 직원의 업무능력 개발에 60조 이상의 돈을 투자한다.
> 교육에서는 매년 교사를 채용하는 데 8조 원의 돈을 사용한다.

수많은 지역들이 매년 학교를 그만두는 교사 자리를 채우기 위해 수조 원의 돈을 소비한다(미국은 높은 교원사직·이직률로 인해 심각한 교원부족 문제를 겪고 있다). 이 돈의 일부는 체계적이고, 일관성 있고, 지속적인 교원개발 프로그램을 위해 사용될 수도 있었을 것이다. 이러한 교원개발 프로그램이 성공적일 때 교사는 학교를 떠나지 않을 것이다.

우리는 다음과 같은 내용을 잘 알고 있다.

- 학생들의 학업성취에 가장 영향력 있는 단일 요소는 교사의 역량이다.
- 신임교사는 전문교사만큼 유능하지 못하다.
- 개별적으로 일하는 교사는 교사 협력팀에서 협력적으로 일하는 교사만큼 유능하지 못하다.
- 매년 떠나는 교사 자리를 메우기 위해 새 교사를 채용하는 것은 너무 많은 비용이 들 뿐 아니라 학생들에게도 도움이 되지 않는다.
- 신임교사가 체계적인 훈련을 받고 동료교사의 도움을 받는다면 그들은 성공하게 되고, 학교를 떠나지 않을 것이다.

그러므로 신임교사가 장기간 근무하게 하고, 교육의 질을 높이며, 학생들의 학업성취를 향상시키기 위해선, 모든 신임교사들에게 다음

GoBe

종합 연수프로그램

교원개발에 대해서 진지하게 생각하는 교육청은 종합적인 교원 연수 프로그램이 있다. 교원 연수 프로그램 이행에 대한 내용은 EffectiveTeaching.com 사이트 Going Beyond 폴더 Epilogue에서 볼 수 있다.

두 가지를 제공해주도록 한다.

1. 전문교원개발 프로그램과 자연스럽게 연결될 수 있는 체계적이고 일관성 있는 신임교사를 위한 연수 프로그램
2. 이들이 즉각적으로 적용할 수 있는 학년별 혹은 과목별 교사 협력학습팀

이제 마지막 책장을 넘기며 '아하, 이거구나'라는 깨달음을 외칠 때이다. 그리고 책을 덮고 전진해야 할 때이다.

우리는 스스로를 인적 자산으로 바라보고 교사 수업의 질을 향상시키기 위해 이미 알고 있는 것을 실행할 수 있는 새 시대의 리더 교사, 새 시대의 교육관리자가 필요하다. 우린 또 다른 프로그램, 또 다른 교육시스템 변경, 또 다른 교육 이념을 더 이상 필요로 하지 않는다.

사업에 있어 가장 기본이 이익 추구인 것처럼, 교육에 있어 가장 기본은 학생들의 학업성취다. 전문교원 개발의 궁극적인 목적은 모든 학생들의 학업성취 향상에 있어야 한다. 그러기 위해 교사가 가지고 있는 인적 자산인 지식·기술·능력을 개발해야 한다. 지속적인 전문성 개발을 통한 인적자산 개발이야말로 지속적인 학생들의 학습과 성취의 열쇠이다.

교사는 대차대조표상에 나타나지 않는 유일한 자산이다. 하지만 교사는 학교의 가장 중요한 자산이다. 오늘 우리가 뽑은 교사가 다음세대를 위한 교사가 될 것이다. 그리고 이들의 성공이 다음 세대를 살아갈 학생들의 성공을 결정할 것이다.

가장 성공적인 학교는 미래에 투자한다.

가장 성공적인 학교는 능숙하고 유능한 교사 문화를 갖고 있다.

가장 성공적인 학교는 결과를 예측할 수 있는 문화를 갖고 있다.

가장 성공적인 학교는 일관성의 문화를 갖고 있다.

아이들의 성공적인 미래를 만들기 위한 당신의 열정과 노력에 우리의 최고의 찬사를 보내며

Harry + Rosemary

교사들은 우리의 위대한 자산이다.

1장

1. Brooks, Douglas M. (May 1985). "The First Day of School." *Educational Leadership*, pp. 76~78.
2. Ryan, Kevin. (1986). *The Induction of New Teachers*. Bloomington, Ind.: Phi Delta Kappa.

2장

1. Good, Thomas L., and Jere Brophy. (2007). *Looking in Classrooms*. Needham, Mass.: Allyn & Bacon, pp. 8, 9, 12, 47, 71, and 301.

3장

1. Breaux, Annette, and Harry K. Wong. (2003). *New Teacher Induction: How to Train, Support, and Retain New Teachers*. Mountain View, Calif.: Harry K. Wong Publications, Inc.
2. Hughes, Langston. (2004). "Dreams." *The Collected Poems of Langston Hughes*. Arnold Pampersad (ed.).
New York: Alfred A. Knopf.

4장

1. Rowan B., R. Correnti, and R. Miller. (2002). "What Large-Scale Survey Research Tells Us About Teacher Effects on Student Achievement." *Teachers College Record*, 104, pp. 1525~1567.
2. National Commission on Teaching and America's Future. (November 1997). *Doing What Matters Most: Investing in Quality Teaching*. NCTAF, 2100 M Street NW, Suite 660, Washington, D.C. 20037, p. 8.
3. Sack, Joetta. "Class Size, Teacher Quality Take Center Stage at Hearing." *Education Week*, May 5, 1999, p. 22.
4. National Commission on Teaching and America's Future, p. 9.
5. Rivers, June C., and William L. Sanders. "Teacher Quality and Equity in Educational Opportunity: Findings and Policy Implications." Presented at the Hoover/PRI Teacher Quality Conference, Stanford University, May 12, 2000, p. 4.
6. Sanders, William L. (1996). "Cumulative and Residual Effects of Teachers on Future Student Academic Achievement." University of Tennessee Value-Added Research and Assessment Center, p. 7.
7. Hanushek, E. A., J. F. Kain, and S. G. Rivkin. (2001). *Why Public Schools Lose Teachers*. Cambridge, Mass.: National Bureau of Economic Research.
8. Marzano, Robert. (2003). *What Works in Schools: Translating Research into Action*. Arlington, Va.: Association for Supervision and Curriculum Development (ASCD), p. 74.
9. National Education Association. (2006). *Closing Achievement Gaps: An Association Guide*. Washington, D.C.: National Education Association (NEA), p. 19.

5장

1. Rickards, John P. (November 1976). "Stimulating High-Level Comprehension by Interspersing Questions in Text Passages." *Educational Technology*, p. 13.
2. Cawelti, Gordon (ed.). (2004). *Handbook of Research on Improving Student Achievement*. Arlington, Va.: Educational Research Service, p. 3.

6장

1. Rosenthal, Robert, and Lenore Jacobson. (1968). *Pygmalion in the Classroom*. New York: Holt, Rinehart and Winston.
2. Bamburg, Jerry. (1994). "Raising Expectations to Improve Student Learning." North Central Regional Educational Laboratory. ED 378 290.
3. Bloom, Benjamin S. (1964). Stability and Change in Human Characteristics. New York: Wiley, pp. 68, 88, 110, and 128.
4. U.S. Department of Education. (1986). *What Works: Research About Teaching and Learning*. Washington, D.C.: U.S. Government Printing Office, p. 7.

7장

1. Editorial Projects in Education Research Center. *Education Week*.

9장

1. Purkey, William W., and John Novak. (1996). *Inviting School Success*. Belmont, Calif.: Wadsworth; Purkey, William W., and Betty L. Siegel. (2003). *Becoming an Invitational Leader*. Atlanta: Humanics Trade Group.

11장

1. Wang, Margaret, Geneva Haertel, and Herbert Walberg. (December 1993/January 1994). "What Helps Students Learn?" *Educational Leadership*, pp. 74~79.
2. Good, Thomas, and Jere Brophy. (2007). *Looking in Classrooms*. Needham, Mass.: Allyn & Bacon, pp. 8, 9, 12, 47, 71, and 301.
3. Emmer, Edmund T., Carolyn M. Evertson, and Murray E. Worsham. (2003). *Classroom Management for Secondary Teachers*. Boston: Allyn & Bacon; Evertson, Carolyn M., Edmund T. Emmer, and Murray E. Worsham. (2006). *Classroom Management for Elementary Teachers*. Boston: Allyn & Bacon.
4. Wang, Haertel, and Walberg.
5. Brooks, Douglas. (May 1986). "The First Day of School." *Educational Leadership*, pp. 76~79.
6. Brophy, Jere, and Carolyn M. Evertson. (1976). *Learning from Teaching: A Developmental Perspective*. Needham Heights, Mass.: Allyn & Bacon.
7. Emmer, Evertson, and Worsham; Evertson, Emmer, and Worsham.

12장

1. Evertson, Carolyn M., and L. Anderson. (1979). "Beginning School." *Educational Horizons*, 57(4), pp. 164~168; Emmer, Edmund T., Carolyn M. Evertson, and L. Anderson. (1980). "Effective Classroom Management at the Beginning of the School Year." *Elementary School Journal*, 80(5), pp. 219~231.
2. Evertson, Carolyn M. (1985). "Training Teachers in Classroom Management: An Experiment in Secondary Classrooms." *Journal of Educational Research*, 79, pp. 51~58; Evertson, Carolyn M. (1989). "Improving Elementary Classroom Management: A School-Based Training Program for Beginning the Year." Journal of Educational Research, 83(2), pp. 82~90.
3. Lackney, J. A. (1996). *Teachers as Placemakers: Investigating Teachers' Use of the Physical Environment in Instructional Design*. Madison: University of Wisconsin, College of Engineering, School Design Research Studio. http://www.engr.wisc.edu/.

13장

1. Brooks, Douglas. (May 1985). "The First Day of School." *Educational Leadership*, pp. 76~78.

20장

1. Wenglingsky, Howard. (2000). *How Teaching Matters: Bringing the Classroom Back Into Discussions of Teacher Quality*. Educational Testing Service.

21장

1. Hershberg, T. (December 2005). "Value-Added Assessment and Systemic Reform: A Response to the Challenges of Human Capital Development." Phi Delta Kappa *Kappan*.
2. Schmoker, Mike. *Author of Results: the key to continuous school improvement*. (1996). Alexandria, Va.: Association for Supervision and Curriculum Development. Retrieved from an email correspondence with authors April 2007.
3. Marzano, Robert. (2003). *What Works in Schools: Translating Research into Action*. Alexandria, Va.: Association for Supervision and Curriculum Development.
4. Porter, Andrew. (October 2002). "Measuring the Content of Instruction: Uses in Research and Practice." *Educational Researcher*, 31(7) pp. 3~14. Updated from an email correspondence with authors August 2007.
5. Kauffman, D., S. M. Johnson, S. Kardos, E. Liu, and H. G. Peske. (March 2002). "Lost at Sea: New Teachers' Experiences With Curriculum and Assessment." *Teachers College Record*, 104(2), pp. 273~300.
6. Wise, Kevin, and James Okey. (1983). "A Meta-Analysis of the Effects of Various Science Teaching Strategies on Achievement." *Journal of Research in Science Teaching*, pp. 419~435.
7. Bloom, Benjamin S. (ed.). (1956). *Taxonomy of Educational Objectives: Cognitive Domain*. New York: Longman.
8. Hattie, John A. C. (2009). *Visible Learning: a synthesis of over 800 meta-analysis relating to achievement*. New York: Routledge. Retrieved from an email correspondence with authors in October 2008.

22장

1. Adapted from Guskey, Thomas R., and Jane M. Bailey. (2001). *Developing Grading and Reporting Systems for Student Learning*. Thousand Oaks, Calif.: Corwin Press.
2. Guskey, Thomas R. (1996). *Implementing Mastery Learning*. Belmont, Calif.: Wadsworth.
3. Wiggins, G., and J. Tighe. (2004). *Understanding by Design*. Alexandria, Va.: Association for Supervision and Curriculum Development.

23장

1. Hattie, John A. C. (2009). *Visible Learning: a synthesis of over 800 meta-analysis relating to achievement*. New York: Routledge. Retrieved from an email correspondence with authors in October 2008.
2. Douglas Reeves in an email correspondence with Harry K. Wong. Dr. Reeves can be contacted at www.leadandlearn.com.

24장

1. Schmoker, Mike. (1999). *Results: The Key to Continuous School Improvement*. Alexandria, Va.: Association for Supervision and Curriculum Development.
2. "Rate Your School: Here's How to Do It." (October 2000). Catalyst. Available at www.catalyst-chicago.org/10-00/1000rate.htm.

3. Schmoker, Mike. (2001). *The RESULTS Fieldbook: Practical Strategies from Dramatically Improved Schools*. Alexandria, Va.: Association for Supervision and Curriculum Development.
4. *Beat the Odds: Why Some Schools with Latino Children Beat the Odds ⋯ and Others Don't* (2006). The Center for the Future of Arizona. http://www.arizonafuture.org.
5. Schmoker, Mike. (1999).

25장

1. Wong, H. (2007). "The Greatest Day of a Teacher's Life." *So to Teach: Inspiring Stories that Touch the Heart*. Indianapolis, Ind.: Kappa Delta Pi.

에필로그

1. Elmore, R. (January/February 2002). "The Limits of 'Change.'" *Harvard Education Letter*.
2. Cross, C. T., and D. W. Rigden. (April 2002). "Improving Teacher Quality." *American School Board Journal*, 189(4), pp. 24~27.
3. National Commission on Teaching and America's Future. (November 1997). *Doing What Matters Most: Investing in Quality Teaching*. Washington, D.C.
4. Ferguson, R. "Paying for Public Education." *Harvard Journal on Legislation*. 1991.
5. Waters, J. T., and Robert J. Marzano. (2006). *School District Leadership that Works: The Effect of Superintendent Leadership on Student Achievement*. Aurora, Col.: Mid-continent Research for Education and Learning (McREL).
6. Waters, J. T., R. J. Marzano, and B. A. McNulty. (2003). *Balanced Leadership: What 30 Years of Research Tells Us About the Effect of Leadership on Student Achievement*. Aurora, Col.: Mid-continent Research for Education and Learning (McREL).
7. Guskey, T., and M. Huberman (eds.). (1995). *Professional Development in Education: New Paradigms and Practices*. New York: Teachers College Press.
8. Garet, M., A. Porter, L. Desmoine, B. Birman, and S. K. Kwang. (2001). "What Makes Professional Development Effective?" *American Educational Research Journal*, 38(4), pp. 915~946.
9. Johnson, Susan Moore, and Sarah E. Birkeland. "Pursuing a Sense of Success: New Teachers Explain Their Career Decisions." *American Educational Research Journal*, Fall 2003, p. 608.

옮긴이

김기오

대전에서 태어나 충남대학교 영어영문학과 학사, 충남대학교 영어교육 석사, 미국 사우스다코타주립대학교 영어교육 석사, 미국 와이오밍대학교 교육공학 박사학위를 취득했다.
현재는 미국 루이지애나대학교 교육공학교수이자 미국 루이지애나대학교 사범대학국제교류부장을 역임하고 있다. 저서로는 『Appreciating computer-based technology use in teacher education programs: A case-study monograph, Chicago, IL: Discovery Association Publishing House』가 있고, 국내 및 해외저널에 40여 편의 논문을 냈다.

김경

공주대학교 영어교육학사, 노스웨스턴 주립대학교 영어교육석사과정을 수료하였고, 현재는 펜실베니아 주립대학교 교육공학박사과정에 있다. 상일여자고등학교에서 교사로 재직했으며, 이후 노스웨스턴 주립대학교, 펜실베니아 주립대학교의 연구조교로 있었다. 저서로는 『Back to Basic English Grammar』(문예림, 2010), 『Back to Basic English Conversation』(문예림, 2010), 『English in High School』(문예림, 2009) 등이 있다.

좋은 교사 되기: 어떻게 유능한 교사가 될 것인가?

ⓒ 해리 왕·로즈매리 왕, 2013

1판 1쇄 발행 __ 2013년 03월 15일
1판 6쇄 발행 __ 2020년 03월 15일

지은이 __ 해리 왕·로즈매리 왕
옮긴이 __ 김기오·김경
펴낸이 __ 홍정표

펴낸곳 __ 글로벌콘텐츠
　　　　등록 __ 제 25100-2008-24호

공급처 __ (주)글로벌콘텐츠출판그룹
　　　　대표 __ 홍정표 이사 __ 김미미 편집 __ 김봄 이예진 권군오 홍명지 기획·마케팅 __ 노경민 이종훈
　　　　주소 __ 서울특별시 강동구 풍성로 87-6 전화 __ 02-488-3280 팩스 __ 02-488-3281
　　　　홈페이지 __ www.gcbook.co.kr 메일 __ edit@gcbook.co.kr

값 15,000원
ISBN 978-89-93908-58-9 03370